LA LECTURA SOBRENATURAL DE LA BIBLIA

Libros de John Piper publicados por Portavoz

Bajo las alas de Dios
Cómo perseverar hasta el final
Cuando no deseo a Dios
Cuando no se disipan las tinieblas
Dios es el evangelio
Exultación expositiva
La lectura sobrenatural de la Biblia
Lo que Jesús exige del mundo
¡Más vivo que nunca!
No desperdicies tu vida
Pensar. Amar. Hacer. (editor general)
El sufrimiento y la soberanía de Dios (editor general)
Una gloria peculiar

"No muchos libros pueden ser recomendados tanto para lectores principiantes como para lectores maduros de la Biblia, pero este es uno de ellos. Utilizando exposiciones breves y bien seleccionadas de versículos bíblicos, a menudo pasados por alto, John Piper explica por qué debemos leer la Biblia, la obra del Espíritu en nuestra lectura bíblica y las habilidades y los hábitos fundamentales de la lectura bíblica fiel. No puedo imaginar a un cristiano serio que no se beneficiaría de una lectura reflexiva de este libro".

D. A. Carson, Profesor de Investigación del Nuevo Testamento, Trinity Evangelical Divinity School; cofundador de The Gospel Coalition.

"He estado leyendo la Biblia diariamente durante treinta y cinco años. *La lectura sobrenatural de la Biblia* desafió mis motivos y esfuerzo, y lo disfruté. Dudo de que vuelva a leer las Escrituras de la misma manera otra vez. Espero con ansias momentos más profundos y maravillosos, a solas con la Palabra, en los días venideros. Este libro es una lectura obligada para cualquiera que quiera tomar el estudio bíblico en serio".

Francis Chan, autor de los superventas *Loco amor* y *El Dios olvidado.*

"Maravilloso. Profundo. Poderoso. *La lectura sobrenatural de la Biblia* lo moverá a la adoración cautivante y sobrecogedora del plan de Dios para su Palabra como instrumento para magnificar su gloria inigualable. Ver y saborear al Dios de las Escrituras es un llamado extraordinariamente elevado que todo creyente debe buscar, y nadie puede llevarnos a ese lugar como lo hace John Piper. Este libro, escrito de forma accesible y con gran contenido, es mucho más que una guía o un manual de estudio de las Escrituras. Más bien, es una invitación a la experiencia que Dios quiso que tuviéramos con su Palabra, una experiencia que depende del Espíritu, edifica la fe y nos insta a adorar".

Louie Giglio, pastor de Passion City Church, Atlanta; fundador de Passion Conferences; autor de *El regreso.*

"El tema aparentemente rutinario de la lectura de la Biblia nos conduce a un mundo de gracia sobrenatural para los pecadores. Con referencia constante a las Sagradas Escrituras, John Piper nos muestra cómo cuidarnos de la levadura de los fariseos y leer con la luz de Cristo. Sin embargo, Piper no recomienda ningún misticismo pasivo, sino un trabajo meticuloso basado en el mejor de los libros; es exhaustivo, práctico y atrayente en todo momento. ¡Tómelo y léalo!".

Joel R. Beeke, rector del Puritan Reformed Theological Seminary.

"*La lectura sobrenatural de la Biblia* nos recuerda por qué no podemos descansar hasta que cada persona en la tierra tenga acceso a la Biblia en su propia lengua. Tribus, lenguas, pueblos y naciones se están perdiendo sin el acceso o la oportunidad de conocer este glorioso Dios, a través de este glorioso Libro. John Piper aviva la urgencia de nuestro llamado como iglesia de Jesucristo para profundizar nuestro aprecio por la Palabra, que Dios usa con un fin misionero: su gloria global y eterna".

Michael Oh, director ejecutivo global del Movimiento de Lausana.

"*La lectura sobrenatural de la Biblia* hace un llamado de atención exhaustivo y convincente a lectores de la Biblia letárgicos, pasivos, resistentes y mecánicos (que todos nosotros somos en un momento u otro) para convertirnos en mineros hambrientos, ansiosos, inquisitivos, observadores y agresivos que buscan el tesoro en el texto, y que descansan expectantes en que Dios los lleve de la muerte a la vida, de la necedad a la sabiduría, de la condena de la desesperación a la esperanza gloriosa a través de su Palabra".

Nancy Guthrie, profesora de Biblia; autora de la serie de estudios bíblicos del Antiguo Testamento *Seeing Jesus in the Old Testament.*

"Si se desconecta la Biblia de la gloria de Dios, se pierde la perspectiva de ambas. Qué cosas terribles escuchamos decir a la gente sobre cada una de ellas cuando son tomadas aisladamente. John Piper las reúne y nos vuelve a predicar una asombrosa y elevada doctrina de las Escrituras, junto a una doctrina íntimamente experiencial de la gloria de Dios. *La lectura sobrenatural de la Biblia* no es solo una de las actividades útiles que componen la vida cristiana. Mantenida en un contexto adecuado, vista en toda su perspectiva y recibida con un bien despierto reconocimiento de que es la viva voz del Dios trino, la lectura de la Biblia es el acto central de la existencia cristiana. Este libro, una especie de brillo hedonista cristiano extendido del Salmo 119, es una invitación al milagro de la lectura bíblica".

Fred Sanders, profesor de Teología de Torrey Honors Institute, Biola University; autor de *The Deep Things of God: How the Trinity Changes Everything.*

"Ningún libro me ha inspirado a acercarme a las Escrituras con tanta expectativa como *La lectura sobrenatural de la Biblia.* Lea este libro bajo su propio riesgo, porque encenderá su vida devocional. Se encontrará buscando activamente tesoros en la Biblia, mirando cuidadosamente cada pasaje, orando y confiando en que Dios mismo abrirá sus ojos para que pueda ver y saborear su gloria. No deje que la longitud de este libro lo engañe; es claro, accesible e inspirador. De hecho, es el libro más práctico, apasionado y motivador sobre la lectura de la Biblia que he leído. Léalo, aplíquelo, pruébelo. Transformará su acercamiento a la Palabra de Dios".

Vaneetha Rendall Risner, autora de *The Scars That Have Shaped Me.*

"Después de haber leído *La lectura sobrenatural de la Biblia*, los lectores no volverán a las Escrituras con descuido o indiferencia, sino con el apetito renovado y estimulado para encontrarse con el Dios de gloria que las inspiró, y que puede ser hallado de una manera fresca a través de sus páginas. El insaciable apetito de John Piper por la comunión con Dios se comunica de manera inspiradora".

Terry Virgo, fundador de Newfrontiers.

LA LECTURA SOBRENATURAL DE LA BIBLIA

VER Y SABOREAR LA GLORIA DE DIOS EN LAS ESCRITURAS

JOHN PIPER

EDITORIAL PORTAVOZ

La misión de *Editorial Portavoz* consiste en proporcionar productos de calidad —con integridad y excelencia—, desde una perspectiva bíblica y confiable, que animen a las personas a conocer y servir a Jesucristo.

Título del original: *Reading the Bible Supernaturally,* © 2017 por Desiring God Foundation y publicado por Crossway, 1300 Crescent Street, Wheaton, Illinois 60187. Traducido con permiso.

Edición en castellano: *La lectura sobrenatural de la Biblia,* © 2018 por Editorial Portavoz, filial de Kregel Inc., Grand Rapids, Michigan 49505. Todos los derechos reservados.

Traducción: Dabar Editores
Revisión: Juan Terranova

Las cursivas en los versículos bíblicos son énfasis del autor.

EDITORIAL PORTAVOZ
2450 Oak Industrial Drive NE
Grand Rapids, Michigan 49505 USA
Visítenos en: www.portavoz.com

ISBN 978-0-8254-5781-4 (rústica)
ISBN 978-0-8254-6690-8 (Kindle)
ISBN 978-0-8254-7506-1 (epub)

1 2 3 4 5 edición / año 27 26 25 24 23 22 21 20 19 18

Impreso en los Estados Unidos de América
Printed in the United States of America

A todos los que me han ayudado a ver
la luz de la gloria de Dios en las Escrituras,
un legado de una iluminación compartida.

Contenido

PARTE II

El acto sobrenatural de leer la Biblia

PARTE III

El acto natural de leer la Biblia sobrenaturalmente

Para entender la Escritura espiritualmente, es necesario tener los ojos de la mente abiertos para así poder contemplar la maravillosa excelencia espiritual de las cosas gloriosas contenidas en el verdadero significado de ella, y que siempre estuvieron contenidas en ella, desde que fue escrita; para contemplar las amables y brillantes manifestaciones de las perfecciones divinas, y de la excelencia y suficiencia de Cristo, y la excelencia y conveniencia del camino de la salvación por Cristo, y la gloria espiritual de los preceptos y promesas de la Escritura, etc. Esas cosas están, y siempre estuvieron en la Biblia, y hubieran sido vistas antes si no hubiera sido por la ceguera, sin tener ningún sentido nuevo añadido por las palabras enviadas por Dios a una persona en particular, y expresado de nuevo a él, con un nuevo significado.[1]

JONATHAN EDWARDS

1. Jonathan Edwards, *Religious Affections*, ed. John E. Smith y Harry S. Stout, rev. Ed., Vol. 2, *The Works of Jonathan Edwards* (New Haven, CT: Yale University Press, 2009), p. 281. Publicado en español por Publicaciones Faro de Gracia, con el título *Los afectos religiosos*.

Prefacio

Escribir un libro que esperas que ayude a otros a ver más a Dios en las Escrituras es reconocer que Dios quiere que el lector de su Palabra la entienda y la disfrute con la ayuda de otros. Escribir libros, enseñar lecciones, predicar sermones, educar a los niños "en la instrucción del Señor" implica que Dios ha planeado que nosotros entendamos la Biblia con la ayuda de maestros humanos. Otra manera de decirlo es que Dios revela más de sí mismo a través de su Palabra cuando se lee en comunidad, que cuando se la lee en el aislamiento.

El Nuevo Testamento muestra repetidamente que Jesucristo proporciona maestros a su iglesia "a fin de perfeccionar a los santos para la obra del ministerio, para la edificación del cuerpo de Cristo" (Ef. 4:11-12). Estos maestros no reemplazan a la Biblia como la palabra inspirada de Dios; nos ayudan a entenderla. De hecho, el objetivo de los maestros humanos es ayudar a todos los creyentes a llegar a ser maestros ellos mismos, no necesariamente en una capacidad oficial, sino al menos tener la capacidad de usar la Palabra de Dios tanto para beneficio propio como el de los demás.

> Porque debiendo ser ya maestros, después de tanto tiempo, tenéis necesidad de que se os vuelva a enseñar cuáles son los primeros rudimentos de las palabras de Dios; y habéis llegado a ser tales que tenéis necesidad de leche, y no de alimento sólido. Y todo aquel que participa de la leche es inexperto en la palabra de justicia, porque es niño (He. 5:12-13).

Por lo tanto, me veo a mí mismo, y a este libro, como una pequeña parte de la insondable complejidad de la matriz de influencias que componen la comunidad cristiana de descubrimiento e iluminación. En consecuencia, nada en este libro debe ser interpretado para implicar que su objetivo es producir aislados lectores de la Biblia. Es una piedra tirada a una multitud. Su efecto de onda, si lo hay, fluirá a través de las relaciones. Su objetivo es ser parte del propósito global de Dios de crear una hermosa novia para su

Hijo, "una iglesia gloriosa, que no tuviese mancha ni arruga... santa y sin mancha" (Ef. 5:27). La belleza de esa novia consiste en gran parte en la manera humilde, santa, feliz y amorosa que los cristianos se tratan unos a otros. Si el *fin* es la gloria corporativa, no debemos sorprendernos de que el *medio* sea el crecimiento corporativo. Leemos la Palabra juntos; juntos alcanzamos ese fin.

Dios ha usado a cientos de personas para ayudarme a entender y amar la Biblia. Me gustaría ayudarle, para que pueda ayudar a otros. Esto es como debería ser: un legado de iluminación compartida hasta que los propósitos de Dios para la iglesia y el mundo sean completados. Que Dios transforme la onda de usted en una ola de bendición para los pocos que usted conoce y los millares que no. Estoy orando con ese fin.

El evangelio del Dios bendito no busca su evidencia en el exterior, tanto como algunos piensan; tiene su más alta y apropiada evidencia en sí mismo... La mente asciende a la verdad del evangelio, pero paso a paso, y esa es su gloria divina.

JONATHAN EDWARDS

Aquellos que están bajo el poder de su natural oscuridad y ceguera... no pueden ver ni discernir esa excelencia divina en las Escrituras, sin una aprensión de que nadie pueda creer correctamente que sea la Palabra de Dios.

JOHN OWEN

Introducción

Este es un libro sobre lo que significa leer la Biblia sobrenaturalmente. Sé que suena extraño. Si hay algo obvio en usted y en mí, es que somos naturales, ordinarios, finitos, mortales. No somos ángeles o demonios; y ciertamente no somos Dios. Pero si la Biblia es lo que afirma ser, es decir, inspirada por Dios, entonces tiene un origen sobrenatural. Y lo que intentaré demostrar es que este Libro requiere más que una clase natural de lectura. No menos, sino más; de hecho, pide lo mejor de la lectura natural. Pero también hay más, algo más allá de lo que es meramente humano.

Como con todas las afirmaciones extrañas, hay una historia de fondo. Intenté escribir este libro hace un año, pero en cuestión de días, otro libro se abrió camino en mi mente y exigió que se escribiera primero. Así que pospuse este y escribí *Una gloria peculiar: Cómo las Escrituras revelan su completa veracidad*.[1] La pregunta "¿Es la Biblia verdadera?" requirió ser contestada primero.

En cierto sentido, esto es mirar al pasado. Seguramente usted debe leer un libro antes de que pueda decidir si es verdad. Entonces, ¿no debería un libro sobre cómo leer la Biblia *preceder* a un libro acerca de su veracidad? Quizá, pero en mi caso, los descubrimientos que hice escribiendo *Una gloria peculiar* resultaron esenciales para la manera en que este libro está escrito. La forma en que la Biblia se muestra a sí misma como verdadera y completamente digna de confianza tiene implicaciones indispensables para saber cómo leerla. Esto se ha vuelto mucho más claro para mí por haber escrito primero *Una gloria peculiar*.

No tiene que leer *Una gloria peculiar* para entender el presente libro, pero sí aclarará lo que estoy haciendo en este libro si conoce cómo ese libro discute la verdad de la Biblia. Así que voy a hacer un resumen. La idea central de ese primer libro, que da forma a este en todo, es que la Biblia revela su veracidad completa por el resplandor de una autoautentificación

1. *Una gloria peculiar: Cómo las Escrituras revelan su completa veracidad* (Grand Rapids, MI: Editorial Portavoz, 2017).

peculiar, la gloria divina. Eso también puede sonar extraño, pero puede no parecer tan extraño si uno compara esa clase de argumento con varios otros similares en la Biblia.

La gloria de Dios autentifica al Creador

Por ejemplo, ¿cómo espera la Biblia que todos los seres humanos sepan que Dios existe y que es todopoderoso y generoso, y que se le debe agradecer y glorificar? No muchas preguntas, si es que hay alguna, son más importantes que estas. La respuesta es que la Biblia espera que todos los seres humanos vean la gloria autoautentificadora de Dios en el universo que Él creó. "Los cielos cuentan la gloria de Dios, y el firmamento anuncia la obra de sus manos" (Sal. 19:1).

Esta misma mañana caminé de regreso a casa luego de una reunión de oración en la iglesia. Cuando crucé el puente sobre la autopista vi en el horizonte, a mi izquierda, que el sol estaba apareciendo. Era blanco y muy brillante. Solo pude dejar que mis ojos miraran brevemente a un lado del sol, ya que era demasiado brillante como para permitirme una mirada directa. Todo, de horizonte a horizonte, era luminoso con su propio color y forma en el aire cristalino. Es maravilloso cómo la luz natural, la más brillante y bella de todas las luces, puede alegrar el alma. Pero nada de esa belleza y alegría natural es la gloria de Dios; solo "cuentan la gloria de Dios". No somos panteístas, por eso, para ver la gloria de *Dios* debemos experimentar algo sobrenatural. Pero está ahí para que la veamos.

Así que hay una gloria *divina* brillando a través del mundo natural, no solo una gloria natural. No es solo la gloria de hermosos amaneceres, la impresionante complejidad del ojo humano y todo el sistema solar. Es algo inefable, pero real y discernible. Se espera que veamos no solo la gloria natural, sino la gloria *de Dios*.

El apóstol Pablo se da cuenta de que la gente no ve esta gloria divina por sí misma. Él explica por qué esto es verdad y, sin embargo, por qué ninguno de nosotros tiene una excusa para esta ceguera espiritual. Eso es...

> ...porque lo que de Dios se conoce les es manifiesto, pues Dios se lo manifestó. Porque las cosas invisibles de él, su eterno poder y deidad, se hacen claramente visibles desde la creación del mundo, siendo entendidas por medio de las cosas hechas, de modo que no tienen excusa. Pues habiendo conocido a Dios, no le glorificaron como a Dios, ni le dieron gracias (Ro. 1:19-21).

Esto significa que Dios ha mostrado la gloria de su poder, su deidad y su generosidad a todos. Si no vemos la gloria de Dios, todavía somos responsables de verla, atesorarla como supremamente gloriosa y darle gracias a Dios. Si no lo hacemos, como dice Pablo, no tenemos excusa.

La gloria de Dios autentifica a Jesús

Hay otro argumento similar en cuanto a cómo la gente debería haber reconocido la divinidad de Jesús. ¿Cómo esperaba Jesús que sus primeros seguidores supieran que era el Hijo divino de Dios? La respuesta es que todo su modo de vida, la clase de persona que era y las obras que hizo revelaban una gloria divina autoautentificada. Su discípulo más cercano escribió: "Y aquel Verbo fue hecho carne, y habitó entre nosotros (*y vimos su gloria, gloria como del unigénito del Padre*), lleno de gracia y de verdad" (Jn. 1:14).

Sin embargo, muchas personas no vieron esta gloria. Judas ciertamente no lo hizo, a pesar de tres años de cercanía. Los fariseos no lo hicieron. Incluso sus discípulos tardaron en verla. A tales personas Jesús les dijo: "¿Tanto tiempo hace que estoy con vosotros, y no me [habéis] conocido…?" (Jn. 14:9); les había mostrado lo suficiente. Ellos eran responsables de ver la gloria y de saber que Él era el Hijo divino de Dios. Ciertamente, Jesús era realmente humano; era natural, ordinario, finito, mortal. Pero también era el Hijo de Dios sobrenatural y nacido de una virgen (Lc. 1:35). Había una gloria brillando a través de Él; aquellos que oyeron su enseñanza y vieron su ministerio eran responsables de verla. Así es como ellos debían saber la verdad.

La gloria de Dios autentifica el evangelio

Consideremos un ejemplo más de cómo la gloria autentifica la verdad. Este se relaciona con el evangelio mismo, el corazón de las buenas nuevas acerca de la muerte y resurrección de Jesús por los pecadores. ¿Cómo se supone que la gente que escucha la buena noticia del evangelio sepa que viene de Dios? El apóstol Pablo respondió que saben que viene de parte de Dios porque ven "la luz del evangelio de la gloria de Cristo, el cual es la imagen de Dios" (2 Co. 4:4). O, poniéndolo de manera ligeramente distinta, pueden saberlo porque ven en el evangelio "la luz… del conocimiento de la gloria de Dios en la faz de Jesucristo" (2 Co. 4:6).

No obstante, mucha gente oye el evangelio y no ve la gloria divina. ¿Por qué? No es porque la gloria de Dios sea irreal. No es porque la gloria de Dios no esté en el evangelio. Es porque los seres humanos, por su naturaleza, tienen "el entendimiento entenebrecido… por la dureza de su corazón" (Ef. 4:18).

No se debe principalmente a la ignorancia, sino a la dureza. Esta dureza es una profunda antipatía hacia la verdad. Ya que "*no recibieron el amor de la verdad* para ser salvos" (2 Ts. 2:10). Satanás, el "dios de este siglo", explota esta dureza. Pablo dice que "cegó el entendimiento de los incrédulos, para que no les resplandezca la luz del evangelio de la gloria de Cristo" (2 Co. 4:4). Pero la gloria está realmente allí, en el evangelio. Oír el evangelio fiel y plenamente presentado nos hace responsables de ver la gloria divina.

La gloria de Dios autentifica las Escrituras

El meollo de *Una gloria peculiar* es que la gloria de Dios autentifica las Escrituras de una manera similar a esos tres ejemplos. En y por medio de las Escrituras vemos la gloria de Dios. Lo que los apóstoles vieron cara a cara en Jesucristo nos lo imparten a través de las palabras de las Escrituras. "Lo que hemos visto y oído, eso os anunciamos, para que también vosotros tengáis comunión con nosotros; y nuestra comunión verdaderamente es con el Padre, y con su Hijo Jesucristo" (1 Jn. 1:3). La gloria que vieron en Cristo, podemos verla a través de sus palabras. Las palabras humanas de las Escrituras son vistas como divinas de la manera en que el hombre humano, Jesús, fue visto como divino. No todos lo vieron, pero la gloria estaba allí; y está aquí, en las Escrituras.

Todas las personas conocen a Dios

Una ilustración más podría ayudar a aclarar cómo funciona esto realmente en el alma humana. ¿Cómo se ve la gloria de Dios? Sin duda, los ojos naturales, los oídos y la mente son parte del proceso. Sin ellos, ni siquiera podemos ver, oír o interpretar las cosas naturales que nos revelan la gloria de Dios: la creación, la encarnación, el evangelio, las Escrituras. Pero esta visión natural no es decisiva para ver la gloria de Dios. "Viendo no ven", dijo Jesús (Mt. 13:13). Debe suceder algo más que el simple uso de los ojos naturales, los oídos y la mente.

La forma en que el apóstol Pablo lo expresa es que sean iluminados "los ojos del corazón, para que sepan" (Ef. 1:18, NVI). Esto también es extraño, ¡el corazón tiene ojos! Pero quizá podamos comprenderlo. La mayoría de las personas hablan "del corazón" refiriéndose a algo más que el órgano que bombea la sangre en nuestro cuerpo. Tal lenguaje no nos es ajeno. Este "corazón" es nuestro verdadero yo. Intuitivamente sabemos que hay más que carne y huesos. Sabemos que no somos meros productos químicos en un saco de piel. No hablaríamos de la manera que lo hacemos acerca de cosas como la justicia y el amor si no creyéramos esto.

¿Es tan extraño, entonces, añadir a esta personalidad inmaterial la idea de ojos inmateriales, "los ojos del corazón"? Esta persona interior, que es el verdadero yo, ve y sabe cosas que no son idénticas a lo que los ojos del cuerpo pueden ver. Pascal dijo: "El corazón tiene razones que la razón no conoce. Se sabe esto en mil cosas".[2] Hay una visión espiritual a través y más allá de la visión natural. Hay una audición espiritual a través y más allá de la audición natural. Hay un discernimiento espiritual a través y más allá del razonamiento natural.

¿Cómo podemos concebir lo que sucede cuando el corazón ve la gloria de Dios? Encontré una pista en la forma en que Pablo habla de nuestro conocimiento de la gloria de Dios en la naturaleza. Por un lado, Pablo dice que todos conocemos a Dios, "pues *habiendo conocido* a Dios, no le glorificaron como a Dios, ni le dieron gracias" (Ro. 1:21). Esto es asombroso. ¡Todo el mundo conoce a Dios! Pero en otros lugares, Pablo enfáticamente dice que por naturaleza la gente *no* conoce a Dios. Por ejemplo: "En la sabiduría de Dios, *el mundo no conoció* a Dios mediante la sabiduría" (1 Co. 1:21). Los "gentiles... *no conocen* a Dios" (1 Ts. 4:5). Anteriormente, les dijo a los gálatas que no conocían a Dios (Gá. 4:8; véanse 2 Ts. 1:8; 1 Jn. 4:8).

Entonces, ¿qué quiere decir Pablo en Romanos 1:21 cuando dice que todos los seres humanos han conocido a Dios? Para responder a esto, podríamos citar simplemente Romanos 1:19-20: "Lo que de Dios se conoce les es manifiesto, pues Dios se lo manifestó. Porque las cosas invisibles de él, su eterno poder y deidad, se hacen claramente visibles desde la creación del mundo". En otras palabras, podríamos decir que "conocer a Dios" en Romanos 1:21 simplemente significa tener a disposición el testimonio de la creación de manera clara como para poder verlo por medio del ojo natural.

Sin embargo, ¿es eso todo lo que Pablo quiere decir cuando dice: "habiendo conocido a Dios"? Creo que hay más. En Romanos 2:14-15, Pablo dice que las personas que nunca han oído hablar de la ley de Dios a veces hacen lo que la ley requiere. Sus conciencias son testigos de la voluntad de Dios. Él lo dice así: "...éstos... mostrando la obra de la ley escrita en sus corazones".

La plantilla de la gloria divina

Esta es mi sugerencia: "Conocer a Dios" en Romanos 1:21 incluye una experiencia más profunda del corazón que Romanos 2:15. La analogía

2. Blaise Pascal, *Pensamientos*, no. 227, Biblioteca Virtual Universal, 2003.

que encuentro útil es que concibamos el conocimiento innato de Dios y su voluntad como una especie de plantilla o molde en el corazón humano. Esta plantilla está diseñada por Dios en cada corazón humano con una forma, o en una forma, que solo le corresponde a la gloria de Dios. En otras palabras, si la gloria de Dios fuera vista con los ojos del corazón, encajaría tan perfectamente en esa plantilla que sabríamos que la gloria es real. Sabríamos que estábamos hechos para esto.

Así que cuando Pablo dice que todos los seres humanos "conocen a Dios", o que todos los seres humanos tienen la obra de la ley "escrita en sus corazones", significa que hay una plantilla en forma de gloria en cada corazón esperando recibir la gloria de Dios. Todos "conocemos a Dios" en el sentido de que tenemos este testimonio en nuestro corazón, sabemos que fuimos hechos para esa gloria. Hay una expectativa y un anhelo latentes, y su forma está profundamente enterrada en nuestra alma.

Corazones ceñidos fuertemente por amores ajenos

La razón por la que no vemos la gloria de Dios no es que la plantilla sea defectuosa o que la gloria de Dios no esté brillando. La razón es la "dureza de [nuestro] corazón" (Ef. 4:18). Esta dureza es una profunda aversión a Dios y un correspondiente amor por la autoexaltación. Pablo dijo que la mentalidad de la carne es hostil a Dios (Ro. 8:7). Y Jesús dijo que "la luz vino al mundo, y los hombres amaron más las tinieblas que la luz" (Jn. 3:19). Nuestro problema no es que nos falte la luz, sino que amamos la oscuridad. Esa es la dureza de nuestro corazón.

Por lo tanto, en mi analogía de la plantilla, esto significa que las formas ahuecadas del molde, que están perfectamente moldeadas para la gloria de Dios, están en cambio llenas de amor por otras cosas. Así que, cuando la gloria de Dios brilla en el corazón —la creación, la encarnación, Jesús o el evangelio— no encuentra su lugar. No se siente o percibe como apropiada. Para la mente natural, la mente cuyo molde glorioso está lleno de ídolos, la gloria de Dios es "locura" (1 Co. 2:14), no encaja. Como Jesús dijo a aquellos cuya dureza los empujó hasta el asesinato: "Procuráis matarme, porque mi palabra no halla cabida en vosotros" (Jn. 8:37). Por supuesto, podían interpretar y recordar sus palabras; pero no podían verlas como gloriosas o convincentemente bellas. Escucharon las palabras, pero no las amaron. Amaban la oscuridad que llenaba la plantilla que fue diseñada para el brillo de la gloria de Dios.

La excavación sobrenatural de la plantilla

Tal vez usted puede ver ahora por qué dije que el presente libro es acerca de lo que significa leer la Biblia sobrenaturalmente. Si estamos en el camino correcto, la única esperanza para ver la gloria de Dios en las Escrituras es que Dios pueda extirpar los substitutos idolátricos, duros como un diamante y apiñados en la plantilla de nuestro corazón, para que brille la gloria de Dios. La Biblia se refiere a este acto sobrenatural de muchas maneras. Por ejemplo, describe este rompimiento sobrenatural como: resplandor en nuestros corazones de la gloria divina (2 Co. 4:6); como mansedumbre, corrección y arrepentimiento (2 Ti. 2:25); como el privilegio de creer (Fil. 1:29); como levantarnos de entre los muertos (Ef. 2:5); como un nuevo nacimiento por la palabra (1 P. 1:23; Stg. 1:18); como la revelación especial del Padre (Mt. 16:17) y del Hijo (Mt. 11:27); como la iluminación de los ojos del corazón (Ef. 1:18); como recibir el secreto del reino de Dios (Lc. 8:10).

Cuando este milagro nos ocurre, la gloria de Dios corta, quema, derrite y elimina de la plantilla el cemento suicida de los amores ajenos y toma su lugar legítimo. Nosotros fuimos hechos para esto. Y el testimonio de esta gloria a la autenticidad de las Escrituras es abrumador. Donde antes solo veíamos necedad, ahora vemos la belleza toda satisfactoria de Dios. Dios ha hecho esto sobrenaturalmente.

Nadie simplemente decide experimentar las Escrituras cristianas como la verdad toda convincente y toda satisfactoria en la vida de uno. Poder ver es un regalo, y así el acoger libremente la Palabra de Dios es un regalo. El Espíritu de Dios abre los ojos de nuestro corazón, y lo que alguna vez fue aburrido, absurdo, tonto, mítico, ahora es evidentemente real.

Así que mi argumento en *Una gloria peculiar* es que la gloria de Dios, en y por medio de las Escrituras, es una realidad, objetiva, real y autoautentificadora. Es una base sólida para una fe bien fundada en la verdad de la Biblia. Esta fe no es un salto en la oscuridad. No es una suposición, ni una apuesta. Si lo fuera, nuestra fe no sería honrar a Dios. Dios no es honrado si es elegido por lanzar una moneda. Un salto a lo desconocido no es un homenaje a alguien que se ha hecho inconfundiblemente conocido por una gloria peculiar.

Es una gloria peculiar

Hasta este punto, en mi recapitulación de *Una gloria peculiar*, no he enfatizado la palabra "peculiar". ¿Qué implica esta palabra? Implica que la forma en que las Escrituras revelan su completa veracidad es mediante una gloria peculiar. En otras palabras, el poder de las Escrituras para justificar una confianza bien fundamentada no es por la gloria *genérica*. No es por simple deslumbramiento, no es simplemente por aturdir la mente por la existencia de un ser sobrenatural. Más bien, lo que vemos como ineludiblemente divino es una gloria *peculiar*, y en el centro de esta gloria peculiar está la gloria absolutamente única de Jesucristo.

Hay una esencia, un centro, o una peculiaridad dominante en la forma en que Dios se glorifica a sí mismo en las Escrituras. Esta peculiaridad dominante es la revelación de la majestad de Dios en la mansedumbre, su fuerza en el sufrimiento y la riqueza de su gloria en la profundidad de su entrega. Esta gloria peculiar está en el corazón del evangelio de Jesucristo. Junto con innumerables manifestaciones en las Escrituras, este es el resplandor central de "la luz del evangelio de la gloria de Cristo, el cual es la imagen de Dios" (2 Co. 4:4). Esto es lo que irrumpe en el corazón y la mente de la persona en quien Dios brilla con la luz "para iluminación del conocimiento de la gloria de Dios en la faz de Jesucristo" (2 Co. 4:6).

Encontrando la gloria en Jesús

Este peculiar brillo resplandece en toda la Biblia, pero encuentra su más bello resplandor en la persona y obra de Jesucristo. Mi conjetura es que la gran mayoría de las personas que llegan a creer en la inspiración y la completa veracidad divinas de la Biblia llegan a esta convicción a través de un encuentro irresistible con Jesucristo. La gloria peculiar que autentifica la Biblia brilla primeramente y con más claridad en Jesús.

¿Cómo sucede esto? A veces es una palabra o una acción particular de Jesús que penetra el corazón y comienza a hacer añicos la dureza que obstaculiza la luz de la belleza de Cristo. Pero, tarde o temprano, todo el retrato bíblico, que culmina en la crucifixión y la resurrección, nos conquista y supera toda resistencia.

Cuando las iglesias de Galacia comenzaron a alejarse del evangelio de Jesús, Pablo les escribió y les dijo: "¡Oh gálatas insensatos, ante cuyos ojos Jesucristo fue presentado como crucificado! ¿Quién les hechizó?" (Gá. 3:1, RVA-2015). Esta presentación clara vino con *palabras*, no imágenes. Pero era tan real y tan viva que Pablo dijo que era un llamamiento a sus ojos —"*ante cuyos ojos* Jesucristo fue presentado". Ellos *vieron* la gloria peculiar de Cristo en la predicación del evangelio.

Pablo estaba tan inmerso en su aparente desviación que lo llamó una especie de hechicería: "¿Quién *los hechizó*?". Se habían convertido al ver la gloria peculiar de Jesús muy vívidamente en su crucifixión. Su esperanza era que su carta expulsaría las falsas apreciaciones y restauraría la visión viva de la gloria de Cristo. Así es como la mayoría de la gente llega a una fe bien fundada en Cristo y en su Palabra.

Un bosquejo del retrato bíblico de Jesús

Puede ser que usted no tenga muy en claro lo que quiero decir con el "retrato bíblico" de Jesús. Tal vez no le resuena la idea de que su mente y corazón puedan ser llevados a una confianza bien fundamentada en Cristo a través de la gloria peculiar de su retrato bíblico. Si es así, permítame tratar de bosquejar una pequeña versión de ese retrato. El objetivo aquí es ilustrar la constelación luminosa de las palabras y acciones de Jesús, con la esperanza de que usted vea cómo su gloria divina brilla a través de su singularidad acumulativa y polifacética.

Nadie amó más a Dios y al ser humano

Jesús era una persona de un amor inquebrantable e incomparable por Dios y por el ser humano. Se enojó cuando Dios fue deshonrado por falta de reverencia (Mr. 11:15-17), y cuando el hombre fue destruido por la religión (Mr. 3:4-5). Él nos enseñó y mostró cómo ser pobres en espíritu, mansos, hambrientos de justicia, puros de corazón, misericordiosos y pacificadores (Mt. 5:3-9). Él nos instó a honrar a Dios desde el corazón (Mt. 15:8) y a eliminar toda hipocresía (Lc. 12:1). Jesús practicaba lo que predicaba, era manso y humilde de corazón (Mt. 11:29). Su vida fue resumida como el que "anduvo haciendo bienes y sanando" (Hch. 10:38).

Él pasó tiempo con los niños y los bendijo (Mr. 10:13-16). Cruzó las barreras sociales para ayudar a las mujeres (Jn. 4), a los extranjeros (Mr. 7:24-30), a los leprosos (Lc. 17:11-19), a las prostitutas (Lc. 7:36-50), los recaudadores de impuestos (Mt. 9:9-13) y a los mendigos (Mr. 10:46-52). Él lavó los pies de sus discípulos, como un esclavo, y les enseñó a servir antes que ser servidos (Jn. 13:1-20).

Aun cuando Jesús estaba agotado, de su corazón brotaba la compasión ante las multitudes apremiantes (Mr. 6:31-34). Incluso cuando sus propios discípulos eran cambiantes y hasta estaban listos a negarlo y abandonarlo, Él quería estar con ellos (Lc. 22:15), y oró por ellos (Lc. 22:32). Jesús nos dijo que su vida era entregada en rescate por muchos (Mr. 10:45); incluso cuando estaba siendo ejecutado, oró por el perdón de sus asesinos (Lc. 23:34).

Nadie fue más veraz y auténtico

Jesús no solamente es retratado como lleno de amor a Dios y al ser humano; sino también se presenta como absolutamente veraz y auténtico. Él no actuó en su propia autoridad para ganar elogios mundanos. Guió a los hombres hacia su Padre en el cielo. "El que habla por su propia cuenta, su propia gloria busca; pero el que busca la gloria del que le envió, éste es verdadero, y no hay en él injusticia" (Jn. 7:18). Jesús no tiene el espíritu de un ególatra o un charlatán. Parece estar completamente en paz consigo mismo y con Dios; es auténtico.

Esto es evidente en la forma en que vio a través de la farsa (Mt. 22:18). Era tan puro y perspicaz que no podía ser engañado ni acorralado en el debate (Mt. 22:15-22). Él era sorprendentemente tenaz en sus demandas, incluso hacia aquellos para quienes tenía un afecto especial (Mr. 10:21). Nunca suavizó el mensaje de la justicia para ganar aceptación. Incluso sus oponentes estaban aturdidos por su indiferencia a la alabanza humana: "Maestro, sabemos que eres hombre veraz, y que no te cuidas de nadie; porque no miras la apariencia de los hombres, sino que con verdad enseñas el camino de Dios" (Mr. 12:14). Nunca tuvo que retroceder de una afirmación y no pudo ser condenado por ningún mal (Jn. 8:46).

Nadie habló con tal modesta autoridad

No obstante, lo que hizo que todo esto fuera particularmente sorprendente fue la discreta e inconfundible *autoridad* que resonaba a través de todo lo que hacía y decía. Los alguaciles de los fariseos hablan por todos nosotros cuando dicen: "¡Jamás hombre alguno ha hablado como este hombre!" (Jn. 7:46). Había algo incuestionablemente diferente en Él: "Les enseñaba como quien tiene autoridad, y no como los escribas" (Mt. 7:29). Sin embargo, no sentía necesidad de hacer alarde de ello. Todo esto era natural para Él.

Sus afirmaciones no eran la declaración abierta del poder mundano que los judíos esperaban del Mesías. De todas maneras, eran inconfundibles. Aunque nadie lo entendió en ese momento, no había duda de que había dicho: "Destruid este templo, y en tres días lo levantaré" (Jn. 2:19, véase Mt. 26:61). Ellos pensaron que era una afirmación absurda que por su cuenta Él podría reconstruir un edificio que tardó cuarenta y seis años en construirse. Pero Él afirmaba, a su manera típicamente velada, que se levantaría de entre los muertos, y lo haría por su propio poder; "lo levantaré" dijo.

En su último debate con los fariseos, Jesús los silenció con la pregunta: "¿Qué pensáis del Cristo? ¿De quién es hijo? Le dijeron: De David"

(Mt. 22:42). En respuesta a esto, Jesús citó al rey David, cuando habla en Salmos 110:1: "Jehová dijo a mi Señor: Siéntate a mi diestra, hasta que ponga a tus enemigos por estrado de tus pies". Entonces, solo con una autoridad ligeramente velada, Jesús les preguntó: "David, pues, le llama Señor; ¿cómo entonces es su hijo?" (Lc. 20:44). En otras palabras, para aquellos que tienen ojos para ver, el hijo de David, y *mucho más que el hijo de David*, está aquí.

Esta es la forma en que lo puso más de una vez: "Pues os digo que *uno mayor* que el templo está aquí" (Mt. 12:6), "*más que* Jonás en este lugar... *más que* Salomón en este lugar" (Mt. 12:41-42). Este tipo de afirmación velada recorre todo lo que Jesús dijo e hizo. Para aquellos que tienen ojos para ver, y oídos para oír, algo inimaginablemente grande y glorioso está aquí.

El velo es levantado

En ese entonces había palabras que no estaban veladas, y de hecho eran blasfemamente autoexaltadas, a menos que fueran verdaderas. Él ordenó a los espíritus malignos (Mr. 1:27) y a todas las fuerzas de la naturaleza (Mr. 4:40), y le obedecieron. Otorgó perdón por los pecados (Mr. 2:5), que únicamente Dios puede hacer (Mr. 2:7). Convocó a la gente a dejarlo todo y seguirlo a Él para tener vida eterna (Mr. 10:17-22; Lc. 14:26-33). Dijo que se pararía en el día del juicio y declararía quién entrará al cielo y quién no (Mt. 7:23). Además, afirmó asombrosamente que "a cualquiera, pues, que me confiese delante de los hombres, yo también le confesaré delante de mi Padre que está en los cielos. Y a cualquiera que me niegue delante de los hombres, yo también le negaré delante de mi Padre que está en los cielos" (Mt. 10:32-33). Dijo que era el árbitro final del universo.

Amor y sacrificio máximos

Luego, con todo este poder, todo este potencial para hacer de su vida un exquisito placer y fama en la tierra, lo sacrifica todo por la felicidad eterna de los pecadores. Dice inflexiblemente que "el Hijo del Hombre no vino para ser servido, sino para servir, y para dar su vida en rescate por muchos" (Mr. 10:45). Una y otra vez les dijo a sus discípulos lo que iba a ocurrir, que "le era necesario al Hijo del Hombre padecer mucho, y ser desechado por los ancianos, por los principales sacerdotes y por los escribas, y ser muerto, y resucitar después de tres días" (Mr. 8:31).

En toda su entrega, estaba cumpliendo intencionalmente las Escrituras. "El Hijo del Hombre va, según está escrito de él" (Mr. 14:21). Así que no solo se sometió a la muerte, también se sometió completamente a su Padre que está en los cielos (Jn. 5:19), y a la palabra de Dios en las Escrituras. No estaba atrapado en una trama de circunstancias trágicas; estaba dispuesto a dar su vida. "Yo pongo mi vida, para volverla a tomar. Nadie me la quita, sino que yo de mí mismo la pongo. Tengo poder para ponerla, y tengo poder para volverla a tomar" (Jn. 10:17-18).

El objetivo de su sacrificio, dijo, era el perdón de los pecados. "Esto es mi sangre del nuevo pacto, que por muchos es derramada para remisión de los pecados" (Mt. 26:28). Este fue el amor más grande que jamás se había mostrado en toda la historia de la humanidad, porque la persona más grande hizo el mayor sacrificio por el mayor regalo a los menos dignos. "Como había amado a los suyos que estaban en el mundo, los amó hasta el fin" (Jn. 13:1).

Resucitó, reina y vendrá

Cuando resucitó de entre los muertos al tercer día, como dijo (Lc. 24:6-7), se apareció a sus discípulos durante cuarenta días, dándoles muchas pruebas de que Él no era un fantasma, sino la misma persona, cuerpo y espíritu a quien ellos habían conocido durante tres años (Lc. 24:39-42; Hch. 1:3). Él les dio un mandato universal de hacer discípulos de todas las naciones (Mt. 28:19); prometió enviar a su Espíritu y estar con ellos hasta el fin del mundo (Jn. 14:26 y Mt. 28:20). Ascendió al cielo donde reina sobre el mundo (Ap. 17:14; 1 P. 3:22) a la diestra de Dios el Padre (Mt. 22:44; 26:64). Prometió que volvería a la tierra en poder y gran gloria (Mt. 16:27; 24:30) y que llevaría a todo su pueblo al gozo eterno (Mt. 25:21).

Este es un bosquejo básico de la presentación bíblica de Jesús. Mi argumento en *Una gloria peculiar* es que la gloria peculiar de Dios en las Escrituras llega a su expresión más clara en este Jesús. Su gloria resplandece a través del relato bíblico de su vida y obra. Esta gloria es una realidad objetiva, real y autoautentificadora. Es la base sólida para una fe bien fundamentada en la verdad de la Biblia.

Respondiendo a la acusación de circularidad

Alguien puede plantear la objeción de que estoy discutiendo en círculos. Puede decirse que estoy asumiendo la confiabilidad de la representación bíblica de Jesús (al citar todos estos textos), aun si lo argumento. Hay dos clases de respuestas a esta objeción. Una es la respuesta académica que dice "no", incluso si asumes la postura más crítica hacia los registros del Nuevo

Testamento, no hay ningún escritor de un Evangelio y (para usar el lenguaje de los eruditos críticos) ningún nivel de tradición, donde este tipo de presentación no esté presente. Este es el Jesús que conocemos de la historia. No hay un Jesús natural y cómodo que encaje en preconceptos. No hay una reconstrucción de otro Jesús más históricamente confiable que esta.[3]

La otra respuesta a la objeción de la circularidad es que la presentación de Jesús en el Nuevo Testamento es autoautentificada. La mayoría de las personas no tienen acceso a los argumentos académicos históricos para la fiabilidad de los Evangelios. Mi argumento es que esto no necesita ser un obstáculo para llegar a una fe bien fundamentada. La realidad del mismo Jesús, tal como lo representa el Nuevo Testamento, lleva en ella suficientes marcas de autenticidad que podemos tener plena confianza en que esta presentación es verdadera. Estoy llamando a esto la belleza autoautentificadora, que resplandece a través de la presentación que hace el Nuevo Testamento de Jesús, la gloria peculiar de Dios.

Fe bien fundamentada para los que no son historiadores

De hecho, uno de los impulsos claves detrás del argumento de *Una gloria peculiar* es la preocupación de que debe existir una manera para que la persona menos ilustrada tenga una confianza bien fundamentada de que el evangelio es verdadero. Por ejemplo, ¿qué pasa con un miembro de una tribu prealfabetizada en las montañas de Papúa, Nueva Guinea, que acaba de escuchar la historia del evangelio presentada por primera vez por un misionero? ¿O qué pasa con un niño que tiene nueve o diez años de edad y ha escuchado el evangelio de sus padres durante años? Estas personas no tienen acceso a argumentos históricos sobre la autenticidad de los documentos del Nuevo Testamento. ¿Pueden llegar a una confianza bien fundamentada (no un salto en la oscuridad) de que el evangelio es verdadero y que las Escrituras son confiables?

Jonathan Edwards compartía esta preocupación hace más de 250 años. Él había aceptado un puesto como misionero a los nativos americanos de Nueva Inglaterra. Sabía que si ellos podían alcanzar una confianza bien fundamentada en la verdad del evangelio, no sería por medio de un razonamiento académico, histórico. Mi enfoque de este problema se basa en la respuesta de Edwards. Él dijo: "El evangelio del Dios bendito no busca

3. He argumentado esto más plenamente en mi libro titulado *Lo que Jesús exige del mundo* (Grand Rapids:, MI Editorial Portavoz, 2007), pp. 28-35.

en el exterior su evidencia, tanto como algunos piensan: tiene su más alta y apropiada evidencia en sí mismo... La mente asciende a la verdad del evangelio, pero paso a paso y esa es su gloria divina".[4] Extendiendo ese argumento a todas las Escrituras; esto es lo que traté de explicar y defender en *Una gloria peculiar*.

El fin del todo es dar gloria a Dios

Otra manera de expresarlo es decir que *Una gloria peculiar* fue una extensa investigación y explicación de las palabras del Catecismo Mayor de Westminster. La pregunta 4 dice: "¿Cómo sabemos que las Escrituras son la palabra de Dios?". Respuesta: "Las Escrituras manifiestan en sí mismas que son la palabra de Dios, *por el fin que se proponen en el todo, cual es dar toda gloria a Dios*". En otras palabras, toda la Biblia, debidamente entendida, tiene este propósito divino de comunicar y exhibir la gloria de Dios. Este objetivo omnipresente de las Escrituras se lleva a cabo de manera que Dios mismo se destaca inequívocamente como el autor infalible que guía a los autores humanos de la Biblia.

La Biblia, el libro de Dios

Por lo tanto, mi conclusión (con unas trescientas páginas de argumentación y explicación) es que "la Biblia, que consiste de los sesenta y seis libros del Antiguo y Nuevo Testamento, es la palabra infalible de Dios, inspirada verbalmente por Dios, y sin error en los manuscritos originales".[5] Esto también implica que las Escrituras son la autoridad suprema y final para probar todas las afirmaciones sobre lo que es verdadero, correcto y hermoso. Esto implica que en asuntos que no son explícitamente tratados por la Biblia, lo que es verdadero, correcto y hermoso debe ser evaluado por criterios compatibles con las enseñanzas de las Escrituras. Todo esto implica que la Biblia tiene autoridad final sobre cada área de nuestra vida y que, por lo tanto, debemos intentar que todos nuestros pensamientos, sentimientos y acciones estén alineados con lo que la Biblia enseña.

No escribo estas palabras a la ligera. Son una afirmación asombrosa; y si no son ciertas, son escandalosas. La Biblia no es la carta privada de una comunidad de fe entre otras comunidades de fe. Es un reclamo general en todo el mundo. Dios, el creador, dueño y gobernador del mundo, ha

4. Jonathan Edwards, *A Treatise Concerning Religious Affections*, ed. Paul Ramsey, vol. 2, *The Works of Jonathan Edwards* (New Haven, CT: Yale University Press, 1957), pp. 299, 307.

5. Párrafo 1.1 de *Bethlehem Baptist Church Elder Affirmation of Faith*.

hablado. Sus palabras son válidas y vinculantes para todas las personas en todas partes. Eso es lo que significa ser Dios.

Para nuestro asombro, ¡la forma de hablar de Dios con autoridad infalible en el siglo XXI es a través de *un libro*! Un libro, no muchos. ¡No este libro!, sino la Biblia. Esa es la impresionante declaración de las Escrituras. Las implicaciones de esto son enormes, incluyendo las implicaciones sobre cómo leer la Biblia.

Dos hechos llenos de implicaciones

Hemos visto que hay otro hecho espectacular que está lleno de implicaciones sobre cómo debemos leer la Biblia. Primero, está el hecho de que el Creador del universo ha hablado a través de *un libro*. Segundo, está el hecho de que Él ha mostrado que este libro es completamente verdadero por la gloria divina que se revela a través de él. Ambos hechos están cargados de implicaciones con relación a cómo leer el libro. Por un lado, es un libro compuesto por un lenguaje humano ordinario que necesita ser comprendido; después de todo, es un verdadero libro humano. Y, por otro lado, es luminoso por la luz sobrenatural de la gloria divina. Lo que significa, como dijimos al principio, que la Biblia requiere más que su lectura natural. No menos, sino más. Natural *y* sobrenatural. Si falta cualquiera de estos dos elementos, leeremos incorrectamente la Palabra de Dios.

La estructura de este libro

El presente libro tiene tres partes. La Parte I plantea la pregunta más importante: *¿Según la Biblia, cuál es el objetivo supremo de leer la Biblia?* Propongo una respuesta con seis implicaciones, y luego dedico diez capítulos a revelar y probar estas implicaciones. La Parte II resuelve la inferencia que hago en la Parte I de que leer la Biblia realmente debe ser un acto sobrenatural, si las metas de Dios para nuestra lectura de la Biblia van a ser alcanzadas. Por último, en la Parte III trato con el trabajo práctico de esta afirmación en el aparente acto humano de la lectura: el acto natural de leer la Biblia sobrenaturalmente.

PARTE I

El objetivo supremo de leer la Biblia

... que el valor infinito de Dios y su belleza *sean exaltados en la eterna y ferviente adoración de la esposa de Cristo, comprada con su sangre, de cada pueblo, idioma, tribu y nación...*

Introducción a la Parte I

La propuesta

Algunos autores dejan marcas de su paternidad literaria que no tienen nada que ver con el enfoque de su libro. Ese parece ser el caso, por ejemplo, de las cartas del apóstol Pablo. Él escribió: "La salutación es de mi propia mano, de Pablo, que es el signo en toda carta mía; así escribo" (2 Ts. 3:17). Nuevamente, en Gálatas 6:11 escribió: "Mirad con cuán grandes letras os escribo de mi propia mano". En otras palabras, estas marcas de su paternidad literaria no son el gran enfoque en sus cartas. No es la visión de Dios y de Cristo y de la vida cristiana lo que lo instaron a escribir en primer lugar. Estas son la firma. Y aunque la firma es importante para la autentificación, no es esencial para el mensaje.

Otros autores desarrollan un estilo de escritura único que funciona como una marca de su propia paternidad literaria. Se piensa en el uso de la paradoja de G. K. Chesterton, o en las frases *staccato* de Ernest Hemingway. O las descripciones floridas de Charles Dickens. O la brevedad de los versos engañosamente simples de Emily Dickinson. Por supuesto, estos estilos no están artificialmente desconectados del mensaje o del propósito de los escritos, pero tampoco son el punto principal. Probablemente, cada autor diría que son esenciales para lo que están tratando de hacer en general. Pero dudo que alguno de ellos dijera: "Lo principal que quiero que quede en las personas, acerca de mi trabajo, es mi estilo".

El significado de la gloria es la señal de la divinidad

Sin embargo, las cosas son diferentes cuando pensamos en la relación de Dios con la Biblia. Él no la firmó con una firma distintiva y, cuando la inspiró (2 Ti. 3:16), no anuló los estilos individuales de los autores humanos para crear un estilo propio, tal como una dicción divina, un vocabulario celestial o una cadencia divina. Cuando los alguaciles de los fariseos decían de Jesús que "¡Jamás hombre alguno ha hablado como este hombre!", no se referían a su acento, su vocabulario ni a su habilidad oratoria. Se referían a la naturaleza global y el impacto del hombre cuando hablaba. Los fariseos vieron a dónde iba esto y dijeron: "¿También vosotros habéis sido engañados? ¿Acaso ha creído en él alguno de los gobernantes, o de los fariseos?" (Jn. 7:46-48). En otras palabras, vieron que los alguaciles comenzaban a ver algo que despierta la fe. Pero no era una firma o un estilo.

Lo que es diferente en la forma en que Dios autentifica la Biblia es que el fundamento que Él da para la verdad de la Biblia es igual al centro y al objetivo del mensaje bíblico. La gloria peculiar de Dios es tanto la sustancia como el sello de la historia que la Biblia relata. No es como si Dios hablara en sus palabras, revelando su naturaleza y sus propósitos y luego deba agregar una marca separada para su divinidad, como una firma o un estilo. Su gloria, a través de su palabra, es el mensaje *y* su marca.

Ciertamente, Dios a menudo "daba testimonio a la palabra de su gracia, concediendo que se hiciesen por las manos de ellos señales y prodigios" (Hch. 14:3). Pero los signos y las maravillas no eran decisivos. Podían ser negados, distorsionados y rechazados tan completamente como lo era su palabra; sabemos que ocurrió así en la vida de Judas y de ciertas personas que vieron a Jesús resucitar a Lázaro de entre los muertos y luego ayudaron a sus asesinos (Jn. 11:45-53). Más bien, esos milagros fueron tejidos juntamente con la palabra de Dios en un tapiz de la revelación de la gloria peculiar de Dios. Esa gloria es el significado supremo de este tapiz y la marca decisiva de su realidad divina.

Implicaciones para la gran imagen

Si esto es cierto, entonces no nos sorprendería que la Biblia requiriera de una lectura sobrenatural, ya que ver la gloria divina en palabras humanas no es la manera común de leer un libro. Pero nos estamos adelantando. ¿Es cierto que la gloria peculiar de Dios es el significado supremo de este tapiz de las Escrituras? ¿Es esto lo que debemos tratar de ver cuando leemos la Biblia? Esta es nuestra primera pregunta clave en este libro, y de eso trata esta Parte I.

La forma en que me gustaría plantear la pregunta es la siguiente: ¿Qué dice la Biblia en sí misma que es la meta suprema de leerla? Si la Biblia deja en claro que el objetivo de leerla es ver lo que solo puede ser visto sobrenaturalmente, entonces las implicaciones para cómo leemos la Biblia serán profundas. Así que nos preguntamos en la Parte I lo que la Biblia nos dice que es la meta suprema de leerla. Luego, en la Parte II, examinamos la implicación de que esto requiere una lectura sobrenatural de la Biblia.

Y, finalmente, en la Parte III, presentamos las implicaciones de esto para el acto humano ordinario de la lectura bíblica.

La propuesta

Entonces, primero, ¿qué nos dice la Biblia que es el objetivo supremo de leerla? Lo que sigue es mi respuesta y propuesta a esta pregunta, con seis implicaciones. El objetivo de la Parte I de este libro es ver si esta propuesta y sus implicaciones son verdaderas.

La Biblia misma muestra que nuestro objetivo supremo en su lectura es que el valor infinito de Dios y su belleza sean exaltados en la eterna y ferviente adoración de la esposa de Cristo, comprada con su sangre, de cada pueblo, idioma, tribu y nación. En otras palabras, cada vez que tomemos la Biblia para leerla, debemos intentar que su lectura nos conduzca a este fin. La forma en que nosotros, como individuos, somos capturados en este objetivo supremo a medida que leemos la Biblia, queda clara cuando proponemos seis implicaciones que fluyen como respuesta a nuestra pregunta. Cuando decimos que el objetivo supremo al leer la Biblia es que el valor infinito de Dios y su belleza sean exaltados en la eterna y ferviente adoración de la esposa de Cristo, comprada con su sangre, de cada pueblo, idioma, tribu y nación, implica:

1. que el valor infinito y la belleza de Dios son *el valor y la excelencia supremos* del universo;
2. que la *adoración supremamente auténtica e intensa* del valor y la belleza de Dios es el objetivo supremo de toda su obra y palabra;
3. que debemos siempre leer su Palabra para *ver* este supremo valor y belleza;
4. que debemos buscar en todo nuestro ver el *saborear* su excelencia sobre todas las cosas;
5. que debemos aspirar a ser *transformados* por este ver y saborear en la semejanza de su belleza;
6. de modo que más y más personas sean atraídas hacia la familia de Dios que adora, hasta que la novia de Cristo, a través de todos los siglos y culturas, esté completa en número y belleza.

Los siguientes capítulos en la Parte I se centran en las partes de esta propuesta y las prueban preguntando: ¿Qué dice la misma Biblia acerca de este objetivo propuesto de la lectura y sus implicaciones?

El gran final de las obras de Dios, *que se expresan de manera tan variada en las Escrituras, no es sino uno; y este fin es llamado apropiada y ampliamente la gloria de Dios.*

JONATHAN EDWARDS

[Él] hace todas las cosas según el designio de su voluntad... para alabanza de su gloria.

EFESIOS 1:11-12

1

Leer la Biblia hacia el objetivo supremo de Dios

"Si... hacéis otra cosa, hacedlo todo para la gloria de Dios".

La propuesta

Nuestro objetivo supremo al leer la Biblia es que el valor infinito de Dios y su belleza sean exaltados en la eterna y ferviente adoración de la esposa de Cristo, comprada con su sangre, de cada pueblo, idioma, tribu y nación. Esto implica:

1. **que el valor infinito y la belleza de Dios son *el valor y la excelencia supremos* del universo;**
2. que la *adoración supremamente auténtica e intensa* del valor y la belleza de Dios es el objetivo supremo de toda su obra y palabra;
3. que debemos siempre leer su Palabra para *ver* este supremo valor y belleza;
4. que debemos buscar en todo nuestro ver el *saborear* su excelencia sobre todas las cosas;
5. que debemos aspirar a ser *transformados* por este ver y saborear en la semejanza de su belleza;
6. de modo que más y más personas sean atraídas hacia la familia de Dios que adora, hasta que la novia de Cristo, a través de todos los siglos y culturas, esté completa en número y belleza.

Nuestra propuesta eleva el valor y la belleza de Dios al lugar más alto posible. El objetivo supremo de toda lectura de la Biblia es que el *valor infinito de Dios y su belleza serán exaltados en la eterna y ferviente adoración.* No hay nada más alto que el valor y la belleza de Dios. Eso es lo que expresa la primera implicación: *El valor infinito y la belleza de Dios son el valor máximo y la excelencia del universo.*

Así que lo primero que debemos hacer es aclarar en las Escrituras el significado y luego la supremacía de la *gloria* de Dios. Esto puede parecer extraño ya que ni siquiera usé la palabra *gloria* en mi propuesta o sus implicaciones. Sin embargo, la realidad está ahí, y es lo más importante. Utilicé otras palabras para ello, a saber: "valor y belleza" y "valor y excelencia".

Encontrando palabras para la gloria de Dios

Recuerdo un día cuando estaba en la universidad, Clyde Kilby, mi profesora favorita de inglés, dijo algo a este respecto: "Una de las mayores tragedias de la caída es que nos cansamos de las glorias familiares". Esta simple afirmación se introdujo profundamente en mi conciencia. Me entristeció mucho, porque vi lo superficial e insensible que estaba ante tantas maravillas alrededor de mí. Me inundó un anhelo de no ser así. No quería llegar a los Alpes, pasar maravillado un par de días, para llegar al final de la semana y encontrarme mirando la televisión en el hotel. Lamenté mi capacidad de bostezar durante el "Aleluya" de Handel.

Lo que significa es que detesto la idea de hablar de la gloria de Dios de una manera tan familiar, viciada o, como un cliché, que no despierta ningún sentido de asombro. Por supuesto, me doy cuenta de que solo Dios puede despertar esa verdadera maravilla ante su gloria. Kilby tenía razón. La caída nos ha dejado profundamente disfuncionales emocionalmente. Estamos emocionados por trivialidades e impávidos ante la grandeza. Estiramos un mosquito para admirarlo y nos tragamos un camello de gloria desapercibida. Sin embargo, quiero tratar de usar un lenguaje que nos ayude a ver cuál es la gloria de Dios, si puedo. De ahí el esfuerzo de encontrar otras palabras además de *gloria*, tales como *valor* y *belleza* o *valor* y *excelencia*.

¿Qué es la gloria de Dios?

Mi comprensión de la gloria de Dios ha sido profundamente moldeada por su relación con la santidad de Dios. Tengo en mente el modo en que esta relación llega a ser expresada en Isaías 6:1-3:

> En el año que murió el rey Uzías vi yo al Señor sentado sobre un trono alto y sublime, y sus faldas llenaban el templo. Por encima de él había serafines; cada uno tenía seis alas; con dos cubrían sus rostros, con dos cubrían sus pies, y con dos volaban. Y el uno al otro daba voces, diciendo: Santo, santo, santo, Jehová de los ejércitos; toda la tierra está llena de su gloria.

¿Por qué el profeta no dijo: "Santo, santo, santo, Jehová de los ejércitos; toda la tierra está llena de su *santidad*"? Mi sugerencia es que la gloria de Dios es la santidad de Dios puesta en exhibición. Cuando la santidad de Dios brilla en la creación, se llama "gloria de Dios".

La santidad de Dios

Esto fomenta la pregunta sobre el significado de la *gloria* nuevamente en la santidad de Dios. ¿Qué es eso?[1] El significado de la raíz hebrea de la palabra del Antiguo Testamento para *santo* (*kadosh*) es la idea de estar separado; diferente de algo, separado de algo. Cuando se aplica a Dios, significa que la santidad de Dios es su separación de todo lo que no es Dios. Esto, entonces, significa que Él conforma una categoría en sí mismo. Y como todas las cosas buenas que son raras, cuanto más raras más valiosas son. Por lo tanto, Dios es supremamente valioso.

Podemos ver este significado de la santidad de Dios en las siguientes dos ilustraciones. Primero, cuando Moisés golpeó la roca en lugar de hablarle de la manera que Dios le había enseñado, Dios le dijo: "Por cuanto no creísteis en mí, para *santificarme* delante de los hijos de Israel, por tanto, no meteréis esta congregación en la tierra que les he dado" (Nm. 20:12, véase 27:14). En otras palabras, cuando Moisés desconfió de Dios, no lo trató como si tuviera una magnífica clase de poder y confiabilidad en sí mismo. Él lo trató como otra persona común que no era digna de recibir toda la confianza, como alguien que no puede o no está dispuesto a hacer lo que dijo. Pero Dios no es común. No es como los demás. Él es santo.

Segundo, en Isaías 8:12-13, Dios le dice a Isaías: "No llaméis conspiración a todas las cosas que este pueblo llama conspiración; ni temáis lo que ellos temen, ni tengáis miedo. A Jehová de los ejércitos, a él *santificad*; sea él vuestro temor, y él sea vuestro miedo". En otras palabras, no coloquemos a

1. En la parte que sigue, estoy adaptando algunas cosas que escribí acerca de la santidad en *Acting the Miracle: God's Work and Ours in the Mystery of Sanctification*, ed. John Piper y David Mathis (Wheaton, IL: Crossway, 2013), pp. 29-41, 127-38.

Dios en el mismo lugar donde están todos nuestros otros temores y miedos. Tratémoslo como un miedo y un temor absolutamente únicos. Pongámoslo aparte de todos los miedos y temores comunes.

Así es como concibo la santidad de Dios. Dios está tan separado, tan arriba, tan distinto de todo lo demás, de todo lo que no es Dios, que es autoexistente y autosustentable y autosuficiente. Así es infinitamente completo y perfecto en sí mismo. Él está separado de y es trascendente sobre todo lo que no es Dios. Así que no fue llevado a la existencia por nada fuera de sí mismo. Él es, por lo tanto, autoexistente. No depende de nada para su existencia y, por ello, es autosustentable. Y, en consecuencia, es totalmente autosuficiente. Completo, íntegro, perfecto.

La Biblia pone en claro que este Dios autoexistente, autosustentable y autosuficiente existe como tres personas divinas en una esencia divina. Así el Padre conoce y ama al Hijo de manera perfecta, completa e infinita. El Hijo conoce y ama al Padre de manera perfecta, completa e infinita. Y el Espíritu Santo es la expresión perfecta, completa e infinita del amor del Padre y del Hijo entre sí. Esta perfecta comunión trinitaria es esencial para la plenitud y perfección de Dios. No hay falta, ni deficiencia, ni necesidad, sino plenitud y autosuficiencia perfectas.

La dimensión moral de la santidad de Dios

Esta es la santidad de Dios: su plenitud trascendente y su autosuficiencia. Pero hay una dimensión que falta en esta descripción de santidad. Es la dimensión que mencioné anteriormente, que fluye de su absoluta rareza, siendo único en su clase y en su perfección. Esto implica que Él es de valor infinito. Una de las razones por las que es crucial centrarse en este aspecto de la santidad de Dios es que nos ayuda a comprender por qué la Biblia trata la santidad de Dios no solo como la *esencia* de la trascendencia, sino también como *pureza* o *bondad* trascendente.

En otras palabras, la introducción del valor infinito de Dios nos ayuda a concebir la santidad de Dios en categorías morales. Damos esto por sentado y no meditamos cómo puede ser así. ¿Cómo se puede pensar en Dios como infinitamente bueno, recto o puro, cuando no hay normas fuera de Dios para medirlo? Antes de la creación, todo lo que había era Dios. Entonces, cuando lo único que hay es Dios, ¿cómo definimos el bien? ¿Cómo puede la santidad significar más que la trascendencia? ¿Cómo puede haber santidad con una dimensión *moral*?

Mi respuesta es la siguiente: la dimensión moral de la santidad de Dios es que todo afecto, todo pensamiento y todo acto de Dios es consistente con el infinito valor de su plenitud trascendente. En otras palabras, la santidad no solo es el valor infinito de la plenitud transcendente de Dios, sino también la armonía que existe entre el valor de esa plenitud trascendente y todos los demás afectos, pensamientos y actos de Dios. Esta armonía de los actos de Dios con su infinito valor es lo que podemos llamar "la belleza de la santidad de Dios". Stephen Charnock (1628-1680) utiliza una frase singular para expresar lo que estoy tratando de decir. La santidad de Dios, dice él, quiere decir que Él "obra con una disposición acorde con su propia excelencia".[2] La palabra que usa Charnock en inglés es una palabra antigua que significa "adecuación, complacencia, conveniencia, armonía". Así es como un acto de Dios es bueno, puro o perfecto. Es complaciente —perfectamente expresivo y en armonía— con valor de Dios.

La gloria de Dios como la belleza de su santidad

Esto nos lleva nuevamente a la relación entre la santidad de Dios y su gloria. Experimentamos la belleza de la santidad de Dios como la gloria de Dios. A medida que la santidad de Dios se hace expresiva, creando y penetrando en el mundo, la llamamos "gloria de Dios".[3] Su gloria es el fluir de su santidad para que el mundo vea y admire. El largo artículo de Gerhard Kittel sobre la gloria en el *Compendio del Diccionario Teológico del Nuevo Testamento* dice que la gloria de Dios "puede abarcar la honra de Dios, su esplendor, su poder, o su brillo... con énfasis en el elemento de la manifestación visible".[4]

Debemos recordarnos constantemente que estamos hablando de una gloria que finalmente está más allá de cualquier comparación creada. "La gloria de Dios" es la forma en que designamos la belleza infinita y la grandeza infinita de la persona que estaba allí antes de que hubiera cualquier otra cosa. En otras palabras, es el valor, la belleza y la grandeza que existen sin origen, sin comparación, sin analogía, sin ser juzgados o evaluados por ningún criterio externo.

---

2. Stephen Charnock, *The Existence and Attributes of God*, vol. 2 (Grand Rapids, MI: Baker, 1979), p. 115.

3. No quiero decir una limitación ardua de la palabra *gloria* para la manifestación del resplandor de la santidad de Dios en el mundo. Por ejemplo, Jesús ora: "Padre, aquellos que me has dado, quiero que donde yo estoy, también ellos estén conmigo, para que vean *mi gloria que me has dado; porque me has amado desde antes de la fundación del mundo*" (Jn. 17:24). Pero, en general, sostiene que la gloria de Dios es el resplandor de Dios, lo que resplandece de su esencia.

4. G. Kittel, G. Friedrich, editores y G. W. Bromiley traductor al inglés. *Compendio del Diccionario Teológico del Nuevo Testamento*, (Grand Rapids, MI: Libros Desafío, 2002), p. 181.

Es el original absoluto, que todo lo define, de valor, grandeza y belleza. Todo el valor creado, la grandeza y la belleza provienen de Él y apuntan a Él, pero no lo reproducen de manera comprehensiva ni adecuada.

"La gloria de Dios" es una manera de decir que hay una realidad objetiva y absoluta a la que apuntan toda la admiración humana, el temor, la veneración, la alabanza, el honor, la aclamación y la adoración. Hemos sido hechos para encontrar nuestro más profundo placer en admirar lo que es infinitamente admirable, es decir, la gloria de Dios. La gloria de Dios no es la proyección psicológica del anhelo humano hacia la realidad. Por el contrario, el anhelo humano inconsolable es la evidencia de que fuimos hechos para la gloria de Dios.

La suprema importancia de la gloria de Dios

Así que cuando la Biblia pone la gloria de Dios en exhibición como la meta de todo lo que Dios hace, esta es otra manera de decir que el infinito valor y belleza de Dios, o su valor y excelencia, es la realidad suprema en el universo. Y eso es, de hecho, lo que encontramos en la Biblia. De principio a fin, Dios nos dice y nos muestra que su meta final en todo lo que hace es comunicar su gloria para que el mundo vea y para que su pueblo admire, disfrute y alabe.

Podemos demostrar esto señalando seis etapas de redención, comenzando en la eternidad pasada y moviéndonos a través de la creación y la historia hacia la eternidad futura. En cada una de estas etapas, Dios dice explícitamente que su propósito es que su gloria sea conocida y alabada, es decir, alegremente admirada, expresamente disfrutada y apreciada de corazón.

Predestinación

> Bendito sea el Dios y Padre de nuestro Señor Jesucristo, que nos bendijo en Cristo con toda bendición espiritual en los lugares celestiales, así como nos escogió en Él antes de la fundación del mundo, para que fuésemos santos e irreprensibles delante de Él. En amor nos predestinó para adopción por medio de Jesucristo, según el propósito de su voluntad, *para la alabanza de la gloria de su gracia* (Ef. 1:3-6, traducción del autor).

La redención comienza en la eternidad pasada, en el corazón de Dios. Él predestina a un pueblo "para adopción por medio de Jesucristo". Pablo nos habla de la raíz más profunda y el objetivo más alto de esta predestinación. Él dice que está arraigado en el "puro afecto de su voluntad"

(Ef. 1:5). Además, dice que su meta final es "para alabanza de la gloria de su gracia" (Ef. 1:6).

¡Con qué rapidez pasamos sobre esa última declaración, cuyo propósito se expresa en las palabras "habiéndonos predestinado para ser adoptados... para alabanza de la gloria de su gracia"! Ese es el propósito *de Dios.* ¿Y cuál es ese propósito? Que lo alabemos. ¿Que alabemos qué? Su gloria. La gloria peculiar de su gracia. Así que, desde toda la eternidad, el plan de Dios era tener una familia adoptada "por medio de Jesucristo" que alabaría su gloria por toda la eternidad. Hay pocas cosas más importantes que saber. Pocas cosas darán más forma a nuestra vida que eso, si penetra hasta el centro de nuestra alma.

El plan desde la eternidad pasada fue la alabanza para la eternidad futura. El que planificó y el que ha de ser alabado es el mismo Dios. Y el foco de la alabanza es su propia gloria peculiar, que brilla más abundantemente como la gloria de la gracia en la persona y obra de Jesús.

Creación

> Diré al norte: Da acá; y al sur: No detengas; trae de lejos mis hijos, y mis hijas de los confines de la tierra, todos los llamados de mi nombre; *para gloria mía* los he creado, los formé y los hice (Is. 43:6-7).

¿Qué significa "para gloria mía"? No significa que la creación traerá a la existencia la gloria de Dios, Él ya tiene gloria. La creación es un desbordamiento. Significa que la creación mostrará, enseñará o comunicará la gloria de Dios. Por eso es que Israel fue creado. Y por eso es que todos nosotros hemos sido creados. Esta es la idea central de Génesis 1:27-28:

> Y creó Dios al hombre a su imagen, a imagen de Dios lo creó; varón y hembra los creó. Y los bendijo Dios, y les dijo: Fructificad y multiplicaos; llenad la tierra.

Si usted es muy grande y llena la tierra de siete mil millones de imágenes de usted mismo, ¿cuál es su objetivo? Su objetivo es ser conocido y admirado por su grandeza. Pero, por supuesto, desde que el pecado entró en el mundo, los seres humanos prefieren vivir para su propia gloria, no la de Dios. Por eso Dios planeó una historia de redención, para que aquellos que ponen su esperanza en Cristo "seamos para alabanza de su gloria" (Ef. 1:12). Fuimos creados para la gloria de Dios en nuestro primer nacimiento.

Y por Cristo nacemos de nuevo, hechos nuevos como una nueva creación, para su gloria. *La existencia humana es para la gloria de Dios.* Por eso creó el mundo (Sal. 19:1), la raza humana (Gn. 1:27-28) y el nuevo pueblo en Cristo (Ef. 1:12).

Encarnación

> Y aquel Verbo fue hecho carne, y habitó entre nosotros (*y vimos su gloria, gloria como del unigénito del Padre*), lleno de gracia y de verdad (Jn. 1:14).

La encarnación del eterno Hijo de Dios, el Verbo que "era con Dios, y... era Dios" (Jn. 1:1), puso la gloria de Dios en exhibición como nunca antes. "Vimos su gloria, gloria como del unigénito del Padre". Por eso Dios lo envió, y por eso que Él vino.

Pablo marca esto en Filipenses 2:6-11. Describe así la encarnación:

> Aunque estaba en la forma de Dios... Nació en la semejanza de los hombres, y encontrándose en forma humana, Él... fue obediente hasta el punto de morir... Por lo tanto, Dios lo ha exaltado... para que en el nombre de Jesús... toda lengua confiese que Jesucristo es el Señor, *para gloria de Dios Padre* (traducción del autor).

Si usted sigue cuidadosamente la línea de pensamiento, lo que ve es que Dios lo exaltó a Cristo porque tomó forma humana y fue obediente hasta la muerte. Era un humano obediente; por lo cual Dios lo exaltó. Y el propósito de esa encarnación y la exaltación consiguiente fue la *glorificación de Dios*: "Por tanto, Dios lo ha exaltado... para *gloria de Dios Padre*". Así, el propósito de Dios en la encarnación del Hijo fue la exhibición de la gloria peculiar del Padre en la encarnación y en la obra de Cristo.

Propiciación

> Ahora está turbada mi alma; ¿y qué diré? ¿Padre, sálvame de esta hora? Mas para esto he llegado a esta hora. *Padre, glorifica tu nombre.* Entonces vino una voz del cielo: *Lo he glorificado,* y *lo glorificaré otra vez* (Jn. 12:27-28).

Padre, la hora ha llegado; glorifica a tu Hijo, para que también tu Hijo te glorifique a ti (Jn. 17:1).

La hora de que Jesús habla es la hora de su muerte. Había venido a morir: "yo... pongo mi vida por las ovejas" (Jn. 10:15). Y la razón por la cual debe hacerse es que todos los seres humanos están bajo la ira de Dios. No hay esperanza para ninguno de nosotros sin una propiciación, es decir, un sacrificio que elimine la ira de Dios. Jesús se entrega a sí mismo como ese sacrificio. El resultado es que todo el "que cree en el Hijo tiene vida eterna; pero el que rehúsa creer en el Hijo no verá la vida, sino que la ira de Dios está sobre él" (Jn. 3:36). Solamente hay dos opciones: creer y escapar de la ira de Dios, o desobedecer el mandamiento de creer y permanecer bajo la ira. Jesús dijo que vino a proveer este escape para la gloria del Padre: "Para esto he llegado a esta hora. Padre, *glorifica tu nombre*" (Jn. 12:27-28).

El apóstol Pablo explicó más completamente cómo funciona realmente este aspecto de la muerte de Cristo. Él escribió en Romanos 3:25-26:

> Dios puso [a Cristo] como propiciación por su sangre, para ser recibido por la fe. Esto era para *mostrar la justicia de Dios*, porque en su paciencia divina había pasado por alto los pecados anteriores. Era para *mostrar su justicia* en el tiempo presente, para que Él pudiera ser el justo y el que declara justo al que tiene fe en Jesús (traducción del autor).

Pablo dice dos veces que Dios envió a Cristo como una propiciación "para *mostrar* su justicia". También dice que el propósito es "que él *sea* el justo". Así que tres veces Pablo describe la muerte de Jesús como la vindicación de la justicia de Dios.

¿Cristo murió por nosotros o por Dios? Una vez prediqué un sermón en una reunión estudiantil llamada Pasión, bajo el título: "¿Cristo murió por nosotros o por Dios?". Este pasaje, Romanos 3:25-26, era mi texto. La respuesta a la pregunta era que *Cristo murió por la gloria de Dios* para que su muerte pudiera contar para nuestra salvación. ¿Por qué Cristo necesitaba morir para mostrar que Dios es justo? De hecho, ¿por qué necesitaba morir para que Dios, al declarar justos a los pecadores, pudiera Él mismo *ser* justo? La respuesta es dada claramente: "a causa de haber pasado por alto, en su paciencia, los pecados pasados". Dios no había castigado los pecados de los santos del Antiguo Testamento. Él los había pasado por alto. De la misma manera en que Él está pasando por alto los pecados de todos los que confían en Jesús.

Pero él había dicho en Romanos 3:23 que estos pecados menosprecian la gloria de Dios: "Todos pecaron, y *están destituidos de la gloria de Dios*".

Cuando una persona peca, está expresando su preferencia por algo distinto de Dios. Esa persona está diciendo que Dios y su camino son menos satisfactorios que el camino del pecado. Esto es un ultrajante insulto a Dios. Estamos intercambiando la gloria de Dios por otra gloria (Ro. 1:23).

Por lo tanto, pecar *es restar valor a la gloria de Dios*. Si Dios pasara por alto esta actitud y este comportamiento, como si su gloria no fuera de valor infinito, estaría actuando injustamente. Estaría de acuerdo en que otras cosas son más deseables que Él. Esto es injusto. Es una mentira.

Sin embargo, esto es lo que Dios ha hecho. Ha pasado por alto los pecados anteriores. Parece injusto; y esto explica, dice Pablo, por qué Dios presentó a Cristo como propiciación por su sangre. En la muerte de Cristo para la gloria de Dios (Jn. 12:27), Jesús mostró al mundo que Dios no ignora el menosprecio de su gloria. Él no barre los pecados que denigran a Dios y los esconde bajo la alfombra del universo. Él muestra, en la muerte de Cristo, que su gloria es de valor infinito. Él no es injusto; no trató a su gloria como algo inútil. Cuando pasa por alto el pecado por causa de Cristo, toda la creación puede ver que esto no es porque la gloria de Dios sea insignificante, sino porque en Cristo ha hecho una exhibición infinita del valor de la gloria de Dios. "Para esto he llegado a esta hora. Padre, *glorifica tu nombre*" (Jn. 12:27-28).

Por lo tanto, sabemos que *Cristo murió por la gloria de Dios*. Cristo se dio a sí mismo como una propiciación de la ira de Dios para vindicar la justicia de Dios al pasar sobre los pecados que menosprecian a Dios. Y al hacerlo, Cristo mismo, en su muerte y resurrección, se convirtió en parte de la magnífica exhibición divina de la gloria peculiar de Dios.

Santificación

> Esto pido en oración, que vuestro amor abunde aún más y más en ciencia y en todo conocimiento, para que aprobéis lo mejor, a fin de que seáis sinceros e irreprensibles para el día de Cristo, llenos de frutos de justicia que son por medio de Jesucristo, *para gloria y alabanza de Dios* (Fil. 1:9-11).

> Oramos siempre por vosotros, para que nuestro Dios os tenga por dignos de su llamamiento, y cumpla todo propósito de bondad y toda obra de fe con su poder, para que *el nombre de nuestro Señor Jesucristo sea glorificado en vosotros* (2 Ts. 1:11-12).

Dios hace santo a su pueblo; lo santifica para poner en evidencia su propia gloria. Él trabaja en nosotros para que seamos "llenos de frutos de justicia".

¿Para qué? "Para gloria y alabanza de Dios". En Filipenses 1:9-11, podemos fácilmente pasar por alto que Pablo está orando a Dios. Es decir, él le está pidiendo *a Dios* que glorifique a Dios en la justicia de su pueblo. Este es el propósito de Dios y el obrar de Dios, no solo de Pablo.

De manera similar, en 2 Tesalonicenses 1:11-12, Pablo ora para que los creyentes sean capaces de llevar a cabo toda buena obra "para que el nombre de nuestro Señor Jesucristo sea glorificado en vosotros". *Las buenas acciones son para la gloria de Cristo*. Y por medio de Él para la gloria de Dios. Esto es lo que debemos esperar si Dios nos *predestinó* para su gloria, nos *creó* para su gloria y *murió para salvarnos* para su gloria. Paso a paso, en la historia de la redención, Dios está trabajando en todas las cosas para la comunicación de su gloria para el goce de su pueblo.

Consumación

> Los cuales sufrirán pena de eterna perdición, excluidos de la presencia del Señor y de la gloria de su poder, cuando venga en aquel día para *ser glorificado* en sus santos y *ser admirado en* todos los que creyeron (por cuanto nuestro testimonio ha sido creído entre vosotros) (2 Ts. 1:9-10).

En el día final, el fin de la historia tal como la conocemos, Jesús regresará a esta tierra. ¿Para qué? La razón dada aquí es para que Él sea "glorificado en sus santos" y sea "admirado en todos los que creyeron". La palabra *glorificar* no significa "hacer glorioso". Significa *mostrar* su gloria; aclamar, alabar, exaltar, magnificar como glorioso.

Magnificar. Sí, esa es una buena palabra para *glorificar*. Pero es ambigua. No lo magnificamos de la misma manera que un microscopio magnifica. Lo magnificamos de la misma manera que un telescopio magnifica. Un microscopio hace que las cosas pequeñas parezcan más grandes de lo que son. Los telescopios hacen que cosas enormes, que se ven diminutas, parezcan más como lo que realmente son. Es por eso que volverá: con el fin de ser mostrado, visto y disfrutado por quien Él realmente es.

Para nuestra adoración ferviente

De eternidad a eternidad, en la predestinación, la creación, la encarnación, la propiciación, la santificación y la consumación, la Biblia hace explícito que el objetivo final de Dios en todas las cosas es la revelación y exaltación de su gloria. Es evidente en esto que la gloria de Dios es el tesoro supremo sobre todo lo que existe. Es decir (como lo indica la primera implicación de la propuesta) *el valor infinito y la belleza de Dios son el valor supremo y la excelencia del universo.*

Sin embargo, la propuesta que estoy haciendo acerca del objetivo último de leer la Biblia no es solo que la gloria de Dios, la dignidad y belleza de Él, sea revelada y se muestre que es una gloria exaltada. La propuesta es que *el valor infinito y la belleza de Dios serán exaltados en la adoración eterna y ferviente.* Y esto implica que el fin supremo de toda la obra y la palabra de Dios es la adoración supremamente auténtica e intensa de su valor y belleza. En otras palabras, como trataré de mostrar en el próximo capítulo, el objetivo supremo de leer la Biblia no es solo la exaltación mundial del valor de Dios, sino también la exultación de su pueblo en la adoración. Esta gozosa exultación en la adoración es la forma en que Dios planeó la más alta exaltación de su gloria.

A quien amáis sin haberle visto, en quien creyendo, aunque ahora no lo veáis, os alegráis con gozo inefable y glorioso.

1 PEDRO 1:8

Dios, Dios mío eres tú;
De madrugada te buscaré;
Mi alma tiene sed de ti, mi carne te anhela,
En tierra seca y árida donde no hay aguas.

SALMOS 63:1

2

Leer la Biblia hacia una adoración ferviente

"Por cuanto eres tibio... te vomitaré de mi boca".

Propuesta

Nuestro objetivo supremo al leer la Biblia es que el valor infinito de Dios y su belleza sean exaltados en la eterna y ferviente adoración de la esposa de Cristo, comprada con su sangre, de cada pueblo, idioma, tribu y nación. Esto implica:

1. que el valor infinito y la belleza de Dios son *el valor y la excelencia supremos* del universo;
2. **que la *adoración supremamente auténtica e intensa* del valor y la belleza de Dios es el objetivo supremo de toda su obra y palabra;**
3. que debemos siempre leer su Palabra para *ver* este supremo valor y belleza;
4. que debemos buscar en todo nuestro ver el *saborear* su excelencia sobre todas las cosas;
5. que debemos aspirar a ser *transformados* por este ver y saborear en la semejanza de su belleza;
6. de modo que más y más personas sean atraídas hacia la familia de Dios que adora, hasta que la novia de Cristo, a través de todos los siglos y culturas, esté completa en número y belleza.

En la Parte I, preguntamos: "¿Cuál es nuestro objetivo supremo en la lectura de la Biblia?". Nuestra propuesta es que *el valor infinito de Dios y su belleza sean exaltados en la eterna y ferviente adoración de la esposa de Cristo, comprada con su sangre, de cada pueblo, idioma, tribu y nación.*

Nuestro primer paso para establecer esto fue mostrar en las Escrituras, en el capítulo anterior, *que el valor infinito y la belleza de Dios son el valor supremo y la excelencia del universo*. Lo que vimos fue que, desde el principio hasta el fin, Dios eleva su gloria como el objetivo supremo de todas las cosas. Si hubiera algo de mayor valor o excelencia, entonces, Dios parecería ser un idólatra. Él nos conduciría a glorificar lo que no es lo más glorioso. Pero no es un idólatra. Él es justo. Por lo tanto (afirmando nuestra primera implicación), el valor y la belleza de Dios son realmente el valor y la excelencia suprema en el universo. Nada es más valioso o hermoso.

La adoración de Dios es el objetivo de exaltar su dignidad

La segunda implicación de nuestra propuesta se deriva de la primera. *La adoración absolutamente auténtica e intensa del valor y la belleza de Dios es el objetivo supremo de toda su obra y palabra*. Esto está implícito en la primera declaración. Así como también está explícito en la Biblia. Si Dios se revela como el valor supremo y la excelencia en el universo, entonces lo que sigue es que debemos adorarlo por su valor supremo y su belleza, y no solo de manera casual, sino con una devoción ferviente. Nuestra adoración sigue a nuestros valores. Porque eso es lo que es la adoración. Es la experiencia de valorar, apreciar y atesorar lo que percibimos como nuestro mayor tesoro.

Esta segunda implicación también aparece en forma explícita en la Biblia. Jesús dice claramente que Dios está buscando *adoradores*. "Mas la hora viene, y ahora es, cuando los verdaderos adoradores adorarán al Padre en espíritu y en verdad; porque también *el Padre tales adoradores busca que le adoren*" (Jn. 4:23). No es sorprendente, entonces, que la Biblia nos ordene que lo adoremos de acuerdo con su valor supremo:

> Tributad a Jehová, oh hijos de los poderosos,
> Dad a Jehová la gloria y el poder.
> Dad a Jehová la gloria debida a su nombre;
> Adorad a Jehová en la hermosura de la santidad (Sal. 29:1-2).

Hay una gloria que pertenece a su nombre. Es "debida a su nombre". Esto es lo que hemos visto en el celo de Dios para exaltar su gloria como la meta de todas las cosas. Ahora aquí se hace explícito que hay una *respuesta* de nuestra parte: la adoración que está de acuerdo con esta gloria. Esta es la razón por la cual Dios estaba exaltando su gloria, para que pudiéramos adorar. La exaltación *de* Dios hacia Él mismo, apunta a nuestra exultación *en* Dios.

La adoración es el objetivo de cada etapa de la redención

La Biblia lo hace explícito en relación con las seis etapas de la historia redentora que vimos en el capítulo anterior, y cuyo objetivo es la adoración.

- Con respecto a la *predestinación*, "habiéndonos predestinado... para alabanza de su gloria" (Ef. 1:5, 14). No solo para que lo sepamos, sino para alabarlo. El objetivo es la adoración.

- En cuanto a la *creación*, los seres celestiales claman: "digno eres de recibir la gloria y la honra y el poder; porque tú creaste todas las cosas" (Ap. 4:11). La adoración eterna en el cielo sucede precisamente como respuesta a la creación de Dios de todas las cosas.

- En cuanto a la *encarnación* de Cristo y la muerte salvadora, los ángeles del cielo claman: "El Cordero que fue inmolado es digno de tomar el poder, las riquezas, la sabiduría, la fortaleza, la honra, la gloria y la alabanza" (Ap. 5:12). La gloria de la obra salvadora de Cristo será adorada por siempre.

- En cuanto a la *propiciación*, y la gran obra del decisivo rescate de Cristo que remueve la ira, el cielo adora con un nuevo cántico, diciendo: "Digno eres de tomar el libro y de abrir sus sellos; porque tú fuiste inmolado, y con tu sangre nos has redimido para Dios, de todo linaje y lengua y pueblo y nación" (Ap. 5:9).

- En cuanto a la *santificación* del pueblo de Dios, Pablo nos dice que el fin supremo de estar "llenos de frutos de justicia" es que esta transformación podría ser "para gloria y alabanza de Dios" (Fil. 1:11). No solo la gloria sino también la *alabanza*. Lo que hace explícito que el objetivo de la santidad en la vida cristiana es que Dios sea adorado.

- Y con respecto a la *consumación* de todas las cosas en la segunda venida de Cristo, el propósito no es solo que su gloria sea vista, sino que sea "*admirado* en todos los que creyeron" (2 Ts. 1:10).

Por lo tanto, la Biblia es explícita al afirmar que el objetivo de todos los actos de Dios es que podamos alabarlo y adorarlo por su supremo valor y belleza.

Dos preguntas nos presionan

Dos preguntas nos están presionando para obtener respuestas en este punto:

> Primera: ¿Cuál es la adoración que la Biblia dice que es el objetivo supremo de toda la obra y palabra de Dios?
>
> Segunda: ¿Por qué Dios no es un megalómano al exigir este tipo de adoración para sí mismo?

Me planteo estas dos preguntas juntas porque la respuesta a la primera es clave para responder la segunda.

C. S. Lewis sobre la consumación de la alabanza

Primero vi la relación entre estas dos preguntas con la ayuda de C. S. Lewis, para quien, antes de ser creyente, la demanda de Dios por adoración era un gran obstáculo en su fe. Dijo que le parecía "una mujer vana que anhela cumplidos". Pero luego, al descubrir la naturaleza de la adoración, también se contestó la pregunta sobre la aparente vanidad (o megalomanía) de Dios. Él escribió:

> Pero el hecho obvio acerca de la alabanza, ya sea de Dios o de cualquier otra cosa, extrañamente se me escapó. Lo pensé en términos de elogio, aprobación o la entrega de honor. Nunca había notado que todo el gozo espontáneamente se desborda en alabanza... El mundo suena con los amantes de la alabanza elogiando a sus amantes, los lectores a su poeta preferido, los caminantes que elogian el campo, los jugadores que elogian su juego preferido, alabanza del tiempo, vinos, platos, actores, caballos, universidades, países, montañas, sellos raros, escarabajos raros, incluso a veces políticos y eruditos.
>
> Toda mi dificultad en cuanto a la alabanza de Dios dependía de mi negación absurda, en cuanto a lo supremamente valioso, de aquello que nos complace hacer, lo que ciertamente no podemos evitar hacer, todo lo que valoramos.
>
> Creo que nos encanta elogiar lo que disfrutamos porque la alabanza no solo expresa sino que completa el gozo; es su consumación designada.

> No es extraño que los amantes se sigan contando lo hermosos que son, el deleite es incompleto hasta que es expresado.[1]

En otras palabras, la alabanza sincera y cordial no se añade artificialmente al gozo, sino que es la consumación del mismo. El gozo que tenemos en algo hermoso o precioso no es completo hasta que se expresa en algún tipo de alabanza.

La respuesta a la aparente megalomanía de Dios

Lewis vio la implicación de todo esto para el aparentemente vanidoso mandato divino de que lo adoremos. Ahora veía que esto no era vanidad ni megalomanía. Esto era amor. Vemos a Dios buscando la consumación de nuestro gozo en lo que es sumamente agradable para Él mismo.

Si Dios humillara su supremo valor en el nombre de la humildad, *nosotros* seríamos los perdedores, no Dios. Dios es el único ser en el universo para quien la autoexaltación es la más alta virtud. Porque solo hay un ser supremamente bello en el universo. Solo hay una persona que lo satisface todo en el universo. Y, debido a su suprema belleza y grandeza, lo que el salmista dice en Salmos 16:11 es cierto: "En tu presencia hay plenitud de gozo; delicias a tu diestra para siempre". Si Dios lo oculta o lo niega podría parecer humilde, pero Él estaría ocultándonos lo que nos hará completamente felices por siempre.

Sin embargo, si Dios nos ama como dice la Biblia, entonces nos dará lo que es mejor para nosotros, y lo mejor para nosotros es Él mismo. Así que, si Dios nos ama completamente, Dios nos dará a Dios para nuestro gozo, nada más ni nada menos. Pero si nuestro gozo no es completo hasta que termine en la alabanza, entonces Dios no estaría amándonos si fuera indiferente a nuestra alabanza. Si Él no persigue nuestra alabanza en todo lo que Él hace (¡como hemos visto!), Él no estaría persiguiendo la plenitud de nuestra satisfacción. No estaría amándonos.

Entonces lo que emerge es que la autoexaltación omnipresente de Dios en la Biblia, que haga todo para mostrar su gloria y ganar nuestra adoración, no es falta de amor; es la manera en que ama un Dios infinitamente glorioso. Su mayor don de amor es darnos una participación en la propia satisfacción que tiene en su propia excelencia, y luego convocar a esa

---

1. C. S. Lewis, *Reflections on the Psalms* (Nueva York: Harcourt, Brace & World, 1958), pp. 93-95. Publicado en español por Editorial Planeta con el título *Reflexiones sobre los Salmos*, 2010.

satisfacción a su plena consumación en la alabanza. Por eso sostengo que el culto supremamente auténtico e intenso del valor y la belleza de Dios es el objetivo último de toda su obra y palabra.

Supremamente auténtico e intenso

No obstante, ¿qué pasa con las palabras "supremamente auténtico e intenso"? ¿Y qué hay de la frase "adoración ferviente"? Nuestro objetivo final en la lectura de la Biblia que estoy discutiendo es que el valor infinito y la belleza de Dios serían exaltados en la adoración eterna y *ferviente*. Cuando utilizo la frase "adoración ferviente", estoy convocando a las implicaciones viscerales de las palabras "supremamente auténtico e intenso". La razón por la cual estas palabras son importantes es que hay una correlación entre la medida de nuestra intensidad en la adoración y el grado en que exhibimos el valor de la gloria de Dios. El afecto tibio por Dios da la impresión de que es moderadamente agradable. Él no es moderadamente agradable, es infinitamente agradable. Si no estamos intensamente contentos, necesitamos perdón y sanación. Lo cual, por supuesto, lo necesitamos.

Sabemos esto porque Jesús le dijo a la iglesia de Laodicea: "Pero por cuanto eres tibio, y no frío ni caliente, te vomitaré de mi boca" (Ap. 3:16). Lo contrario de ser tibio en nuestro afecto por Jesús es lo que Pablo ordena en Romanos 12:11: "no perezosos; fervientes en espíritu...". La palabra *ferviente* en el idioma original (griego, *zéontes*), significa "hirviendo". La intensidad de nuestra adoración es importante. Jesús acusó a los hipócritas de su época diciéndoles: "Este pueblo de labios me honra; mas su corazón está lejos de mí" (Mt. 15:8). La adoración auténtica proviene del corazón, no solo de los labios.

Indivisa y ferviente

Una medida clave de la adoración de un corazón es si es auténtica e intensa o dividida y tibia. Auténtica significa indivisa, genuina, real, sincera, no afectada. Intensa implica energía, vigor, ardor, fervor, pasión, celo.

La Biblia no nos deja preguntándonos qué clase de adoración está buscando Dios en toda su obra y palabra. Una y otra vez Dios pide que nuestro corazón sea auténtico e indiviso en nuestra adoración. "Amarás al Señor tu Dios con *todo* tu corazón, y con *toda* tu alma, y con *todas* tus fuerzas, y con *toda* tu mente" (Lc. 10:27). Deberás buscarlo "de *todo*... corazón y... alma" (Dt. 4:29). Amarlo y servirlo "con *todo* tu corazón" (Dt. 10:12). Volver a Él de *todo* corazón (1 S. 7: 3). Confiar en Él de "*todo*... corazón"

(Pr. 3:5). Gozarnos y regocijarnos "de *todo* corazón" (Sof. 3:14). Alabar al Señor "con *todo* [el] corazón" (Sal. 9:1). No hay competidores, no hay afectos indiferentes.

La Biblia deja muy en claro cuál es el nivel de adoración que Dios persigue. Cuando Pedro escribió a las iglesias de Asia Menor, no consideró que el gozo *inefable* fuera excepcional, sino algo típico, natural: "a quien amáis sin haberle visto, en quien creyendo, aunque ahora no lo veáis, os alegráis con gozo *inefable* y glorioso" (1 P. 1:8). El salmista había gustado de este tipo de alegría y lo había convertido en la búsqueda permanente en su vida. "Como el ciervo brama por las corrientes de las aguas, así clama por ti, oh Dios, el alma mía. Mi alma tiene sed de Dios, del Dios vivo" (Sal. 42:1-2). "Dios, Dios mío eres tú; de madrugada te buscaré; mi alma tiene sed de ti, mi carne te anhela, en tierra seca y árida donde no hay aguas" (Sal. 63:1).

Del mismo modo, los primeros cristianos habían gustado del gozo que se les había presentado y, cuando fueron llamados a sufrir con sus amigos encarcelados, mostraron cuán intensamente apreciaban su tesoro celestial por la forma en que respondían a las pérdidas terrenales: "Porque de los presos también os compadecisteis, y el despojo de vuestros bienes sufristeis con *gozo*, sabiendo que tenéis en vosotros una mejor y perdurable herencia en los cielos" (He. 10:34; cp. 11:24-26; 12:2).

Dios no está buscando la adoración tibia, sino la adoración que es supremamente auténtica e intensa, *la adoración eterna y ferviente*; y que nunca terminará. "Al que está sentado en el trono, y al Cordero, sea la alabanza, la honra, la gloria y el poder, por los siglos de los siglos" (Ap. 5:13). Ferviente y sin fin, eterna. Ese es el objetivo de la creación y la redención.

El dolor de nuestra falta

Por supuesto, una de las grandes tristezas de la caída es que no satisfacemos esa medida de autenticidad e intensidad todos los días. Dios conoce nuestro cuerpo, que somos polvo (Sal. 103:14). Él conoce a sus hijos; puede discernir la adoración que es verdadera, incluso si esta falla. Y Él no nos dejará en este frustrado quebrantamiento para siempre. Cuando Jesús oró para que sus discípulos vieran su gloria más allá de la oscuridad y disfunción del mundo presente (Jn. 17:24), también oró para que nuestro amor por Él fuera purificado y hecho inimaginablemente intenso. "[Padre, ruego] que el amor con que me has amado, esté en ellos, y yo en ellos" (Jn. 17:26).

Un día amaremos a Jesús con el mismo amor que Dios el Padre tiene por Dios el Hijo. Esto es literalmente inimaginable, porque el Padre ama al Hijo con amor infinito, amor cuya autenticidad e intensidad no pueden medirse. Así que no te desanimes en todas tus luchas para amarlo como debes. Llegará el día en que lo veremos tal y como es. Nosotros seremos cambiados, lo amaremos con un amor más allá de lo imaginable. Será supremamente auténtico y sumamente intenso.

Adoración en espíritu y verdad

Dios creó y gobierna al mundo para poder exhibir su toda satisfactoria gloria para el gozo de sus criaturas. El objetivo de esa exhibición es el culto ferviente de su pueblo. He subrayado la autenticidad y la intensidad de la adoración. Pero, por supuesto, la verdad y el sentimiento, ambos, son esenciales. La doctrina y el gozo son indispensables. "Los verdaderos adoradores adorarán al Padre en espíritu *y* en verdad" (Jn. 4:23). La verdad importa. No hay culto verdadero sin ella. Los sentimientos intensos por Dios, cuando no conocemos a Dios, no son verdaderos sentimientos por Él. Son sentimientos por una distorsión de Dios en nuestra imaginación.

Según Pablo, esto no podría ser más serio. Dijo que es posible tener celo (intensidad) por Dios y no ser salvos: "Hermanos, el deseo de mi corazón y mi oración a Dios por Israel es para salvación. Porque yo les doy testimonio de que tienen *celo por Dios*, pero *no de acuerdo con un conocimiento pleno* (Ro. 10:1-2, RVA-2015). La pasión por Dios que no se basa en una verdadera visión de Dios no es una pasión salvadora. Así que estamos jugando con fuego de cualquier manera: afectos tibios y la falsa doctrina son ambos mortales. Dios no quiere que muramos. Por lo tanto, Él exalta su gloria para nuestro todo satisfactorio gozo en todo lo que hace.

No hay canción sin visión

Este es el punto de este capítulo: *la adoración absolutamente auténtica e intensa del valor y la belleza de Dios es el fin supremo de toda su obra y palabra.* Y si es el fin supremo de toda su obra y palabra, entonces es el objetivo máximo de la Biblia y de la lectura de la Biblia. En toda nuestra lectura, estamos apuntando, esperando y pidiendo que Dios use su Palabra para hacernos una parte vital de la adoración eterna y ferviente de su infinito valor y belleza. ¿Cómo sucede esto al leer la Biblia? Ahí es donde volvemos una vez más. Sucede al *ver* en las Escrituras el valor supremo y la belleza de Dios. No hay canto en adoración sin *ver* las maravillas de Dios.

Lo que hemos oído, lo que hemos visto con nuestros ojos, lo que hemos contemplado, y... fue manifestada... lo anunciamos... también a vosotros.

1 JUAN 1:1-3

Por tanto, leyéndolo, podrán entender cuál es mi comprensión en el misterio de Cristo... las inescrutables riquezas de Cristo.

EFESIOS 3:4, 8 (RVA-2015)

3

Leer para ver el valor supremo y la belleza, parte 1

"Leyendo lo cual podéis entender cuál sea mi conocimiento en el misterio de Cristo".

Propuesta

Nuestro objetivo supremo al leer la Biblia es que el valor infinito de Dios y su belleza sean exaltados en la eterna y ferviente adoración de la esposa de Cristo, comprada con su sangre, de cada pueblo, idioma, tribu y nación. Esto implica:

1. que el valor infinito y la belleza de Dios son *el valor y la excelencia supremos* del universo;
2. que la *adoración supremamente auténtica e intensa* del valor y la belleza de Dios es el objetivo supremo de toda su obra y palabra;
3. **que debemos siempre leer su Palabra para *ver* este supremo valor y belleza;**
4. que debemos buscar en todo nuestro ver el *saborear* su excelencia sobre todas las cosas;
5. que debemos aspirar a ser *transformados* por este ver y saborear en la semejanza de su belleza;
6. de modo que más y más personas sean atraídas hacia la familia de Dios que adora, hasta que la novia de Cristo, a través de todos los siglos y culturas, esté completa en número y belleza.

Si el objetivo supremo de Dios en la creación y la redención es tener una familia que lo adore con un afecto ferviente por su belleza toda satisfactoria, entonces ser parte de esa familia debe significar tener ojos para ver esa belleza. No con los ojos físicos del rostro, sino con lo que Pablo llamó los ojos del corazón (Ef. 1:18, NVI). Una persona ciega de nacimiento en el sentido físico, podría ver mil veces más la gloria en el evangelio de Jesús que una persona que no es ciega. Eso fue verdaderamente cierto para Fanny Crosby, compositora cristiana, ciega desde la infancia, que escribió más de cinco mil canciones para celebrar la gloria que vio en Jesús. Sin tener vista, ella pudo ver las "grandes cosas" de Dios.

> A Dios demos *gloria*, pues grande es él;
> Su amor es inmenso y a su Hijo nos dio:
> Quien fue a la cruz do murió muerte cruel,
> Y así de los cielos las puertas abrió.
>
> Dad loor al Señor, oiga el mundo su voz;
> Dad loor al Señor, nos gozamos en Dios.
> Vengamos al Padre y a su Hijo Jesús,
> Y démosle *gloria* por su gran poder.[1]

La meta de leer, siempre

En los próximos tres capítulos, nos enfocaremos en este importante objetivo de la vida: ver la gloria de Dios. El punto que estamos tratando de entender y establecer se expresa en la tercera implicación de nuestra propuesta: siempre debemos leer la Palabra de Dios para ver su supremo valor, y *su gloria*. En otras palabras, no solo digo que ver la gloria de Dios sin duda ocurre al leer las Escrituras; estoy diciendo que este debe ser siempre nuestro objetivo en la lectura de la Palabra. Puede haber cientos de muy buenas razones por las que nos volvamos a la Palabra de Dios; pero este objetivo debe estar dentro, debajo y sobre todas ellas, siempre.

Para ver esto, nos dirigimos primero al testimonio de los apóstoles Juan y Pablo. Juan es explícito en su preocupación por las generaciones posteriores de ver la gloria de Cristo. Y Pablo es explícito que al leer lo que escribe podemos ver la gloria que él vio.

---

1. Fanny J. Crosby, "A Dios demos gloria" (1875); Himnario bautista, # 22 (El Paso, Texas: Casa Bautista de Publicaciones, 1986). Cursivas añadidas.

Poniendo la gloria de Cristo al frente y al centro

El apóstol Juan dejó claro que vio que su rol era ayudar a las generaciones venideras. Sabía que los cristianos que vendrían se preguntarían si podrían tener la misma visión espiritual de la gloria de Cristo como la de los primeros testigos oculares. Él creía que ellos la podían tener, y que eso sucedería a través de lo que él escribiera. Puso la gloria del Hijo de Dios al frente y al centro mientras escribía su Evangelio. Este comienza: "Y aquel Verbo fue hecho carne, y habitó entre nosotros (y vimos su gloria, gloria como del unigénito del Padre), lleno de gracia y de verdad" (Jn. 1:14). Juan mostró cómo las señales que Jesús hizo tenían como objetivo revelar su gloria y que esta gloria era el fundamento de la fe.

Por ejemplo, cuando Jesús convirtió el agua en vino, Juan escribió: "Esta, la primera de sus *señales*, la hizo Jesús en Caná de Galilea. Así reveló su *gloria*, y sus discípulos creyeron en él" (Jn. 2:11, NVI). Y, otra vez, la resurrección de Lázaro de los muertos fue descrita como una manifestación de la gloria de Dios: "Jesús le dijo: ¿No te he dicho que si crees, verás la *gloria* de Dios?" (Jn. 11:40).

Ver la gloria de Jesús sin ver su cuerpo

Sin embargo, ¿qué pasa con las generaciones que vendrán y que no vieron al Señor de primera mano? ¿Cómo "verán la gloria de Dios" y creerán? La respuesta de Juan es que el Espíritu Santo vendría y lo capacitaría a él y a los demás testigos para poner lo que veían en palabras (Jn. 14:26; 16:13), para que la gente pudiera ver la gloria de Cristo *leyendo* y así llegar a creer y tener vida eterna. Nosotros podemos ver cómo pensó Juan acerca de esto por la forma en que conecta el creer sin ver junto con sus propios escritos. Las generaciones posteriores no "ven" la forma física de Jesús como lo hicieron los testigos oculares. Pero todavía pueden creer y tener vida eterna. ¿Por qué? Por lo que sucede cuando leen el testimonio apostólico. Ellos pueden ver la gloria de Cristo.

> Bienaventurados los que no vieron, y creyeron. Hizo además Jesús muchas otras señales [reveladoras de su gloria] en presencia de sus discípulos, las cuales no están escritas en este libro. Pero *éstas* [señales reveladoras de su gloria] se han escrito para que creáis que Jesús es el Cristo, el Hijo de Dios, y para que creyendo, tengáis vida en su nombre (Jn. 20:29-31).

Así que la vida eterna viene al creer en Jesús. Y el creer viene al leer lo que está escrito, porque leer lo que está escrito es una ventana hacia la gloria de Cristo.

El Espíritu Santo guió la escritura de los apóstoles con un objetivo específico de hacer evidente la gloria de Jesús. Jesús dio a entender esto en Juan 16:13-14: "Cuando venga el Espíritu de verdad... *Él me glorificará*; porque tomará de lo mío, y os lo hará saber". La obra del Espíritu en los escritos del Nuevo Testamento es *revelar la gloria de Cristo*. Esta gloria se ve cuando se lee.

Lo que hemos visto, proclamamos

En su primera epístola, Juan hizo esta conexión aún más clara: la conexión entre lo que vio como un testigo ocular de la gloria de Cristo y lo que escribió para aquellos que no habían sido testigos oculares. Su epístola comienza así:

> Lo que era desde el principio, lo que hemos oído, lo que hemos *visto con nuestros ojos*, lo que hemos *contemplado*, y palparon nuestras manos tocante al Verbo de vida (porque la vida *fue manifestada*, y la *hemos visto*, y testificamos, y os anunciamos la vida eterna, la cual estaba con el Padre, y *se nos manifestó*); lo que hemos *visto* y oído, eso os anunciamos, para que también vosotros tengáis comunión con nosotros; y nuestra comunión verdaderamente es con el Padre, y con su Hijo Jesucristo. Estas cosas os escribimos, para que vuestro gozo sea cumplido (1 Jn. 1:1-4).

Seis veces se refiere a lo que fue "visto" o "fue manifiesto". Y cuatro veces dice que lo que había visto se está convirtiendo en lo que testifica, proclama y escribe. La intención es que la fe y la vida que recibió al ver la gloria de Cristo, también sus lectores serían capaces de recibir al ver lo que él vio, la gloria de Cristo brillando a través de la escritura inspirada.

Al leer pueden ver lo que yo veo

Pasando del testimonio de Juan al de Pablo, vemos la misma convicción. Pero llegamos a oír a un apóstol hablar explícitamente sobre la lectura de su propia escritura. En Efesios 3:4, el apóstol Pablo hace una rara y crucial referencia al propósito de leer su propia epístola:

> Que por revelación me fue declarado el misterio, como antes lo he escrito brevemente, *leyendo lo cual podéis entender cuál sea mi conocimiento*

> *en el misterio de Cristo*, misterio que en otras generaciones no se dio a conocer a los hijos de los hombres, como ahora es revelado a sus santos apóstoles y profetas por el Espíritu: que los gentiles son coherederos y miembros del mismo cuerpo, y copartícipes de la promesa en Cristo Jesús por medio del evangelio, del cual yo fui hecho ministro por el don de la gracia de Dios que me ha sido dado según la operación de su poder. A mí, que soy menos que el más pequeño de todos los santos, me fue dada esta gracia de anunciar entre los gentiles el evangelio de las inescrutables riquezas de Cristo (Ef. 3:3-8).

Cuando Pablo reflexiona sobre cómo los efesios leerán su carta dirigida a ellos, enfoca su atención en su "conocimiento en el misterio de Cristo". Él dice: "que por revelación me fue declarado el misterio, como antes lo he escrito brevemente", *cuando ustedes leen esto pueden "entender cuál sea mi conocimiento en el misterio de Cristo"*. Este es el gran patrón de las Escrituras.

El patrón de la revelación

Primero, hay un misterio, no algo ininteligible, sino algo desconocido, guardado en la mente de Dios. Luego está la revelación de ese misterio a un portavoz divinamente elegido. Entonces, el portavoz pone la revelación del misterio por escrito, en este caso la Epístola a los Efesios. Luego está la lectura de la escritura inspirada. Y, por medio de esta lectura, los lectores "podrán darse cuenta" (gr. *noésai tén sunesís mou*) del misterio revelado. Es decir, al leer pueden "ver", o echar un vistazo, a lo que a Pablo le fue mostrado por Dios. Y de ahí fluye todo lo demás en la vida cristiana: fe, esperanza, amor, relaciones transformadas, nueva comunidad, impacto en el mundo.

Por tanto, si el ver viene por medio de la lectura, la pregunta es: "¿Qué les estaba diciendo Pablo a los lectores efesios que vieran?". Él dijo que al leer, ellos podían percibir su conocimiento o visión del "misterio de Cristo" (Ef. 3:4). ¿Qué riquezas presentaba esta frase para Pablo?

Las inescrutables riquezas de Cristo

Él define la frase "misterio de Cristo" en el versículo 6 como: "que los gentiles son coherederos y miembros del mismo cuerpo, y copartícipes de la promesa en Cristo Jesús por medio del evangelio". Sus lectores son los gentiles (Ef. 2:11, "vosotros, los gentiles..."). Así que esto es una noticia espectacular para ellos. El muro entre judíos y gentiles ha sido derribado por la muerte de Cristo por los pecadores. Él, "por medio de su cuerpo en la cruz, derribó el muro de hostilidad que nos separaba" (Ef. 2:14, NTV). Así que los gentiles "ya no sois extranjeros ni advenedizos, sino conciudadanos de los santos, y miembros de la familia de Dios" (Ef. 2:19). El misterio que Pablo revela es que las promesas hechas a Israel y a su Mesías ahora cuentan para los gentiles que están "en Cristo Jesús" (Ef. 2:13). Son "conciudadanos" plenos, "miembros de la familia de Dios", ellos heredarán lo que la familia herede.

Esta es la primera respuesta a la pregunta sobre lo que Pablo quería que vieran al leer el misterio de que los gentiles son ahora coherederos con Israel en Cristo. Ahora la pregunta es: "¿Cómo resumió Pablo los beneficios espectaculares que esto trajo a los gentiles?". Dos versículos más adelante, él lo dice así: "A mí... me fue dada esta gracia de anunciar entre los gentiles el evangelio de las inescrutables riquezas de Cristo" (Ef. 3:8). Cuando dice que los lectores pueden percibir, entender, su conocimiento del misterio de Cristo, tiene en mente estas inescrutables riquezas de Cristo.

Las riquezas de la gloria de Dios

¿Cuál es la conexión entre el misterio y las riquezas de Cristo? Pablo había dicho que el misterio es que son "coherederos". Note la palabra *herederos*. Ya había orado en Efesios 1:18 para que Dios iluminara "los ojos del entendimiento" para que pudieran ver (con los ojos de corazón) "las riquezas de la gloria de su *herencia*". Por lo tanto, podemos deducir que "las inescrutables riquezas de Cristo" (mencionadas en Ef. 3:8) son principalmente lo que Pablo tenía en mente cuando dijo que los gentiles serían coherederos de Cristo. Y observamos que estas riquezas de Cristo son llamadas (en Ef. 1:18) "las riquezas de la gloria", la gloria de Dios.

Las riquezas de la gloria de este misterio

En otras palabras, el misterio que los lectores podían "percibir al leer" era la revelación de las riquezas de la gloria de Dios, es decir, "las inescrutables riquezas de Cristo". Esta conexión entre las riquezas de la gloria de Dios y el misterio de las insondables riquezas de Cristo es confirmada por el pasaje paralelo en Colosenses 1:27. Allí Pablo dice: "Dios quiso dar a conocer las riquezas de la gloria de este misterio entre los gentiles; que es Cristo en vosotros, la esperanza de gloria". El misterio, que en Efesios es el gozo de los gentiles de "las riquezas de Cristo", en Colosenses es el gozo de los gentiles de "las riquezas de la gloria". Las "riquezas de la gloria" y las "inescrutables riquezas de Cristo" son la misma cosa. Son términos completos para describir que todo lo que está en Dios está en Cristo para el bien de los gentiles, que ahora son coherederos.

Una oleada de gozo pasa por todo mi ser

Para mí, es simplemente maravilloso que Dios guiara a Pablo, en Efesios 3:4, a hacer inequívocamente explícito este hecho impresionante sobre la lectura, a saber, que *las riquezas de la gloria de Dios son percibidas a través de la lectura*. Es maravilloso porque la lectura es tan común, cuando las inescrutables riquezas de Cristo son tan extraordinarias. Es como si dijera que se puede volar estando sentado. O que se puede estar en la cima del Monte Everest solo por respirar. ¡Al leer podemos ver la gloria divina! Por el acto más cotidiano, podemos ver la realidad más maravillosa. Una oleada de gozo me inunda cuando pienso en esto. En ese Libro, por el acto de leer, puedo ver la gloria de Dios. ¡Oh Señor, inclina mi corazón a ese Libro y no a la vanidad! Esa es mi oración para mí y para todos ustedes.

Pero no debo perder de vista lo que estoy tratando de hacer, que es que debemos leer la Palabra de Dios para ver su supremo valor y su belleza. Lo menos que podemos decir de Efesios 3:4-8 en este punto es que Pablo nos ha dado un gran empuje en esa dirección. ¿Quiere acceso a las riquezas de la gloria de Dios en Cristo? ¿Quiere "percibirlas" (Ef. 3:4)? ¿Quiere conocerlas (Ef. 1:18)? ¿Quiere ser capacitado por ellas para "comprender... cuál sea la anchura, la longitud, la profundidad y la altura, y de conocer el amor de Cristo, que excede a todo conocimiento" (Ef. 3:16-19)? Entonces, dice Pablo, ¡lea! Lea lo que he escrito. O podemos decir nosotros: ¡Lea la Biblia!

Nunca vea nada aparte de la gloria de Cristo

Por supuesto, alguien puede, y con razón, decir: "¡Pero el libro de Efesios contiene muchas otras cosas que ver! ¿Está diciendo que descuidemos esas cosas y nos concentremos solamente en las riquezas de la gloria de Dios?". Ciertamente es verdad que Efesios toca decenas de temas que importan para nuestra vida cotidiana: humildad, mansedumbre, paciencia, tolerancia (4:2), bautismo (4:5), oficios en la iglesia (4:11), amor (4:16), dureza de corazón (4:18), engaño (4:22), justicia y santidad (4:24), ira (4:26, 31), trabajo honesto (4:28), codicia (5:5), el Espíritu Santo (5:18), el matrimonio (5:22-33), guerra espiritual (6:10-20), y muchos más.

Cuando digo que debemos leer, leer *siempre*, para ver la gloria de Dios, no quiero decir que leer para ver la gloria de Dios significa *no* ver los temas de la vida que están ahí delante de nosotros. Por el contrario, quiero decir, por supuesto, verlos, verlos a todos ellos. Verlos con meticulosa claridad en todas sus relaciones, como Pablo quería. Pero nunca verlos aparte de la gloria de Dios. Nunca verlos aparte de las insondables riquezas de Cristo.

La gloria del Dios trino no es un elemento que ver junto a, o distinto de otros elementos. Es una realidad omnipresente. Está sobre todos, en todos y debajo de todos los otros elementos. Si hay una lista de cuestiones de vida, la gloria de Dios no es una más. Más bien, la gloria de Dios es el papel, la tinta y la luz en la hoja, así como el significado de las palabras. Es el fundamento de todo y el objetivo de todo. Por lo tanto, no se trata de ver la gloria de Dios *en lugar de* otras cosas, sino de siempre ver la gloria de Dios *en y a través de* todas las cosas.

Cuando Pablo dijo: "Si, pues, coméis o bebéis, o hacéis otra cosa, hacedlo todo para la gloria de Dios" (1 Co. 10:31), quiso decir, vean *todas las cosas* en relación con la gloria de Dios, la mayoría de las cosas cotidianas, tales como la comida y la bebida. Luego traten todas las cosas de tal manera que muestre cómo esas cosas encuentran su verdadero significado en relación con la gloria de Dios. Trate con ellas de una manera que muestre el valor supremo de la gloria de Dios en y sobre todas ellas.

Así que concluyo a partir de Efesios 3:4-8, que la lectura es un medio designado por Dios para ver las riquezas de la gloria de Dios, las inescrutables riquezas de Cristo. Por eso es que Dios inspiró a Pablo a escribir las Escrituras, y por eso lo hizo; y esto es lo que deberíamos ver cuando leemos.

Ver a Dios a través de leer

Tanto Juan como Pablo pusieron la gloria de Cristo (¡que es *la imagen* de Dios!) en el primer plano de sus escritos inspirados. Ambos nos muestran la gran importancia que ponen en la lectura de las mismas palabras que escribieron. Ambos creen y enseñan que, con la lectura, los seguidores de Jesús que no fueron testigos oculares podrían ver la gloria de Cristo y tener la vida eterna. Esta es la maravilla de las Escrituras. La visión de la gloria divina que los apóstoles vieron en la presencia de Jesús nosotros también podemos verla a través de lo que ellos escribieron. Esto era, de hecho, lo principal que ellos querían que viéramos. Esto era lo más importante de ver "la luz del evangelio de la gloria de Cristo" (2 Co. 4:4), y este es el *propósito* que debemos buscar en toda nuestra lectura de la Palabra de Dios.

Hasta el día de hoy, cuando leen el antiguo pacto, les queda el mismo velo no descubierto, el cual por Cristo es quitado. Y aun hasta el día de hoy, cuando se lee a Moisés, el velo está puesto sobre el corazón de ellos. Pero cuando se conviertan al Señor, el velo se quitará.

2 CORINTIOS 3:14-16

4

Leer para ver el valor supremo y la belleza, parte 2

"Pero cuando se conviertan al Señor, el velo se quitará".

Propuesta

Nuestro objetivo supremo al leer la Biblia es que el valor infinito de Dios y su belleza sean exaltados en la eterna y ferviente adoración de la esposa de Cristo, comprada con su sangre, de cada pueblo, idioma, tribu y nación. Esto implica:

1. que el valor infinito y la belleza de Dios son *el valor y la excelencia supremos* del universo;
2. que la *adoración supremamente auténtica e intensa* del valor y la belleza de Dios es el objetivo supremo de toda su obra y palabra;
3. **que debemos siempre leer su Palabra para *ver* este supremo valor y belleza;**
4. que debemos buscar en todo nuestro ver el *saborear* su excelencia sobre todas las cosas;
5. que debemos aspirar a ser *transformados* por este ver y saborear en la semejanza de su belleza;
6. de modo que más y más personas sean atraídas hacia la familia de Dios que adora, hasta que la novia de Cristo, a través de todos los siglos y culturas, esté completa en número y belleza.

Trae... los libros, mayormente los pergaminos

El apóstol Pablo amaba los libros. Mientras estaba encarcelado en Roma, el apóstol escribió a Timoteo y le pidió sus libros: "Trae, cuando vengas, el capote que dejé en Troas en casa de Carpo, y *los libros, mayormente los pergaminos*" (2 Ti. 4:13). Por supuesto, cuando dice "libros", no tiene en mente libros de trescientas páginas, finamente encuadernados en los que nosotros pensamos. Pablo vivió en el primer siglo, en donde los libros más antiguos eran llamados "códices", que eran hojas apiladas de pergamino, papiro, cuero o madera, cosidas o unidas para hacer un "libro". Antes, los documentos más largos se organizaban en grandes rollos. Nadie sabe cuándo se introdujo el primer códice en la historia. No eran infrecuentes en el siglo II d.C. entre los cristianos.[1] Así que es posible que Pablo poseyera libros cosidos de esta manera. Cualquiera que sea su forma, los quería con él en la cárcel de Roma.

Pablo era un fariseo antes de su conversión (Fil. 3:5). Esto significa que era un experto en la ley escrita de Moisés. Usó la palabra *libro* para referirse a la ley mosaica: "Maldito todo aquel que no permanece en todas las cosas escritas en el *libro* de la Ley para cumplirlas" (Gá. 3:10, RVA-2015). Pablo se identificó como un estudioso riguroso de esta ley, con la mejor formación disponible: "Soy un hombre judío, nacido en Tarso de Cilicia pero criado en esta ciudad, instruido a los pies de Gamaliel en la estricta observancia de la ley de nuestros padres, siendo celoso de Dios" (Hch. 22:3, RVA-2015).

La estrategia evangelística de Pablo era ir a un centro urbano y comenzar en la sinagoga judía. Esto era estratégico, no solo porque los judíos tenían un lugar especial en el plan redentor de Dios (Hch. 3:26; Ro. 1:16), sino también porque la sinagoga tenía los libros sagrados en los que Pablo confiaba y a los que amaba. Este era un territorio común. Cada sábado, estas Escrituras eran leídas públicamente. En el Concilio de Jerusalén, Pedro había dicho en Hechos 15:21: "Moisés desde tiempos antiguos tiene en cada ciudad quien lo predique en las sinagogas, *donde es leído cada día de reposo*". Esto es con

---

1. El primer uso romano registrado del códice para obras literarias data de finales del siglo I d.C., cuando Marcial experimentó con el formato. En ese momento, el rollo era el medio usado para las obras literarias y seguiría siéndolo para obras seculares hasta el siglo IV. Julio César, viajando en la Galia, encontró útil doblar sus rollos de estilo concertina para una referencia más rápida, de igual manera lo hicieron los chinos años más tarde. Ya en el siglo II hay pruebas de que el códice, usualmente de papiro, era el formato preferido entre los cristianos: en la biblioteca de la Villa de los Papiros, Herculano (sepultado en 79 d.C.), todos los textos (literatura griega) son rollos. En la biblioteca de Nag Hammadi, alrededor del 390 d.C., todos los textos (cristianos gnósticos) son códices. Consultado el 12 de marzo de 2016, http://www.newworldencyclopedia.org/entry/Codex.

lo que Pablo podía contar al entrar en una sinagoga. Leían de los libros que él había dominado, ya que anteriormente había sido fariseo.

Esta experiencia de tratar con gente judía que leía los libros de las Escrituras cada semana, hizo que Pablo pensara profundamente sobre la lectura. Leían los mismos libros que ahora él leía, pero no veían lo que él veía. No vieron la gloria de Dios como él la vio. Y, cuando les mostró las conexiones entre el antiguo pacto y el nuevo, no podían ver la maravilla de ello como él la veía. En este punto, sería muy esclarecedor preguntarnos: "¿Qué nos enseñó la comprensión de Pablo de esta tragedia sobre los objetivos de leer?".

Un texto amplio y agudo

Uno de los pasajes más amplios, y señalados, acerca de ver la gloria de Dios a través de la lectura es 2 Corintios 3:7—4:6. Es *amplio* porque se remonta a través de toda la antigua era del pacto hasta la entrega de la ley en el monte Sinaí, y luego otra vez hacia adelante, avanza a través de la lectura varias veces centenaria de Moisés para finalmente relacionar todo eso con el nuevo pacto y el evangelio de Cristo. Pocos pasajes abarcan tanta historia de la obra de Dios. Pero no es solo amplio, también es *agudo*. Se trata específicamente de la gloria de Dios en ambos pactos, el nuevo y el antiguo.

Sé que el pasaje es largo. Pero voy a citarlo todo para que cuando me refiera a versículos específicos sea más fácil ver mi línea de pensamiento:

> Y si el ministerio de muerte grabado con letras en piedras fue con *gloria*, tanto que los hijos de Israel no pudieron fijar la vista en el rostro de Moisés a causa de la *gloria* de su rostro, la cual había de perecer, ¿cómo no será más bien con *gloria* el ministerio del espíritu? Porque si el ministerio de condenación fue con *gloria*, mucho más abundará en *gloria* el ministerio de justificación. Porque aun lo que fue *glorioso*, no es *glorioso* en este respecto, en comparación con la *gloria* más eminente. Porque si lo que perece tuvo *gloria*, mucho más *glorioso* será lo que permanece.
>
> Así que, teniendo tal esperanza, usamos de mucha franqueza; y no como Moisés, que ponía un velo sobre su rostro, para que los hijos de Israel no fijaran la vista en el fin de aquello que había de ser abolido. Pero el entendimiento de ellos se embotó; porque hasta el día de hoy, cuando leen el antiguo pacto, les queda el mismo velo no descubierto, el cual por Cristo es quitado. Y aun hasta el día de hoy, cuando se lee a Moisés, el velo está puesto sobre el corazón de ellos. Pero cuando se conviertan al Señor, el velo se quitará. Porque el Señor es el Espíritu; y

> donde está el Espíritu del Señor, allí hay libertad. Por tanto, nosotros todos, mirando a cara descubierta como en un espejo la *gloria* del Señor, somos transformados de *gloria* en *gloria* en la misma imagen, como por el Espíritu del Señor.
>
> Por lo cual, teniendo nosotros este ministerio según la misericordia que hemos recibido, no desmayamos. Antes bien renunciamos a lo oculto y vergonzoso, no andando con astucia, ni adulterando la palabra de Dios, sino por la manifestación de la verdad recomendándonos a toda conciencia humana delante de Dios. Pero si nuestro evangelio está aún encubierto, entre los que se pierden está encubierto; en los cuales el dios de este siglo cegó el entendimiento de los incrédulos, para que no les resplandezca la luz del evangelio de la *gloria* de Cristo, el cual es la imagen de Dios. Porque no nos predicamos a nosotros mismos, sino a Jesucristo como Señor, y a nosotros como vuestros siervos por amor de Jesús. Porque Dios, que mandó que de las tinieblas resplandeciese la luz, es el que resplandeció en nuestros corazones, para iluminación del conocimiento de la *gloria* de Dios en la faz de Jesucristo (2 Co. 3:7—4:6).

El desvanecimiento de la gloria del antiguo pacto

Pablo usa las palabras *gloria/glorioso* catorce veces en 2 Corintios 3:7—4:6. Será evidente que la gloria de Dios, primero en relación con la ley de Moisés y luego con el evangelio de Cristo, es su principal preocupación. En cuanto a Moisés, la idea principal es que la gloria de ese antiguo pacto ha desaparecido prácticamente cuando se la compara con la gloria del nuevo pacto. La luz de las velas se desvanece cuando la luz del sol ilumina a través de la ventana. Este desvanecimiento se expresa con mayor audacia en 2 Corintios 3:10: "Porque aun lo que fue glorioso, no es glorioso en este respecto, en comparación con la gloria más eminente". Esta es una declaración asombrosa, porque Pablo acababa de decir: "El ministerio de muerte grabado con letras en piedras fue con gloria, tanto que los hijos de Israel no pudieron fijar la vista en el rostro de Moisés a causa de la gloria de su rostro" (3:7; cp. Éx. 34:30). *Había* gloria en el antiguo pacto; era la gloria *de Dios*, que no debía despreciarse, ni en ese entonces ni ahora. No verla y valorarla por lo que era significaba perder el significado del antiguo pacto y el valor sobresaliente del nuevo. Pero, por el diseño de Dios, la gloria del antiguo pacto era temporal, no permanente. "Si lo que perece tuvo gloria, mucho más glorioso será lo que permanece", el evangelio, el nuevo pacto (3:11).

Dios revela más o menos de su gloria en diferentes épocas y entornos.

¡Pero siempre es *su* gloria! Nunca es algo menor. Nunca es insignificante o despreciable. Siempre es una medida de la excelencia infinita, digna de ver, conocer y amar.

Las supernovas desaparecen a la luz del evangelio

No obstante, en comparación con la gloria del evangelio, la gloria del pacto mosaico prácticamente ha desaparecido. En comparación con las lámparas de 20 vatios de la televisión, las cuentas bancarias y el éxito vocacional, la gloria del pacto mosaico, sí, el pacto *mosaico*, brilla como una supernova. Tenga cuidado de no rebajar la gloria del evangelio al rebajar la gloria del Sinaí, que desaparece en relación con la gloria del evangelio. La cuestión no es que las velas se apagan cuando Jesús llega, sino que las supernovas desaparecen ante el evangelio como si fueran unas simples velas, pero no son nada. Cuando leemos el Antiguo Testamento, probablemente deberíamos ponernos gafas de protección, a menos de que seamos ciegos.

Ahora el vínculo entre la gloria y el leer

Trágicamente, la mayoría de los lectores judíos en los días de Pablo eran eso: ciegos espirituales. Aquí es donde Pablo hace la conexión entre la gloria de Dios y el leer. Pablo compara a los lectores judíos de su época con la generación del monte Sinaí. Adapta la situación del Sinaí a su propia situación de dos maneras. Pablo estaba leyendo Éxodo 34:34-35:

> Cuando venía Moisés delante de Jehová para hablar con él, se quitaba el velo hasta que salía; y saliendo, decía a los hijos de Israel lo que le era mandado. Y al mirar los hijos de Israel el rostro de Moisés, veían que la piel de su rostro era resplandeciente; y volvía Moisés a poner el velo sobre su rostro, hasta que entraba a hablar con Dios.

Por un lado, Pablo compara a la mayoría de los lectores judíos de su tiempo con el pueblo del Sinaí, que no podía ver la gloria: "Hasta el día de hoy, cuando leen el antiguo pacto, les queda el mismo velo no descubierto" (2 Co. 3:14). Pero, por otro lado, estos mismos lectores también son comparados con Moisés, quien levantó el velo cuando volvió al Señor en la tienda de reunión: "Cuando se conviertan al Señor, el velo se quitará" (3:15-16).

El punto que quiero enfatizar es que la ocasión de ver la gloria de Dios o no verla es el acto de *leer* las Escrituras. Versículo 14: "cuando *leen* el antiguo pacto...". Versículo 15: "cuando se *lee* a Moisés...". En ese preciso momento de la vida, *leyendo* a Moisés se podía ver la gloria de Dios. La razón por la que no se vio fue que "la mente de ellos se endureció" (3:14, NTV). Era como si tuvieran un velo sobre ellos. Sin duda, ese velo dejó brillar muchos hechos sobre Dios y su ley. Por eso, los fariseos estaban tan llenos de conocimiento del Antiguo Testamento y, sin embargo, no podían ver la verdadera gloria de Dios: "Viendo no ven" (Mt. 13:13). El velo, el endurecimiento, mantuvo alejada la gloria peculiar de Dios.

El endurecimiento y la gran necesidad de una lectura correcta

Ya en los propios días de Moisés, él era consciente de este endurecimiento a pesar de las grandes manifestaciones de la gloria de Dios. Por ejemplo, leemos en Deuteronomio 29:2-4:

> Moisés, pues, llamó a todo Israel, y les dijo: Vosotros habéis visto todo lo que Jehová ha hecho delante de vuestros ojos en la tierra de Egipto a Faraón y a todos sus siervos, y a toda su tierra, las grandes pruebas que vieron vuestros ojos, las señales y las grandes maravillas. *Pero hasta hoy Jehová no os ha dado corazón para entender, ni ojos para ver, ni oídos para oír.*

A lo largo de la historia de Israel (Is. 6:9-10; 63:17; Jn. 8:43; Hch. 28:26; Ro. 11:8-10), hubo un remanente que veía y creía. Pero también había una inclinación predominante hacia la ceguera espiritual, un hecho que Dios ordenó para abrir una puerta de salvación a las naciones gentiles, un misterio que Pablo revela en Romanos 11:11-32: "Pero por su transgresión [la de Israel] vino la salvación a los gentiles" (v. 11). "Ha acontecido a Israel endurecimiento en parte, hasta que haya entrado la plenitud de los gentiles" (v. 25).

¡Oh, cómo debemos unirnos ferviente y fielmente a Pablo en la oración por sus hermanos, el pueblo judío! "Hermanos, ciertamente el anhelo de mi corazón, y mi oración a Dios por Israel, es para salvación" (Ro. 10:1). Su esperanza era que a través de sus oraciones y ministerio pudiera "provocar a celos a los de mi sangre, y hacer salvos a algunos de ellos" (Ro. 11:14). Y prometió que cuando llegara la plenitud de los gentiles, "todo Israel [sería] salvo" (Ro. 11:26).

En otras palabras, el velo sobre los ojos de Israel y el endurecimiento que les impidió ver la verdadera naturaleza de la gloria peculiar de Dios (2 Co. 3:14-15) no es exclusiva de los días de Pablo. Era real en Deuteronomio 4:29, así como era realidad en los tiempos de Pablo (2 Co. 3:15) y es una realidad el día de hoy (Ro. 11:25). Esto pone de relieve cuál es la gran necesidad, tanto para judíos como para los gentiles. Necesitamos leer las Escrituras de tal manera que veamos la gloria de Dios.

La revelación sobrenatural como la leen los cristianos

Pablo procede a contrastar su propio ministerio con la experiencia de Moisés: "Usamos de mucha franqueza; y *no* como Moisés, que ponía un velo sobre su rostro" (2 Co. 3:12-13). La palabra griega para franqueza (*parresía*) connota apertura, audacia y claridad, no solo franqueza. El contraste es que en el ministerio de Moisés se estaba tapando la gloria de Dios y en el ministerio de Pablo se está revelando la gloria de Dios.

Entonces Pablo hace una comparación entre Moisés y todos los cristianos. Un cristiano es una persona que se ha vuelto al Señor Jesús y ha visto así la gloria del Señor revelada. "Cuando se conviertan al Señor, el velo se quitará... Por tanto, nosotros todos, mirando a cara descubierta como en un espejo la gloria del Señor... (2 Co. 3:16, 18). En otras palabras, todos los creyentes se han "vuelto al Señor", como Moisés cuando entró en la tienda.

Esta experiencia de cada cristiano es sobrenatural. No viene de poderes meramente humanos. Al dirigirse a Jesús, los creyentes experimentan la obra del Espíritu Santo. Esto está implícito en las palabras de Pablo: "Porque el Señor es el Espíritu; y donde está el Espíritu del Señor, allí hay libertad" (2 Co. 3:17). Es decir, el Espíritu nos libera de la esclavitud de la ceguera y el endurecimiento.

Volverse y ver al Señor es una cosa. Abrir los ojos y ver la luz no son secuenciales, son simultáneos. Volvernos a la luz y ver la luz es una misma cosa. Y este gran milagro de liberación de la ceguera espiritual es un don. "Como por el Espíritu del Señor" (2 Co. 3:18).

"Mirando... la gloria del Señor", al leer

Así que Pablo ha desplazado nuestra atención del antiguo pacto al nuevo, de la ley de Moisés al evangelio de Cristo. De la gloria velada y temporal a la gloria revelada y permanente. Su idea central es que cuando se levanta el velo, cuando se quitan el endurecimiento y la ceguera, vemos la gloria del Señor. "Nosotros todos, mirando a cara descubierta como en un espejo *la gloria del Señor*, somos transformados" (2 Co. 3:18). Ver la gloria fue la experiencia parcial y pasajera de la antigua alianza y ahora, con el velo levantado, es la mayor y más brillante experiencia de la nueva alianza. Ver la gloria de Dios era y es preeminente.

Recordemos que en un momento el punto de contacto con la gloria de Dios fue, supuestamente, la *lectura* de Moisés (2 Co. 3:14-15). ¡Leer! Así es como se veía la gloria de Dios. ¿Ha cambiado eso? No, no ha habido ninguna crítica o abandono de esta ventana que llamamos "lectura"; así que podemos asumir que el valor de esta ventana permanece.

La diferencia es que una vez la lectura era con un velo y ahora la lectura es sin velo. Una vez hubo una ventana con una cortina y ahora la cortina se ha retirado. Pero la ventana de la lectura permanece, como vimos en Efesios 3:4. Sigue siendo el plan de Dios para la revelación de su gloria. Una vez la gloria del Señor estaba velada en la lectura. Ahora la gloria del Señor se revela en la lectura. Mirar "la gloria del Señor a cara descubierta" (2 Co. 3:18, RVC) sucede por medio de la lectura. Esto es cierto tanto para una nueva lectura iluminada por el Espíritu del antiguo pacto como para leer (o escuchar) el evangelio de Cristo.

"La luz del evangelio de la gloria de Cristo"

Aquí, en 2 Corintios, Pablo no se enfoca en el antiguo pacto, sino en ver la gloria de Dios en *el evangelio*, pero admite que no todo el mundo ve la gloria del Señor en el evangelio. "Para Dios somos grato olor de Cristo en los que se salvan, y en los que se pierden; a éstos ciertamente olor de muerte para muerte, y a aquéllos olor de vida para vida" (2 Co. 2:15-16). O, como él lo expresa en 2 Corintios 4:3-4: "Si nuestro evangelio está aún encubierto, entre los que se pierden está encubierto; en los cuales el dios de este siglo cegó el entendimiento de los incrédulos".

¿Ellos fueron cegados para no ver qué? La gloria de Dios, la gloria de Cristo, *en el evangelio*. Él "cegó el entendimiento de los incrédulos, *para que no les resplandezca la luz del evangelio de la gloria de Cristo*, el cual es la imagen de Dios" (2 Co. 4:4). En otras palabras, la misma ceguera que le impidió a Israel ver la gloria peculiar de Dios en el pacto mosaico, todavía trabaja para que la gente no vea la gloria de Cristo en el evangelio.

La soberanía de Dios resplandeciendo

El remedio para esta ceguera se da en el versículo 6: "Dios, que mandó que de las tinieblas resplandeciese la luz, es el que resplandeció en nuestros corazones, para iluminación del conocimiento de la gloria de Dios en la faz de Jesucristo". Dios mismo, hablando una palabra omnipotente, como en el día de la Creación, da a los ciegos la luz "del conocimiento de la gloria de Dios en la faz de Jesucristo". Dios crea la visión de la gloria divina en el evangelio. Elimina el endurecimiento, quita la ceguera; Él levanta el velo.

¿Para ver qué? Obsérvense las frases similares en los versículos 4 y 6:

> Versículo 4: "la luz del evangelio de la *gloria de Cristo*, el cual es la imagen de Dios".
>
> Versículo 6: "iluminación del conocimiento de la *gloria de Dios* en la faz de Jesucristo".

El versículo 4 se refiere a la gloria de Cristo. El versículo 6 se refiere a la gloria de Dios. Pero, cuando se menciona la gloria de Cristo, Cristo es llamado "la imagen de Dios". Y, cuando se menciona la gloria de Dios, su gloria se ve "en la faz de Cristo". Por lo tanto, estas *no* son dos glorias, sino una. Es la gloria de Cristo y es la gloria de Dios, pero son una sola. Porque Cristo es la imagen de Dios. Y Dios es conocido en la faz de Cristo.

Ver la gloria al leer y escuchar

Esta gloria es vista (2 Co. 4:4) como una especie de luz espiritual que brilla en el evangelio. Por eso es que aquí se llama "la luz del evangelio de la gloria de Cristo". Y este evangelio, esta noticia de la muerte y resurrección de Cristo por el pecador (1 Co. 15:3-5), es *proclamado* en alta voz (1 Co. 9:14; Gá. 2:2) y *escrito*. Es oído y leído.

Sabemos que Pablo pensó en ello como *escrito para ser leído*, no solo proclamado para ser oído, porque usó el término *evangelio*, como vimos en Efesios 3:6, para describir lo que los efesios podían *leer*. Él dijo: "*leyendo* lo cual podéis entender cuál sea mi conocimiento en el misterio de Cristo" (Ef. 3:4). Y entonces dijo: "que los gentiles son coherederos... *por medio del evangelio*". Así, en Efesios 6:19, Pablo lo llama "el misterio *del evangelio*".

Por ello, cuando Pablo dice en 2 Corintios 4:4-6 que Dios permite a los creyentes ver "la luz del evangelio de la gloria de Cristo", sabemos que este "ver" sucede al *leer* el evangelio, así como al oírlo. Y así sabemos que lo mismo se da en 2 Corintios 3:18. Cuando Pablo dice: "nosotros todos, mirando a cara descubierta como en un espejo la gloria del Señor", sabemos que esta contemplación no sucede solamente al oír, sino también al leer el evangelio.

Todo el testimonio apostólico revela la gloria

¿No implica esto que nuestra ventana a la gloria de Dios no es solo la lectura de una porción de los escritos de Pablo llamada "el evangelio", sino también la lectura de toda su escritura inspirada? ¿No sería artificial decir que el apóstol Pablo solo pretendía que una *parte* de sus cartas revelara esa "luz del conocimiento de la gloria de Dios" (2 Co. 4:6)? Pablo no limitó el origen sobrenatural y el impacto de sus cartas de esta manera. Más bien, dijo que toda su enseñanza apostólica tenía este diseño sobrenatural.

> Hablamos sabiduría entre los que han alcanzado madurez... hablamos sabiduría de Dios en misterio, la sabiduría oculta... Pero Dios nos las reveló a nosotros por el Espíritu... lo cual también hablamos, no con palabras enseñadas por sabiduría humana, sino con las que enseña el Espíritu (1 Co. 2:6-13).

Esta es la manera en que él veía todos sus escritos como apóstol. Este era el fundamento de su autoridad. Esto lo llevó a decir, incluso sobre asuntos no esenciales: "Si alguien afirma ser profeta o piensa que es espiritual, debería reconocer que lo que digo es un mandato del Señor mismo; pero si no lo reconoce, él tampoco será reconocido" (1 Co. 14:37-38, NTV). Todas las cartas de Pablo —de hecho, todo el testimonio apostólico del Nuevo Testamento— llevan las marcas de esta autoridad divina. Estos escritos en su conjunto, no solo una porción de ellos llamados "evangelio", son nuestra ventana hacia la gloria de Dios. Y, por medio de esta ventana, *vemos* la peculiar gloria de Dios *al leer*.

La criatura conoce, estima, ama, se regocija y alaba a Dios, y la gloria de Dios es tanto exhibida como reconocida; su plenitud es recibida y devuelta. Aquí hay *emanación* y *remanación*. La refulgencia brilla sobre y en la criatura y se refleja de nuevo a la luminaria. Los rayos de gloria vienen de Dios, y son algo de Dios, y son devueltos nuevamente a su origen. De modo que el todo es *de* Dios, *en* Dios y *para* Dios. Dios es el principio, el medio y el final en este asunto.

JONATHAN EDWARDS

5

Leer para ver el valor supremo y la belleza, parte 3

"Han visto mis ojos al Rey,
Jehová de los ejércitos".

Propuesta

Nuestro objetivo supremo al leer la Biblia es que el valor infinito de Dios y su belleza sean exaltados en la eterna y ferviente adoración de la esposa de Cristo, comprada con su sangre, de cada pueblo, idioma, tribu y nación. Esto implica:

1. que el valor infinito y la belleza de Dios son *el valor y la excelencia supremos* del universo;
2. que la *adoración supremamente auténtica e intensa* del valor y la belleza de Dios es el objetivo supremo de toda su obra y palabra;
3. **que debemos siempre leer su Palabra para *ver* este supremo valor y belleza;**
4. que debemos buscar en todo nuestro ver el *saborear* su excelencia sobre todas las cosas;
5. que debemos aspirar a ser *transformados* por este ver y saborear en la semejanza de su belleza;
6. de modo que más y más personas sean atraídas hacia la familia de Dios que adora, hasta que la novia de Cristo, a través de todos los siglos y culturas, esté completa en número y belleza.

Siempre leer para ver la gloria de Dios

Nos centramos en este capítulo sobre la palabra *siempre* en la tercera implicación de nuestra propuesta: "debemos *siempre* leer la Palabra de Dios para ver este supremo valor y belleza". En los dos capítulos anteriores, miramos de cerca Efesios 3:4-8; 2 Corintios 3:7—4:6 y los escritos de Juan. Estos pasajes han demostrado que debemos leer las Escrituras inspiradas con el fin de ver la gloria de Dios, pero en ninguno de esos pasajes se especifica que este debe ser *siempre* el objetivo de nuestra lectura. Creo que eso estaba implícito, pero existe un argumento que confirma esta verdad al arraigarla en la naturaleza misma del diseño de Dios para todas las cosas.

Nada es correctamente entendido excepto en relación con Dios

El argumento que para mí resuelve el tema es la relación entre Dios y todas las cosas. El argumento es este: *La relación entre Dios y todas las cosas es tal, que nada puede ser correctamente entendido aparte de su conexión con Dios.* Y puesto que Dios quiere que las Escrituras sean correctamente entendidas, por tanto, debemos *siempre* aspirar a ver todo lo que hay en ellas en relación con Dios.

Por otra parte, vimos en los capítulos 1 y 2 que el objetivo final de Dios es ser conocido y disfrutado por tener el mayor valor y belleza en el universo. Se deduce de esto que una comprensión correcta de todo lo que está en la Biblia incluirá su relación con el valor y la belleza de Dios, es decir, la gloria de Dios. Ningún autor bíblico diría: "Si ves el contenido de mi libro con relación al valor y la belleza de Dios distorsionarás lo que estoy tratando de comunicar". Ver esa relación nunca es una distorsión del significado de un texto, sino una compleción.

¿Por qué, entonces, creo que nada en las Escrituras puede ser comprendido correctamente aparte de su relación con la gloria de Dios? Aquí está mi respuesta:

Dios es el origen y el fundamento de todas las cosas.

- Porque de él, y por él, y para él, son todas las cosas. A él sea la gloria por los siglos. Amén (Ro. 11:36).
- Por quien todas las cosas subsisten (He. 2:10).
- Pues todo es tuyo (1 Cr. 29:14).
- Tú creaste todas las cosas, y por tu voluntad existen y fueron creadas (Ap. 4:11).

Dios es dueño de todas las cosas.

- Tuyos son los cielos, tuya también la tierra; el mundo y su plenitud, tú lo fundaste (Sal. 89:11).
- De Jehová es la tierra y su plenitud; el mundo, y los que en él habitan (Sal. 24:1).

Dios sustenta todas las cosas.

- Sustenta todas las cosas con la palabra de su poder (He. 1:3).
- Todas las cosas en él [Cristo] subsisten (Col. 1:17).
- En él vivimos, y nos movemos, y somos (Hch. 17:28).

Dios diseña el propósito de todas las cosas.

- El Señor ha hecho todo para sus propios propósitos (Pr. 16:4, NTV).

Dios gobierna todas las cosas según su voluntad.

- [Él] hace todas las cosas según el designio de su voluntad (Ef. 1:11).
- Todas las cosas... todas ellas te sirven (Sal. 119:91).

El propósito de Dios en la creación es hacer todas las cosas nuevas.

- He aquí, yo hago nuevas todas las cosas (Ap. 21:5).

Dios designó a su Hijo heredero de todas las cosas.

- Nos ha hablado por el Hijo, a quien constituyó heredero de todo (He. 1:2).

Dios es el fin y la meta de todas las cosas.

- Aquel por cuya causa son todas las cosas (He. 2:10).
- Porque de él, y por él, y *para él*, son todas las cosas (Ro. 11:36).

Un punto de vista patéticamente localista

En vista de estos hechos, yo diría que cualquier comprensión de cualquier cosa, en la Biblia o en cualquier otro lugar, *aparte* de su relación con Dios es un entendimiento *fallido*. Vivimos en una cultura tan perversamente secular que el aire que respiramos es impío. Dios no es parte de la conciencia social. Los cristianos, por desgracia, absorben esto, lo que se combina con nuestra inclinación de autoexaltación, y nos volvemos lentos para ver lo obvio: que Dios es un millón de veces más importante que el hombre y que su gloria es el significado supremo de todas las cosas.

El mundo piensa que porque podemos poner a un hombre en la luna, curar enfermedades, construir rascacielos y establecer universidades también podemos entender cosas sin tomar en cuenta a Dios. Pero este es un punto de vista patéticamente estrecho. Es estrecho porque asume que el universo material es grande y Dios es pequeño. Es estrecho porque piensa que ser capaz de hacer cosas con la materia, siendo ciego a Dios, es ser brillante. Pero, de hecho, una momento de reflexión en el vigoroso aire de la centralidad bíblica de Dios nos recuerda que, cuando se toma en cuenta a Dios, el universo material es "una parte infinitamente pequeña de la existencia universal".[1]

Esas son las asombrosas palabras de Jonathan Edwards. Estar impresionado con el universo material y no estar impresionado con Dios es como sorprenderse con una pequeña colina y aburrirse en las grandes Rocosas. Si Dios llevara un abrigo con bolsillos, llevaría el universo en uno de ellos como lo haría con un maní. Ponderar el significado de ese maní, sin referencia a la majestad de Dios, es obra de un necio.

Por lo tanto, sí, la presentación de Dios en la Biblia exige que siempre leamos la Biblia con el objetivo de ver la gloria de Dios. Cuando Pablo dijo que "de él, y por él, y para él, son todas las cosas" (Ro. 11:36), él no quiso decir "todas las cosas excepto las cosas en la Biblia". Quería decir todas las cosas, y entonces agregó: "A él sea la gloria por los siglos". Lo que significa que la gloria de Dios es el principio, el medio y el fin de todas las cosas. La gloria de Dios es el origen, fundamento y meta de todas las cosas. Es su gloria ser el alfa y la omega de todas las cosas, y cada una de las letras de en medio. Por lo tanto, su gloria pertenece al significado de todas las cosas. ¿Y no blasfemaríamos al decir que este Dios glorioso es algo menos que el significado supremo de todas las cosas?

Debemos aspirar a ver la gloria trinitaria

Cuando Dios nos convoca en la Biblia para leer su palabra a fin de ver su supremo valor y belleza, significa ver el valor y la belleza de Dios el Padre, Dios el Hijo y Dios el Espíritu Santo. Y puesto que la obra suprema del Espíritu Santo es glorificar al Hijo (Jn. 16:14), y que el Padre y el Hijo se han comprometido a glorificarse entre sí (Jn. 17:1, 4-5), nuestro objetivo en la lectura de la Biblia debe ser ver, por el poder del Espíritu Santo, la gloria del Padre y la gloria del Hijo, que es una sola gloria.

1. Jonathan Edwards, *Ethical Writings*, ed. Paul Ramsey y John E. Smith, vol. 8, *The Works of Jonathan Edwards* (New Haven, CT: Yale University Press, 1989), p. 601.

Hemos visto la unicidad de esta gloria en la relación entre 2 Corintios 4:4 y 4:6.[2] La gloria peculiar de Dios brilla más intensamente en el evangelio, la gran obra del Padre y del Hijo en el cumplimiento de nuestra salvación a través de la muerte y resurrección. En 2 Corintios 4:4, esta gloria se llama "la luz del evangelio de *la gloria de Cristo*, que es la imagen de Dios". En 2 Corintios 4:6, se llama "la luz del conocimiento de la gloria de Dios en la faz de Jesucristo". *La gloria de Dios* resplandeciendo en la faz de Cristo y *la gloria de Cristo* resplandeciendo como la imagen de Dios es una sola gloria. Esa es la gloria que aspiramos ver en la lectura de la Biblia. Esta visión, dice Pablo, viene del "Espíritu del Señor" (2 Co. 3:18).

Lo que esto significa es que la gloria divina, manifestada en las Escrituras desde el principio hasta el fin, es la gloria del Dios trino, la gloria del Padre y del Hijo, personificada y revelada por el Espíritu Santo. Por lo tanto, en cualquier parte en que la gloria de Dios resplandece en la historia bíblica de la creación y la redención, es la gloria del Hijo, así como la gloria del Padre.

Isaías vio la gloria de Jesús

Por esto el apóstol Juan dice que la gloria de Dios revelada, por ejemplo, en Isaías 6 era, de hecho, también la gloria de Jesús. Primero, Juan señala la incredulidad de la multitud que se había reunido para escuchar a Jesús (Jn. 12:29). Aunque habían visto sus señales, no creían: "A pesar de que había hecho tantas señales delante de ellos, no creían en él" (Jn. 12:37). Luego dijo que esta incredulidad era el cumplimiento de la profecía de Isaías: "Porque también dijo Isaías: Cegó los ojos de ellos, y endureció su corazón; para que no vean con los ojos, y entiendan con el corazón, y se conviertan, y yo los sane" (Jn. 12:39-40). Entonces Juan dice las asombrosas palabras: "Isaías dijo esto cuando vio su gloria, y habló acerca de él" (Jn. 12:41). Dicho de otra forma, Juan aplica las palabras de Isaías sobre la ceguera del pueblo en los días de Isaías (Is. 6:9-10) a la gente que no podía reconocer a Jesús, el eterno Hijo de Dios.

Isaías dijo que vio "al Señor sentado sobre un trono" y oyó a los serafines decir: "toda la tierra está llena de su gloria". Entonces Isaías gritó: "han visto mis ojos al Rey, Jehová de los ejércitos" (Is. 6:1-5). Lo que había visto era la gloria del Hijo de Dios. Henry Alford comenta: "de hecho, estrictamente considerada, la gloria que Isaías vio *solo podía ser* la del Hijo, que es el *apaúgasma tés dóxes* ["resplandor de la gloria", He. 1:3] a quien ningún

2. Véase el capítulo 4, pp. 80-82.

ojo ha visto".[3] Lo que este pasaje en Juan 12:36-43 implica, por lo tanto, es que donde quiera que la gloria de Dios resplandezca en la Biblia, no es solo la gloria de Dios el Padre, sino también la gloria del Hijo, porque son una sola gloria.

La gloria de Jehová es la gloria de Cristo

Otro ejemplo de cómo la Biblia presenta la unidad de la gloria del Padre y la del Hijo se encuentra en Filipenses 2:5-11. Pablo describe la condescendencia impulsada por el amor del Hijo desde el cielo y la plenitud de la gloria divina que Él disfrutó allí. "El cual, siendo en forma de Dios, no estimó el ser igual a Dios como cosa a que aferrarse, sino que se despojó a sí mismo" (Fil. 2:6-7). Al despojarse de sí mismo, el Hijo descendió voluntariamente a las profundidades de la deshonra en su crucifixión como un criminal.

Por esto Jesús oró en los días de su entrega: "Padre, glorifícame tú al lado tuyo, con aquella gloria que tuve contigo antes que el mundo fuese" (Jn. 17:5). Había dejado a un lado la gran gloria. No obstante, cuando Jesús realizó la gran obra de nuestra salvación por medio de su "muerte de cruz" (Fil. 2:8), Pablo dice algo asombroso acerca de la gloria de Cristo. Dice, en efecto, que la gloria de Cristo y la gloria de Dios Padre son una sola gloria:

> Por lo cual Dios también le exaltó hasta lo sumo, y le dio un nombre que es sobre todo nombre, para que en el nombre de Jesús se doble toda rodilla de los que están en los cielos, y en la tierra, y debajo de la tierra; y toda lengua confiese que Jesucristo es el Señor, *para gloria de Dios Padre* (Fil. 2:9-11).

Al principio, puede parecer que la relación entre la exaltación de Jesús "sobre todo nombre" es simplemente un medio por el cual el Padre recibe gloria, versículo 11: "para gloria de Dios Padre". Pero no es así de simple. Las palabras que Pablo usa para describir a Jesús siendo honrado porque se dobla toda rodilla y por la confesión de toda lengua son palabras de Isaías 45:23, que se refieren al mismo Jehová, el Dios de Israel: "Por mí mismo hice juramento, de mi boca salió palabra en justicia, y no será revocada: Que a mí se doblará toda rodilla, y jurará toda lengua".

N. T. Wright muestra que Isaías 45:23, que Pablo cita en referencia a Jesús, ocurre en un contexto en el cual la idea central "es que el único

---

3. Henry Alford, *Alford's Greek Testament: An Exegetical and Critical Commentary*, vol. 1 (Grand Rapids, MI: Guardian Press, 1976), p. 838; cursivas en el original.

Dios verdadero no comparte su gloria, no puede hacerlo y no lo hará, con nadie más. Es solo suya. Pablo, sin embargo, declara que este único Dios ha compartido su gloria con Jesús. ¿Cómo puede ser esto?". La respuesta de Wright es: "Por supuesto, hará que todas nuestras categorías se tensen hasta el punto de quiebre y más allá. Pero si vamos a dejar que Pablo hable en sus propios términos, no podemos evitarlo. Para él, el significado de la palabra 'Dios' incluye no solo a Jesús, sino, específicamente, al Jesús crucificado".[4]

Leer para ver la gloria de Dios, la gloria de Cristo

Para nuestros propósitos, hay una implicación masiva en el hecho de que Isaías 45:23 no es una profecía explícita sobre Jesús y, aun así, se aplica a Jesús. No hay una referencia explícita al Mesías en este versículo. Es una de esas muchas grandes afirmaciones del Antiguo Testamento acerca de una centralidad de Dios en sí mismo. "Por mí mismo hice juramento... Que a mí se doblará toda rodilla, y jurará toda lengua". El hecho de que Pablo pueda aplicarlo a Jesús muestra que la gloria de Dios y la gloria de Jesús son una sola gloria. Esto es cierto no solo donde la Biblia lo hace explícito, sino también, como aquí, donde no hay ninguna referencia explícita a Jesús en lo absoluto. Por lo tanto, si vamos a leer la Biblia para ver la gloria de Dios, esto incluye, *siempre* y en *todas partes*, ver la gloria de Cristo.

Dondequiera que se vea la gloria de Dios, se ve la gloria de Cristo

No puede ser de otra manera en vista de lo que dice el Nuevo Testamento acerca de la divinidad de Cristo:

- En el principio era el Verbo, y el Verbo era con Dios, y el Verbo era Dios... Y aquel Verbo fue hecho carne, y habitó entre nosotros (y vimos su gloria) (Jn. 1:1, 14).
- Jesús les dijo: De cierto, de cierto os digo: Antes que Abraham fuese, yo soy (Jn. 8:58).
- Mas del Hijo [Dios] dice: Tu trono, oh Dios, por el siglo del siglo (He. 1:8).
- Aguardando la esperanza bienaventurada y la manifestación gloriosa de nuestro gran Dios y Salvador Jesucristo (Tit. 2:13).

4. N. T. Wright, *What Saint Paul Really Said: Was Paul of Tarsus the Real Founder of Christianity?* (Grand Rapids, MI: Eerdmans, 1997), pp. 68-69. Publicado en español por Editorial Clie con el título El verdadero pensamiento de Pablo.

- El cual, siendo en forma de Dios, no estimó el ser igual a Dios como cosa a que aferrarse, sino que se despojó a sí mismo (Fil. 2:6-7).
- A Israel pertenecen "los patriarcas, y de los cuales, según la carne, vino Cristo, el cual es Dios sobre todas las cosas, bendito por los siglos. Amén" (Ro. 9:5).

Cuando Jesús dijo: "Yo y el Padre uno somos" (Jn. 10:30), las implicaciones fueron enormes en cuanto a cómo leer la Biblia. Eso conlleva que la presencia y la gloria del Hijo de Dios son tan penetrantes como Dios mismo en todas sus relaciones. Esto quiere decir que, dondequiera que se vea la gloria de Dios, se ve la gloria de Cristo. Implica que la identidad del Dios que exalta su gloria en la providencia omnipresente de la creación es siempre el Dios trino: Padre, Hijo y Espíritu Santo.

Esto no es un llamado para abandonar las distinciones en las personas de la Trinidad, ni de sus distintos roles en la historia y en el plan de la redención. El Padre no es el Hijo. Tampoco el Hijo es el Padre. Y el Espíritu no es el Padre ni el Hijo. Son tres personas con una sola naturaleza divina, y por tanto un solo Dios. Sin embargo, su unidad —su participación en una sola naturaleza divina— significa que cada vez que realmente vemos y amamos a cualquiera de estas personas divinas, también vemos y amamos a las demás. Cuando el Espíritu nos concede ver la gloria del Padre o del Hijo, también vemos la gloria del otro. Por lo tanto, cuando leemos la Biblia para ver el valor y la belleza de Dios, siempre somos conscientes de que ver tal gloria es ver la gloria del Padre y del Hijo perfectamente unidos en el Espíritu Santo.

Toda la creación es para el Padre y el Hijo

Por un lado, el apóstol Pablo pudo distinguir los papeles del Padre y del Hijo, por ejemplo en la creación: "sólo hay un Dios, el Padre, del cual proceden todas las cosas, y *nosotros somos para él*; y un Señor, Jesucristo, por medio del cual son todas las cosas, y nosotros por medio de él" (1 Co. 8:6). Sin embargo, por otra parte, él pudo mirar lo mismo desde un ángulo diferente, y ver al Hijo en el mismo papel que el Padre:

> Él es la imagen del Dios invisible, el primogénito de toda creación. Porque en él fueron creadas todas las cosas... todo fue creado por medio de él y *para él*. Y él es antes de todas las cosas, y todas las cosas en él subsisten (Col. 1:15-17).

El Padre, entonces, crea todas las cosas a través del Hijo *para* el Padre y el Hijo. En las palabras "para él" (gr. *eís autón*, Cristo) en Colosenses 1:16 y "para él" (gr. *eís autón*, el Padre) en 1 Corintios 8:6, tenemos una afirmación explícita de lo que estoy tratando de mostrar. El *propósito* de todas las cosas es engrandecer al Padre *y* al Hijo para glorificarlos. Y para exaltar y magnificar su gloria, debemos *verla*. Por lo tanto, el objetivo de leer la Biblia *siempre* incluye el objetivo de ver la gloria del Dios trino.

Lo que no es el objetivo de este capítulo

El objetivo de este capítulo no es llevarlo hacia las distintas y específicas maneras en que el Nuevo Testamento encuentra a Cristo en el Antiguo Testamento. Este no es un capítulo sobre cómo ver a Jesús en las profecías explícitas (Mi. 5:2 = Mt. 2:6; Is. 53:7-8 = Hch. 8:32-33), las prefiguraciones (He. 8:5; 10:1), los tipos (Ro. 5:14; 1 Co. 10:6), las transiciones del pacto (Jer. 31:31; Lc. 22:20; 2 Co. 3:6; He. 8:8), las profecías tácitas por implicaciones contextuales (Sal. 16:8-11 = Hch. 2:25-31) y otras. Ese es un aspecto crucial del estudio bíblico. Leer bien la Biblia siempre nos hará estar alertas a ver a Cristo de esta manera.

Jesús dijo: "Escudriñad las Escrituras; porque a vosotros os parece que en ellas tenéis la vida eterna; y ellas son las que dan testimonio de mí" (Jn. 5:39). Después de su resurrección, dijo a los discípulos en el camino de Emaús: "¡Oh insensatos, y tardos de corazón para creer todo lo que los profetas han dicho!... Y comenzando *desde Moisés, y siguiendo por todos los profetas*, les declaraba *en todas las Escrituras* lo que de él decían" (Lc. 24:24-27). Y el apóstol Pablo hace una de las declaraciones más maravillosas y amplias: "porque todas las promesas de Dios son en él Sí" (2 Co. 1:20). En otras palabras, si usted está en Cristo, sea cual fuere su etnia, usted es un heredero de todos los beneficios prometidos en el Antiguo Testamento. Así que Cristo es la suma de esos beneficios, y el precio pagado, para que pudiéramos disfrutarlos. O más precisamente, ¡Cristo pagó el precio para que en y por encima de todos sus beneficios pudiéramos disfrutar de Cristo mismo!

Gloria en los detalles

No obstante, este no es un capítulo sobre las formas específicas en que Cristo fue profetizado o prefigurado en el Antiguo Testamento. Más bien, el fin de este capítulo es la afirmación más amplia de que en todos los detalles y particularidades de lo que encontramos en la Biblia, tanto en el Antiguo Testamento como en el Nuevo, el objetivo de la lectura es siempre ver el valor y la belleza de Dios. Nótese que digo "*en* todos los detalles y particularidades". No hay otra manera de ver la gloria.

La grandeza de Dios no flota sobre la Biblia como un gas. No se esconde en lugares ocultos separados del significado de las palabras y frases. *Se ve en y por el significado de los textos.* Tendremos mucho más que decir sobre esto en la Parte III. Pero el objetivo aquí es que en toda nuestra lectura, en toda nuestra necesaria atención a las palabras, la gramática, la lógica y el contexto, no veremos lo que es supremamente importante ver si no vemos la gloria de Dios, y todas las demás cosas en relación con esto. Por lo tanto, debemos apuntar, en *toda* nuestra lectura, a ver esto.

No se puede saborear la verdad sin ver la verdad

Hay una razón especial para persistir tanto tiempo (capítulos 3 al 5) sobre la necesidad de leer la Biblia para *ver* la gloria de Dios. La razón es que cualquier respuesta emocional a la Biblia que no es el fruto de una visión verdadera del valor y la belleza de Dios es, al final, inútil. "Todo lo que no proviene de fe, es pecado" (Ro. 14:23). Las emociones para Dios que no surgen de ver a Dios no pueden honrarlo. Pablo advirtió que hay "celo por Dios, pero no de acuerdo con un conocimiento pleno" (Ro. 10:2, RVA-2015). Es decir, hay emociones y afectos que parecen ser piadosos, pero en realidad no lo son, porque en la raíz no existe una visión verdadera de la gloria de Dios en Cristo.

Por lo tanto, estos tres capítulos han sentado las bases para la respuesta emocional a Dios que he llamado *saborear* a Dios. Si no hay una verdadera *visión* de la gloria de Dios, no se puede *saborear* verdaderamente la gloria de Dios. Y sin saborear —deleitarse, apreciar, gozar, atesorar— no habrá una verdadera transformación en la imagen de Dios. Y si el pueblo de Dios no se transforma en la imagen de Cristo, de gloria en gloria, el propósito final de Dios fracasará, y eso no puede suceder. Dios no puede fallar en su propósito final. Por lo tanto, si formamos parte de su familia, que refleja a Cristo y lo exalta, debemos leer la Biblia para *ver* su gloria y luego saborearlo a Él sobre todas las cosas. A eso nos referimos en el siguiente capítulo.

El diseño de toda la Escritura, y todas sus partes, tiene una impresión de sabiduría y autoridad divinas. Aquí hay dos partes: primero, revelar a Dios a los seres humanos y, segundo, guiar a los seres humanos para llegar al gozo de Dios.

JOHN OWEN

Deléitate asimismo en Jehová,
Y él te concederá las peticiones de tu corazón.

SALMOS 37:4

Regocijaos en el Señor siempre. Otra vez digo: ¡Regocijaos!

FILIPENSES 4:4

6

Leer para saborear su excelencia, parte 1

"Habéis gustado la benignidad del Señor".

Propuesta

Nuestro objetivo supremo al leer la Biblia es que el valor infinito de Dios y su belleza sean exaltados en la eterna y ferviente adoración de la esposa de Cristo, comprada con su sangre, de cada pueblo, idioma, tribu y nación. Esto implica:

1. que el valor infinito y la belleza de Dios son *el valor y la excelencia supremos* del universo;
2. que la *adoración supremamente auténtica e intensa* del valor y la belleza de Dios es el objetivo supremo de toda su obra y palabra;
3. que debemos siempre leer su Palabra para *ver* este supremo valor y belleza;
4. **que debemos buscar en todo nuestro ver el *saborear* su excelencia sobre todas las cosas;**
5. que debemos aspirar a ser *transformados* por este ver y saborear en la semejanza de su belleza;
6. de modo que más y más personas sean atraídas hacia la familia de Dios que adora, hasta que la novia de Cristo, a través de todos los siglos y culturas, esté completa en número y belleza.

Un llamado de vida

He pasado casi toda mi vida adulta animando a la gente a buscar su suprema satisfacción en Dios.[1] He argumentado que la fe salvadora en Jesucristo no solo lleva el *fruto* del gozo, sino que en realidad, aún más profundamente, es en *sí misma* una especie de gozo. En su raíz, la fe salvadora significa estar satisfecho con todo lo que Dios es para nosotros en Jesús.[2] He celebrado la manera en que George Müller,[3] gran guerrero de la oración y amante de los huérfanos, se acercó a la Biblia cuando dijo: "Vi más claramente que nunca que el primer y primordial asunto al que debía atender todos los días era tener mi alma feliz en el Señor".[4] Aunque era un hombre profundamente doctrinal con un fuerte compromiso con la teología reformada,[5] nunca se contentó con encontrar doctrinas en la Biblia. A menos que algún obstáculo inusual se lo impidiera, no se levantaría de sus rodillas hasta que su visión se hubiera convertido en saborear.

Iluminación verdadera antes de los afectos apropiados

Sin duda, Müller estuvo de acuerdo con su contemporáneo y amigo Carlos Spurgeon en que el ver precede al saborear. Y debemos leer la Biblia con una búsqueda diligente de la comprensión correcta antes de que haya emociones correctas.

> Ciertamente, el beneficio de la lectura debe llegar al alma por el camino del entendimiento... La mente debe tener iluminación antes de que los afectos puedan elevarse correctamente hacia su objeto divino... Debe haber conocimiento de Dios antes de que pueda haber amor a Dios: debe haber un conocimiento de las cosas divinas, como son reveladas, antes de que pueda haber un deleite de ellas.[6]

---

1. Véase especialmente John Piper, *Sed de Dios: Meditaciones de un hedonista cristiano* (Barcelona: Publicaciones Andamio, 2001).

2. John Piper, *Gracia venidera* (Miami: Editorial Vida, 2006). Para un breve argumento sobre este punto, véase http://www.desiringgod.org/articles/love-is-the-main-thing-in-saving-faith (consultado el 1 de marzo de 2016).

3. Para mi examen y celebración de la vida y el ministerio de Müller, véase John Piper, *Camaraderie of Confidence: The Fruit of Unfailing Faith in the Lives of Charles Spurgeon, George Müller y Hudson Taylor* (Wheaton, IL: Crossway, 2016), pp. 63-83.

4. George Müller, *Autography of George Müller: A Million and a Half in Answer to Prayer* (Londres: J. Nisbet, 1914), p. 152.

5. George Müller, *A Narrative of Some of the Lord's Dealings with George Müller*, vol. 1 (Londres: J. Nisbet, 1860), pp. 45-48.

6. C. H. Spurgeon, *The Metropolitan Tabernacle Pulpit Sermons*, vol. 25 (Londres: Passmore y Alabaster, 1879), p. 627.

Sí, la iluminación precede, garantiza y da forma a los afectos. Pero Müller estuvo de acuerdo con John Owen en que "el gozo y las exultaciones del espíritu que han visto las multitudes de mártires fieles de antaño" vinieron juntamente "con una visión de la gloria de Cristo".[7] Por lo tanto, ni Owen, ni Spurgeon, ni Müller estaban satisfechos con "meras nociones" acerca de la gloria de Cristo. Ellos leían sus Biblias no solo para ver sino para saborear. Owen lo puso así:

> Si nos satisfacemos en meras nociones y especulaciones acerca de la gloria de Cristo revelada doctrinalmente, no hallaremos ningún poder transformador ni eficaz que nos sea comunicado... Donde la luz deja los afectos atrás, termina en la formalidad o el ateísmo; y donde los afectos superan a la luz, se hunden en el pantano de la superstición, excesivamente afectuosos en imágenes, cuadros o cosas semejantes.[8]

El doble peligro del intelectualismo y el emocionalismo

Estos hombres comprendieron, y nosotros debemos hacerlo también, los peligros del intelectualismo y del emocionalismo. El intelectualismo hace hincapié en el uso del intelecto y sus descubrimientos sin el correspondiente despertar de todas las emociones que esos descubrimientos están destinados a encender. El emocionalismo hace hincapié en la agitación energética de las emociones que no están atadas a la verdad como su guía. Owen da muy buenos consejos sobre cómo las emociones del corazón deben estar enraizadas y conformadas por la verdad de lo que la mente ve en las Escrituras.

> Cuando el corazón es echado realmente en el molde de la doctrina que la mente acoge, cuando la evidencia y la necesidad de la verdad permanecen en nosotros, cuando no es el sentido de las palabras únicamente el que está en nuestra mente, sino que el sentido de las cosas permanece en nuestro corazón; cuando tenemos comunión con Dios en la doctrina por la que luchamos, entonces estaremos guarnecidos por la gracia de Dios contra todos los ataques de los hombres.[9]

Me encanta esta visión de cómo buscamos y luchamos por la verdad. ¿No

7. John Owen, *The Works of John Owen*, ed. William H. Goold, vol. 1 (Edimburgo: T & T Clark, s.f.), p. 399.
8. Ibíd., pp. 400-401.
9. Ibíd., lxiii-lxiv.

es una buena perspectiva "tener comunión con Dios en la doctrina por la que luchamos"? Cuán diferente sería nuestra lectura bíblica y nuestras conversaciones bíblicas si nos negáramos a hablar de nuestras percepciones hasta que fueran endulzadas por la verdadera comunión de nuestra alma con Dios en ellas.

El objetivo de este capítulo: la búsqueda para saborear

El objetivo de este capítulo es que en todo nuestro esfuerzo por ver más y más la gloria de Dios, *estamos apuntando, por ese ver, a saborear al Dios que vemos*. Es decir, siempre estamos tratando de experimentar afectos espirituales en nuestro corazón despertado por la visión espiritual de la verdad en nuestras mentes. Estamos tomando sobre nosotros el mismo objetivo para nuestra lectura de la Biblia que Jonathan Edwards tenía para su predicación cuando dijo:

> Debo pensar en mi deber de elevar los sentimientos de mis oyentes tan alto como pueda, siempre que no se vean afectados por nada más que por la verdad y con sentimientos que no sean desagradables a la naturaleza de aquello con lo que están afectados.[10]

Leemos nuestras Biblias para "elevar los sentimientos". Sí. Pero queremos ser afectados por la verdad. Y apuntamos a que nuestros sentimientos estén de acuerdo con la naturaleza de la verdad que vemos.

He propuesto que nuestro objetivo final en la lectura de la Biblia, según la misma Biblia, es que el valor infinito de Dios y su belleza sean exaltados en la eterna y ferviente adoración de la esposa de Cristo, comprada con su sangre, de cada pueblo, idioma, tribu y nación. Para explicar y probar esta propuesta por las Escrituras, nos estamos enfocando en seis de sus implicaciones (véase el recuadro al principio del capítulo). El enfoque de este capítulo y el siguiente es la cuarta implicación: debemos buscar en todo nuestro ver el saborear su excelencia sobre todas las cosas. La idea central de esta cuarta implicación es que ver la gloria de Dios al leer la Biblia nunca debe ser un fin en sí mismo. Leemos a fin de ver a fin de saborear. Buscamos discernimiento a fin de disfrutar. Buscamos conocimiento a fin de amar. Buscamos la doctrina por el bien del deleite. Los ojos del corazón sirven a los afectos del corazón.

---

10. Jonathan Edwards, *The Great Awakening*, rev. Ed., Ed. Harry S. Stout y C. C. Goen, vol. 4, *The Works of Jonathan Edwards* (New Haven, CT: Yale University Press, 2009), p. 387.

Saboreando lo amargo con lo dulce

Se necesita inmediatamente un correctivo para aclarar el significado de *saborear*. He tratado *saborear* como si todo fuera positivo: gozando, amando y deleitándome. La razón es que así es como la gloria peculiar de Dios hace su más profunda obra transformadora. La vemos, entonces estamos profundamente satisfechos por ella; y luego, con esta satisfacción, somos cambiados en la raíz de nuestro ser.

No obstante, también está claro en las Escrituras que Dios usa no solo las emociones *agradables* en respuesta a ver su gloria, sino también las emociones *dolorosas*. Estas también vienen de ver la gloria de Dios en las Escrituras. Estas también están destinadas a ser transformadoras, a su manera. Están destinadas a provocar el cambio de una manera más indirecta, alejándonos de los pecados destructivos, con la esperanza de que seremos atraídos positivamente por la satisfacción superior de la santidad de Dios.

Dios no deja de ser glorioso cuando disciplina a sus hijos. Sin embargo, esta gloria nos lleva primero al dolor; y entonces, a través de la tristeza y el arrepentimiento, al gozo.

> Porque el Señor al que ama, disciplina, y azota a todo el que recibe por hijo… ninguna disciplina al presente parece ser causa de gozo, sino de tristeza; pero después da fruto apacible de justicia a los que en ella han sido ejercitados (He. 12:6, 11).

Dios apunta a un "fruto apacible", no al dolor. Pero puede causar dolor en aras de la agradable experiencia de la paz.

Dios no cesa de ser glorioso cuando dice a los que están enredados en el pecado: "Afligíos, y lamentad, y llorad. Vuestra risa se convierta en lloro, y vuestro gozo en tristeza. Humillaos delante del Señor, y él os exaltará" (Stg. 4:9-10). Su objetivo es que disfrutemos de la experiencia de que "él [nos] exaltará". Pero en el camino hacia allá, la estrategia de Dios puede ser una reprensión. Es apropiado, junto con todos los caminos y propósitos de Dios, ya que también forma parte de su gloria peculiar. Puede extender el significado ordinario del lenguaje, pero también eso debemos "saborear". "Hermanos míos, tened por sumo gozo cuando os halléis en diversas pruebas, sabiendo que la prueba de vuestra fe produce paciencia" (Stg. 1:2-3). Estos son los alimentos que mezclan lo agrio y lo dulce de tal manera que hacen que lo dulce sea más delicioso.

Lo que esto significa para nuestra lectura de las Escrituras es que ver la gloria de Dios no siempre despierta, primero, la dulzura de su valor y belleza. Puede despertar las penas del pecado recordado y la corrupción restante en nuestro corazón. "Saborear" esta dolorosa verdad significaría acogerla en lugar de negarla o retorcerla. Significaría estar agradecidos y permitir que la reprensión y corrección tengan su pleno efecto en la contrición y la humildad. Significaría dejar que nos lleve a las misericordias de Dios y el dulce alivio que viene de la gracia salvadora en Cristo.

Siempre leemos en búsqueda de pasión

Así que el principio permanece: nunca leemos la Biblia simplemente para *ver* la gloria de Dios. Nunca simplemente *aprendemos*, *sabemos* o simplemente *captamos una verdad doctrinal*. Siempre vemos, aprendemos y sabemos en búsqueda de afectos, sentimientos, emociones y pasiones que son adecuadas a la verdad que hemos visto. La gama de emociones en respuesta a la lectura de la Biblia es tan amplia como lo son los tipos de verdades reveladas. La verdad puede ser terrible, como el asesinato de infantes en Belén (Mt. 2:16), y nuestras emociones deben incluir la repulsión, la ira y el dolor. La verdad puede ser preciosa más allá de las palabras, como las palabras a un ladrón de toda la vida que oye, justo antes de morir: "hoy estarás conmigo en el paraíso" (Lc. 23:43). Así que nuestras emociones deben incluir admiración, agradecimiento y esperanza. Los dedos divinos de las Escrituras están destinados a arrancar melodías de cada cuerda en el arpa de su alma. Nunca leemos solo para saber.

¿Cómo enseña la Biblia esto?

¿Cómo es que la propia Biblia manifiesta que en toda nuestra lectura de la misma debemos pasar por el acto de ver la gloria de Dios hasta llegar a saborearla? La respuesta puede darse en dos pasos: (1) Las Escrituras que nos animan a buscar el gozo en Dios en general, y (2) las Escrituras que conectan esta búsqueda explícitamente con las Escrituras mismas. En este capítulo, trataremos el primero caso y, en el próximo capítulo, trataremos el segundo.

Aunque solo traté de mostrar que Dios persigue emociones dolorosas en su pueblo cuando las necesitamos, ahora me centraré en las emociones positivas. La razón es que este es, de hecho, el objetivo final de nuestras emociones. Dios creó la emoción humana para el propósito supremo de la adoración ferviente de su valor y belleza. En esta última experiencia, seremos supremamente satisfechos, y Él será supremamente glorificado. Así que me concentro en el saborear a Dios que comúnmente llamamos "gozo". Esto puede incluir muchas emociones positivas, como agradecimiento, admiración, esperanza y placer. Así que cuando hablo de gozo en lo que sigue, piense en el grande y positivo gozo de todo lo que Dios es para nosotros en Jesús.

1. Se nos manda estar gozosos en Dios

El fundamento más obvio en las Escrituras para perseguir el gozo en Dios es que se nos manda hacerlo. En una ocasión fui exhortado por un amigo que debemos perseguir la obediencia a Dios, no el gozo en Dios. Mi respuesta fue que esto es como decir que: "debemos buscar fruta, no manzanas". Las manzanas *son* frutas, y la búsqueda del gozo en Dios *es* la búsqueda de la obediencia a Dios, porque se nos ordena buscar el gozo en Dios; y hacer lo que se nos manda es obediencia.

Por ejemplo, en los Salmos se nos dice: "*Deléitate asimismo en Jehová*, y él te concederá las peticiones de tu corazón" (Sal. 37:4). "*Alegraos en Jehová* y gozaos, justos; y cantad con júbilo todos vosotros los rectos de corazón" (Sal. 32:11). "*Cantad alegres a Dios*, habitantes de toda la tierra. Servid a Jehová con alegría; venid ante su presencia con regocijo" (Sal. 100:1-2). Igualmente, en el Nuevo Testamento, la orden de regocijarse es frecuente: "*Regocijaos en el Señor siempre*. Otra vez digo: ¡Regocijaos!" (Fil. 4:4; cp. Mt. 5:12; Ro. 12:12; Fil. 3:1; 1 Ts. 5:16). Ninguno de estos pasajes nos dice explícitamente que leamos la Biblia en aras de buscar el gozo en el Señor, pero que deberíamos hacerlo se verá claro en breve.

Por ahora, el punto sorprendente es que Dios no nos deja ninguna otra opción. Él aspira a que seamos felices. Para mí es increíble cuántos buenos cristianos tienen la reacción de no dar su brazo a torcer antes de aceptar decir esto. La semana pasada fui reprendido por un buen hombre por decir que Dios persigue nuestra felicidad. Él me dijo: "Esto no es bíblico. Dios persigue nuestra santidad". Le dije: "No me malinterpretes. Estoy de tu lado, por supuesto que Dios persigue nuestra santidad. Pero la gente espiritual encuentra que la santidad es su gozo". De hecho, ¿qué es la santidad si no es primero *atesorar tanto el valor y la belleza de Dios de manera que todo lo mundano pierda su atractivo*? Yo diría que no hay tal cosa como la santidad donde el corazón no encuentra a Dios como su mayor felicidad.

Supongo que algunas de las personas que tienen esta reacción directa en contra de decir que Dios persigue nuestra felicidad, se sienten de esta manera porque en su mente la palabra *felicidad* es superficial y circunstancial, como preferir el chocolate antes que la vainilla y, de no conseguirlo, no estamos "felices". Si eso es lo que significa, entonces estoy de acuerdo con ellos. Dios no trabaja para que siempre obtengamos chocolate. Amén.

No obstante, la Biblia no usa la palabra *feliz* de esa manera, como si el ser *feliz* fuera superficial y mundano, sino que el *gozo* es profundo y va en dirección a Dios. *Happiness* [La felicidad], el libro de Randy Alcorn, es el tratamiento más completo de la felicidad y el gozo de la Biblia que conozco. Él dedica una sección completa (capítulos 20-29) al tema "Las palabras de la Biblia para felicidad". Él muestra que las palabras de la Biblia para la felicidad son increíblemente diversas y tocan cada dimensión de la experiencia positiva que el corazón tiene de la vida y de Dios:

> He buscado todas las referencias a estas palabras en la *English Standard Version* (ESV): felicidad, alegría, disfrutar, alegrarse, gozo, feliz, placer, deleite, celebración, alegre, agradable, risa, sonrisa, jubiloso, jubileo, descanso, fiesta y exaltación. Estas y sus palabras relacionadas aparecen más de 1700 veces. Cuando añadimos los tiempos en que la palabra *bendito* se usa para traducir palabras que significan "feliz", el total llega a alrededor de dos mil.[11]

Pienso, por lo tanto, que sería bueno que mis amigos que tienen esta reacción de sorpresa no agradable a la búsqueda de Dios en nuestra plena y eterna felicidad se empapen en el vasto lenguaje de la Biblia con respecto a la felicidad del pueblo de Dios. Y, si van a oponerse a que Dios nos mande buscar la felicidad, permítame dejar en claro que ellos están entendiendo lo que significa la felicidad idólatra en las cosas, no la felicidad en Dios.

En lo que me estoy enfocando, cuando digo que Dios nos manda buscar la felicidad, es en la felicidad en Dios mismo, no en su creación. Hay una felicidad adecuada en los dones de Dios (1 Ti. 4:4; 6:17). Pero mi enfoque es la felicidad *en Dios mismo*, que experimentamos *en y por encima* del disfrute de las cosas, y que mantiene el disfrute de las cosas alejado de llegar a ser idolatría. "Entraré al altar de Dios, al Dios *de mi alegría* y de mi gozo" (Sal. 43:4). "*Me alegraré en Jehová*, y me gozaré en el Dios de mi salvación" (Hab. 3:18). "*Nos gloriamos en la esperanza de la gloria de Dios*" (Ro. 5:2). Por eso la alegría cristiana florece incluso en el sufrimiento, porque Dios mismo es nuestro gozo, no sus dones o nuestras circunstancias. "Nos

11. Randy Alcorn, *Happiness* (Carol Stream, IL: Tyndale, 2015), p. 179.

gloriamos en las tribulaciones, sabiendo que la tribulación produce paciencia; y la paciencia, prueba; y la prueba, esperanza", es decir, esperanza en la presencia eterna y sin dolor de la gloria de Dios (Ro. 5:3-4). "Pues tengo por cierto que las aflicciones del tiempo presente no son comparables con la *gloria* venidera que en nosotros ha de manifestarse" (Ro. 8:18).

2. Dios advierte de cosas terribles si no somos felices

Dios advierte de la llegada de problemas si no buscamos la satisfacción en Él: "Por cuanto no serviste a Jehová tu Dios con alegría y con gozo de corazón, por la abundancia de todas las cosas, servirás, por tanto, a tus enemigos" (Dt. 28:47-48). Dios no quiere un servicio a regañadientes. Él quiere un servicio gozoso. Por eso el apóstol Pablo dijo: "Dios ama al dador alegre (2 Co. 9:7), y por eso Pedro les dice a los ancianos que hagan su trabajo *voluntariamente* y con entusiasmo, esto es, con gozo. "Apacentad la grey de Dios que está entre vosotros, cuidando de ella, no por fuerza, sino voluntariamente; no por ganancia deshonesta, sino con *ánimo pronto*" (1 P. 5:2). Salmos 100:2 ya nos había dicho: "Servid a Jehová con alegría" y el mandamiento no ha sido revocado.

3. La fe salvadora contiene gozo en Dios

La naturaleza y la necesidad de la fe salvadora demuestra que debemos buscar nuestro gozo en Dios. El apóstol Juan deja claro que la fe salvadora es esencialmente *recibir*. Él dice en Juan 1:11-12: "[Jesús] a lo suyo vino, y los suyos no le *recibieron*. Mas a todos los que le *recibieron*, a los que *creen* en su nombre, les dio potestad de ser hechos hijos de Dios". Juan pone "creen en su nombre" en aposición a "recibirlo"; son esencialmente lo mismo.

Así que la pregunta es: ¿Recibirlo como qué? La respuesta evangélica común, y gloriosamente cierta, es: ¡Recibirlo como *Salvador* y *Señor* personal! ¿Pero las Escrituras alguna vez quieren decir que en la fe salvadora se recibe a Cristo como algo menos que un *tesoro supremo*? ¿Alguna vez las Escrituras quieren decir que es posible recibirlo como Señor, pero no como un *preciado Señor*? ¿Alguna vez las Escrituras quieren decir que es posible recibirlo como Salvador, pero no como *preciado Salvador*?

No, recibir a Cristto como lo que *Él es* significa recibirlo como el tesoro supremo que es. ¿La parábola de Jesús acerca del tesoro no está destinada a describir la verdadera naturaleza de entrar en contacto con el Rey? "El reino de los cielos es semejante a un tesoro escondido en un campo, el cual un hombre halla, y lo esconde de nuevo; y gozoso por ello va y vende todo lo que tiene, y compra aquel campo" (Mt. 13:44). El mensaje de esta parábola de un versículo no es que el reino se pueda comprar, sino que no hay mayor tesoro que estar en el reino, donde está el Rey.

Así que la fe salvadora recibe a Jesús como lo que realmente es. Él es el tesoro supremo de todos los que lo reciben. Jesús nos muestra cuán esencial es este tipo de recepción cuando dice: "El que ama a padre o madre más que a mí, no es digno de mí; el que ama a hijo o hija más que a mí, no es digno de mí" (Mt. 10:37). Usted no puede ser salvo si Jesús tiene el segundo lugar en su corazón. Esto se debe a que la fe salvadora incluye recibir a Jesús por lo que Él realmente es, a saber: el supremo tesoro del universo.

Tenemos la misma visión de la fe en las palabras de Jesús en Juan 6:35: "Yo soy el pan de vida; el que a mí viene, nunca tendrá hambre; y el que en mí cree, no tendrá sed jamás". Note que venir a Jesús para calmar el hambre del alma es paralelo a *creer* en Jesús para calmar la sed del alma. Creo que son dos maneras de decir lo mismo, ya que el hambre y la sed del alma son indistinguibles. De modo que el *creer* se describe, entonces, como venir a Jesús para la satisfacción de los anhelos más profundos del alma. La fe salvadora, por lo tanto, puede ser más, pero no menos, que buscar y encontrar la satisfacción completamente plena en Jesús.

El escritor del libro a los Hebreos apunta en la misma dirección. La fe salvadora cree en Dios como un galardonador que lo satisface todo: "Sin fe es imposible agradar a Dios; porque es necesario que el que se acerca a Dios crea que le hay, y que es galardonador de los que le buscan" (He. 11:6). La fe no viene a Dios por alguna benevolencia desinteresada, pensando en hacer un favor a Dios con nuestra presencia. La fe viene a Dios llena de hambre de Él y lo encuentra como la gran recompensa de la fe.

Por tanto, concluyo que la fe salvadora, por su naturaleza y necesidad, nos enseña a buscar nuestra satisfacción en Dios. La fe salvadora es *necesaria* para la vida eterna (Jn. 3:15), y su *naturaleza* incluye descansar en Jesús como satisfacción final y suprema del alma. Por lo tanto, la fe salvadora nos convoca a todos a buscar el gozo en Dios.

4. El mal es abandonar la felicidad en Dios

La naturaleza del mal nos enseña a buscar nuestra satisfacción en Dios. Jeremías describe dos rasgos del mal que aclaran esto:

> Espantaos, cielos, sobre esto, y horrorizaos; desolaos en gran manera, dijo Jehová. Porque dos males ha hecho mi pueblo: me dejaron a mí,

> fuente de agua viva, y cavaron para sí cisternas, cisternas rotas que no retienen agua (Jer. 2:12-13).

¿Cuáles son los dos males? Uno es que han abandonado a Dios como la fuente del agua toda satisfactoria y dadora de vida. El otro es que están tratando desesperadamente de reemplazar a Dios cavando en la tierra. Estos son los dos lados de la moneda del mal. La esencia del mal es apartarnos de Dios como nuestro tesoro todo satisfactorio en la esperanza de encontrar algo mejor en otra parte. Como dijo Pablo en Romanos 1:22-23, "Profesando ser sabios, se hicieron necios, y cambiaron la gloria del Dios incorruptible por la mentira". Este intercambio es el corazón de todo mal. Otra clase de pecado viene de esta raíz: prefiriendo a algo más por encima de Dios. Por lo tanto, si queremos evitar el mal, la tarea central de nuestra vida es buscar nuestra mayor satisfacción en Dios, no en otras cosas.

5. Negar al yo toda comodidad que disminuiría el gozo en Cristo

El llamado de Jesús a la abnegación nos enseña a buscar nuestra satisfacción en Dios. Esto puede parecer contraintuitivo. De hecho, a lo largo de los años, una de las objeciones más comunes al punto que estoy planteando, que la Biblia nos enseña a buscar nuestro gozo en Dios, es que Jesús, por el contrario, nos enseña a negarnos a nosotros mismos. Pero cuando usted mira cómo aboga realmente Jesús por la abnegación, usted ve que, de hecho, está llamándonos a encontrar el supremo deleite de nuestra alma en Dios, no en este mundo. Aquí está lo que Él dice:

> Si alguno quiere venir en pos de mí, niéguese a sí mismo, y tome su cruz, y sígame. Porque todo el que quiera salvar su vida, la perderá; y todo el que pierda su vida por causa de mí y del evangelio, la salvará. Porque ¿qué aprovechará al hombre si ganare todo el mundo, y perdiere su alma? (Mr. 8:34-36).

Lejos de repudiar lo que yo llamo hedonismo cristiano,[12] Jesús lo convierte en la base de su argumento. Su suposición es que nadie quiere perder su alma; ni tampoco debería quererlo. Sería un deshonor para Jesús si no quisiéramos estar en el gozo de su presencia para siempre. Así que Jesús nos

12. Este término se explica y defiende en el libro mencionado anteriormente: Piper, *Sed de Dios*. El punto clave del hedonismo cristiano es que Dios es más glorificado en nosotros cuando estamos satisfechos en Él.

dice cómo no perder nuestra vida: "El que quiera salvar su vida, la perderá". Y nos dice cómo salvar nuestra vida: "El que pierda su vida por causa de mí y del evangelio, la salvará".

El fundamento del argumento de Jesús es su aprobación de nuestro deseo de no perder nuestra vida. Sin duda, hay una auténtica autonegación. Salvar nuestra vida eterna puede costarnos nuestra vida terrenal. Como dice Jesús en Juan 12:25: "El que ama su vida, la perderá; y el que aborrece su vida *en este mundo*, para vida eterna la guardará". Observe las palabras "en este mundo". Aquí es donde la abnegación puede traer muchas pérdidas, en este mundo, como en el caso de Moisés:

> [Prefería] ser maltratado con el pueblo de Dios, que gozar de los deleites temporales del pecado, teniendo por mayores riquezas el vituperio de Cristo que los tesoros de los egipcios; porque tenía puesta la mirada en el galardón (He. 11:25-26).

De igual manera, Jesús fue sostenido por la misma manera de pensar: "puestos los ojos en Jesús, el autor y consumador de la fe, el cual por *el gozo puesto delante de él* sufrió la cruz, menospreciando el oprobio, y se sentó a la diestra del trono de Dios" (He. 12:2). Es precisamente la grandeza del gozo futuro lo que nos da la capacidad de negarnos a nosotros mismos las alegrías pasajeras, menores, aquí en esta vida. Pero nunca en la Biblia se nos dice que sacrifiquemos el supremo placer en Dios, por ninguna cosa.

La medida de nuestro anhelo de la verdadera vida con Cristo es la cantidad de consuelo mundano que estamos dispuestos a renunciar por conseguirlo. El don de la vida eterna en la presencia de Dios es glorificado si estamos dispuestos a hacer lo que nos recomienda Juan 12:25: el que "aborrece su vida en este mundo, para vida eterna la guardará". Ahí radica el valor del sacrificio centrado en Dios.

C. S. Lewis vio las cosas con precisión. Él dijo:

> El Nuevo Testamento tiene mucho que decir acerca del sacrificio, pero no acerca del sacrificio como un fin en sí mismo. Se nos dice que nos neguemos a nosotros mismos y tomemos nuestra cruz para que podamos seguir a Cristo; y casi cada descripción de lo que finalmente encontraremos si lo hacemos contiene un llamamiento a desearlo.[13]

13. C. S. Lewis, *El peso de la gloria* (HarperCollins Español, Nashville, Tennessee, 2016), pp. 25-26.

La razón por la cual algunas personas piensan que la enseñanza de Jesús sobre el sacrificio contradice la búsqueda de nuestro gozo es que no piensan profundamente en la paradoja de sus palabras. San Agustín expresa la paradoja así:

> Si amas tu alma, hay peligro de que sea destruida. Por lo tanto, puedes no amarla, ya que no quieres que se destruya. Pero al no querer que se destruya, la amas.

Así que todo depende de cómo amamos nuestra alma. Si usted ama su alma al querer que tenga tantas comodidades en este mundo como sea posible, entonces el sacrificio será un obstáculo insuperable. Pero si ama su alma al querer que sea suprema y eternamente feliz en Dios, entonces el sacrificio no es un impedimento sino un camino. Por consiguiente, la enseñanza de Jesús sobre el sacrificio nos presiona hacia la búsqueda del máximo gozo en Dios.

6. El amor por las personas nos empuja a seguir nuestro gozo en Dios

La demanda de amar a las personas nos enseña a buscar la satisfacción en Dios. Esta afirmación es el fundamento de los capítulos 8 y 9, que disfrutar la gloria de Cristo nos transforma en su semejanza. Pero algunos comentarios aquí pueden ser útiles. De la misma manera que la negación de uno mismo parece a algunas personas como un obstáculo para la búsqueda de nuestro gozo, de manera similar, el mandamiento de amar a otros con amor abnegado parece un obstáculo similar a la búsqueda de nuestro propio gozo. Los críticos apuntan a 1 Corintios 13:5 con la traducción literal (y exacta) de la Reina Valera Actualizada: [El amor no] "busca lo suyo propio"; y preguntan: "¿Cómo puedes amar verdaderamente a otra persona si, al hacerlo 'buscas tu propio' gozo? ¿No es eso simplemente usarla?".

La solución a este aparente problema es que Pablo claramente no nos está diciendo que "buscar lo nuestro" esté equivocado en *todos* los sentidos. Lo sabemos por la manera en que él defiende el amor en 1 Corintios 13:3 (RVA-2015). Él dice: "Si reparto todos mis bienes, y si entrego mi cuerpo para ser quemado, pero no tengo amor, *de nada me sirve*". Sí, el amor genuino no se atreve a mirar hacia su propio beneficio, ¿no es así? ¿No es extraño que Pablo nos advirtiera que no tener amor nos privará de ganancia? Pero esto es, de hecho, lo que él dice en el versículo 3: "Si no tengo amor, de nada me sirve".

Así que lo que Pablo quiere decir con que el amor no "busca lo suyo propio" es que el amor no busca su propio beneficio privado a expensas de los demás. Si buscar su propio bien en Dios lo lleva a dar su vida por los demás, como sucedió con Jesús según Hebreos 12:2, entonces la búsqueda de su propio gozo no es contraria al amor, sino el poder del amor.

Podemos ver el amor presionándonos hacia la búsqueda de nuestro gozo en un pasaje como Hechos 20:35. Pablo está hablando a los ancianos de Éfeso y les dice:

> Os he enseñado que, trabajando así, se debe ayudar a los necesitados, y recordar las palabras del Señor Jesús, que dijo: *Más bienaventurado es dar que recibir.*

Lo que es especialmente poderoso acerca de este versículo es la palabra *recordar*. Jesús no está diciendo: "Cuando se trata de motivar el amor de la generosidad y la entrega de uno mismo, asegúrese de *olvidar* las palabras de Jesús acerca de lo gratificante que es. Asegúrese de sacar de su mente cualquier pensamiento de buscar la bendición en su acto de dar". Por el contrario, Pablo realmente dice: "¡Recuerda!". Mientras luchas con ser generoso y amoroso hoy, recuerda la recompensa. Recuerda la bendición. Recuerda: "es más bienaventurado dar que recibir".

Así que Jesús no cree que la búsqueda de su gozo, su recompensa, su bienaventuranza contaminan el amor. Piensa que es esencial para amar. ¿Por qué es eso? Por dos razones. Una es que la gente no se siente amada cuando hacemos el bien para ellos a *regañadientes*. Se sienten amados cuando nuestros actos de amor van acompañados de *gozo*. Esta es una de las razones por las que Pablo dice: "Dios ama al dador alegre" (2 Co. 9:7). Así que el amor verdadero depende en parte en hallar gozo en y a través de amar.

La otra razón que persigue el gozo es esencial para el amor, y es que nuestro objetivo en el amor es que aquellos a quienes amamos se unan a nosotros en la *toda satisfactoria recompensa que buscamos*. Si alguien me acusara de explotar a las personas a las que yo afirmo amar, haciéndoles el bien para mi mayor disfrute de Dios, respondería diciendo: "No, no las estoy explotando; mi objetivo y oración es que, por mi buena acción, se *unan a mí* en el gozo eterno de la presencia de Dios". De hecho, yo diría que si no persigo la "bienaventuranza" que Jesús promete a los que aman, no estoy amando verdaderamente, pues no estoy persiguiendo el gozo de atraer a la otra persona al mayor gozo imaginable.

Así que el mandamiento bíblico de que amemos a nuestro prójimo no es un obstáculo para el objetivo que estamos proponiendo, sino un apoyo. El amor genuino es el esfuerzo *gozoso* para hacer felices a los demás en Dios para siempre. El amor genuino es estar dispuesto a sufrir y morir para atraer a tantas personas como sea posible a la búsqueda y gozo de Dios.

7. *Dios se glorifica en nosotros cuando estamos satisfechos en Él*

La exigencia bíblica de glorificar a Dios en todas las cosas nos enseña a perseguir nuestra satisfacción en Dios. Este es el argumento más importante de todos y nos lleva nuevamente a la conexión con los capítulos 3–5. Allí discutimos que toda la lectura de la Biblia debería estar dirigida a *ver* la gloria de Dios. Ahora estoy argumentando que nunca debemos conformarnos con ver, sino que siempre experimentamos ver en el sentido de *saborear*. Siempre debemos querer ver a fin de saborear. Esto es lo que estoy tratando de demostrar. La búsqueda del gozo en Dios en toda nuestra lectura de la Biblia es lo que la Biblia pide.

En este punto, el argumento es que *Dios es sumamente glorificado en nosotros cuando estamos sumamente satisfechos en Él*. Esta es una de las ideas fundamentales que las Escrituras tienen que mostrarnos. Lo podemos ver en Filipenses 1:20-21, donde Pablo dice:

> Es mi ansiosa expectativa y esperanza de que no seré para nada avergonzado, sino que con todo coraje, ahora y siempre, Cristo será magnificado en mi cuerpo, ya sea por la vida o por la muerte. Porque para mí, el vivir es Cristo y el morir es ganancia (traducción del autor).

Lo que deseo que veamos aquí es cómo Pablo cree que Cristo será magnificado, o glorificado, en su cuerpo. Nótese que Pablo dice que confía en que Cristo será magnificado en su cuerpo por la vida o por la muerte. Luego viene la explicación del fundamento que él da: "Porque para mí el vivir es Cristo, y el morir es ganancia". Ahora juntemos las dos frases correspondientes: "Cristo es magnificado por la vida o por la muerte" y "el vivir es Cristo y el morir es ganancia". Lo que vemos es que vivir para Cristo corresponde a magnificar a Cristo por la vida, y experimentar la muerte como ganancia corresponde a magnificar a Cristo por la muerte.

Medite conmigo acerca de esto último: magnificar a Cristo por la muerte y experimentar la muerte como ganancia. ¿Cómo funciona? ¿Por qué es Cristo *magnificado* cuando Pablo experimenta la muerte como *ganancia*?

La respuesta es parcialmente dada en el versículo 23, donde Pablo dice: "teniendo deseo de partir y estar con Cristo, lo cual es *muchísimo mejor*"; el morir es ganancia porque morir significa salir de este cuerpo mortal y estar *con Cristo*, lo cual es "mucho mejor" que vivir aquí.

Así que esto es lo que vemos: Cristo es magnificado en la muerte de Pablo porque, en la muerte, Pablo experimenta la presencia de Cristo como una gran ganancia. ¿Y qué más es esto sino que Pablo está siendo supremamente satisfecho en Cristo? Cristo es incluso mejor que la vida; eso, dice Pablo, es lo que magnifica a Cristo. Por lo tanto, concluyo, Cristo está siendo sumamente magnificado en Pablo porque Pablo está sumamente satisfecho en Cristo. Es precisamente el tesoro manifiesto de Cristo por encima de la vida lo que hace que Cristo parezca magnificente.

Así que, recalco, la razón principal por la que debemos leer la Biblia en busca de la satisfacción suprema en Dios es que Dios es glorificado en nosotros cuando estamos sumamente satisfechos en Él. Pasar de ver la gloria de Dios a saborear la gloria de Dios es una de las grandes maneras en que Dios es glorificado en nosotros.

Jonathan Edwards escribió más profunda y convincentemente acerca de esto que cualquier otro que conozca. Él argumenta que esta manera de glorificar a Dios está profundamente arraigada en la misma naturaleza de Dios. Su conclusión es la siguiente:

> Dios se glorifica a sí mismo y también a través de sus criaturas de dos maneras: 1. Al mostrarse según la... comprensión de ellos. 2. Al comunicarse a sí mismo en sus corazones, y en su gozo, deleite y disfrute de las manifestaciones que Él mismo ofrece... *Dios es glorificado no solo porque se vea su gloria, sino también porque nos gozamos en ella.* Cuando aquellos que lo ven se deleitan en Él, Dios es más glorificado que si solamente lo vieran... El que da testimonio de su idea de la gloria de Dios [no] glorifica a Dios tanto como el que testifica también de su aprobación y su deleite.[14]

Lea la frase clave una vez más: "*Dios es glorificado no solo porque se vea su gloria, sino también porque nos gozamos en ella*". Creo que eso es lo que Pablo insinúa en Filipenses 1:20-21, y por eso es que leer la Biblia tanto para

14. Jonathan Edwards, *The "Miscellanies" (Entry Nos. A-z, Aa-zz, 1-500)*, ed, corregida, eds. Thomas A. Schafer y Harry S. Stout, vol. 13, *The Works of Jonathan Edwards* (New Haven, CT: Yale University Press, 2002), p. 495; cursivas añadidas.

ver la gloria de Dios como para saborearla es esencial. La gloria de Dios brilla con más intensidad no solo en el alma que lo *ve*, sino en el alma que lo ve verdaderamente y que lo *saborea* debidamente.

Busque el gozo en todo lo que haga

Así que concluyo que la misma Biblia nos anima a buscar el gozo en Dios en general, a saborear su gloria dondequiera que la veamos. En todo lo que pensamos y hacemos, debemos estar esperando, buscando y orando para que Dios no solo nos revele su gloria, sino que despierte nuestro corazón a su valor y belleza para que saboreemos su gloria sobre todos los demás tesoros del mundo. Las Escrituras que hemos visto hasta ahora nos enseñan a perseguir nuestra felicidad en Dios en todo lo que hacemos. Pero no hicieron una conexión explícita entre nuestra búsqueda del gozo y nuestra lectura de las Escrituras, y a eso nos referiremos en el siguiente capítulo.

La ley de Jehová es perfecta, que convierte el alma;
El testimonio de Jehová es fiel, que hace sabio al sencillo.
Los mandamientos de Jehová son rectos, que alegran el corazón;
El precepto de Jehová es puro, que alumbra los ojos.
El temor de Jehová es limpio, que permanece para siempre;
Los juicios de Jehová son verdad, todos justos.
Deseables son más que el oro, y más que mucho oro afinado;
Y dulces más que miel, y que la que destila del panal.
Tu siervo es además amonestado con ellos;
En guardarlos hay grande galardón.

SALMOS 19:7-11

Estas cosas os he hablado, para que mi gozo esté en vosotros, y vuestro gozo sea cumplido.

JUAN 15:11

Desead, como niños recién nacidos, la leche espiritual no adulterada, para que por ella crezcáis para salvación, si es que habéis gustado la benignidad del Señor.

1 PEDRO 2:2-3

7

Leer para saborear su excelencia, parte 2

"Hablo esto... para que tengan mi gozo".

Propuesta

Nuestro objetivo supremo al leer la Biblia es que el valor infinito de Dios y su belleza sean exaltados en la eterna y ferviente adoración de la esposa de Cristo, comprada con su sangre, de cada pueblo, idioma, tribu y nación. Esto implica:

1. que el valor infinito y la belleza de Dios son *el valor y la excelencia supremos* del universo;
2. que la *adoración supremamente auténtica e intensa* del valor y la belleza de Dios es el objetivo supremo de toda su obra y palabra;
3. que debemos siempre leer su Palabra para *ver* este supremo valor y belleza;
4. **que debemos buscar en todo nuestro ver el *saborear* su excelencia sobre todas las cosas;**
5. que debemos aspirar a ser *transformados* por este ver y saborear en la semejanza de su belleza;
6. de modo que más y más personas sean atraídas hacia la familia de Dios que adora, hasta que la novia de Cristo, a través de todos los siglos y culturas, esté completa en número y belleza.

El pesar de leer sin saborear

En este capítulo, seguimos comprobando bíblicamente la afirmación de que en toda nuestra lectura de las Escrituras debemos buscar "*saborear* la excelencia de Dios sobre todas las cosas" (véase la cuarta implicación). Es decir, debemos orar, esperar y trabajar para ser despertados emocionalmente por las Escrituras. Específicamente, debemos tratar de experimentar sentimientos del corazón que corresponden a la realidad que estamos viendo en la Biblia. La convicción detrás de este propósito es que ver sin saborear "termina en formalidad o ateísmo" y "no tiene poder transformador ni eficacia".[1] Por lo tanto, ver sin saborear no conduce al propósito supremo de Dios para su pueblo, *su ferviente adoración de su infinito valor y belleza.*

Los afectos espirituales no son algo físico

En el capítulo anterior, aclaré que hay toda una gama de emociones implicadas en la palabra *saborear*. La emoción de *experimentar la santa ira de Dios* no es idéntica a la emoción de *saborear la misericordiosa ternura de Dios*. Ahora hay dos aclaraciones más que pueden ser útiles para hacer en este momento.

Primera, cuando hablo de "emociones", "afectos" o "sentimientos", todos ellos están implícitos en "saborear" lo que vemos en las Escrituras, y no me refiero a experiencias físicas como palmas sudorosas, rodillas temblorosas, corazón palpitante, labios temblorosos u ojos llorosos. Esas son reacciones corporales, que pueden ser reacciones a los verdaderos afectos del corazón y, por lo tanto, verdaderamente preciosas. O pueden ser meras reacciones a la música, al fervor comunitario, a las circunstancias desesperadas o una docena de otras cosas que no nacen del Espíritu Santo; no estoy hablando de esas experiencias físicas.

Por "afectos" me refiero a sentimientos tales como gratitud, esperanza, alegría, contentamiento, paz, anhelo, compasión, miedo, odio, ira, dolor. Ninguno de estos es algo meramente físico. Los ángeles, los demonios y los santos difuntos sin cuerpos pueden tener estos "sentimientos". Dios mismo experimenta sentimientos que la Biblia describe como: furor (Jer. 15:14), tristeza (Ef. 4:30, NTV), aborrecimiento (Sal. 5:5), compasión (Os. 11:8), anhelo (Stg. 4:5), regocijo (Sof. 3:17). Estos no son sucesos físicos. Cuando son despertados y conformados por el Espíritu Santo, la Biblia los

1. John Owen, *The Works of John Owen*, ed. William H. Goold, vol. 1 (Edimburgo: T & T Clark, s.f.), p. 401.

llama "espirituales" (1 Co. 2:13). Usted no necesita de un cuerpo físico para experimentarlos.

Jonathan Edwards ha escrito lo que puede ser, aparte de la Biblia, el libro más importante sobre tales *afectos* en la vida cristiana. Se llama *Religious Affections* (Afectos religiosos). Su definición de estos sentimientos es que son "los ejercicios más vigorosos y sensatos[2] de la inclinación y voluntad del alma".[3] En otras palabras, los sentimientos que realmente importan no son meras sensaciones físicas. Son la agitación del alma con algún tesoro o amenaza percibidos. Cuando la voluntad acoge o rechaza algo vigorosamente, eso es lo que Edwards quiere decir con *afecto*.

Por supuesto hay una conexión entre los sentimientos del alma y las sensaciones del cuerpo. Esto se debe, dice Edwards, a "las leyes de unión que el Creador ha fijado entre el alma y el cuerpo". En otras palabras, la gratitud sincera puede hacerte llorar. El temor de Dios puede hacerte temblar. El llanto y el temblor, como simples movimientos físicos del cuerpo, son insignificantes, pero la gratitud y el temor son esenciales en la vida cristiana. Y, si aquellos son espirituales, el llanto y el temblor comparten el verdadero valor que tienen. Por eso Dios puede decir: "A este miraré con aprobación: al que es humilde y contrito de espíritu, y que *tiembla ante mi palabra*" (Is. 66:2, RVA-2015).

Los afectos son indispensables

Utilizo la palabra "indispensables" cuidadosamente cuando digo que la gratitud y el temor son indispensables en la vida cristiana. La Biblia pone un peso mucho mayor en nuestros afectos de lo que muchas personas se dan cuenta. Negativamente, el apóstol Pablo dice que aquellos que continúan en la misma vieja manera de "enemistades", "pleitos", "celos", "iras", "contiendas", "disensiones", "herejías", no heredarán el "reino de Dios" (Gá. 5:20-21). Todos estos son afectos, y es indispensable que cambien. Positivamente, se les ordena a los cristianos que tengan afectos que honren a Dios, como gozo (Fil. 4:4), esperanza (Sal. 42:5), temor (Lc. 12:5), paz (Col. 3:15), llanto (Ro. 12:15), deseo (1 P. 2:2), benignidad (Ef. 4:32), aflicción, lamento (Stg. 4:9). Estos no son un simple adorno en la vida cristiana, son indispensables.

---

2. *Sensato* aquí tiene el antiguo significado de "la capacidad de ser sentido", no el nuevo significado de "razonable".

3. Jonathan Edwards, *Religious Affections*, ed. rev., eds. John E. Smith y Harry S. Stout, vol. 2, *The Works of Jonathan Edwards* (New Haven, CT: Yale University Press, 2009), p. 96. Publicado en español por Publicaciones Faro de Gracia, con el título *Los afectos religiosos*.

La gran lección de los fariseos es que limpiar lo visible, lo físico, lo que está fuera de nuestras vidas, mientras que los afectos internos permanecen sin cambios, es mortal.

> ¡Ay de vosotros, escribas y fariseos, hipócritas! porque limpiáis lo de fuera del vaso y del plato, pero por dentro estáis llenos *de robo y de injusticia*. ¡Fariseo ciego! Limpia primero lo de dentro del vaso y del plato, para que también lo de fuera sea limpio (Mt. 23:25-26).

"La avaricia y la autoindulgencia" deben ser reemplazadas por el contentamiento (He. 13:5-6) y el atesoramiento de Cristo por encima de las comodidades de este mundo (Fil. 3:8), esto es esencial. Los fariseos no pudieron verlo.

Así que, cuando hablamos de pasar de *ver* la gloria de Dios en la Biblia a *saborear* esa gloria, no estamos hablando de una cuestión periférica, es esencial, indispensable. Por eso es que estoy defendiendo la cuarta implicación: *Que debemos buscar en todo nuestro ver el saborear su excelencia sobre todas las cosas.*

La realidad detrás de las palabras de las Escrituras

Hay una segunda aclaración que debemos hacer antes de continuar nuestra defensa de esta cuarta implicación. Cuando hablo de pasar de *ver* a *saborear*, o de ver la verdad en las Escrituras a saborear lo que vemos, me refiero a *saborear la realidad detrás de las palabras*, no solo las palabras mismas. Tal vez esto es obvio. Pero sé por mi propia experiencia del peligro de emocionarme simplemente con la estructura de un texto que acabo de descubrir. He probado el peligro de emocionarme simplemente con la lógica de un pasaje que finalmente capté o, peor aún, emocionarme de que ahora podría ser capaz de ganar una discusión con esta nueva percepción. En otras palabras, hay formas superficiales, e incluso malas, de experimentar emociones de gozo al leer la Biblia.

Esto no es lo que estoy proponiendo. Cuando digo, en la cuarta implicación, que debemos apuntar en todo nuestro ver *el saborear la excelencia de Dios sobre todas las cosas*, me refiero a la propia excelencia de Dios, no solo a la excelencia de las palabras acerca de Él; por supuesto, no hay nada malo en amar la belleza literaria y la claridad lógica. El sutil peligro es cuando saborear de esa manera nos engaña al pensar que realmente estamos saboreando la realidad divina detrás de esas palabras. Los incrédulos pueden saborear la Biblia como literatura. No hay nada necesariamente espiritual sobre ello.

Dios nos advirtió acerca de este tipo de "saborear" en Isaías 29:13:

> Porque este pueblo se acerca a mí con su boca, y con sus labios me honra, pero su corazón está lejos de mí, y su temor de mí no es más que un mandamiento de hombres que les ha sido enseñado.

Este tipo de cosas pueden suceder cuando estamos "adorando", y puede suceder cuando estamos leyendo la Biblia. Puede surgir una emoción real, incluso una especie de "temor de Dios", como lo llama Isaías, y no es más que una respuesta a un mandamiento bíblico. No es una respuesta al Dios viviente. Usted puede, quizá, sentir el peso de esto, y su dificultad. Hay glorias de Dios que solo podemos verlas leyéndolas en las Escrituras, de modo que las palabras, las estructuras lingüísticas y los arreglos lógicos de las proposiciones son cruciales. Pero podemos perdernos en el mismo puente diseñado por Dios para llevarnos a la realidad. Para cambiar la imagen, podemos llegar a ser como el perro que, cuando apuntamos a su comida, solo menea la cola con deleite en nuestro dedo; o podemos admirar la forma, posición y la limpieza de la ventana y perdernos las montañas que están más allá.

¿Dónde estamos en el argumento?

Habiendo hecho las dos aclaraciones, retomamos el argumento principal. Preguntamos en el capítulo anterior cómo la Biblia nos enseña que *debemos apuntar en todo nuestro ver a saborear la excelencia de Dios sobre todas las cosas*. ¿Cómo deja en claro esto que en toda nuestra lectura de la Biblia debemos pasar del acto de ver la gloria de Dios a saborear su gloria? Sugerí que hay dos maneras. La primera, que tratamos en el capítulo 6, es que las Escrituras nos animan a buscar el gozo en Dios en general y, por lo tanto, por implicación, en la lectura de las Escrituras. En este capítulo, tomamos el segundo camino: las Escrituras conectan el saborear la gloria de Dios explícitamente con la lectura de las mismas Escrituras.

El regalo del gozo de Jesús a través de palabras

Dos veces Jesús dice que nos ha dado sus palabras para que participemos en su propio gozo; una vez en su enseñanza y una vez en su oración: "Estas cosas os he hablado, *para que mi gozo esté en vosotros*, y vuestro gozo sea cumplido" (Jn. 15:11). "Pero ahora voy a ti [Padre]; y hablo esto en el mundo, *para que tengan mi gozo cumplido en sí mismos*" (Jn. 17:13).

Reacción 1

¿Cómo debemos reaccionar a la declaración y oración de Jesús de que la razón por la cual nos ha dado sus palabras es para compartir su gozo? La primera reacción es decir "sí" a la intención de Jesús para sus palabras, ¡su intención para nuestra lectura! "¡Sí, Señor, sí! Me regocijaré en tu Palabra. No voy a ignorar lo que has dicho mientras leo tus palabras. No intentaré simplemente *aprende*r tu verdad sin tratar de *sentir* tu gozo. Tú me diste tus palabras para mi gozo, así que no analizaré sin buscar ser contagiado por el gozo de tu Palabra".

Reacción 2

La segunda reacción es darse cuenta de que el gozo que Jesús dice que deberíamos buscar al leer sus palabras es el mismo gozo que Él tiene: "Estas cosas os he hablado, para que *mi* gozo esté en vosotros". Esto es mucho más que si solo hubiera dicho: "Estas cosas os he hablado para que tengáis gozo". Eso sería suficientemente grandioso. Pero Jesús dijo que su objetivo al hablarnos es que experimentemos un gozo *a través de la lectura* que es el mismo gozo del Hijo de Dios. Cristo habita en nosotros por el Espíritu. Esta fue su promesa y oración: "Yo en ellos y tú [Padre] en mí, para que sean perfectos en unidad, para que el mundo conozca que tú me enviaste, y que los has amado a ellos como también a mí me has amado" (Jn. 17:23). Cristo mismo está en nosotros por su Espíritu: el Padre "os dará otro Consolador... el Espíritu de verdad... vosotros le conocéis, porque mora con vosotros, y estará en vosotros" (Jn. 14:16-17). Este Espíritu lleva el fruto del gozo (Gá. 5:22), y ese gozo es el gozo del Espíritu de Cristo.

Reacción 3

La tercera respuesta que podemos tener en las palabras de Jesús en Juan 15:11 y 7:13 es asombro, ya que el gozo del Hijo de Dios es, en última instancia, el gozo en Dios el Padre. Cuando Jesús dijo: "Amo al Padre" (Jn. 14:31) y que su alimento era hacer la voluntad del Padre (Jn. 4:34), no quiso decir que lo amó con un amor apático, como si el Padre fuera difícil de amar. Quiso decir que su supremo deleite estaba en el Padre, como lo había sido en la comunión de la Trinidad desde la eternidad. El pensamiento que debe asombrarnos es que este amor y este gozo entre el Hijo y el Padre deben estar en nosotros por el Espíritu, y que nuestro amor y gozo deben ser aún ahora, en alguna medida, una participación en el amor del Hijo hacia el Padre. Debe hacernos apasionados de buscar tener tanto de este gozo como podamos.

Reacción 4

Esto nos conduce a la cuarta reacción a las palabras de Jesús, a saber, la maravilla que este gozo divino es canalizado hacia nosotros *a través de las palabras de Jesús*, es decir, *a través de la lectura de las Escrituras*. El gozo sobrenatural se crea en nosotros a través del acto natural de la lectura. No, no es automático. Veremos más adelante que esto es un milagro, y cómo debemos buscarlo. Una de las mayores experiencias del mundo, regocijándonos en Dios con la alegría misma del Hijo de Dios, se nos ofrece a través de las palabras de Jesús: "Estas cosas os he hablado, para que mi gozo esté en vosotros". Se nos ofrece *a través de la lectura*.

Reacción 5

Una quinta reacción a las palabras de Jesús debe ser que estamos aún más asombrados de las palabras "sea cumplido". "Estas cosas os he hablado, para que mi gozo esté en vosotros, y *vuestro gozo sea cumplido*" (Jn. 15:11). El propósito divino de las Escrituras no es que, leyendo, seamos *moderadamente* gozosos; el objetivo es que nuestro gozo, el gozo de Cristo en nosotros, *sea cumplido*. Cumplido o completo significaría, por lo menos, tan fuerte que saca fuera de nuestro corazón cualquier placer idolátrico que compita. Significaría que el egoísmo ha llegado a su fin. Ya no debemos ser un pozo oscuro de necedad, sino un manantial que ofrece vida. Eso es lo que Jesús quiso enseñar cuando dijo: "El agua que yo le daré será en él una fuente de agua que salte para vida eterna" (Jn. 4:14). Esta agua es bebida a través de su Palabra. Él promete que el gozo que se derrama, por lo tanto, viene *a través de la lectura*. Estoy seguro de que hay una plenitud de gozo divino que no alcanzaremos hasta que veamos su gloria sin mediar nada (Jn. 17:24-26; 1 Jn. 3:1-2). Pero ¿quién puede decir qué medidas de gozo en Dios son posibles, incluso en este mundo caído, si nos entregamos totalmente a su Palabra?

La respuesta final a las palabras de Jesús que mencionaré sigue a estas cinco reacciones; es decir, debemos leer las Escrituras con gran expectativa y, en toda nuestra lectura, debemos buscar *saborear el valor y la belleza de Dios sobre todas las cosas*.

La fe, incluyendo el saborear, viene de escuchar la Palabra

Argumenté en el capítulo 6 que la fe salvadora es más, no menos, que estar satisfecho con todo lo que Dios es para nosotros en Jesús. En otras palabras, la fe auténtica nunca es una mera decisión humana que puede ser tomada por la fuerza de la voluntad sin un corazón transformado. Es la apertura de los ojos del corazón (Ef. 1:18) para ver a Jesús como más valioso que cualquier otra cosa. Por lo tanto, la fe se superpone con lo que estamos hablando en este capítulo, el propósito de saborear el valor y la belleza de Dios sobre todas las cosas. Ese saborear es parte de lo que es la fe salvadora.

Por lo tanto, todo lo que traiga la fe salvadora, la sostenga y la fortalezca debe ser buscado con todo nuestro corazón. El apóstol Pablo nos dice lo que es esto. Es la palabra de Cristo:

> Porque todo aquel que invoque el nombre del Señor será salvo. ¿Cómo, pues, invocarán a aquel en quien no han creído? ¿Y cómo creerán a aquel de quien no han oído? ¿Y cómo oirán sin haber quien les predique? ¿Y cómo predicarán sin que sean enviados?... Por esto, *la fe es por el oír, y el oír por la palabra de Cristo* (Ro. 10:13-17, RVA-2015).

Este "oír" puede ser a través de la predicación audible, o puede ser a través de la lectura. Sea cual fuere la forma en que venga la palabra de Cristo, el hecho es el mismo: la fe es introducida y sostenida "por la palabra". Y puesto que la fe incluye estar satisfechos en todo lo que Dios es para nosotros en Jesús, sabemos que esta satisfacción, este saborear de la gloria de Dios en el evangelio y en la persona de Cristo, viene "por la palabra". Por lo tanto, debemos entregarnos a esta palabra, no sin entusiasmo, sino con una pasión para ver y saborear la misma belleza de Cristo que la palabra está diseñada a impartir.

Escrita para que puedas (leer, ver, saborear y) creer

Juan hace el mismo énfasis que Pablo, solo que él se refiere explícitamente a los libros y a la escritura, mientras que Pablo se refirió a la predicación:

> Hizo además Jesús muchas otras señales en presencia de sus discípulos, las cuales no están *escritas en este libro*. Pero *éstas se han escrito* para que *creáis* que Jesús es el Cristo, el Hijo de Dios, y para que creyendo, tengáis vida en su nombre (Jn. 20:30-31).

Ahora está claro: las Escrituras están escritas para ayudarnos a creer; creer significa recibir a Jesús como el agua viva y el pan de vida para que el anhelo de gozo de nuestra alma sea satisfecho (Jn. 6:35). Por lo tanto, *las Escrituras están escritas para crear en nosotros el gozo de las glorias de Cristo*. Entonces, ¿cómo podemos solamente llegar a las Escrituras como si el único objetivo fuera buscar la guía práctica o la aclaración doctrinal? No, vamos a recordar al salmista cuando dice que "como el ciervo brama por las corrientes de las aguas, así clama por ti, oh Dios, el alma mía" (Sal. 42:1). Vamos a beber y comer, vamos a ver y saborear las glorias de todo lo que Dios es para nosotros en Jesús. Es decir, vamos a ir para el fortalecimiento de nuestra *fe*.

Deseo de gustar la leche de la bondad de Dios, en la Palabra

El apóstol Pedro le ordena a cada creyente que sienta un fuerte deseo por la Palabra de Dios, porque en ella gustamos de la bondad del Señor. Es decir, en la Palabra encontramos deleite en las glorias de la bondad de Dios. De otro modo, hace que sea una cuestión de obediencia cristiana ver y saborear la Palabra, la gloria de la bondad de Dios. El pasaje clave es 1 Pedro 1:23—2:3:

> ...siendo renacidos, no de simiente corruptible, sino de incorruptible, por la palabra de Dios que vive y permanece para siempre. Porque: Toda carne es como hierba, y toda la gloria del hombre como flor de la hierba. La hierba se seca, y la flor se cae; mas la palabra del Señor permanece para siempre. Y esta es la palabra que por el evangelio os ha sido anunciada... desead, como niños recién nacidos, la leche espiritual no adulterada, para que por ella crezcáis para salvación, si es que habéis gustado la benignidad del Señor.

Observe el flujo del pensamiento. Comienza recordándoles que han nacido de nuevo "por la palabra de Dios que vive y permanece". Luego dice que "esta es la palabra que por el evangelio os ha sido anunciada", esto es el evangelio. Entonces les dice, *ordena*, que "deseen... la leche espiritual no adulterada". En el flujo del pensamiento, nos movemos de un *recién nacido* en 1:23 a un *niño* hambriento en 2:2. El recién nacido lo hizo por la "palabra de Dios". Y se le dice al niño que "desee la leche espiritual no adulterada". No hay duda, por lo tanto, de que la "leche" es la Palabra.

Excepto que no es simplemente la Palabra, porque tan pronto como nos dice que deseemos esta leche para que crezcamos en la salvación, añade, "si es que habéis *gustado* la benignidad del *Señor*". No dice: "si has disfrutado de la leche". Seguramente la palabra *disfrutar* se conecta con la leche, pero lo que disfrutamos no es solo la leche de la Palabra, sino la bondad del Señor en y detrás de la Palabra.

Así, Pedro está diciendo a cada cristiano: Dios en su gran misericordia y bondad (1:3, 23) nos trajo a la existencia por el nuevo nacimiento. Él nos extendió esta bondad milagrosa "por la palabra de Dios que vive y permanece para siempre". Por esta Palabra ya hemos "gustado" la bondad del Señor. Ahora, la manera de mantener nuestra nueva vida y "crecer en nuestra salvación [final]" es nunca perder nuestro deseo de esta bondad que nos viene a nosotros a través de la leche de la Palabra.

Una palabra clave es "*desead*". "*Desead*, como niños recién nacidos, la leche espiritual no adulterada". Él no está simplemente diciéndonos que desarrollemos la *disciplina* de leer la Biblia. Él nos está diciendo que desarrollemos un *anhelo*, un deseo por la Palabra, tener hambre de ella; algo que se apetece, que se desea. Este es el lenguaje de saborear. Y el objeto de nuestro saborear es el valor y la belleza de la bondad de Dios que se nos ofrece *en la Palabra* de Dios. Por lo tanto, Pedro nos está diciendo, ordenando, que leamos las Escrituras no solo por doctrina y guía, sino también para "gusta[r], y ve[r] que es bueno Jehová" (Sal. 34:8). Él quiere que nuestra experiencia de la Palabra sea tal que vayamos de la prueba a la *degustación*. Que vayamos de saber a *amar*. Que vayamos de la doctrina al *deleite*. Que vayamos de ver a *saborear*.

Gozo indescriptible y glorificado

Podemos sentir la pasión que Pedro tiene en mente con este *gustar* si volvemos a 1 Pedro 1:8. Allí se refiere a Cristo de esta manera: "Aunque no lo hayáis visto, lo amáis. Aunque ahora no lo veáis, creéis en él y os regocijáis con *gozo indescriptible y glorificado*" (traducción del autor). Él admite que, en cierto sentido, no vemos ahora a Jesucristo. Él resucitó de entre los muertos y ascendió a la diestra de Dios (1 P. 3:22). Aunque *no* lo hayan visto... Aunque ahora *no* lo vean... Sin embargo, han "gustado" (2:3) el valor y la belleza de Jesús.

¿Cómo gustaron esto? Pedro dice en el versículo 1:6: "En *lo cual* vosotros os alegráis". Se refiere de nuevo a lo que él escribió en los versículos 3-5: que según la gran misericordia de Dios habían nacido de nuevo por la resurrección de Jesús, y que ellos tenían una herencia indestructible que los esperaba en la venida de Cristo. "*En lo cual*" se regocijan. En esto *gustaron* el valor y la belleza de Cristo. De hecho, la palabra *gustar* está muy lejos de lo que experimentaron. Pedro usa palabras que no tienen parangón en el Nuevo Testamento. Él dice que, aunque no pueden ver a Jesús con sus ojos físicos, sin embargo, lo aman y se regocijan en Él "con gozo inefable y glorioso" (1:8).

¿Por qué es este gozo llamado "glorioso" ("alegría gloriosa", NTV)? Mi propia sugerencia se retrotrae a lo que vimos acerca de nuestra alegría en Juan 15:11. Jesús nos habló para que *su* alegría estuviera en nosotros. Jesús es glorioso. Ahora ha entrado en la gloria que tuvo con el Padre antes de que el mundo fuera creado (Jn. 17:24). Nuestro gozo es su gozo. Por lo tanto, en cierta medida, nuestro gozo es el gozo mismo de Jesús glorificado.

O, para decirlo de otra manera, Pablo dice en 2 Corintios 3:18, "nosotros todos, mirando a cara descubierta como en un espejo la gloria del Señor, somos transformados de gloria en gloria en la misma imagen, como por el Espíritu del Señor". Esto sugeriría que como los cristianos en 1 Pedro *contemplaron la gloria de Jesús* en las palabras inspiradas de Pedro, ellos mismos fueron, en cierta medida, *glorificados*, "transformados de *gloria en gloria* en la misma imagen". Hasta cierto punto, un gozo glorificado. Es decir, reflejaba la gloria de Cristo.

Pedro describe la experiencia de aquellos cristianos en 1 Pedro 1:8 sin ninguna indicación de que esto era único para ellos. Esto es lo que los *cristianos* experimentan. Esto es quienes somos. Nosotros somos los que vamos a la Palabra, en este caso es 1 Pedro 1:3-7, y en la Palabra disfrutamos la bondad del Señor. Vemos, con los ojos del corazón, la gloria de Cristo, y experimentamos una respuesta de "gozo inefable y glorioso".

Esto es lo que quiero decir al decir que debemos saborear el valor y la belleza de Dios en las Escrituras. Y está claro que Pedro tiene la intención de que esto suceda a través de lo que escribe. "En *lo cual* vosotros os alegráis" (1 P. 1:6). Por lo tanto, según vayamos a las Escrituras, *en lo que vemos debemos apuntar a saborear la excelencia de Dios sobre todas las cosas.*

El modelo de saborear de los Salmos

Es difícil escapar a la impresión de que los salmos están escritos para mostrarnos que, cuando llegamos a la Biblia, debemos hacerlo con el objetivo intencionado de disfrutar de Dios y su Palabra. Por supuesto, la Palabra quizá tenga que devastarnos antes de que podamos disfrutarla plenamente.

Pero ¿podemos realmente dejar de ver que los salmos están modelando para nosotros cómo saborear y celebrar la gloria de Dios, lo que los mismos salmistas vieron en la Palabra de Dios?

Su delicia está en la ley de Jehová

Una de las evidencias más fuertes a este efecto es que el primer salmo y el salmo más largo (119) se dedican explícitamente a este saborear de la Palabra de Dios. Es como si los que ordenaron el salterio dijeran: "Hagamos del primer salmo y del salmo más largo una invocación resonante para atesorar, disfrutar y reflexionar sobre la palabra escrita de Dios". Salmos 1 comienza:

> Bienaventurado el varón que no anduvo en consejo de malos,
> Ni estuvo en camino de pecadores,
> Ni en silla de escarnecedores se ha sentado;
> Sino que en la ley de Jehová está su delicia,
> Y en su ley medita de día y de noche.
>
> Será como árbol plantado junto a corrientes de aguas,
> Que da su fruto en su tiempo,
> Y su hoja no cae;
> Y todo lo que hace, prosperará (vv. 1-3)

La palabra *ley* viene de la palabra hebrea para "enseñar" (*torá*, véase Sal. 119:33). Esto es muy amplio. Se refiere no solo a la legislación, que es la forma en que la palabra *ley* suele usarse. *Puede* referirse a eso, pero también puede referirse a toda la revelación de Dios, toda su "enseñanza" a la humanidad. Por ejemplo, en el Nuevo Testamento, la palabra correspondiente para la *ley* (gr. *nomos*) puede referirse a los Salmos mismos (Jn. 15:25) o a los Profetas (1 Co. 14:21). Por lo tanto, cuando Salmos 1:2 dice: "Sino que en la *ley* de Jehová está su delicia, y en su *ley* medita de día y de noche", no debe limitarse a la "legislación". Este deleite está en toda la revelación de Dios, en todas sus instrucciones.

Así que la primera cosa que esta colección de 150 salmos pretende comunicarnos es que hay una profunda diferencia entre los justos y los malos. "Porque Jehová conoce el camino de los *justos*; mas la senda de los *malos* perecerá" (Sal. 1:6). Lo principal de esta diferencia entre los justos y los malos es que *el justo se deleita en la palabra de Dios y medita en ella día y noche*.

Esa es la principal convocatoria de todo el salterio, el estandarte de todos los salmos. Esto es muy importante. Es como una bandera que ondea sobre toda la colección. A medida que caminamos por la puerta del Salmo 1 y en todo el salterio, la invocación a nosotros es: Ven, mira (para tu meditación[4]) y saborea (para tu deleite) las maravillas de Dios reveladas en esta gran y divina instrucción. Esta es nuestra meta, nuestra oración, cuando llegamos a la Palabra de Dios: "Abre mis ojos, y miraré las maravillas de tu ley" (Sal. 119:18).

La secuoya entre los poderosos salmos

Y luego de pie, como un gigante árbol secuoya, entre los otros 149 salmos, está el salmo más largo de todos, Salmos 119. Es más del doble de largo que su competidor más cercano (Salmos 78 tiene 72 versículos; Salmos 119 tiene 176). La notable extensión se debe a su estructura. El Salmo 119 es un acróstico. Cada grupo de ocho versículos comienza con una letra diferente del alfabeto hebreo. Hay 22 letras del alfabeto, por lo tanto 22 x 8 = 176.

No hay duda de lo que este salmista está haciendo. Él está celebrando a Dios al celebrar su Palabra. Él está saboreando con sus ojos espirituales cada faceta del diamante de la revelación de Dios. Se refiere a esta revelación como la "ley" de Dios, "testimonios", "preceptos", "estatutos", "mandamientos", "ordenanzas", "palabra" y "promesa". Pero la evidencia inconfundible de lo que está haciendo no viene principalmente de estas palabras para referirse a la revelación de Dios, sino principalmente de las palabras que usa para su propia *experiencia gozosa* de esta revelación. Eso es lo que quiere atraer. Deje que sus ojos se agoten sobre este muestreo del lenguaje del amor para la ley de Dios:

Me he gozado en el camino de tus testimonios
Más que de toda riqueza (v. 14).

Me *regocijaré* en tus estatutos;
No me olvidaré de tus palabras (v. 16).

Quebrantada está mi alma de *desear*
Tus juicios en todo tiempo (v. 20).

4. En el resto de este libro quedará claro lo que quiero decir con "meditación". Es decir, de hecho, de qué trata este libro: cómo meditar fielmente en las Escrituras. No es un intento de vaciar la mente de pensamientos con el fin de llenarlos con la plenitud divina. Más bien, es una dirección intencional de la mente para buscar los pensamientos de Dios, con una oración ferviente para que Él conceda todos los efectos espirituales que una sagrada comunión pueda ofrecer.

Pues tus testimonios son mis *delicias*
Y mis consejeros (v. 24).

Hazme andar por el camino de tus mandatos,
porque allí es donde encuentro *mi felicidad* (v. 35, NTV).

He aquí yo *he anhelado* tus mandamientos;
Vivifícame en tu justicia (v. 40).

Y me *regocijaré* en tus mandamientos,
Los cuales *he amado* (v. 47).

Alzaré asimismo mis manos a tus mandamientos que *amé*,
Y meditaré en tus estatutos (v. 48).

Se engrosó el corazón de ellos como sebo,
Mas yo en tu ley *me he regocijado* (v. 70).

Los que te temen me verán, y se alegrarán,
Porque en tu palabra *he esperado* (v. 74).

Vengan a mí tus misericordias, para que viva,
Porque tu ley es mi *delicia* (v. 77).

Si tu ley no hubiese sido mi *delicia*,
Ya en mi aflicción hubiera perecido (v. 92).

¡Oh, cuánto *amo* tu ley!
Todo el día ella es mi meditación (v. 97).

¡*Cuán dulces* son a mi paladar tus palabras!
Más que la miel en mi boca (v. 103).

Tus testimonios son mi heredad para siempre,
porque ellos son el *gozo* de mi corazón (v. 111, RVA-2015).

Aborrezco a los hombres hipócritas,
Mas *amo* tu ley (v. 113).

Como escorias hiciste consumir a todos los impíos de la tierra;
Por tanto, yo he *amado* tus testimonios (v. 119).

Por eso *he amado* tus mandamientos
Más que el oro, y más que el oro puro (v. 127).

> Mi boca abrí y suspiré,
> Porque *deseaba* tus mandamientos (v. 131).
>
> Sumamente pura es tu palabra;
> Y la *ama* tu siervo (v. 140).
>
> Aflicción y angustia se han apoderado de mí,
> Mas tus mandamientos fueron mi *delicia* (v. 143).
>
> Mira, oh Jehová, que *amo* tus mandamientos;
> Vivifícame conforme a tu misericordia (v. 159).
>
> Príncipes me han perseguido sin causa,
> Pero mi corazón *tuvo temor* de tus palabras (v. 161).
>
> Yo me *gozo* en tu palabra,
> como el que halla abundante botín (v. 162, RVA-2015).
>
> La mentira aborrezco y abomino,
> Tu ley *amo* (v. 163).
>
> Mucha paz tienen los que *aman* tu ley,
> Y no hay para ellos tropiezo (v. 165).
>
> Mi alma ha guardado tus testimonios,
> Y los *he amado* en gran manera (v. 167).
>
> He deseado tu salvación, oh Jehová,
> Y tu ley es mi *delicia* (v. 174).

Supongo que podría sustentar mi caso sobre la base del Salmo 119 únicamente. Sí, *debemos apuntar en todo nuestro ver (toda nuestra meditación sobre la Palabra de Dios) a saborear su excelencia sobre todas las cosas*. Sí, saborear es indispensable. Para eso es el ver.

¿Deleitarse en la Palabra o en Dios a través de la Palabra?

Si alguien se inclina a objetar que Salmos 119 es solamente deleitarse en la Palabra en lugar de las glorias de Dios reveladas en la Palabra, Derek Kidner nos da la respuesta correcta:

> Este énfasis sostenido [del salmista sobre el amor a la Palabra] ha llevado a algunos a acusar al salmista de adorar la Palabra en lugar del Señor;

> pero se ha observado correctamente que cada una de las referencias a las Escrituras, sin excepción, se vincula de manera explícita con su Autor; de hecho, todos los versículos, desde el 4 hasta el final, constituyen una oración a Dios, un reconocimiento de su persona. Esta es la verdadera piedad: un amor a Dios que no es una actitud desecada por el estudio, sino por el contrario, renovada, informada y nutrida por el mismo...
>
> El versículo 132 va al corazón de la cuestión en la expresión "los que aman tu nombre". A Dios le debemos el hecho de que podamos amar las Escrituras que nos revelan su persona. La añoranza del salmista (20, 40), que en ocasiones describe como un placentero apetito ("dulces son tus palabras... más que la miel", 103) y en otras como una urgente apetencia ("mi boca abrí y suspiré", 131) es añoranza de Dios mismo, como lo muestra el contexto. Cp. la búsqueda de "Él" en el v. 2 ("le") y el "Tú" enfático en el v. 4; especialmente el versículo 57: "Tú, Señor, eres todo lo que tengo", como lo expresa la DHH.[5]

No hay indicio en toda la Biblia de que la Palabra de Dios es buscada o disfrutada principalmente por algún efecto estético que la hace agradable. Tales efectos son reales. La Biblia está llena de rasgos literarios admirables. Pero eso no es lo que los autores bíblicos celebran con el mayor placer. El brillo literario es un medio para un fin: la revelación de las brillantes glorias de Dios y sus caminos. Cuando vino la palabra de Dios, lo que emocionó a los recipientes fue que Dios mismo "apareció" a través de la palabra. "Y *Jehová volvió a aparecer* en Silo; porque *Jehová se manifestó* a Samuel en Silo por *la palabra de Jehová*" (1 S. 3:21). Esta fue la gran maravilla y el gran gozo. En todo nuestro "ver", pretendemos "saborear", porque esto es lo que vemos.

Salmos 119 merece mil páginas de meditación. Inspira una meditación larga, profunda y feliz en la Palabra de Dios. Charles Bridges escribió quinientas páginas sobre este salmo.[6] Thomas Manton predicó 190 sermones sobre este salmo, publicado en tres volúmenes que suman un total de 1677 páginas.[7] De eso es de lo que este salmo es digno. Pero para mi objetivo limitado aquí, la idea central es simple: el capítulo más largo en la palabra escrita de Dios se dedica a modelar para nosotros cómo saborear la palabra

5. Derek Kidner, *Salmos 73-150: Introducción y comentario. Comentarios Didaqué* (Buenos Aires, Argentina; Ediciones Certeza, 1975), pp. 454-455.

6. Charles Bridges, *Psalm 119: An Exposition* (1827; repr. Edimburgo: Banner of Truth, 1974).

7. Thomas Manton, *Psalm 119* (1680; reimp. Edimburgo: Banner of Truth, 1990).

escrita de Dios. Nos quedamos cortos en nuestra lectura cuando no seguimos este modelo.

Saborear la excelencia de Dios

Si, como dice el Salmo 19, los mandamientos de Jehová dan luz y los preceptos de Jehová dan gozo (v. 8), entonces, ¿no sería contrario al designio de Dios para su palabra si no buscamos, leyendo en toda nuestra Biblia, para *ver* esa luz y *saborear* ese gozo? Si su palabra es más deseable que el oro, y si es más dulce al alma que la miel (v. 10), entonces, claramente es el llamado de cada cristiano a profundizar a través de todas las Escrituras para encontrar el oro de la gloria de Dios, y para saborear cada cosa que se ve con un mayor placer en el alma que la miel en los labios. Concluyo, por lo tanto, que la cuarta implicación de nuestra propuesta (véase el recuadro al principio) es verdadera: *Debemos apuntar en toda nuestra lectura bíblica no solo para ver, sino también para saborear la excelencia de Dios sobre todas las cosas.*

Ningún hombre puede tener el menor motivo de seguridad de que él ha visto a Cristo y su gloria por fe, sin algunos efectos de ella en cambiarlo a su semejanza.

JOHN OWEN

Por tanto, nosotros todos, mirando a cara descubierta como en un espejo la gloria del Señor, somos transformados de gloria en gloria en la misma imagen, como por el Espíritu del Señor.

2 CORINTIOS 3:18

8

Leer para ser transformado, parte 1

"Todos, mirando... la gloria del Señor, somos transformados de gloria en gloria".

Propuesta

Nuestro objetivo supremo al leer la Biblia es que el valor infinito de Dios y su belleza sean exaltados en la eterna y ferviente adoración de la esposa de Cristo, comprada con su sangre, de cada pueblo, idioma, tribu y nación. Esto implica:

1. que el valor infinito y la belleza de Dios son *el valor y la excelencia supremos* del universo;
2. que la *adoración supremamente auténtica e intensa* del valor y la belleza de Dios es el objetivo supremo de toda su obra y palabra;
3. que debemos siempre leer su Palabra para *ver* este supremo valor y belleza;
4. que debemos buscar en todo nuestro ver el *saborear* su excelencia sobre todas las cosas;
5. **que debemos aspirar a ser *transformados* por este ver y saborear en la semejanza de su belleza;**
6. de modo que más y más personas sean atraídas hacia la familia de Dios que adora, hasta que la novia de Cristo, a través de todos los siglos y culturas, esté completa en número y belleza.

¿Es Dios sumamente glorificado en nosotros cuando estamos sumamente satisfechos en Él?

El propósito de Dios en las Escrituras no termina con nuestro ver y saborear su gloria. Digo esto, sabiendo que puede sonar como una contradicción de mi lema favorito, "Dios es sumamente glorificado en nosotros, cuando estamos *sumamente* satisfechos en Él". Uno podría pensar: "Bueno, si Dios es sumamente glorificado cuando estamos sumamente *satisfechos* en Él, esto es, cuando estamos *saboreando* plenamente su gloria, entonces ¿por qué esto no es el punto final de los propósitos de Dios?".

Este es el asunto. Decir: "Dios es sumamente glorificado en nosotros, *cuando estamos* sumamente satisfechos en Él", no es lo mismo que decir: "Dios es sumamente glorificado en nosotros, *solo porque* estamos sumamente satisfechos en Él". Puede haber *otros hechos* sobre nosotros que también necesitan ser verdaderos para que Dios sea "sumamente glorificado" en nosotros.

La razón de decir: "Dios es sumamente glorificado en nosotros, *cuando* estamos sumamente satisfechos en Él" es insistir en cuán indispensable es buscar la satisfacción en Dios. Esa búsqueda *nunca* es despreciable. Siempre es esencial. Siempre nos faltará nuestro objetivo de glorificar a Dios "sumamente" si no perseguimos la satisfacción de nuestro corazón en Él. Cualquier cosa que alcancemos, si nuestro corazón está *más* satisfecho en alguna otra persona o alguna otra cosa, en lugar de Dios, no lograremos nuestro objetivo de glorificarlo sumamente. En efecto, siempre estaremos diciendo: "Dios se queda corto para satisfacerme". Esto le roba la gloria que debe recibir de nosotros, sin importar lo decente que sea nuestro comportamiento exteriormente.

Dios no creó la realidad visible para que su valor permaneciera invisible

Así que lo diré nuevamente: el propósito de Dios en las Escrituras no termina con nosotros viendo y saboreando su gloria. La razón no es que el saborear a Dios, que se lleva a cabo en el corazón (que es el único lugar donde el saborear espiritual ocurre), es *invisible* para los demás seres humanos. Solo Dios mira el corazón (1 S. 16:7). Entonces, Dios se deleita con el corazón que se satisface en Él, pero nadie más puede ver esto. Sin embargo, el propósito de Dios al crear un universo material, y no solo un mundo de espíritus invisibles, es para que su gloria se mostrara visiblemente en millones de formas. No solo dice: "Los cielos cuentan la gloria de Dios"

(Sal. 19:1), sino que también dice: "Así alumbre vuestra luz delante de los hombres, para que *vean vuestras buenas obras*, y glorifiquen a vuestro Padre que está en los cielos" (Mt. 5:16).

Dios no creó el mundo para mantener su gloria invisible, y Él no "recreó" a los creyentes para mantener nuestra pasión por su gloria invisible. Todas las cosas, incluyendo los seres humanos, fueron creadas la primera vez para la gloria de Dios (Is. 43:6-7). Y todos los cristianos fueron creados por segunda vez para una especie de vida exterior que llama la atención a la gloria de Dios: "Somos hechura suya, creados en Cristo Jesús para *buenas obras*, las cuales Dios preparó de antemano para que anduviésemos en ellas" (Ef. 2:10). Estas son las "buenas obras" que la gente "ve", y que hacen que "*glorifiquen a vuestro Padre que está en los cielos*" (Mt. 5:16).

La quinta implicación: transformación

Este capítulo y el siguiente son una explicación y justificación de cómo las Escrituras funcionan para llevarnos de *ver* la gloria de Dios a saborear la gloria de Dios para *ser transformados*, por dentro y por fuera, en la semejanza de Cristo. La quinta implicación de nuestra propuesta (en el cuadro al comienzo del capítulo) dice: "*debemos aspirar a ser transformados por este ver y saborear en la semejanza de su belleza*". Lo que ahora vemos es que el propósito de Dios para la creación y redención es la *manifestación exterior, visible y evidente* de su gloria, no solo la glorificación que sucede cuando estamos sumamente satisfechos con Él en nuestro corazón.

La santidad exterior solo es buena si es el fruto de saborear interiormente

Por lo tanto, el propósito de Dios para nosotros al leer las Escrituras no es solo que *veamos* su gloria, y que *saboreemos* su gloria, sino también que seamos *transformados* por esta visión y gozo, para que nuestra vida visible y audible exhiba el valor y la belleza de Dios. Esto, por supuesto, es muy diferente de simplemente intentar hacer cosas moralmente mejores. Jesús sabía y enseñaba que el árbol es conocido por su fruto. Es decir, la vida interior es conocida por la vida exterior:

> O haced el árbol bueno, y su fruto bueno, o haced el árbol malo, y su fruto malo; porque por el fruto se conoce el árbol. ¡Generación de víboras! ¿Cómo podéis hablar lo bueno, siendo malos? Porque de la abundancia del corazón habla la boca. El hombre bueno, del buen tesoro

> del corazón saca buenas cosas; y el hombre malo, del mal tesoro saca malas cosas (Mt. 12:33-35).

Sin embargo, muchas personas pierden parte de esto. Solo escuchan la mitad de que el objetivo de la vida interior es una *vida exterior mejor*. Así que piensan que conseguir la vida externa moralmente renovada es lo que realmente importa. Ellos descuidan el corazón y trabajan en la apariencia. Jesús fue implacable en su crítica de aquellos que trataron de mantener un buen exterior moral mientras sus corazones no saboreaban a Dios:

> ¡Ay de vosotros, escribas y fariseos, hipócritas! porque limpiáis lo de fuera del vaso y del plato, pero por dentro estáis llenos de robo y de injusticia. ¡Fariseo ciego! Limpia primero lo de dentro del vaso y del plato, para que también lo de fuera sea limpio (Mt. 23:25-26).

Esta es la manera en que Dios ha diseñado las Escrituras para que trabajen. Ellas revelan la gloria de Dios para que, primero, pueda ser vista. Esta visión es el primer acto del nuevo corazón, el cual entonces *saborea* la gloria de Dios sobre todo lo demás. Esta es una experiencia real del corazón que precede a todo el comportamiento exaltador de Dios. La Biblia no pretende crear hipócritas, "sepulcros blanqueados, que por fuera, a la verdad, se muestran hermosos, mas por dentro están llenos de huesos de muertos y de toda inmundicia" (Mt. 23:27). La Biblia tiene como objeto crear personas auténticas que estén tan satisfechas en Dios que su comportamiento exterior demuestre que Dios es su mayor tesoro, no el dinero, el poder, la fama, el placer sexual, la familia, la iglesia o incluso el cielo libre de enfermedades. El valor de Dios es supremo en el corazón y esto lo cambia todo.

La moralidad ordinaria externa no impresiona al mundo

La moral externa que solo evita los pecados notorios no es impresionante para el mundo. Pocas veces los incrédulos, o los creyentes, responden con alabanzas a Dios por el hecho de que yo, como cristiano, no he matado a nadie, ni malversado ni he cometido adulterio. Entonces, ¿qué tenían en mente Jesús (en Mt. 5:16) y Pedro (en 1 P. 2:12) cuando decían que debíamos hacer buenas obras para que *otros glorificaran a Dios cuando las vieran*? La respuesta a esta pregunta muestra cuán esencial es que saborear la gloria de Dios sea el fundamento de nuestra transformación exterior. La respuesta demostrará que, primero, Dios debe convertirse en el tesoro supremo y la satisfacción de nuestro corazón. Entonces, como fruto del árbol de este gozo profundo e inquebrantable en Dios, crecen los tipos de comportamiento que hacen que la gente vea el valor y la belleza de Dios.

Para Jesús, la respuesta está en el flujo de pensamiento de Mateo 5:11-16; mientras que para Pedro la respuesta está en el flujo del pensamiento en 1 Pedro 3:13-17. Tomemos uno a la vez. Recuerde que lo que estamos buscando es el secreto de la clase de "buenas obras" que lleva a la gente a glorificar a Dios.

¿Qué clase de buenas obras obtienen gloria para Dios?

Comencemos con Mateo 5:11-16:

> Bienaventurados sois cuando por mi causa os vituperen y os persigan, y digan toda clase de mal contra vosotros, mintiendo. Gozaos y alegraos, porque vuestro galardón es grande en los cielos; porque así persiguieron a los profetas que fueron antes de vosotros.
>
> Vosotros sois la sal de la tierra; pero si la sal se desvaneciere, ¿con qué será salada? No sirve más para nada, sino para ser echada fuera y hollada por los hombres.
>
> Vosotros sois la luz del mundo; una ciudad asentada sobre un monte no se puede esconder. Ni se enciende una luz y se pone debajo de un almud, sino sobre el candelero, y alumbra a todos los que están en casa. Así alumbre vuestra luz delante de los hombres, para que vean vuestras buenas obras, y glorifiquen a vuestro Padre que está en los cielos.

Inmediatamente antes de decir que sus discípulos son la sal de la tierra (v. 13) y la luz del mundo (v. 16), Jesús les dice que se regocijen y se alegren cuando sean injuriados, perseguidos y calumniados (vv. 11-12). La base de este regocijo ante el sufrimiento es "porque vuestro galardón es grande en los cielos" (v. 12). En otras palabras, los discípulos deben estar tan felices con quien Dios será para ellos en la era venidera que ningún dolor en este mundo puede quitarles su felicidad en Él. Jesús oró por ellos para que en el cielo pudieran ver su gloria (Jn. 17:24). Les dijo que los recibiría en su propio gozo en el cielo, "en el gozo de tu señor" (Mt. 25:21). Saben que morir será ganancia porque estarán "con Cristo" (Fil. 1:23); y saben que en la presencia de Dios habrá "plenitud de gozo" y "delicias... para siempre" (Sal. 16:11).

Sobre la base de este gozo indestructible en Dios, Jesús les manda que hagan lo que está totalmente en contra de toda experiencia humana normal. Si pudieran hacer esto, sería inexplicable para la gente común. Sería impresionante, sorprendente y maravilloso. Sería como cambiar una vida desabrida, aburrida, normal y corriente en una vida asombrosa, atractiva, con propósito. Sería como poner sal en un pedazo de carne sin sabor. Sería como encender una lámpara en una habitación tenebrosa para que todo se vea hermoso. Esta cosa totalmente contraintuitiva es "gozaos y alegraos" cuando la gente "os vituperen y os persigan, y digan toda clase de mal contra vosotros, mintiendo". Sea feliz cuando la gente le hace lo peor.

Eso es lo que creo que Jesús quiere decir con "sal" y "luz". Inmediatamente después de decirnos que hagamos la cosa humanamente imposible y totalmente contraintuitiva, regocijándonos en nuestra persecución, Él dice: "Vosotros sois la sal de la tierra... Vosotros sois la luz del mundo". Lo que Él quiere decir es que las buenas acciones que hacemos, *en este espíritu totalmente inexplicable de gozo indestructible en Dios*, tendrán una impresión tal que hará que la gente busque la explicación de nuestra alegría. Y la explicación será que este gozo no viene de las cosas de las cuales proviene el gozo de nosotros, sino de Dios. Y si Dios da la gracia, ellos verán "vuestras buenas obras", y glorificarán "a vuestro Padre que está en los cielos" (Mt. 5:16). Saborear a Dios sobre todas las cosas resultará ser el secreto de cómo sus buenas obras dan gloria a Dios.

Si sufrimos, somos bendecidos

Esta es mi respuesta a la pregunta: "¿Cuál es el secreto del tipo de 'buenas obras' que lleva a la gente a glorificar a Dios?". Es saborear la gloria que vemos por sobre todo lo que este mundo puede ofrecer. La misma respuesta se encuentra en el flujo de pensamiento en 1 Pedro 3:13-17:

> ¿Y quién es aquel que os podrá hacer daño, si vosotros seguís el bien? Mas también si alguna cosa padecéis por causa de la justicia, bienaventurados sois. Por tanto, no os amedrentéis por temor de ellos, ni os conturbéis, sino santificad a Dios el Señor en vuestros corazones, y estad siempre preparados para presentar defensa con mansedumbre y reverencia ante todo el que os demande razón de la esperanza que hay en vosotros; teniendo buena conciencia, para que en lo que murmuran de vosotros como de malhechores, sean avergonzados los que calumnian vuestra buena conducta en Cristo. Porque mejor es que padezcáis haciendo el bien, si la voluntad de Dios así lo quiere, que haciendo el mal.

En el versículo 15, Pedro dice que siempre debemos estar preparados "para presentar defensa" a cualquiera que nos "demande razón de la esperanza que hay en vosotros". Nótese que la pregunta que le hacen tiene que ver explícitamente con nuestra *esperanza.* ¿Por qué es eso? Debe ser porque nuestro comportamiento de alguna manera da la impresión de que no estamos esperanzados en las mismas cosas en que ellos están. Cuando usted actúa como todos los demás, no dicen: "¿Qué esperanza provocó eso?".

Evidentemente, debemos actuar de una manera que demuestre que nuestro tesoro no está en la tierra sino en el cielo. Nuestra esperanza de seguridad y satisfacción duradera no está en el dinero, ni en los sistemas de alarma de seguridad, ni en un buen vecindario, ni en un buen trabajo, ni en una póliza de seguro de salud sustancial, ni en un amplio fondo de jubilación, ni en un matrimonio sólido, o cualquier otra cosa en este mundo. La clave está en el versículo 14: "Mas también si alguna cosa padecéis por causa de la justicia, bienaventurados sois". Esta es exactamente la misma promesa que hizo Jesús en Mateo 5:12. Pedro fue más explícito en 1 Pedro 4:13: "Gozaos por cuanto sois participantes de los padecimientos de Cristo, *para que también en la revelación de su gloria os gocéis con gran alegría*".

Tanto para Jesús como para Pedro, hay una gran recompensa "en la revelación de su gloria". Esta recompensa cargada de gloria es tan satisfactoria e inexpresable que, según 1 Pedro 1:8, nuestra esperanza y gozo son inquebrantables. Esta revolución de los sentimientos de nuestro corazón es tan profunda y penetrante que conduce a la clase de opciones y riesgos sacrificiales que pueden hacer que la gente se pregunte: "¿En qué realmente está usted esperando? ¿Para qué recompensa vive?". De esa manera, oramos para que se cumpla que "manteniendo buena vuestra manera de vivir entre los gentiles... [estos] glorifiquen a Dios" (1 P. 2:12). Así que el secreto de la clase de buenas acciones que obtiene la gloria de Dios es una profunda satisfacción subyacente en la promesa de bendición de Dios, que nos libera para tomar riesgos por causa del amor y que el mundo lo encuentra inexplicable. En otras palabras, saborear a Dios sobre todas las cosas conduce a una transformación radical.

Cómo sirven las Escrituras a esta transformación

Así es cómo Dios ha diseñado las Escrituras para trabajar en la transformación humana y para la gloria de Dios: las Escrituras *revelan* la gloria de Dios. Esta gloria, si Dios quiere, es *vista* por aquellos que leen la Biblia. Este ver da lugar, por la gracia de Dios, a *saborear* a Dios por sobre todas las cosas, atesorándolo, esperando en Él, sintiéndolo como nuestra mayor recompensa, disfrutándolo como nuestro todo satisfactorio bien. Y este saborear *transforma* nuestra vida, liberándonos de la esclavitud del egoísmo y desbordándonos de amor hacia los demás. Esta transformación de amor sostenida por el gozo y que exalta a Dios es, entonces, *vista por otros* quienes, por la gracia de Dios, glorifican a Dios por ello. Este movimiento crece o decrece a través de la historia según la fidelidad del pueblo de Dios y la renovación de sus misericordias.

El texto más esclarecedor sobre la transformación

El pasaje de las Escrituras que más explícitamente conecta la gloria de Dios y ser transformado a su semejanza es 2 Corintios 3:18—4:6. En mi propia experiencia, ha demostrado ser uno de los pasajes más importantes de toda la Biblia.

> Por tanto, nosotros todos, mirando a cara descubierta como en un espejo la gloria del Señor, somos transformados de gloria en gloria en la misma imagen, como por el Espíritu del Señor. Por lo cual, teniendo nosotros este ministerio según la misericordia que hemos recibido, no desmayamos. Antes bien renunciamos a lo oculto y vergonzoso, no andando con astucia, ni adulterando la palabra de Dios, sino por la manifestación de la verdad recomendándonos a toda conciencia humana delante de Dios. Pero si nuestro evangelio está aún encubierto, entre los que se pierden está encubierto; en los cuales el dios de este siglo cegó el entendimiento de los incrédulos, para que no les resplandezca la luz del evangelio de la gloria de Cristo, el cual es la imagen de Dios. Porque no nos predicamos a nosotros mismos, sino a Jesucristo como Señor, y a nosotros como vuestros siervos por amor de Jesús. Porque Dios, que mandó que de las tinieblas resplandeciese la luz, es el que resplandeció en nuestros corazones, para iluminación del conocimiento de la gloria de Dios en la faz de Jesucristo.

Ya hemos visto lo importante que es 2 Corintios 4:4-6 al mostrarnos que la gloria de Cristo es revelada en el evangelio. Pablo dice que, cuando Dios hace su obra de nueva creación de abrir nuestros ojos y salvarnos, vemos "la luz" del "conocimiento de la *gloria de Dios* en la faz de Jesucristo" (v. 6) o, como él la llama en el versículo 4, "la luz del evangelio de la *gloria de Cristo*, el cual es la imagen de Dios". La importancia insuperable de "la gloria de Cristo" se destaca en este pasaje porque el evangelio es llamado "el evangelio de la gloria de Cristo". En otras palabras, la muerte y resurrección de Cristo fueron una exhibición cruel y hermosa de la gloria de Cristo. Pero no solo eso: por el mismo acto de mostrar esa gloria, Cristo adquirió en ella el gozo eterno.

Este fue su objetivo al morir por nosotros: "Cristo padeció una sola vez por los pecados, el justo por los injustos, *para llevarnos a Dios*" (1 P. 3:18). Todos los innumerables beneficios de la cruz apuntan a esto como su esencia y objetivo: llevarnos a Dios. Porque en su presencia hay plenitud de gozo y delicias para siempre (Sal. 16:11). Así que Pablo llama a las buenas nuevas un "evangelio de gloria", porque Cristo es supremamente glorioso en su obra de redención, *y* porque el propósito de esa redención es que podamos venir a Dios y disfrutar de esa gloria para siempre. Es un "evangelio de gloria" porque el medio es glorioso y el fin es la gloria.

La visión salvadora (4:6) y la visión transformadora (3:18)

La división del capítulo entre 2 Corintios 3 y 4 puede ocultar algo que es muy importante: la conexión que existe entre 2 Corintios 3:18 y 4:6.

> Por tanto, nosotros todos, *mirando* a cara descubierta como en un espejo *la gloria del Señor*, somos transformados de gloria en gloria en la misma imagen, como por el Espíritu del Señor (3:18).
>
> Porque Dios, que mandó que de las tinieblas resplandeciese la luz, es el que resplandeció en nuestros corazones, para iluminación del conocimiento de la gloria de Dios en la faz de Jesucristo (4:6).

Esta contemplación de "la gloria del Señor" en 3:18 ocurre debido al milagro que Dios produce en 4:6. En el versículo 4, Satanás está cegando a los incrédulos; lo que les impide ver "la luz del evangelio de la *gloria de Cristo*". Entonces, en el versículo 6, esa obra cegadora de Satanás es vencida por el poder de Dios como Creador. El "que mandó que de las tinieblas resplandeciese la luz" ha hecho que esa luz brille en nuestros corazones.

El resultado del acto de Dios en nuestros corazones es que Él da "la luz… del conocimiento de la gloria de Dios en la faz de Jesucristo". Esta "luz" no es física ni natural. Es, para usar las palabras de Jonathan Edwards, "una luz divina y sobrenatural".[1] Como dice en uno de sus sermones más famosos,

1. Jonathan Edwards, "A Divine and Supernatural Light", en *Sermons and Discourses*, 1730-1733, eds. Mark Valeri y Harry S. Stout, vol. 17, *The Works of Jonathan Edwards* (New Haven, CT: Yale University Press, 1999), pp. 405-26.

"hay tal cosa, como luz espiritual y divina, inmediatamente impartida al alma por Dios, de una naturaleza diferente a la que se obtiene por medios naturales".[2]

Dios irradia la mente con luz espiritual

Esto es lo que Pablo oró en Efesios 1, para que *los ojos de nuestros corazones* fueran iluminados. No nuestros ojos físicos. Así que el ver no es una visión natural, sino una visión "divina y sobrenatural". Él oró,

> ...para que sepáis cuál es la esperanza a que él os ha llamado, y cuáles las riquezas de la gloria de su herencia en los santos, y cuál la supereminente grandeza de su poder para con nosotros los que creemos, según la operación del poder de su fuerza (Ef. 1:18-19).

Esta visión "iluminada" con "los ojos de sus corazones" es lo que Satanás estaba evitando en 2 Corintios 4:4 y lo que Dios concedió en 2 Corintios 4:6. Este milagro de ver la gloria divina con los ojos del corazón es lo mismo que la regeneración, o el nuevo nacimiento. Cuán crucial es darse cuenta de lo que Dios hace en este momento de iluminación divina. "Irradia la mente", como dice John Owen, "con una luz espiritual, mediante la que se puede discernir la gloria de las cosas espirituales".[3] Este milagro es absolutamente decisivo en todo lo que sucede en la vida del creyente.

Es la creación de un nuevo sentido espiritual, conciencia o discernimiento, una nueva capacidad espiritual para conocer y ser cautivado por una belleza divina que no es visible para el ojo físico. Edwards describió la creación de 2 Corintios 4:6 así: "El primer efecto del poder de Dios en el corazón durante la regeneración es dar al corazón una afición o sentido divino; para hacerle gozar de la hermosura y dulzura de la suprema excelencia de la naturaleza divina".[4]

La conexión

Ahora estamos listos para apreciar la conexión entre 2 Corintios 4:6 y 3:18. La gloria que ahora somos capaces de ver sobrenaturalmente (4:6) es la

---

2. Ibíd., p. 410.

3. John Owen, *The Works of John Owen*, ed. William H. Goold, vol. 4 (Edimburgo: T & T Clark, s.f.), p. 57.

4. Jonathan Edwards, *Treatise on Grace*, ed. Paul Helm (Cambridge, Reino Unido: James Clarke, 1971), pp. 48-49.

gloria del Señor en 2 Corintios 3:18, que nos transforma de gloria en gloria. "Nosotros todos, *mirando* a cara descubierta como en un espejo *la gloria del Señor*, somos transformados de gloria en gloria en la misma imagen, como por el Espíritu del Señor". Lo que ahora está claro es que este contemplar "a cara descubierta... la gloria del Señor" no es una mera visión neutral, como si mirásemos accidental o casualmente a alguna gran persona. De hecho, esa es precisamente la manera en que los incrédulos miran a Cristo y su evangelio *antes* del milagro de 2 Corintios 4:6. Pero *después* de este milagro, la luz de la gloria de Cristo resplandece por el evangelio como por una ventana. Una vez el evangelio era una pintura sin interés en la pared, hasta que de repente vemos, por primera vez con asombro, que no es una pintura después de todo, sino una ventana hacia el Himalaya de las glorias de Cristo. Por la ventana del evangelio brilla "la luz del evangelio de la gloria de Cristo, el cual es la imagen de Dios" (2 Co. 4:4).

Esto es ver con un saborear que transforma

Cuando sucede el milagro de 2 Corintios 4:6, nadie mira a través de esa ventana del evangelio la gloria de Cristo de manera neutral. Esta nueva visión no es como la vieja visión. Es ver con saborear. Como dijo Edwards, el corazón ahora tiene un nuevo gusto (recuerda 1 P. 2:3), un nuevo sentido, un nuevo "deleite para la hermosura y dulzura de la suprema excelencia" de Cristo. Así es como "vemos la gloria del Señor" en 2 Corintios 3:18. Y *es por eso que contemplar la gloria lleva a ser glorioso*. Miradas casuales y desinteresadas de la gloria no transforman. Pero *este* ver transforma: "*Mirando a cara descubierta como en un espejo la gloria del Señor, somos transformados de gloria en gloria en la misma imagen*". Somos transformados porque este acto de ver se ha vuelto ver con saborear. Discernir con deleite. Mirar con amor. Sentir con satisfacción. La belleza de Cristo, y todo lo que Dios es para nosotros en Él, ya no está en nuestra mente como una noción religiosa irrelevante, o incluso como una simple verdad doctrinal, sino como nuestro supremo tesoro. Vemos la gloria como gloria. La belleza como belleza. El valor supremo como valor supremo. Y este ver es ahora simultáneo con saborear. Por eso la contemplación nos transforma.

Contemplando la gloria y convirtiéndonos en gloriosos

Por eso Pablo habla de *nuestra propia* gloria: "Mirando a cara descubierta... la gloria del Señor, somos transformados *de gloria en gloria* en la misma imagen". Al ver a Cristo en esta nueva forma, atesorándolo sobre todas las cosas, *ahora* estamos siendo gloriosos. Esto no es todavía la gloria que tendremos plenamente cuando seamos "glorificados" en la venida del Señor (Ro. 8:17; 2 Ts. 1:12), con nuevos cuerpos de resurrección (1 Co. 15:43), en una creación nueva y gloriosa (Ro. 8:18-25), completamente libre del pecado y totalmente conformada al Cristo resucitado (1 Jn. 3:2). Sin embargo, es real, algo está cambiando ahora. De algún modo, la gloria de Cristo nos es impartida por la contemplación de la gloria del Señor. ¿Cómo está sucediendo esto?

Podemos ver la respuesta si preguntamos: "¿Cuál es nuestra insuficiencia en la gloria?". Si dejamos de lado por un momento el hecho de tener cuerpos y mentes caídas, así como facultades mentales caídas, ¿cuál es nuestro estado caído? ¿Cuál es la fealdad que debe ser gloriosa? Pablo da la respuesta en Romanos 1—3. Él dice en Romanos 3:23: "Todos pecaron, y están destituidos de la gloria de Dios". La palabra para "destituidos" (gr. *justerountai*) significa "falta de" o "necesidad de". La idea no es tanto que teníamos un objetivo y lo perdimos, sino más bien que teníamos un tesoro y lo perdimos, lo malgastamos.

Esa es precisamente la manera en que Pablo habla de nuestra pérdida de la gloria de Dios en Romanos 1:23 porque atesoramos algo más: saboreamos la gloria de la creación más que la gloria de Dios: "profesando ser sabios, se hicieron necios, y cambiaron la gloria del Dios incorruptible" por imágenes (Ro. 1:22-23). Por lo tanto, la esencia de nuestra caída es nuestra preferencia escandalosa por la gloria del mundo, incluida la nuestra, en lugar de la gloria de Dios. Esta es la esencia de todo pecado. En la raíz de todo mal está la depreciación de Dios, en nuestra preferencia por otras cosas. Esta es la pérdida del resplandor divino que debíamos reflejar. Nuestra gloria interior, nuestra belleza moral o espiritual es un corazón que ve a Dios tan claramente y siente su valor tan plenamente que es nuestro supremo tesoro. Dondequiera que esto sea cierto, el intercambio de Romanos 1:23 se ha revertido.

Saboreando a Dios como nuestra gloria

Eso es lo que 2 Corintios 3:18 dice que está sucediendo cuando "contemplamos la gloria del Señor". Eso es lo que significa "ser transformados de gloria en gloria". Significa que gradualmente disfrutamos del supremo valor y la belleza de Cristo que están expulsando de nuestro corazón todos los deseos que compiten. *La gloria de un cristiano es que Jesucristo es nuestra gloria.* Nuestra gloria no está intrínsecamente en nosotros sino en nuestra capacidad restaurada de ver y saborear la gloria de nuestro Creador y Redentor. Por lo tanto, ser cambiado "de gloria en gloria" es ser cada vez más controlado por el gozo incomparable en la toda satisfactoria gloria de Cristo.

El espíritu de la mente

Pablo dice en Efesios 4:22 que nuestro viejo hombre estaba "viciado conforme a los deseos engañosos". En otras palabras, nos engañamos al sentir que otras cosas sean más deseables que Dios. El remedio, dice, es renovarse "en el espíritu de vuestra mente" (Ef. 4:23), no solo renovarse en la mente, sino en el *espíritu* de la mente. Lo nuevo de un cristiano no es solo una nueva manera de pensar. Un nuevo espíritu, un nuevo gozo, un nuevo amor, un nuevo tesoro penetra en nuestro pensamiento.

Menciono esto en relación con 2 Corintios 3:18 porque me preocupa que algunos cristianos puedan usar Romanos 12:2 como una descripción de cómo somos transformados, sin ninguna referencia a la transformación emocional que viene de contemplar la gloria de Cristo. Pablo dice:

> No os conforméis a este siglo, sino *transformaos por medio de la renovación de vuestro entendimiento*, para que comprobéis cuál sea la buena voluntad de Dios, agradable y perfecta (Ro. 12:2).

Sin una conciencia de cómo Pablo describe el proceso de transformación en 2 Corintios 3:18, uno podría deducir de Romanos 12:2 que la transformación es simplemente un asunto intelectual. Obtener una nueva forma de pensar, escoger comportamientos y elegir el mejor. ¡Qué parodia de la vida cristiana! La "renovación de vuestro entendimiento" a la que Pablo se refiere en Romanos 12:2 incluye lo que él llama en Efesios 4:23 la renovación "en el *espíritu* de vuestra mente". Y este nuevo "espíritu de la mente" es el remedio para los "*deseos* engañosos" (Ef. 4:22). La vieja mente no renovada era la mente cuyo "espíritu" intercambiaba la gloria de Dios por las imágenes: "*se envanecieron en sus razonamientos, y su necio corazón fue entenebrecido*. Profesando ser sabios, se hicieron necios, y cambiaron la gloria del Dios incorruptible" (Ro. 1:21-23).

Por lo tanto, cuando Pablo pide la renovación de la mente en Romanos 12:2, implica mucho más que un simple cambio intelectual. Él implica una renovación de la capacidad del alma para sentir y pensar, una renovación del *espíritu de la mente*. Quiere decir que el "envanecimiento", el "entenebrecimiento" y la "necedad" que provocan que las imágenes se sientan más deseables que Dios deben ser eliminados. La mente debe renovarse continuamente en su capacidad de "discernir cuál es la voluntad de Dios" por el milagroso ver y saborear del corazón.

Ver, saborear y ser cambiado

Por lo tanto, lo fundamental que nos cambia es contemplar la gloria del Señor como nuestro supremo y todo satisfactorio tesoro. Renovar la mente significa llevar todos nuestros pensamientos, una y otra vez, a una concordancia con esta visión sobrenatural del valor y la belleza de Jesús.

Así es como nos movemos de gloria en gloria. Así es cómo imaginamos la belleza de Cristo. Y así se hacen las buenas acciones de una manera que el mundo encuentra inexplicable, porque surgen de un profundo contentamiento en Dios que el mundo no conoce y no puede sentir, hasta que el milagro de 2 Corintios 4:6 sucede. Esta es la oración y el objetivo de todos los que están siendo transformados en la imagen de Cristo.

Esta es la primera parte de nuestra explicación y justificación de la quinta implicación destacada en el cuadro al inicio de este capítulo: *"que debemos aspirar a ser transformados por este ver y saborear en la semejanza de su belleza [de la gloria Señor]"*. Esta gloria resplandece de su Palabra. Por lo tanto, el objetivo de toda nuestra lectura de la Biblia es ver, saborear y ser cambiados por esta gloria revelada.

Que en grande prueba de tribulación, la abundancia de su gozo y su profunda pobreza abundaron en riquezas de su generosidad.

2 CORINTIOS 8:2

La única manera de despojar al corazón de un viejo afecto es por el poder expulsivo de un nuevo afecto.

THOMAS CHALMERS

Nadie que sigue pecando ha visto a Dios.

1 JUAN 3:6 (TRADUCCIÓN DEL AUTOR)

9

Leer para ser transformado, parte 2

"La abundancia de su gozo… [abundó] en riquezas de su generosidad".

Propuesta
Nuestro objetivo supremo al leer la Biblia es que el valor infinito de Dios y su belleza sean exaltados en la eterna y ferviente adoración de la esposa de Cristo, comprada con su sangre, de cada pueblo, idioma, tribu y nación. Esto implica: 1. que el valor infinito y la belleza de Dios son *el valor y la excelencia supremos* del universo; 2. que la *adoración supremamente auténtica e intensa* del valor y la belleza de Dios es el objetivo supremo de toda su obra y palabra; 3. que debemos siempre leer su Palabra para *ver* este supremo valor y belleza; 4. que debemos buscar en todo nuestro ver el *saborear* su excelencia sobre todas las cosas; 5. **que debemos aspirar a ser *transformados* por este ver y saborear en la semejanza de su belleza;** 6. de modo que más y más personas sean atraídas hacia la familia de Dios que adora, hasta que la novia de Cristo, a través de todos los siglos y culturas, esté completa en número y belleza.

Jesús, Pedro y Pablo unidos en cómo cambian los cristianos

En el capítulo anterior vimos la manera sorprendentemente similar en que Jesús, Pedro y Pablo explican la forma en que los cristianos son transformados "de gloria en gloria". Jesús atribuye el origen de esta transformación a un gozo inquebrantable en nuestra "gran recompensa" que libera de la venganza y disipa los riesgos del amor en buenas obras que glorifican a Dios (Mt. 5:11-16). Pedro la atribuyó a un gozo inquebrantable en la bendición prometida de Dios, que supera nuestra natural inclinación a devolver mal por mal y nos capacita a hacer el bien, incluso mientras sufrimos, para que otros pregunten la "razón de nuestra esperanza" (1 P. 3:9, 13-17; 4:13). Pablo atribuyó esta transformación a contemplar la gloria del Señor, con un sabor nuevo de su valor y belleza, que hace que seamos "transformados de gloria en gloria" (2 Co. 3:18).

Todo comienza con el don de Dios de ver. Este ver le da lugar a saborear, y este saborear expulsa los "deseos engañosos" que nos perturban con el pensamiento de que cualquier cosa es más satisfactoria que Dios. Esta visión tan importante sucede cuando leemos la Palabra de Dios. En efecto, entonces, Jesús, Pedro y Pablo atribuyen el verdadero cambio a ver y saborear la gloria de Cristo como el tesoro supremo de nuestra vida, al leer las Escrituras inspiradas.

Un ejemplo impresionante de transformación a través del gozo

Esa unidad es llamativa; es parte de la gloria de las Escrituras que conmueve la fe. Pero, para mí, aún más emocionante es observar realmente este proceso en acción en la vida de los corintios, como lo describe Pablo en 2 Corintios 8:1-2. Lo instantáneo de la transformación cristiana que estamos a punto de ver es impresionante. Nos da una idea de cómo el estar supremamente satisfecho en Dios lleva el fruto del amor radical. Así nos muestra el tipo de "buenas obras" (Mt. 5:16; 1 P. 2:12) que pueden conducir a alguien a convertirse y glorificar a Dios.

La situación es que Pablo está tratando de motivar a los corintios a ser generosos participantes en la colecta que está levantando para los pobres que había entre los santos en Jerusalén (Ro. 15:25-33; 1 Co. 16:3; 2 Co. 8:18-19). Mientras va de iglesia en iglesia entre los gentiles, Pablo les plantea que "si los gentiles han sido hechos participantes de sus bienes espirituales, deben también ellos ministrarles de los materiales" (Ro. 15:27).

Así que ahora, en 2 Corintios 8, está escribiendo a los corintios y usando el ejemplo de los macedonios (al norte de Grecia, donde estaban Filipos y Tesalónica) para estimular a los corintios a ser igualmente generosos. Es el ejemplo de estos macedonios lo que nos brinda una impresionante ilustración de cómo el gozo en la gloriosa gracia de Dios rompe la raíz del egoísmo, y nos libera para poder tomar los riesgos radicales y los sacrificios del amor:

> Asimismo, hermanos, os hacemos saber la gracia de Dios que se ha dado a las iglesias de Macedonia; que en grande prueba de tribulación, la abundancia de su gozo y su profunda pobreza abundaron en riquezas de su generosidad (vv. 1-2).

Una ilustración viva del ser cambiado de gloria en gloria

Ahí tenemos un ejemplo vivo de la transformación acerca de la que leímos unos cuantos capítulos antes en 2 Corintios 3:18. Pablo había ido a Macedonia y había predicado el evangelio. En 8:1, Pablo dice que "la gracia de Dios... se ha dado a las iglesias de Macedonia". Con esto quiero decir, al menos, que Dios realizó para ellos el milagro de 2 Corintios 4:6 y se convirtieron a Cristo. Él "resplandeció en nuestros corazones, para iluminación del conocimiento de la gloria de Dios en la faz de Jesucristo". Ellos vieron y experimentaron la gloria de la gracia de Dios.

El efecto fue simplemente increíble, más allá de toda explicación humana. Se describe en 2 Corintios 8:2: "que en grande prueba de tribulación, la abundancia de su gozo y su profunda pobreza abundaron en riquezas de su generosidad". El efecto práctico y visible de esta experiencia de gracia fue "que abundaron en riquezas de su generosidad". Ellos respondieron ante la petición de Pablo por los pobres en Jerusalén con extraordinaria liberalidad. Digo que fue extraordinario, primero por la cantidad sacrificial y su entusiasmo. Usted puede leer esto en los versículos 3-4 donde dice: "Pues doy testimonio de que con agrado han dado conforme a sus fuerzas, y aun *más allá de sus fuerzas, pidiéndonos con muchos ruegos que les concediésemos el privilegio de participar* en este servicio para los santos". Ellos pedían que se les permitiera dar más, y dieron más allá de lo que materialmente eran capaces de hacer. Como dice el versículo 2, eran "*riquezas* de su generosidad".

Gozo liberador en la aflicción y la pobreza

Pero estas no son las razones principales por las que la donación fue extraordinaria; las razones principales se encuentran en el versículo 2. El dar fue en "una grande prueba de aflicción", y en "profunda pobreza". Tenían muy buenas razones humanas para no dar nada, ciertamente para no dar generosamente. Eran extremadamente pobres y padecían nuevas aflicciones debido a su nueva fe cristiana. Mientras muchas personas, como se puede imaginar, podrían estar quejándose de que Dios no está cuidando de ellos, al permitir que sean perseguidos y pobres, estos cristianos eran increíblemente diferentes. No hay indicio de falsa humildad, hay más bien muestras de "riquezas de generosidad". El nombre para esta generosidad, como Pablo aclara en los versículos 7-8, es *amor*. Él les dice: "Como en todo abundáis, en fe, en palabra, en ciencia, en toda solicitud, y en vuestro amor para con nosotros, abundad también en esta gracia. No hablo como quien manda, sino para poner a prueba, por medio de la diligencia de otros, también la sinceridad del *amor* vuestro".

El origen del sacrificio inexplicable

Ahora la cuestión decisiva es: ¿Qué hizo que estos macedonios tuvieran este sacrificio de generosidad humanamente inexplicable en medio de la aflicción y la pobreza? La respuesta es explícita y clara: la *abundancia de su "gozo"* que abundó en riquezas de su generosidad. Pablo no podría haber sido más claro acerca de lo que transformó a estos macedonios en gente radicalmente generosa y amorosa. Fue su gozo. Observe cuidadosamente. No es solo que tuvieran gozo *al mismo tiempo* que generosidad. El gozo no solo *acompañaba* a su generosidad; no, sino que era la *causa*. El gozo desbordó... en su generosidad. El gozo era el manantial, la generosidad era el arroyo. El gozo era la raíz, la generosidad el fruto.

Nótese también que este gozo no fue moderado. Mostraba la "abundancia de su gozo" (gr. *hé perisseía tés jarás*). Tampoco se basaba en sus circunstancias externas, ya que estaban en "una grande prueba de tribulación" (gr. *én pollé dokimé thlípseos*) y estaban en "profunda pobreza" (gr. *hé katá báthous ptócheis*). Pablo usa el lenguaje para describir muy claramente que su gozo no fue despertado o sostenido por ninguna de sus circunstancias externas. ¿De qué estaban tan gozosos estos macedonios en esas terribles circunstancias?

La fuente de su gozo inquebrantable

La respuesta la encontramos en el versículo 1: "La gracia de Dios que se ha dado a las iglesias de Macedonia". Si nuestra respuesta a la gracia no es este tipo de gozo, es porque todavía no conocemos como deberíamos el pecado y la ira, el infierno y la cruz, la resurrección y el perdón, Cristo y la esperanza de gloria. Pero, para los macedonios, la gloria de la gracia de Dios (Ef. 1:6) era más hermosa, valiosa y satisfactoria de lo que cualquier riqueza o comodidad jamás podría ser. Dios había vencido los efectos cegadores de Satanás y había abierto los ojos de sus corazones para ver la brillante "luz del evangelio de la gloria de Cristo". Esta luz había resplandecido en sus "corazones, para iluminación del conocimiento de la gloria de Dios en la faz de Jesucristo". ¡Nada! Nada podía sobrepasar el valor de lo que habían visto y recibido en Jesucristo. Ninguna aflicción, ninguna pobreza podría quitarles su alegría.

Ellos habían "visto la gloria del Señor" y estaban siendo transformados de gloria en gloria mientras eran liberados del egoísmo y trataban de extender su gozo a la vida de otros. Esa es la naturaleza del gozo en la gloria de un infinitamente hermoso e infinitamente ingenioso Cristo. Tiene un impulso hacia fuera; su naturaleza es expandirse. Busca ensancharse con el gozo que otros tienen en Dios. En otras palabras, la búsqueda del gozo en la gloria de Dios, lejos de hacernos egocéntricos, de hecho, nos pone en la búsqueda de hacer a los demás eternamente felices en Dios. El gozo *de ellos* en Dios es la expansión y realización de *nuestro* gozo.

El poder expulsivo de un nuevo afecto

Lo que es maravillosamente claro y refrescante en los macedonios es esta verdad: encontrar el gozo supremo en Jesús corta la raíz del pecado con el poder de una satisfacción superior. O, como dice Thomas Chalmers, nuestro egoísmo es echado fuera con "el poder expulsivo de un nuevo afecto".

> Hay dos maneras en que un moralista práctico puede intentar desplazar del corazón humano su amor al mundo, ya sea por una demostración de la vanidad del mundo, de modo que el corazón se sienta persuadido simplemente a retirar su interés en un objeto que no es digno de ello, o establecer otro objeto, incluso Dios, como más digno de su apego, de modo que el corazón se sentirá persuadido no a renunciar a un viejo afecto, que luego no tendrá nada que lo suceda, sino a intercambiar el viejo afecto por uno nuevo. Mi propósito es demostrar que por la constitución de nuestra naturaleza el método anterior, es decir, renunciar al viejo afecto, es completamente incompetente e ineficaz, y que este último método es el único suficiente para rescatar y recuperar el corazón del mal afecto que domina sobre él.[1]

1. "The Expulsive Power of a New Affection", en *The Protestant Pulpit: An Anthology of Master Sermons from the Reformation to Our Own Day*, comp. Andrew Blackwood (Grand Rapids, MI: Baker, 1947), p. 50.

El lugar de la advertencia y el miedo

Ciertamente, para obrar nuestra transformación Dios usa, en parte, abundantes advertencias de cosas terribles que vendrán si continuamos en el camino de la desobediencia. "Os amonesto, como ya os lo he dicho antes, que los que practican tales cosas no heredarán el reino de Dios" (Gá. 5:21). Pero el papel del miedo es siempre secundario; somos hijos de Dios, no esclavos:

> Pues no habéis recibido el espíritu de esclavitud para estar otra vez en temor, sino que habéis recibido el espíritu de adopción, por el cual clamamos: ¡Abba, Padre! El Espíritu mismo da testimonio a nuestro espíritu, de que somos hijos de Dios (Ro. 8:15-16).

La función del miedo es alertarnos sobre la locura de alejarnos de la fuente de la vida, para cavar cisternas inútiles que no retienen agua (Jer. 2:12-13). El medio decisivo de transformación no es el temor sino el gozo. Incluso la prevalencia en toda la Biblia del llamado a "temer al Señor" no está en contradicción con esto, porque cuando tememos al Señor de la manera correcta, ¡Él es nuestro gozo! Señor, "esté atento ahora tu oído a la oración de tu siervo y a la oración de tus siervos que *se complacen en temer tu Nombre*" (Neh. 1:11, BTX; cp. Is. 11:3).

Leemos para transformarnos

En estos dos últimos capítulos, nos hemos centrado en la quinta implicación de nuestra propuesta (véase el recuadro al principio del capítulo). En el capítulo 8, vimos que Jesús, Pedro y Pablo atribuyen el origen de esta transformación cristiana a ver y saborear todo lo que Dios es para nosotros en Jesús. Por este ver y saborear, estamos siendo cambiados de gloria en gloria.

En este capítulo, hemos visto un ejemplo real de cómo funcionó en la vida de los cristianos macedonios. La "abundancia de su gozo" en la gracia de Dios, es decir, saborear la gloria de la gracia de Dios, tuvo un impulso expansivo. Este gozo nos transforma de personas egoístas, defensivas y jactanciosas a servidores semejantes a Cristo que anhelan el bien temporal y eterno de los demás.

Lo que significa, por tanto, es que nuestra lectura de la Biblia nunca es solo para ver, nunca es solo para el aprendizaje y conocimiento de doctrina. No es ni siquiera para saborear, si ese saborear se piensa de una manera privada y que nos deja sin cambios en nuestra relación con los demás. No, leemos la Biblia, *siempre* leemos la Biblia, para ver y saborear a Cristo quien nos transforma en su semejanza.

Todo lo que hemos visto acerca de ser transformados, lo hemos visto *en las Escrituras*. Digo esto tan obvio para no perder el enfoque de este libro. No estoy escribiendo en general sobre el propósito final de Dios. Estoy escribiendo acerca de cómo Dios consigue su propósito final *a través de un libro, la Biblia*. Es la Biblia la que nos muestra cómo Dios está buscando su propósito final; y lo que la Biblia nos muestra es que ella misma es indispensable en el diseño de Dios.

Una aclaración

Tal vez deba hacer una aclaración necesaria antes de terminar este capítulo. ¿Qué pasa con los cientos de pasajes de la Biblia que nos ayudan en nuestra búsqueda de la transformación, pero no mencionan la gloria de Dios? Al decir que atesorar esa gloria por encima de todas las cosas es el medio decisivo de la transformación que exalta a Cristo, no tengo la intención de anular, minimizar o torcer ninguno de esos pasajes. He escrito libros enteros para mostrar cómo tomar estas motivaciones en serio, tal y como están, sin dilución o alteración.[2]

Ninguna de estas afirmaciones motivacionales debe ser aislada, como si expresara todo lo importante en un acto motivado. Cada parte de las Escrituras tiene algo que contribuir al todo; y hay varias revelaciones en las Escrituras que son centrales y comprensivas, y arrojan luz sobre todo lo demás. Creo que 2 Corintios 3:18—4:6 es ese tipo de revelación. La necesidad del milagro de 2 Corintios 4:6 es universalmente relevante para cada persona en todas partes del mundo.

Este milagro universalmente necesario e indispensable permite el continuo milagro de 2 Corintios 3:18: "mirando a cara descubierta como en un espejo la gloria del Señor, somos transformados de gloria en gloria". Esta verdad no es para una parte de la iglesia solamente ni para una sola época de la iglesia, sino para todos los cristianos en cualquier lugar y en cualquier momento. Es relevante para todos los aspectos de la transformación cristiana, y se relaciona con cada aspecto de la motivación bíblica.

---

2. John Piper, *Gracia venidera: el poder purificador de vivir por la fe* (Miami: Editorial Vida, 2006); John Piper, *Batallando con la incredulidad: venciendo el placer del pecado con un placer superior* (Miami: Editorial Vida, 2008).

Cada motivación tiene que ver con disfrutar de Dios mismo

Por lo tanto, siempre que la Biblia nos proclame una promesa o una advertencia como motivación para algún acto de amor, nunca debemos pensar que lo prometido o el daño advertido llegan a ser eficaces en nuestro corazón sin referencia a la gloria de Dios. Si nos atrae la conveniencia de algo que Dios promete, y esperamos disfrutarlo *sin disfrutar de Dios en ello y por ello*, entonces estamos convirtiendo la promesa de Dios en una invocación a la idolatría.

Una promesa de provisión es una promesa para conocer más de Dios

Por ejemplo, cuando Pablo promete a los filipenses: "Mi Dios, pues, suplirá todo lo que os falta conforme a sus riquezas en gloria en Cristo Jesús" (Fil. 4:19), sería contrario a la intención de Pablo si los filipenses encontraran su satisfacción en el hecho de que habrá suficiente dinero para pagar las facturas. Pablo no quería que esta promesa de recursos suficientes fuera separada de todo lo que él dijo acerca de la toda satisfactoria grandeza de Dios. Había dicho: "Ciertamente, aun estimo todas las cosas como pérdida por la excelencia del conocimiento de Cristo Jesús, mi Señor" (Fil. 3: 8). También había dicho: "Sé vivir humildemente, y sé tener abundancia; en todo y por todo estoy enseñado, así para estar saciado como para tener hambre, así para tener abundancia como para padecer necesidad" (Fil. 4:12).

En otras palabras, cuando Pablo les prometió suficientes recursos, pensó que en y por esa provisión ellos verían a Dios como su tesoro. Tenía la intención de que valoraran la promesa por amor de Dios. Como Agustín ora: "Porque menos te ama quien ama algo contigo y no lo ama por ti".[3]

El resplandor en toda la creación y toda la motivación

Dios nos promete muchas cosas buenas, no solo Él mismo, sino además cosas buenas que Él ha creado para nuestro uso y gozo (1 Ti. 4:1-4; 6:17). Él no creó el mundo material simplemente para probarnos con posibles ídolos. El mundo debe ser usado y disfrutado con agradecimiento y con la conciencia de que todo lo bueno que Dios ha hecho nos comunica algo de Él mismo. Podemos estar justificadamente motivados por ello cuando lo vemos a Él en ello y a través de ello.

Por lo tanto, cuando digo que siempre debemos leer la Biblia para ver y

3. Agustín, *Confesiones*, Libro X, capítulo 29 (Bogotá, Colombia, Ediciones Paulinas, 1986), p. 348.

saborear la gloria de Dios, no me refiero a la gloria de Dios como una "cosa" separada de todas las cosas creadas en la Biblia y todos los cientos de motivos en la Biblia. Más bien, la gloria de Dios es su resplandor, su belleza, su grandeza en y por medio de todas las realidades creadas y todas las motivaciones bíblicas. De hecho, lo que hemos visto es que la gloria de Dios es lo primordial en todas estas realidades. Cuando la Biblia dice que los cielos cuentan la gloria *de Dios*, eso es lo primordial acerca de los cielos. Hay diez mil cosas que estudiar acerca de los cielos, pero esto es lo primordial, y así es con cada realidad creada, y en todo motivo bíblico para la santidad y para el amor.

La transformación de Agustín

Puesto que he citado a Agustín, puede ser apropiado cerrar este capítulo con la historia de su propia transformación a través de saborear la gloria de Dios en su Palabra. Agustín es uno de los teólogos más grandes de la historia (354-430 d.C.). Pero fue esclavo del pecado sexual, como él mismo lo admitió, hasta que cumplió treinta y un años, y había mantenido una concubina durante quince años. Luego, en un jardín de Milán, Italia, todo cambió. Aquí está su narración sobre sus luchas y su transformación:

> Esto decía con lágrimas de amarga contrición. Y mientras tanto se oyó una voz, de niño o de niña, no lo sé, que desde la casa vecina decía y repetía cantando: *toma y lee, toma y lee.* Al punto se mudó mi ánimo y comencé a preguntarme con fija atención si había oído alguna vez cantar a los niños por juego una letrilla semejante. Y comprimiendo el ímpetu de mis lágrimas me levanté enseguida, seguro de que en aquella voz había para mí un divino mandato de tomar el libro y leer lo primero que vieran mis ojos...
>
> Volví entonces apresuradamente al lugar en que estaba sentado Alipio, pues allí había dejado el libro del apóstol. Lo tomé, lo abrí y leí en silencio el capítulo en que habían caído mis ojos. Decía: *No andéis en comilonas ni en embriagueces; no en la fornicación e impudicia, ni en contiendas y envidias; sino revestíos de nuestro Señor Jesucristo y no os dejéis llevar de las concupiscencias de la carne* [Ro. 13:13-14].
>
> No quise leer más, ni era menester. Porque, al terminar de leer la última oración, una luz segurísima penetró en mi corazón disipando de golpe las tinieblas de mi dubitación.[4]

4. Ibíd., Libro VIII, capítulo 12; pp. 257-258.

La experiencia de Agustín de desterrar la oscuridad con la Palabra de Dios no se basó superficialmente en la mera *coincidencia* de leer algo tan sorprendentemente relevante para su pecado sexual. Sabemos que fue más profundo que eso, debido a su efecto duradero y debido a su propia comprensión de lo que realmente sucedió. Nos cuenta más tarde sobre lo que comenzó en ese momento y continuó por el resto de su vida:

> ¡Oh qué dulce fue para mí carecer de repente de las dulzuras de aquellas bagatelas, las cuales cuánto temía entonces perderlas...! Porque tú las arrojabas de mí, ¡oh verdadera y sana dulzura!, *tú las arrojabas, y en su lugar entrabas tú, más dulce que todo deleite...* ¡oh Dios y Señor mío!, claridad mía, riqueza mía y mi salvación.[5]

Esa es la forma en que Dios ha diseñado las Escrituras para transformar a su pueblo. La gloria de Cristo es revelada; se abren los ojos, y Cristo es visto y saboreado como la "claridad mía, riqueza mía y mi salvación". En esta visión, el "deleite" expulsa las "dulzuras de aquellas bagatelas" y toma su lugar. Contemplando la gloria del Señor, al leer su Palabra, Agustín fue cambiado de gloria en gloria.

---

5. Ibíd., Libro IX, capítulo 1; énfasis añadido, p. 261

Porque el anhelo ardiente de la creación es el aguardar la manifestación de los hijos de Dios... porque también la creación misma será libertada de la esclavitud de corrupción, a la libertad gloriosa de los hijos de Dios.

ROMANOS 8:19-21

Digno eres de tomar el libro y de abrir sus sellos; porque tú fuiste inmolado, y con tu sangre nos has redimido para Dios, de todo linaje y lengua y pueblo y nación.

APOCALIPSIS 5:9

10

Leer hacia la consumación

"Redimido para Dios, de todo linaje y lengua y pueblo y nación".

Propuesta

Nuestro objetivo supremo al leer la Biblia es que el valor infinito de Dios y su belleza sean exaltados en la eterna y ferviente adoración de la esposa de Cristo, comprada con su sangre, de cada pueblo, idioma, tribu y nación. Esto implica:

1. que el valor infinito y la belleza de Dios son *el valor y la excelencia supremos* del universo;
2. que la *adoración supremamente auténtica e intensa* del valor y la belleza de Dios es el objetivo supremo de toda su obra y palabra;
3. que debemos siempre leer su Palabra para *ver* este supremo valor y belleza;
4. que debemos buscar en todo nuestro ver el *saborear* su excelencia sobre todas las cosas;
5. que debemos aspirar a ser *transformados* por este ver y saborear en la semejanza de su belleza;
6. **de modo que más y más personas sean atraídas hacia la familia de Dios que adora, hasta que la novia de Cristo, a través de todos los siglos y culturas, esté completa en número y belleza.**

De las palabras de las Escrituras a la familia que adora

Desde las Escrituras cristianas emana la gloria de Dios para todos aquellos que tienen ojos para ver. Hay una luz divina y sobrenatural que infunde todo el testimonio inspirado de las Escrituras. Dondequiera que leamos en la Biblia, si vemos lo que realmente está allí, vemos la gloria de lo que Dios es para nosotros en Jesús. Esta forma de ver despierta un saborear. No hay un verdadero ver sin saborear, porque Jesús llamó a ese ver un "no ver". "Viendo no ven" (Mt. 13:13). El verdadero ver contempla la gloria de Dios *tan hermosa*, tan preciosa, tan satisfactoria como un tesoro supremo. Esto es un milagro que viene "por el Espíritu del Señor" (2 Co. 3:18).

Lo que vimos en los capítulos 8 y 9 es que este proceso de ver y saborear es profundamente transformador. "Mirando a cara descubierta como en un espejo la gloria del Señor, somos transformados" (2 Co. 3:18). Establecer a Dios mismo en el alma humana como su supremo tesoro desestabiliza los "deseos engañosos" del pecado que nos llevan a creer que cualquier cosa es más deseable que Dios mismo. De esta manera, la gloria de Dios que es vista y saboreada corta la raíz del egoísmo y nos encamina en el sendero del amor.

Así que Dios persigue su propósito final por medio de las Escrituras inspiradas, y a través de ellas revela su plan para el universo, su obra salvadora en Cristo, y la gloria de todos sus caminos. A través de esta revelación Él crea, reúne, transforma y finalmente perfecciona una familia de adoradores para llenar la nueva tierra que viene con la gloria del Señor.

La sexta implicación

La propuesta que estoy tratando de aclarar y justificar es que nuestro objetivo final en la lectura de la Biblia es que el valor infinito de Dios y su belleza serán exaltados en la adoración eterna y ferviente de la esposa de Cristo, comprada con su sangre, de cada pueblo, idioma, tribu y nación. Hemos llegado ahora a la sexta implicación de esta propuesta: a través de la transformación de un pueblo, por ver y saborear la gloria de Cristo, cada vez más personas serán atraídas hacia la familia de Dios que adora hasta que la esposa de Cristo, a través de los siglos y las culturas, esté completa en número y belleza.

Una hermosa esposa para el Hijo de Dios

Es asombroso que el propósito final de Dios incluya la creación de un nuevo pueblo transformado para ser una hermosa esposa para el Hijo de Dios. Sin duda, al revelarnos esto en las Escrituras, Dios quiere que nos deleitemos en las emocionantes implicaciones de este tipo de cercanía familiar con el Padre y con el Hijo. Lo que esto significará para nuestra gloria y nuestro gozo va más allá de la imaginación. Esta es la razón de por qué permanecemos y meditamos en la Palabra de Dios, por qué escribimos poemas y canciones, por qué adoramos y nos reunimos para animarnos unos a otros con vislumbres compartidos de gloria.

Sabemos que la preparación de una esposa para el Hijo de Dios fue el plan de Dios desde el principio. Pablo deja esto muy en claro al conectar la relación de Cristo y la iglesia con el matrimonio de Adán y Eva. Primero, dice a los esposos que amen a sus esposas "como Cristo amó a la iglesia, y se entregó a sí mismo por ella" (Ef. 5:25). Luego describe cómo la obra salvadora de Cristo en la cruz fue diseñada para crear una hermosa esposa:

> ... para santificarla, habiéndola purificado en el lavamiento del agua por la palabra, *a fin de presentársela a sí mismo, una iglesia gloriosa*, que no tuviese mancha ni arruga ni cosa semejante, sino que fuese santa y sin mancha (Ef. 5:26-27).

Esta es la obra transformadora en la que nos enfocamos en los capítulos 8 y 9. Cristo lo lleva a cabo por su Espíritu a través de la Palabra.

Entonces Pablo conecta este matrimonio entre Cristo y la iglesia con el matrimonio de Adán y Eva. Él cita Génesis 2:24: "Por tanto, dejará el hombre a su padre y a su madre, y se unirá a su mujer, y serán una sola carne". Finalmente, Pablo hace explícita la aplicación de Génesis 2:24: "Grande es este misterio; mas yo digo esto respecto de Cristo y de la iglesia" (Ef. 5:25-32). En otras palabras, cuando Dios diseñó el matrimonio para Adán y Eva como un pacto entre sí en una nueva unidad familiar, estaba modelando el matrimonio humano sobre el matrimonio divino que ya tenía en mente para Cristo.

La manera indirecta de Dios de preparar una esposa

Entonces Dios puso en marcha un plan para tener una esposa para su Hijo, compuesta de personas redimidas y transformadas de cada grupo étnico de la tierra. Él hizo esto de una manera tan indirecta y desconcertante para las expectativas humanas comunes que Pablo terminó de contar la historia diciendo: "¡Oh profundidad de las riquezas de la sabiduría y de la ciencia de Dios! ¡Cuán insondables son sus juicios, e inescrutables sus caminos!" (Ro. 11:33).

En vez de lanzar la Gran Comisión en Génesis y reunir a todas las naciones, Él eligió a un grupo étnico para concentrar su trabajo de salvación: los judíos. "Tú eres pueblo santo para Jehová tu Dios; Jehová tu Dios te ha escogido para serle un pueblo especial, más que todos los pueblos que están sobre la tierra" (Dt. 7:6). Y al elegir a Israel para ser su "pueblo especial", habló de sí mismo como su marido: "Tu marido es tu Hacedor; Jehová de los ejércitos es su nombre; y tu Redentor, el Santo de Israel; Dios de toda la tierra será llamado" (Is. 54:5). En algunos de los relatos más vívidos del Antiguo Testamento, Dios describió su elección de Israel como su compromiso con una sangrante huérfana:

> Y yo pasé junto a ti, y te vi sucia en tus sangres, y cuando estabas en tus sangres te dije: ¡Vive! Sí, te dije, cuando estabas en tus sangres: ¡Vive! Te hice multiplicar como la hierba del campo; y creciste y te hiciste grande, y llegaste a ser muy hermosa; tus pechos se habían formado, y tu pelo había crecido; pero estabas desnuda y descubierta.
>
> Y pasé yo otra vez junto a ti, y te miré, y he aquí que tu tiempo era tiempo de amores; y extendí mi manto sobre ti, y cubrí tu desnudez; y te di juramento y entré en pacto contigo, dice Jehová el Señor, y fuiste mía (Ez. 16:6-8).

Con algunas excepciones (como las historias de Rut, Ester, Jonás y algunos salmos que convocaron a las naciones), Dios centró su revelación especial en un grupo étnico, Israel. Sin embargo, desde el principio, de alguna extraña manera (a la que Pablo llama un misterio en Ef. 3:6), el propósito de Dios era que este enfoque en Israel fuera diseñado para incluir finalmente a todas las naciones del mundo. El enfoque en Israel comenzó con Abram (más tarde llamado Abraham), y la promesa a él incluyó estas palabras: "Serán benditas en ti todas las familias de la tierra" (Gn. 12:3).

El giro (temporal) de Dios de Israel a las naciones

Resultó que Israel no fue obediente a Dios, de la manera en que había sido preparado para la consumación de los propósitos divinos. Ciertamente, siempre había un remanente en Israel que era fiel a Dios (Is. 10:22-23; Ro. 9:27), pero, en general, el pueblo era rebelde. Cuando Jesús, el Mesías, vino y proclamó el reino de Dios, solo un pequeño número del pueblo de Israel acogió a su Rey. Para la mayoría, un Mesías crucificado era una piedra de tropiezo (1 Co. 1:23).

Jesús contó una parábola acerca de su rechazo y la interpretó para Israel con estas duras palabras: "el reino de Dios será quitado de vosotros, y será dado a gente que produzca los frutos de él" (Mt. 21:43). Él pronunció el mismo juicio en Mateo 8:11-12: "Vendrán muchos del oriente y del occidente, y se sentarán con Abraham e Isaac y Jacob en el reino de los cielos; mas los hijos del reino serán echados a las tinieblas de afuera".

Así que Dios alejó de Israel su enfoque claro y directo de su revelación especial y transformación, y puso su esfuerzo salvador en la creación de una familia de todas las naciones. Pablo señaló que, por la fe en Jesús, un gentil podría estar unido con la simiente de Abraham (Gá. 3:16), y así ser beneficiario completo de todas las promesas hechas al Israel fiel. Aquí está la gran explicación de Pablo de cómo solo hay un pueblo de Dios, de judíos y gentiles:

> Pues todos sois hijos de Dios por la fe en Cristo Jesús; porque todos los que habéis sido bautizados en Cristo, de Cristo estáis revestidos. Ya no hay judío ni griego; no hay esclavo ni libre; no hay varón ni mujer; porque todos vosotros sois uno en Cristo Jesús. Y si vosotros sois de Cristo, ciertamente linaje de Abraham sois, y herederos según la promesa (Gá. 3:26-29).

El futuro de Israel en el pueblo del Mesías

Por lo tanto, cuando digo que Dios alejó de Israel su enfoque claro y directo de la revelación especial y transformación, no quiero decir que su nuevo enfoque en la reunión de un pueblo de todas las naciones excluyera a los judíos. De hecho, el modelo del propio ministerio de Pablo fue que el evangelio debía ser entregado "al judío primeramente, y también al griego" (Ro. 1:16). Él oró fervientemente para que sus parientes judíos fueran salvos (Ro. 10:1); dijo: "Honro mi ministerio, por si en alguna manera pueda provocar a celos a los de mi sangre, y hacer salvos a algunos de ellos" (Ro. 11:13-14). Pero la respuesta a su evangelización entre los judíos no fue grande (similar a la respuesta a Jesús) y, al igual que Jesús lloró sobre Jerusalén (Lc. 19:41-44), Pablo tenía "gran tristeza y continuo dolor", porque la mayoría de sus hermanos judíos fueran maldecidos y separados de Cristo (Ro. 9:2-3).

Pablo vio a este fracaso de Israel para aceptar al Mesías como una parte misteriosa del plan de Dios para traer la salvación a todas las naciones del mundo. Y vio que la llegada de los gentiles, durante lo que Jesús llamó "los tiempos de los gentiles" (Lc. 21:24), eventualmente llevaría a la eliminación del endurecimiento de Israel y así lograr un gran giro hacia Cristo por parte de Israel.

Así, Pablo dijo: "Si su exclusión [de los judíos] es la reconciliación del mundo, ¿qué será su admisión, sino vida de entre los muertos?" (Ro. 11:15). Unos cuantos versículos más adelante, él dijo, "no quiero, hermanos, que ignoréis este misterio...: que ha acontecido a Israel endurecimiento en parte, hasta que haya entrado la plenitud de los gentiles" (Ro. 11:25). Entonces, cuando llegue el número completo de las naciones, "todo Israel será salvo" (Ro. 11:26).[1] Justo antes de gritar: "¡Cuán insondables son sus juicios, e inescrutables sus caminos!" (Ro. 11:33), Pablo resume la manera misteriosa e indirecta de Dios de reunir a un pueblo:

> Pues como vosotros [los gentiles] también en otro tiempo erais desobedientes a Dios, pero ahora habéis alcanzado misericordia por la desobediencia de ellos [los judíos], así también éstos [Israel] ahora han sido desobedientes, para que por la misericordia concedida a vosotros [los gentiles], ellos también [los judíos] alcancen misericordia. Porque Dios sujetó a todos en desobediencia, para tener misericordia de todos (Ro. 11:30-32).

Los tiempos de los gentiles

Vivimos en el período de la historia que Dios diseñó para la reunión de su pueblo rescatado de todos los pueblos del mundo. Durante su vida, Jesús seguía enfocándose en Israel. Él dijo: "No soy enviado sino a las ovejas perdidas de la casa de Israel" (Mt. 15:24). Pero después que su rechazo fue decisivo, él terminó su estancia terrenal con estas trascendentales palabras:

> Toda potestad me es dada en el cielo y en la tierra. Por tanto, id, y haced discípulos a *todas las naciones*, bautizándolos en el nombre del Padre, y del Hijo, y del Espíritu Santo; enseñándoles que guarden todas las cosas que os he mandado; y he aquí yo estoy con vosotros todos los días, hasta el fin del mundo (Mt. 28:18-20).

Esta Gran Comisión, que conocemos solo de las Escrituras, define nuestro tiempo. Toda autoridad, todas las naciones, todas las cosas que Él mandó;

---

1. No todo el mundo interpreta la frase "todo Israel" aquí como yo lo hago. Algunos hacen referencia solo a los elegidos entre judíos y gentiles: el verdadero Israel sin referencia a la etnicidad. Para una explicación más completa de mi opinión, véase http://www.desiringgod.org/scripture/romans/11/messages.

esta es nuestra tarea. Con su autoridad, predicamos a todas las naciones. Por las Escrituras y el Espíritu, buscamos la reunión y la transformación de un pueblo que *cumple todo lo que Él ha mandado.*

Jesús está preparando a su esposa

Cuando decimos que hacemos algo "por su autoridad", no solo queremos decir que Jesús autorizó la misión, queremos decir que Él es actualmente la fuerza motora en la misión. Él compró a su esposa por su propia sangre y la está juntando de todos los pueblos. Él dijo: "...edificaré mi iglesia; y las puertas del Hades no prevalecerán contra ella" (Mt. 16:18). ¡*Él* la está edificando hoy en día! Él también dijo: "También tengo otras ovejas que no son de este redil; aquéllas también *debo traer*, y *oirán* mi voz; y *habrá* un rebaño, y un pastor" (Jn. 10:16). Tenga en cuenta la autoridad de su propia participación en la misión de hoy: "*debo traer*", "*oirán* mi voz", "*habrá* un rebaño".

Jesús había muerto "no solamente por la nación [de Israel], sino también para congregar en uno a los hijos de Dios que estaban dispersos" (Jn. 11:52). "Dispersos" significaba esparcidos entre todos los pueblos del mundo. Sabemos esto porque el mismo autor (Juan) celebró la extensión y diversidad del precio pagado por Cristo con estas palabras: "Digno eres de tomar el libro y de abrir sus sellos; porque tú fuiste inmolado, y con tu sangre nos has redimido para Dios, *de todo linaje y lengua y pueblo y nación*" (Ap. 5:9).

No hay duda de que este rescate será totalmente eficaz en su propósito. Juan dice que estos rescatados, de hecho, habitarán el mundo futuro con Dios, él lo vio en una visión: "Miré, y he aquí una gran multitud, la cual nadie podía contar, de todas naciones y tribus y pueblos y lenguas, que estaban delante del trono y en la presencia del Cordero, vestidos de ropas blancas" (Ap. 7:9).

Este pueblo redimido de todas las naciones del mundo es la esposa del Cordero, Jesucristo:

> Gocémonos y alegrémonos y démosle gloria; porque han llegado las bodas del Cordero, y su esposa se ha preparado. Y a ella se le ha concedido que se vista de lino fino, limpio y resplandeciente; porque el lino fino es las acciones justas de los santos (Ap. 19:7-8).

Llegará el momento en que su número estará completo, hay una "plenitud" como dice Pablo. La segunda venida de Cristo se está retrasando hasta que el número completo llegue al arrepentimiento (2 P. 3:9). La esposa será perfecta, según el cálculo de Dios, tanto en número como en belleza.

El plan de Dios para la historia viene por medio de las Escrituras

El número y la belleza de la esposa son propiciados por las Escrituras. Sin la Biblia, no habría reunión del pueblo de Dios, sin la Biblia, no habría embellecimiento de la esposa: "La fe es por el oír, y el oír, por la palabra de Dios" (Ro. 10:17). Así que todos los que entran en el pueblo de Dios lo hacen por medio de la fe que viene por la Palabra. Así es, como vimos en los capítulos 8 y 9, con el embellecimiento (es decir, transformación) del pueblo de Dios. La esposa se embellece al contemplar la gloria del Señor (2 Co. 3:18) en la palabra del Señor (2 Co. 4:4), y esa transformación misma se convierte en un medio por el que más y más personas ven la gloria de Dios y despiertan a su realidad salvadora.

El proceso sostenido de transformación (o embellecimiento) de la Palabra, en el que nos concentramos en los capítulos 8 y 9, continúa hasta su finalización en la venida de Cristo. En ese momento, en la venida del Señor, la esposa será perfecta en número y belleza. Esta conclusión es tan segura como el propósito final de Dios: el propósito es que el valor infinito de Dios y su belleza sean exaltados en la *eterna y ferviente adoración de la esposa de Cristo, comprada con su sangre, de cada pueblo, idioma, tribu y nación.*

La obra de Dios es decisiva, y la nuestra es necesaria

No obstante, esta certeza está al lado de algo contingente, es decir, es *seguro* que Dios completará el número y la belleza de su esposa en aras de su adoración, y esta culminación también *depende* de medios humanos, incluyendo el uso de las Escrituras. El propósito de Dios no tendrá éxito sin su Palabra, esa es la forma en que Él lo diseñó.

Así que, por un lado, Pablo proclama la certeza de la culminación del embellecimiento del pueblo de Dios, la certeza de su santidad final, sin mancha y por amor:

> Y el mismo Dios de paz os santifique por completo; y todo vuestro ser, espíritu, alma y cuerpo, sea guardado irreprensible para la venida de nuestro Señor Jesucristo. Fiel es el que os llama, *el cual también lo hará* (1 Ts. 5:23-24).

> Esperando la manifestación de nuestro Señor Jesucristo; *el cual también os confirmará hasta el fin, para que seáis irreprensibles en el día de*

> *nuestro Señor Jesucristo. Fiel es Dios*, por el cual fuisteis llamados a la comunión con su Hijo Jesucristo nuestro Señor (1 Co. 1:7-9).
>
> *Estando persuadido de esto*, que el que comenzó en vosotros la buena obra, *la perfeccionará* hasta el día de Jesucristo (Fil. 1:6).

Sin embargo, por otro lado, Pablo también deja claro que esta culminación de nuestra santidad está supeditada a actos humanos. Es *cierta* porque *Dios* velará por ella, es *contingente* porque el *hombre* también debe velar por ella. La acción de Dios es *decisiva*, pero la nuestra es *real*. Esto es posible porque Dios obra en y por medio de nuestra acción: "*Dios es el que en vosotros* produce así el querer como el hacer, por su buena voluntad" (Fil. 2:13). Él nos equipa con "toda obra buena para que hagáis su voluntad, *haciendo él en vosotros lo que es agradable delante de él*" (He. 13:21).

Nuestra parte en la transformación es real

Nuestra parte en conseguir el propósito final de Dios de tener un pueblo hermoso es real, ya que Cristo "ahora os ha reconciliado en su cuerpo de carne, por medio de la muerte, para presentaros santos y sin mancha e irreprensibles delante de él; *si en verdad permanecéis fundados y firmes en la fe*" (Col. 1:21-23). La realización de nuestra santidad e irreprensibilidad es algo *contingente*. Seremos presentados completos *si continuamos en la fe*. Pero también es *cierto* porque *Dios es fiel y lo hará* (1 Ts. 5:24).

El "si" es real. "¿Continuaremos en la fe?". ¿Resistiremos hasta el final? "El que persevere hasta el fin, éste será salvo" (Mt. 24:13). "A su tiempo segaremos, *si no desmayamos*" (Gá. 6:9). Nosotros somos su casa, "*si retenemos firme hasta el fin la confianza*" (He. 3:6).

¿Utilizaremos las Escrituras para buscar la gran meta de Dios?

Esto plantea una pregunta relacionada: ¿Seguiremos "la santidad sin la cual nadie verá al Señor" (He. 12:14)? Es decir, ¿usaremos los medios que Dios ha designado en el proceso de embellecer a la esposa de su Hijo? Específicamente, ¿leeremos y oiremos la Palabra de Dios? ¿Volveremos una y otra vez a contemplar la gloria del Señor para ser cambiados al verla y disfrutarla (2 Co. 3:18)? Y puesto que el *ver* sucede por la Palabra, ¿guardaremos la Palabra en nuestro corazón (Sal. 119:11)? ¿Pediremos a Dios que incline nuestro corazón a sus testimonios (Sal. 119:36)? ¿Meditaremos en la instrucción del Señor día y noche (Sal. 1:2)?

El propósito supremo de Dios —ser adorado con afecto ferviente por un pueblo redimido, completo en número y belleza— *será* cumplido por aquel que "hace todas las cosas según el designio de su voluntad" (Ef. 1:11). No hay duda de ello. Él no puede fallar. Y Él lo hará por su Espíritu *mediante su Palabra*. A través de la lectura de las Escrituras.

Cielo nuevo y tierra nueva

Supongamos que alguien hace la siguiente buena pregunta: ¿Por qué se expresa el propósito supremo de Dios sin referencia a los cielos nuevos y la tierra nueva? Ciertamente lo pregunté, al formular mi propuesta: ...nuestro objetivo final en la lectura de la Biblia es que *el valor infinito de Dios y su belleza sean exaltados en la eterna y ferviente adoración de la esposa de Cristo, comprada con su sangre, de cada pueblo, idioma, tribu y nación.* Y lo pensé en relación con la implicación final: la transformación del pueblo de Dios es para que cada vez *más y más personas sean atraídas hacia la familia de Dios que adora, hasta que la esposa de Cristo, a través de todos los siglos y culturas, sea completa en número y belleza.*

Mi respuesta es que no se nos dice en las Escrituras que la palabra escrita de Dios sería el instrumento por el cual Dios crea los cielos nuevos y la tierra nueva. Pero se nos dice que esta palabra escrita sería el instrumento por el cual un pueblo sería recreado, reunido, transformado y equipado para llenar la nueva tierra con la gloria del Señor. Este es un libro sobre cómo usar las Escrituras en la búsqueda de aquello para lo cual las Escrituras fueron diseñadas. Las Escrituras no fueron diseñadas para crear los cielos nuevos y la tierra nueva, sino que fueron diseñadas para crear, reunir, transformar y adaptar a un pueblo para llenar la tierra nueva. Por eso declaré el objetivo de Dios de la manera en que lo hice.

La gente adora sobre el lugar glorioso

Para no dar la impresión de que este culto ferviente de un pueblo redimido es un coro inmaterial, etéreo, sin cuerpo ni lugar, permítanme cerrar este capítulo con un correctivo. Pero incluso en el correctivo, mantendré la prioridad del pueblo adorador sobre el universo espectacular de la nueva creación. El pasaje clave es Romanos 8:18-23. Observe las palabras en cursiva:

> Pues tengo por cierto que las aflicciones del tiempo presente no son comparables con la gloria venidera que en nosotros ha de manifestarse. *Porque el anhelo ardiente de la creación es el aguardar la manifestación*

> *de los hijos de Dios*. Porque la creación fue sujetada a vanidad, no por su propia voluntad, sino por causa del que la sujetó en esperanza; porque también la creación misma será libertada de la esclavitud de corrupción, *a la libertad gloriosa de los hijos de Dios*. Porque sabemos que toda la creación gime a una, y a una está con dolores de parto hasta ahora; y no sólo ella, sino que también nosotros mismos, que tenemos las primicias del Espíritu, nosotros también gemimos dentro de nosotros mismos, esperando la adopción, la redención de nuestro cuerpo.

Desde la caída de Adán y Eva en el pecado, la creación ha sido sometida a "vanidad" (v. 20) y "esclavitud de corrupción" (v. 21). Eso nos incluye a nosotros mismos (v. 23), así como al gemido de "toda la creación" (v. 22). Pero este gemido no fue pensado por Dios como los jadeos de muerte de un paciente moribundo, sino como los dolores de parto de una nueva creación (v. 22). La creación fue sujeta a destrucción con la *esperanza* de que sería liberada de la corrupción (v. 21). Así que los cielos nuevos y la tierra nueva están llegando (Is. 65:17; 66:22; 2 P. 3:13).

Pero lo asombroso es que la gran transformación del orden natural "aguarda" ansiosamente "*la manifestación de los hijos de Dios*" (Ro. 8:19). Cuando el tiempo para esa transformación llegue, Pablo dice que la creación obtendrá la "*libertad gloriosa de los hijos de Dios*" (v. 21). Ambas declaraciones implican que los nuevos cielos y la nueva tierra son *la herencia de los hijos*. El universo, nuevo y antiguo, no es importante en sí mismo. Es importante como el patio de recreo de los hijos de Dios, como el templo, la granja y la tienda de artesanías. Dios no diseña a sus hijos para el universo, Él diseña el universo para sus hijos, esto fue cierto al principio, y es cierto al final.

Por lo tanto, sinceramente, gozosamente y con toda expectativa afirmo el alcance cósmico de la obra redentora de Cristo. El objetivo final de Dios en la creación y redención abarca la plenitud y la belleza de la esposa; y la plenitud y belleza de su lugar, los cielos nuevos y la tierra nueva. Pero el cosmos renovado existe por el bien de la esposa, no al revés. El cosmos llegará a su propósito final cuando los santos disfruten de Dios *en* el cosmos, a *través* del cosmos y *sobre* el cosmos con una admiración ferviente por el Creador y el Redentor.

Conclusión de la Parte I

Esto no sucederá sin las Escrituras. Dios ha hecho que la palabra *escrita* sea tan indispensable como la Palabra *encarnada* (Jn. 1:14). Para lograr el propósito final de Dios, Él ha hecho a Cristo esencial y a la Biblia esencial. La Biblia no es tan gloriosa, definitiva, fundacional como Cristo, pero ambos son indispensables.

Ambos son esenciales, pero no de la misma manera. No hay perdón de pecados, ni justicia ante Dios, ni nuevo nacimiento, ni visión, ni gozo, ni transformación sin Cristo y su muerte y resurrección. Él compró estas cosas y se convirtió en el fundamento de nuestra salvación de una manera que las Escrituras nunca pudieron ser y nunca lo serán. No estamos diciendo que Cristo y las Escrituras sean intercambiables. Cristo es el fundamento de las Escrituras, no al revés.

Sin embargo, Dios ha hecho que las Escrituras sean indispensables para la consumación de todas las cosas. Él ha ordenado que sin la palabra escrita, explicando y preservando quién es Dios y lo que Él ha hecho, no habría conocimiento salvador de Dios, ni nuevo nacimiento, ni fe, ni ver y saborear, ni experiencia de perdón, ni transformación; y, al final, ninguna esposa completa y embellecida para el Hijo, ni ninguna familia de adoración ferviente para el Padre.

Damos gracias a Dios con todo nuestro corazón que Cristo ha venido, ha muerto y resucitado; y que las Escrituras han sido inspiradas y conservadas. Por lo tanto, el propósito final de Dios para todas las cosas está en camino.

Debido a su soberanía y a su obra redentora en Cristo, a su Espíritu vivificante y a su palabra escrita, está asegurado de que en su tiempo *el valor infinito de Dios y su belleza sean exaltados en la eterna y ferviente adoración de la esposa de Cristo, comprada con su sangre, de cada pueblo, idioma, tribu y nación.*

PARTE II

El acto sobrenatural de leer la Biblia

Hablamos sabiduría de Dios en misterio, la sabiduría oculta, la cual Dios predestinó antes de los siglos para nuestra gloria... hablamos, no con palabras enseñadas por sabiduría humana, sino con las que enseña el Espíritu, acomodando lo espiritual a lo espiritual.

1 CORINTIOS 2:7, 13

Introducción a la Parte II

Una de las implicaciones de la Parte I no figura en el listado de la propuesta principal. Se deduce de ellas y se coloca como el punto principal de este libro, o veremos ahora si en eso está sustentado. Esa implicación es: *una lectura apropiada de la Biblia es un acto sobrenatural.* ¿Qué significa eso? ¿Eso es lo que enseña realmente la Biblia? Pero primero, vamos a reafirmar la propuesta de la Parte I y cómo da lugar a estas preguntas. La propuesta de la Parte I era que...

> ...la Biblia misma muestra que nuestro objetivo supremo en su lectura es que el valor infinito de Dios y su belleza sean exaltados en la eterna y ferviente adoración de la esposa de Cristo, comprada con su sangre, de cada pueblo, idioma, tribu y nación.

En otras palabras, Dios planeó que la Biblia, la lectura de ella, sería un medio indispensable para lograr el propósito final de la creación y la redención. Mirando hacia atrás a nuestro trabajo realizado hasta aquí, podemos describir el plan de la siguiente manera:

- Puesto que el propósito final de Dios es ser gozado y exaltado en la *adoración* de una hermosa esposa, el pueblo de Dios debe ser *transformado* de gloria en gloria en la imagen de Cristo.
- Esta transformación se da al *saborear* la gloria del Señor Jesús, esto es, satisfacerse en Cristo y atesorar todo lo que Dios es para nosotros por medio de Él.
- Este saborear de todo lo que Dios es para nosotros en Jesús sucede, por medio de *ver* su gloria por quién es Él realmente, más valioso y más hermoso que cualquier otra cosa.

- Este ver es posible solo porque Dios nos revela su gloria peculiar a través de las *Escrituras* inspiradas.
- *Leer* estas Escrituras, o escuchar a alguien comunicarlas, es el medio que Dios ha designado para que su Palabra tenga estos gloriosos efectos.

Por lo tanto, leer la Biblia es el medio indispensable de Dios para lograr su propósito supremo de creación y redención.

Dios tiene la intención de que leamos su Palabra sobrenaturalmente

En vista de lo que hemos expuesto en la Parte I, la implicación que resalta a primera vista es que Dios quiere que leamos su Palabra de manera que se involucren acciones y experiencias del alma humana que están más allá de la experiencia humana ordinaria. *Ver* la gloria de Jesús no es posible solo con nuestros ojos físicos, sino con "los ojos del corazón" (Ef. 1:18, NVI), y viene "por el Espíritu del Señor" (2 Co. 3:18). *Saborear* la gloria de Dios no es un placer humano ordinario, sino que es el propio gozo de Cristo en su Padre, experimentado en nosotros a través de la presencia de su Espíritu (Jn. 15:11). Nuestra *transformación* no es una reorganización moral o un automejoramiento ordinario, sino que es producido por el Espíritu Santo (Ro. 8:13).

En otras palabras, el acto de leer que persigue los propósitos de Dios es una experiencia profundamente sobrenatural. Veremos en la Parte III lo *natural* que es el acto de leer en sí mismo. Pero, hasta ahora, parece que la lectura es mucho más que natural, parece que todo nuestro encuentro con la Biblia, aunque involucre nuestras habilidades naturales, es un encuentro sobrenatural.

Esto parecería implicar que todo lo que encontramos en la Biblia —hechos históricos, alabanzas poéticas, sabiduría proverbial, promesas de ayuda, descripciones de la naturaleza de Dios, ilustraciones de sus caminos, normas de vida santa, procedimientos de disciplina eclesiástica, advertencias de la oposición satánica, convocatoria a la fe, análisis de la depravación humana, instrucciones para esposos y esposas, percepción política, principios financieros y mucho más— será visto correctamente cuando lo veamos iluminado por, y en relación con, la gloria peculiar de Dios.

En otras palabras, por muy natural que sea el proceso de la lectura, y por más natural que sean los objetos descubiertos, no hay lectura ni descubrimiento sin dependencia de Dios o sin ver todas las cosas en relación con su valor y belleza, *si* estamos leyendo en la forma en que Dios quiere que se lea su Libro.

Parte II del libro pretende probar si esto, de hecho, es así.

Entonces les abrió el entendimiento, para que comprendiesen las Escrituras.

LUCAS 24:45

A vosotros os es dado saber el misterio del reino de Dios; mas a los que están fuera, por parábolas.

MARCOS 4:11

Bienaventurado eres, Simón, hijo de Jonás, porque no te lo reveló carne ni sangre, sino mi Padre que está en los cielos.

MATEO 16:17

11

La necesidad y posibilidad de leer la Biblia sobrenaturalmente

"Les abrió el entendimiento, para que comprendiesen las Escrituras".

¿Cómo es leer la Biblia de manera sobrenatural?

¿Por qué la lectura de la Biblia es un acto sobrenatural? Por "acto sobrenatural" no quiero decir que los seres humanos son sobrenaturales, no somos Dios, y no somos ángeles ni demonios. Lo que quiero decir es que el acto de leer, para ser hecho como Dios quiere, debe hacerse dependiendo de la ayuda sobrenatural de Él. La Biblia da dos razones decisivas: Satanás y el pecado. Es decir, tenemos un enemigo cegador fuera, y una enfermedad cegadora dentro. Juntas, estas dos fuerzas hacen imposible que los seres humanos lean la Biblia, como Dios quiso que fuera leída, sin ayuda sobrenatural.

Es fundamental que nos demos cuenta de esto. Me parece que miles de personas se acercan a la Biblia con poco sentido de su propia incapacidad para la lectura de la manera que Dios requiere que se realice por parte de ellos. Por eso estoy escribiendo esta Parte II en este libro. El siguiente proverbio se aplica tanto a la lectura de la Biblia como a cualquier otra cosa: "Fíate de Jehová de todo tu corazón, y no te apoyes en tu propia prudencia. Reconócelo en todos tus caminos, y él enderezará tus veredas" (Pr. 3:5-6). A la vuelta de cada página, confíe en Dios, esa es una transacción sobrenatural. Si más gente se acercara a la Biblia con un profundo sentimiento de impotencia y una confianza llena de esperanza en la ayuda misericordiosa de Dios, habría mucho más ver, saborear y transformación de lo que hay.

El enemigo exterior que ciega

Satanás es real. Su principal descripción es ser "mentiroso, y padre de mentira" (Jn. 8:44). Su manera de hacerlo es por medio del engaño y por medio de audaces falsedades. Él "se llama diablo y Satanás, el cual *engaña* al mundo entero" (Ap. 12:9). Por lo tanto, odia al "Espíritu de verdad" (Jn. 15:26). Odia a Dios el Padre, de quien procede el Espíritu (Jn. 15:26), odia al Hijo de Dios, que es la verdad (Jn. 14:6), y odia la Palabra de Dios porque ella es verdad (Jn. 17:17).

Por lo tanto, él hará todo lo posible para quitar esta Palabra, si puede, y distorsionarla, si no puede; tal como lo hizo en el jardín del Edén (Gn. 3:1) y en la tentación a Jesús (Mt. 4:6). Jesús describió cómo Satanás quita la Palabra: "Cuando alguno oye la palabra del reino y no la entiende, viene el malo, y arrebata lo que fue sembrado en su corazón" (Mt. 13:19). ¿Cómo sucede esto? Podría ser por puro descuido, o Satanás puede distraer a una persona de la lectura de la Biblia y ponerle interés en un video entretenido, con el resultado de que cualquier pensamiento sobre el valor y la belleza de Cristo se pierda rápidamente en un destello del fuego sobre la piel.

O Satanás puede simplemente cegar la mente al valor y la belleza de Cristo, que las Escrituras nos revelan. Esto es lo que Pablo describe en 2 Corintios 4:3-4:

> Si nuestro evangelio está aún encubierto, entre los que se pierden está encubierto; en los cuales *el dios de este siglo cegó el entendimiento de los incrédulos*, para que no les resplandezca la luz del evangelio de la gloria de Cristo, el cual es la imagen de Dios.

"El dios de este mundo" es Satanás. Él es llamado "el príncipe de este mundo" (Jn. 12:31; 14:30), y Juan dice que "el mundo entero está bajo el maligno" (1 Jn. 5:19). Es este enorme poder cegador el que nos pone en la necesidad de un libertador sobrenatural. El pensamiento de que podríamos superar esta fuerza satánica por nuestra propia cuenta es ingenuo.

Ningún ojo se abre sin el poder divino

Cuando el Cristo resucitado envió a Pablo para abrir "sus ojos [a los gentiles], para que se conviertan de las tinieblas a la luz, y de la *potestad de Satanás* a Dios" (Hch. 26:18), no quería decir que Pablo pudiera hacer esto en sus propias fuerzas. Pablo dejó esto claro: "Ni mi palabra ni mi predicación fue con palabras persuasivas de humana sabiduría, sino con *demostración del Espíritu y de poder*, para que vuestra fe no esté fundada en la sabiduría de los hombres, sino *en el poder de Dios*" (1 Co. 2:4-5). Eso es lo que se necesita para superar los efectos cegadores de Satanás.

No perdamos de vista que el foco específico de la obra cegadora de Satanás es el evangelio. Es decir, su foco somos nosotros cuando leemos o escuchamos el corazón del mensaje de las Escrituras cristianas. Satanás "cegó el entendimiento de los incrédulos, para que no les resplandezca *la luz del evangelio* de la gloria de Cristo". Satanás sería feliz si la gente creyera diez mil hechos verdaderos, siempre y cuando sean ciegos a "la luz del evangelio de la gloria de Cristo". Dejemos que les vaya muy bien en cientos de pruebas sobre conocimiento bíblico, mientras que no vean la gloria de Cristo en el evangelio, es decir, siempre y cuando no puedan leer (o escuchar) con la capacidad de ver lo que realmente está allí.

Lectura de la Biblia que Satanás deja en paz

Así que Jesús (Mt. 13:19), Pablo (2 Co. 4:3-4) y Juan (1 Jn. 5:19) advierten que Satanás es un gran enemigo de la lectura de la Biblia que ve lo que realmente está allí. La clase de lectura bíblica que a Satanás le hace feliz es aquella que solo recoge hechos, alivia una conciencia culpable, reúne argumentos doctrinales, estimula gustos literarios estéticos, o alimenta curiosidades históricas; si logra esto ha ganado la batalla.

Sin embargo, a la lectura que espera ver el valor supremo y la belleza de Dios —la lectura que pretende dejarnos satisfechos con todo lo que Dios es para nosotros en Cristo, la lectura que busca probar y ver que el Señor es bueno (Sal. 34:8)— Satanás se opondrá con todo su poder. Y su poder es sobrenatural. Por lo tanto, cualquier lectura que espera superar su poder cegador será una lectura sobrenatural.

Somos cómplices en el engaño satánico

Cuando hablamos del poder de Satanás sobre el corazón humano, no estamos diciendo que toda ceguera espiritual es obra únicamente de él. No estamos insinuando que Satanás puede tomar a personas inocentes y convertirlas en esclavos del engaño. No hay gente inocente, ya que "todos pecaron, y están destituidos de la gloria de Dios" (Ro. 3:23), todos somos cómplices de nuestro engaño.

Hay un terrible entretejido de la influencia satánica y la pecaminosidad humana en toda nuestra ceguera a la gloria divina. Podemos ver este entretejido en Efesios 2:1-3:

> Estabais muertos en vuestros delitos y pecados, en los cuales anduvisteis en otro tiempo, siguiendo la corriente de este mundo, conforme al príncipe de la potestad del aire, el espíritu que ahora opera en los hijos de desobediencia, entre los cuales también todos nosotros vivimos en otro tiempo en los deseos de nuestra carne, haciendo la voluntad de la carne y de los pensamientos, y éramos por naturaleza hijos de ira, lo mismo que los demás.

Note *ambas* influencias: primero, "muertos en... delitos y pecados" y, segundo, "conforme al príncipe de la potestad del aire", no somos víctimas inocentes de este poder, somos socios. Seguir el poder de Satanás y vivir "en los deseos de nuestra carne" son dos maneras de describir el mismo camino. Pablo dice que somos "por naturaleza hijos de ira", así como "los demás", o sea el resto de la humanidad. Es decir, nuestra naturaleza humana es corrupta y culpable, nos merecemos la ira de Dios. Por lo tanto, nadie será capaz de librarse en el juicio, haciendo a Satanás el chivo expiatorio al alegar: "Satanás me obligó a hacerlo".

La mente de la carne

Nuestra propia pecaminosidad es otra fuente de ceguera espiritual que nos pone en necesidad de ayuda sobrenatural, si esperamos ver la gloria de Dios en las Escrituras. Pablo es abrumadoramente claro y fuerte en este punto. Por ejemplo, en Romanos 8:4-9 dice que hay dos clases de seres humanos: "los que *viven de acuerdo* a la carne" y "los que *viven de acuerdo* al Espíritu" (v. 5). Es decir, una clase de persona es profundamente definida por la "carne", o sea, la naturaleza meramente humana aparte de cualquier transformación por el Espíritu, y otro tipo de persona está profundamente definida por el "Espíritu", es decir, la invasión sobrenatural y la transformación por el Espíritu Santo.

¿Quiénes son estos dos grupos de seres humanos? Pablo dice que los cristianos son aquellos que "viven de acuerdo al Espíritu". El versículo 9 dice: "Mas vosotros no vivís según la carne, sino según el Espíritu, si es que el Espíritu de Dios mora en vosotros. Y si alguno no tiene el Espíritu de Cristo, no es de él". Los no creyentes, por otra parte, tienen la mente de la carne. Esta mentalidad es "enemistad contra Dios; porque no se sujetan a la ley de Dios, ni tampoco pueden; y los que viven según la carne no pueden agradar a Dios" (Ro. 8:7-8).

Un real "*tampoco pueden*" en nuestro corazón

¿Cuál es entonces el efecto de esta *identidad de carne* de los incrédulos en la lectura de la Palabra de Dios? Pablo nos dice en los versículos 7-8: "Los designios de la carne son enemistad contra Dios; porque *no se sujetan a la ley de Dios, ni tampoco pueden*; y los que viven según la carne no pueden agradar a Dios". Estas son palabras muy fuertes: "no se sujetan a la ley de Dios [la instrucción de Dios, la Palabra de Dios], ni *tampoco pueden*". Esta es nuestra rebelión anterior a, y bajo de, todo cegamiento satánico. Antes de que Satanás agregue sus efectos cegadores, ya estamos en rebelión contra Dios. Dice Pablo, esta rebelión hace *imposible* ("tampoco pueden") que nos sometamos a la Palabra de Dios.

Es decir, debido a esta identidad de la carne, no podemos reconocer que la gloria de Dios es más deseable que cualquier otra cosa. Pablo ya ha dicho que "detenemos" esa verdad (Ro. 1:18). Hemos cambiado "la gloria del Dios incorruptible en semejanza de imagen de hombre corruptible" (Ro. 1:23). Preferimos nuestra propia gloria y, por lo tanto, no podemos preferir la de Dios. *No podemos*. Eso es lo que significa preferir nuestra propia gloria. Esta incapacidad (este "tampoco pueden", v. 7) *no* es la incapacidad de una persona que prefiere a Dios, pero no se le permite apreciarlo. No. Es la incapacidad de una persona que *no* prefiere a Dios y, por lo tanto, *no puede* apreciarlo. No es una incapacidad que nos impide hacer lo que queremos. Es la incapacidad de querer lo que no queremos. No podemos ver hermoso lo que consideramos feo. No podemos acoger la gloria de Dios como lo más valioso cuando creemos que nosotros mismos somos más valiosos.

La ignorancia no es nuestro problema más profundo

Una de las implicaciones de esta condición humana dominante es que la ignorancia no es nuestro problema más profundo. Hay una dureza rebelde contra Dios que es más profunda que la ignorancia, por lo que cada intento natural de iluminación es resistido. Esta dureza rebelde no puede someterse a la revelación de Dios.

Pablo hace un llamamiento urgente a todos los cristianos de Éfeso para que se alejen decididamente de esta condición que, según él, es típica de sus raíces gentiles:

> Esto, pues, digo y requiero en el Señor: que ya no andéis como los otros gentiles, que andan en la *vanidad de su mente*, teniendo el entendimiento *entenebrecido*, ajenos de la vida de Dios *por la ignorancia* que en ellos hay, *por la dureza de su corazón* (Ef. 4:17-18).

Observe la relación entre "ignorancia" y "dureza de corazón" como lo describe Pablo: "ignorancia *por la* dureza de su corazón". La dureza es lo céntrico, es la causa. Este es nuestro problema más profundo, no la ignorancia.

El impacto de nuestra dureza en la lectura de la Biblia

Esta es la condición de toda la humanidad, aparte de la obra salvadora del Espíritu Santo (Ro. 8:9-10). Y eso es lo que hace imposible la lectura de la Biblia, si nuestro objetivo es leerla de la manera en que Dios quiere que lo hagamos. No podemos someternos a lo que leemos. Es decir, no podemos reconocer que la gloria de Dios debe ser deseada sobre todos los tesoros y placeres terrenales. Debemos suprimir esta verdad. Debemos intercambiar la gloria de Dios por imágenes. No podemos preferir la luz cuando amamos la oscuridad. "Esta es la condenación: que la luz vino al mundo, y los hombres amaron más las tinieblas que la luz" (Jn. 3:19). Nuestro problema no es que no haya suficiente luz brillando en las Escrituras, nuestro problema es que amamos la oscuridad.

La Biblia resplandece con sabiduría divina

Las Escrituras resplandecen con sabiduría divina. Esta sabiduría brilla con la gloria de Dios y nos muestra la gloria por venir, que es la manera en que Pablo describe su propia enseñanza inspirada:

> Hablamos sabiduría de Dios en misterio, la sabiduría oculta, la cual Dios predestinó antes de los siglos para nuestra gloria... no hemos recibido el espíritu del mundo, sino el Espíritu que proviene de Dios, para que sepamos lo que Dios nos ha concedido, lo cual también hablamos, no con palabras enseñadas por sabiduría humana, sino con las que enseña el Espíritu, acomodando lo espiritual a lo *espiritual* (1 Co. 2:7, 12-13).

Sin embargo, el problema es que, aparte de la obra sobrenatural del Espíritu Santo, no somos "espirituales", sino "naturales". Esto hace imposible la lectura de las Escrituras, si nuestro objetivo es captar cosas "no... enseñadas por sabiduría humana" (1 Co. 2:13). Eso es lo que Pablo dice a continuación: "el hombre natural *no percibe* las cosas que son del Espíritu de Dios, porque para él son locura, y *no las puede* entender, porque se han de discernir espiritualmente" (1 Co. 2:14).

Estas palabras "no percibe" y "no las puede entender" son las mismas "no" y "ni tampoco pueden" que vimos en Romanos 8:7 ("los designios de la carne son enemistad contra Dios; porque *no* se sujetan a la ley de Dios, ni *tampoco pueden*"). ¿Y quién es el que no puede entender lo que Pablo enseña? La "persona natural". Esto nos incluye a todos nosotros, hasta que algo *sobrenatural* nos sucede (como el milagro de 2 Co. 4:6).

Por lo tanto, leer las Escrituras inspiradas debe ser un acto sobrenatural si queremos percibir "las cosas que son del Espíritu", y si queremos entender lo que es espiritualmente discernido. Sin la ayuda sobrenatural de Dios, somos meramente naturales y no podemos ver la gloria de Dios por lo que realmente es, o sea, supremamente hermosa y toda satisfactoria. Esta peculiar y divina gloria no despierta en nosotros efectos convincentes, aunque Pablo demuestra que, si lo hiciera, sabríamos que es lo que Dios "predestinó antes de los siglos *para nuestra gloria*" (1 Co. 2:7). Pero en vez de eso, como los "príncipes de este siglo", no apreciamos al "Señor de gloria"; lo crucificamos (1 Co. 2:8).

¿Hay alguna esperanza de leer como debemos?

¿Y cuál es el acto sobrenatural de leer? En esencia es descansar en Dios, en el Espíritu y en Cristo para que hagan por nosotros lo que no podemos hacer por nosotros mismos, cuando buscamos *ver* lo que realmente hay en las Escrituras, y *saborearlo* y *ser transformados*. Hay varias maneras en que el Nuevo Testamento describe esta asistencia divina. Veremos cinco de ellas muy brevemente.

Él les abrió el entendimiento

Primero, este milagro de la ayuda divina en la lectura se llama la "apertura" de nuestra mente. Después de la resurrección de los muertos, Jesús se encontró con dos discípulos en el camino de Emaús y, como no lo reconocieron, le comentaron, como si Él no lo supiera, todo lo que había acontecido acerca de la crucifixión, resurrección y las apariciones de Jesús. Ellos estaban desconcertados por todo esto, y Jesús les dijo: "¡Oh insensatos, y tardos de corazón para creer todo lo que los profetas han dicho! ¿No era necesario que el Cristo padeciera estas cosas, y que entrara en su gloria?" (Lc. 24:25-26).

Jesús dijo que su fracaso al leer a los profetas perceptivamente fue debido a la *necedad y la lentitud del corazón*. Él no lo atribuyó a la ignorancia, sino a algo en sus corazones. Más tarde, en la casa, se les reveló y luego desapareció, y se dijeron unos a otros: "¿No ardía nuestro corazón en nosotros, mientras nos hablaba en el camino, y cuando *nos abría las Escrituras?*" (Lc. 24:32). Entonces corrieron a Jerusalén para encontrar a los once apóstoles y decirles lo que habían visto.

Mientras estaban reunidos, Jesús se presentó ante ellos y les probó, al comer un poco de pescado, que no era un fantasma. Entonces Él dijo: "Estas son las palabras que os hablé, estando aún con vosotros: que era necesario que se cumpliese todo lo que está escrito de mí en la ley de Moisés, en los profetas y en los salmos". Luego Lucas escribió: "*Entonces les abrió el entendimiento, para que comprendiesen las Escrituras*" (Lc. 24:44-45).

Así que, en el camino de Emaús, Él les abrió "las Escrituras" y, en la reunión de los once, "les abrió el entendimiento". Ambas cosas son necesarias. Una extrae el significado del texto. La otra le permite a la mente ver y saborear la gloria de lo que realmente está allí. Cristo quitó la "necedad" y la "lentitud" del corazón. Esta es la ayuda sobrenatural que todo ser humano necesita si va a leer la Biblia y ver lo que Jesús espera que veamos. Se necesita la sobrenatural *apertura de nuestro entendimiento*.

Él resplandeció en nuestros corazones

En segundo lugar, el milagro de la ayuda divina en leer las Escrituras se compara con la creación de la luz por parte de Dios en el comienzo del mundo. Hemos visto el efecto cegador del "dios de este siglo" en 2 Corintios 4:4. Ahora viene el remedio para esa ceguera, en el versículo 6. Después de aclarar en el versículo 5 que el milagro del versículo 6 sucede por la proclamación de Cristo, Pablo dice: "Dios, que mandó que de las tinieblas resplandeciese la luz, es el que *resplandeció en nuestros corazones*, para iluminación del conocimiento de la gloria de Dios en la faz de Jesucristo".

El resplandor "en nuestros corazones, para iluminación del conocimiento de la gloria de Dios en la faz de Jesucristo" se compara con el acto divino de la creación: "Mandó que desde las tinieblas resplandeciese la luz". Esto significa que un milagro de creación es necesario para que cualquiera de nosotros vea la gloria de Dios en el "conocimiento" que obtenemos al leer las Escrituras o escuchar el evangelio. Hasta que se dé el milagro de esta nueva creación, todos estamos en oscuridad, incluso si tenemos un doctorado en estudios bíblicos. El tema es "la gloria de Dios" revelada en su Palabra, el valor y la belleza de todo lo que Él es para nosotros en Cristo. Eso es lo que no podemos ver hasta que Dios diga: "Sea la luz".

Él ilumina los ojos de nuestro entendimiento

El tercer milagro de la ayuda divina en la lectura de las Escrituras se llama la iluminación de los ojos de nuestro entendimiento:

> No ceso de dar gracias por vosotros, haciendo memoria de vosotros en mis oraciones, para que el Dios de nuestro Señor Jesucristo, el Padre de gloria, os dé espíritu de sabiduría y de revelación en el conocimiento de él, *alumbrando los ojos de vuestro entendimiento*, para que sepáis cuál es la esperanza a que él os ha llamado, y cuáles las riquezas de la gloria de su herencia en los santos, y cuál la supereminente grandeza de su poder para con nosotros los que creemos, según la operación del poder de su fuerza (Ef. 1:16-19).

Cuando Pablo ora para que conozcamos nuestra esperanza, las riquezas de la herencia de Dios y la grandeza del poder de Dios, él no está orando para que Dios nos informe con *hechos* que no conocemos. Los hechos ya han sido enseñados. Lo que él está pidiendo es que percibamos, comprendamos, entendamos, evaluemos verdaderamente, saboreemos la *gloria* de nuestra esperanza y las *riquezas* de nuestra herencia, así como la *grandeza* de su poder. Esta es una oración no para ver los hechos, sino para ver el valor y la belleza.

Es como la oración en Efesios 3:14-19, donde Pablo ora para que nosotros seamos...

> ... plenamente capaces de comprender con todos los santos cuál sea la anchura, la longitud, la profundidad y la altura, y de conocer el amor de Cristo, que excede a todo conocimiento, para que seáis llenos de toda la plenitud de Dios (vv. 18-19).

"Capaces de comprender" ¡lo incomprensible! Saber lo que sobrepasa el conocimiento. Para sentir el valor del amor de Cristo, un amor cuya altura, profundidad, longitud y anchura son inconmensurables; de eso se trata esta oración. Se trata de ver y saborear la gloria de Dios en sus extremos de esperanza, riqueza, poder, amor y plenitud. Pablo está orando para que la mera conciencia se convierta en intensa admiración, agradecimiento y afecto.

Los cristianos necesitan constante ayuda sobrenatural

No pierda de vista lo obvio aquí. Efesios 1:16-19 es una *oración*. Esto muestra la dependencia de Pablo y la nuestra en la sobrenatural intervención *de Dios* en respuesta a la oración. Y no pierda de vista una segunda cosa obvia y crucial: esta oración es para *creyentes*, no para incrédulos. Esto significa que la creación de una vez y para siempre de la visión espiritual en nuestra conversión a Cristo (2 Co. 4:6) no excluye la necesidad de una constante ayuda sobrenatural, "iluminando los ojos del corazón" (Ef. 1:18), repetidamente en la vida cristiana.

La gloria de Cristo no es un brillo de estado continuo en el corazón de un cristiano. Tiene grados. No solo "vemos mediante espejo, veladamente" en esta vida (1 Co. 13:12), sino que vemos en diferentes grados de penumbra. La gloria que veremos cuando lo contemplemos cara a cara será inexpresablemente superior de lo que vemos aquí con los "ojos del corazón". El apóstol Juan había visto a Jesús en la carne, había visto su "gloria como del Unigénito del Padre" (Jn. 1:14); pero cuando lo vio en la gloria de su resurrección en Patmos, cayó como muerto (Ap. 1:17).

Sin embargo, para que nadie piense que lo que podemos ver de la gloria de Jesús ahora es insignificante, no olvidemos que es mayor que la gloria de todas las cosas en este mundo, y despierta en el pueblo de Dios un "gozo inefable y glorioso" (1 P. 1:8). John Owen, que es tan consciente como cualquiera de que la gloria futura eclipsará en gran medida la gloria presente, dice, y gozosamente concuerdo:

> No hay gloria, ni paz, ni gozo, ni satisfacción en este mundo, para ser comparado con lo que recibimos por esa visión débil e imperfecta que tenemos de la gloria de Cristo por la fe; sí, todas las alegrías del mundo son nada en comparación con lo que recibiremos.[1]

No obstante, todos tenemos nuestras estaciones de penumbra. Todos necesitamos hacer la oración de Pablo una y otra vez, todos necesitamos cantar la oración del famoso himno "Spirit of God, Descend upon My Heart" [Espíritu de Dios, desciende sobre mi corazón].

> No pido sueño, ni éxtasis de profeta,
> Ningún repentino rasgado del velo de arcilla,

1. John Owen, *The Works of John Owen*, ed. William H. Goold, vol. 1 (Edimburgo: T & T Clark, s.f.), p. 415.

Ninguna visita de ángeles, ni cielos abiertos;
Pero quita la penumbra de mi alma.[2]

El regalo del misterio del reino

En cuarto lugar, la ayuda divina en la lectura de las Escrituras es también llamada una "bendición", la dación del misterio del reino de Dios. Cuando los discípulos se preguntaban por qué Jesús hablaba en parábolas, Jesús les dijo: "A vosotros os es dado saber el misterio del reino de Dios; mas a los que están fuera, por parábolas todas las cosas; para que viendo, vean y no perciban; y oyendo, oigan y no entiendan; para que no se conviertan, y les sean perdonados los pecados" (Mr. 4:11-12). "Bienaventurados vuestros ojos, porque ven; y vuestros oídos, porque oyen" (Mt. 13:16).

En otras palabras, para algunos, las parábolas eran parte del juicio de Dios. Él los entregaba a su orgullo y dureza de corazón para que pudieran "ver pero no percibir". O, como Jesús oró en Lucas 10:21: "Te alabo, oh Padre, Señor del cielo y de la tierra, porque escondiste estas cosas de los sabios y entendidos y las has revelado a los niños. Sí, Padre, porque así te agradó".

Pero Jesús no dejó a sus discípulos en la ignorancia de la "sabiduría y comprensión" humana. Al contrario, Jesús dijo: "A vosotros os es dado saber el misterio del reino de Dios" (Mr. 4:11). El misterio del reino es la sorprendente realidad de que el Mesías realmente ha venido, pero que Él no sería el rey terrenal y vencedor de Roma que tantos esperaban que fuera. Él sufriría primero, y luego, de manera inesperada, entraría en su gloria. Este "misterio del reino" era la misma verdad por la que Jesús criticó a los discípulos en el camino de Emaús por no captar del Antiguo Testamento: "¡Oh insensatos y tardos de corazón para creer todo lo que los profetas han dicho! ¿No era necesario que el Cristo *padeciera estas cosas, y entrara en su gloria*?" (Lc. 24:25-26).

El asunto, para nuestros propósitos aquí, es que los discípulos deberían haber sido capaces de leer el Antiguo Testamento y ver la terrible y maravillosa realidad de un Mesías sufriente. Ellos debieron haber estado preparados por el Antiguo Testamento para estar abiertos y receptivos a la venida del reino de Dios en la forma en que vino. Primero, viene a través del sufrimiento y la muerte, luego por medio de la resurrección y el reino del cielo. Entonces, en la Segunda Venida, en el establecimiento del gobierno terrenal de Cristo.

---

2. George Croly, "Spirit of God, Descend upon My Heart", 1854, consultado el 26 de junio de 2017, http://www.cyberhymnal.org/htm/s/o/sogdumyh.htm.

Pero eran "insensatos y tardos de corazón", por lo que era necesario un milagro de iluminación especial para que los discípulos vieran las indicaciones de estas cosas, en el Antiguo Testamento y en las enseñanzas de Jesús. Dios les dio esta iluminación, y Jesús agradeció a Dios por el hecho de que "las has revelado a los niños" (Lc. 10:21). Él dijo: "A vosotros os es dado saber el misterio del reino de Dios" (Mr. 4:11). "Bienaventurados vuestros ojos, porque ven" (Mt. 13:16).

Mi Padre les reveló esto a ustedes

Quinto, la ayuda divina en la lectura de las Escrituras se llama "revelación de Dios". Cuando Pedro reconoció a Jesús como el Mesías y el Hijo de Dios, su entendimiento no fue completo, pero su avance fue tan significativo que Jesús se regocijó en el milagro. Pedro dijo: "Tú eres el Cristo, el Hijo del Dios viviente" (Mt. 16:16). Esta percepción no era el brillo natural por parte de Pedro, no era natural sino más bien sobrenatural. Jesús le dijo: "Bienaventurado eres, Simón, hijo de Jonás, porque no te lo *reveló* carne ni sangre, sino mi Padre que está en los cielos" (Mt. 16:17).

"Carne y sangre" se refiere a lo que Pedro era por la mera naturaleza humana. Esta no fue la fuente de su descubrimiento. El descubrimiento fue un regalo de Dios. Era el tipo de regalo que todos necesitamos si vamos a ver a Jesús por lo que realmente es.

Por supuesto, por nuestra naturaleza, "carne y sangre", podemos conocer muchos hechos acerca de Jesús. Los discípulos y los fariseos conocían más hechos sobre Él que nosotros. Pero Jesús no será visto como el tesoro que es, a menos que el Padre en el cielo obre el milagro en nuestro corazón y nos conceda ver.

Entonces se dirá sobre nosotros lo que Jesús dijo sobre los discípulos: "*Bienaventurados* los ojos que ven lo que vosotros veis; porque os digo que muchos profetas y reyes desearon ver lo que vosotros veis, y no lo vieron; y oír lo que oís, y no lo oyeron" (Lc. 10:23-24). Si vamos a leer las Escrituras acerca de Jesús para verlo, saborearlo y ser transformados a su imagen, no será por medios humanos. Será una "bendición" la que abra los ojos de nuestro corazón para ver su gloria que lo satisface todo por todo lo que realmente es.

Dios guarda las llaves

Si buscamos leer la Biblia con el objetivo de ver y saborear la gloria de todo lo que Dios es para nosotros en Cristo, entonces la lectura debe ser un acto sobrenatural. Debemos leer confiando en el milagro de la ayuda de Dios. En 1877, J. C. Ryle, obispo anglicano de Liverpool, escribió:

> ¿Es la Biblia la palabra de Dios? Entonces asegúrese de que nunca la lea sin una ferviente oración por la ayuda y enseñanza del Espíritu Santo. Aquí está la roca con la que muchos han tropezado y naufragado. Ellos no piden sabiduría e instrucción, y así encuentran que la Biblia es oscura, y no sacan nada de ella. Se debe orar para que el Espíritu nos guíe en toda la verdad. Usted debe rogar al Señor Jesucristo que "abra su entendimiento", como lo hizo con sus discípulos. Dios, por cuya inspiración el libro fue escrito, guarda las llaves del mismo, y solo Él puede permitirle entenderlo de manera provechosa. Nueve veces en un salmo David grita, "enséñame" (LBLA). Cinco veces más, en el mismo salmo, él dice: "dame entendimiento" (LBLA). Bien dice John Owen, decano de la Iglesia de Cristo en Oxford: "Hay una luz sagrada en la Palabra: pero hay una cubierta y un velo en los ojos de los hombres, para que no puedan verla correctamente. Ahora, la remoción de este velo es la obra peculiar del Espíritu Santo".[3]

Más adelante veremos que esta profunda dependencia de la obra sobrenatural de Dios para ayudarnos a ver el valor y la belleza de Dios en las Escrituras no disminuye la necesidad de usar nuestra mente en el proceso de interpretar el significado textual. A veces, puede parecer una paradoja decir que Dios da la visión que necesitamos y, sin embargo, debemos trabajar para verla. Pero el apóstol Pablo nos muestra el camino en 2 Timoteo 2:7: "Considera lo que digo, y el Señor *te dé entendimiento* en todo". Así que estamos llamados a leer las Escrituras apostólicas de manera rigurosa, cuidadosa y atenta. ¿Por qué? No porque este proceso natural de pensamiento alcance la meta, sino porque en ese proceso natural de pensar, Dios actúa sobrenaturalmente y *da* una especie de visión que de otro modo no tendríamos. Ese es el acto sobrenatural de leer las Escrituras.

---

3. J. C. Ryle, *Old Paths: Being Plain Statements of Some of the Weightier Matters of Christianity* (Londres: Charles J. Thynne, 1898), p. 33.

Sabéis distinguir el aspecto del cielo, ¡mas las señales de los tiempos no podéis!

MATEO 16:3

El Padre que me envió ha dado testimonio de mí. *Nunca habéis oído su voz.*

JUAN 5:37

¿Cómo podéis vosotros creer, pues recibís gloria los unos de los otros, y no buscáis la gloria que viene del Dios único?

JUAN 5:44

12

Por qué los fariseos no pudieron leer

"¿Nunca leísteis en las Escrituras...?".

Ellos no sabían de lo que estaban hablando

Probablemente, en los días de Jesús nadie conocía tan bien las Escrituras como los escribas y fariseos. Jesús dijo: "En la cátedra de Moisés se sientan los escribas y los fariseos. Así que, todo lo que os digan que guardéis, guardadlo y hacedlo; mas no hagáis conforme a sus obras, porque dicen, y no hacen" (Mt. 23:2-3). Tenían mucho más de las Escrituras en sus mentes y en sus bocas, que cualquier otra persona. Citaban fácilmente la ley de Dios (Mt. 19:7). Eran meticulosos en su atención a los detalles (Mt. 23:24). Sin embargo, Jesús les habló repetidamente como si no hubieran leído las Escrituras.

Es sorprendente. Decirles a los fariseos "¿no habéis leído?", refiriéndose a las Escrituras, debe haber sido ofensivo, y se lo dijo unas cuantas veces. La implicación en cada ocasión es que los lectores de las Escrituras con más autoridad de ese día no sabían de lo que estaban hablando. Jesús estaba diciendo en efecto que sus palabras y acciones mostraban que no conocían las Escrituras. ¿Cómo es posible? *Habían* leído la Biblia, pero algo había salido mal, terriblemente mal; algo les impidió ver lo que realmente estaba allí. ¿Qué salió mal? ¿Y qué nos enseña a nosotros sobre el aspecto sobrenatural de leer las Escrituras?

Si hubieran leído, no habrían condenado al inocente

Un día, Jesús y sus discípulos caminaban por los campos de trigo y, como los discípulos estaban hambrientos, tomaron un poco de los granos para comer. Como era sábado, al verlos, los fariseos dijeron a Jesús:

> He aquí tus discípulos hacen lo que no es lícito hacer en el día de reposo. Pero él les dijo: ¿*No habéis leído* lo que hizo David, cuando él y los que

> con él estaban tuvieron hambre; cómo entró en la casa de Dios, y comió los panes de la proposición, que no les era lícito comer ni a él ni a los que con él estaban, sino solamente a los sacerdotes? ¿O *no habéis leído* en la ley, cómo en el día de reposo los sacerdotes en el templo profanan el día de reposo, y son sin culpa? Pues os digo que uno mayor que el templo está aquí. Y si *supieseis qué significa*: Misericordia quiero, y no sacrificio, no condenaríais a los inocentes; porque el Hijo del Hombre es Señor del día de reposo (Mt. 12:2-8).

Jesús no estaba contento con que los fariseos condenaran a sus discípulos. No deberían haber condenado "a los inocentes" (v. 7). Así que hubo un desacuerdo fundamental entre Jesús y los fariseos. Ellos decían que los discípulos eran culpables de pecado: "He aquí tus discípulos hacen lo que no es lícito hacer en el día de reposo", pero Jesús dijo que eran "inocentes". En tres ocasiones, Jesús les mencionó que su equivocada condena se debía a la mala interpretación de la Biblia (vv. 3, 5, 7), y en dos les mencionó que su interpretación era errónea en cuanto a Él (vv. 6b, 8).

El caso de David y sus hombres

Primero, en Mateo 12:3-4, Jesús se refiere a 1 Samuel 21:1-6 en donde David y sus hombres huyen de Saúl y necesitan comida. David, convence al sacerdote Ahimelec para que le dé los panes de la proposición.

> ¿*No habéis leído* lo que hizo David, cuando él y los que con él estaban tuvieron hambre; cómo entró en la casa de Dios, y comió los panes de la proposición, que no les era lícito comer ni a él ni a los que con él estaban, sino solamente a los sacerdotes?

En otras palabras, Jesús da a entender que hay situaciones en las que aquellos que están en la misión de Dios pueden sostener sus vidas y su misión rompiendo las leyes ceremoniales. No estoy argumentando que David y Jesús no rompieran realmente tales leyes, porque esa no es la manera que Jesús defendió a sus hombres. Él no dijo: "*Es* lícito comer los panes de la proposición, y es lícito comer grano en sábado". Dijo que David y sus hombres comieron lo que "*no les era lícito* comer" (v. 4).

Sí, Jesús va a decir en el versículo 7 que sus discípulos son "inocentes". Esto no es porque no fue quebrantada ninguna ley, sino, primero, porque hay ciertas leyes que pueden ser rotas bajo ciertas circunstancias. Él trata a los fariseos como si ellos nunca hubieran leído esta historia en 1 Samuel 6: "¿No habéis leído?". Él claramente ve una falla por parte de ellos en la lectura de la Biblia, ya que leían y no veían. Algo había salido mal.

El caso de los sacerdotes profanadores del sábado

En segundo lugar, Jesús se refiere en el versículo 5 a la disposición en la ley de que los sacrificios y el pan fueran preparados en el día de reposo por los sacerdotes, para que puedan hacerse las ofrendas (Nm. 28:9-10; 1 Cr. 9:32). Él se refiere a esta preparación como que "profanan el día de reposo".

> ¿O *no habéis leído* en la ley, cómo en el día de reposo los sacerdotes en el templo profanan el día de reposo, y son sin culpa? Pues os digo que uno mayor que el templo está aquí.

Probablemente usa la palabra "profanan" como una referencia irónica de lo que los fariseos acusan a sus discípulos de hacer. Ustedes dicen que mis discípulos están profanando el día de reposo. Bueno, si eso es lo que está sucediendo, entonces los sacerdotes no solo lo hicieron también, sino que fueron autorizados a hacerlo por las mismas Escrituras. Jesús cree que los fariseos deberían haber podido ver eso cuando leían las Escrituras; por eso les dice: "¿No habéis leído?", pero ellos no lo vieron.

El caso profético de la misericordia sobre el sacrificio

Tercero, en el versículo 7 Jesús aborda un principio de lectura bíblica con enormes implicaciones. Él les dice a los fariseos: "*si supieseis qué significa*: Misericordia quiero, y no sacrificio, no condenaríais a los inocentes". Esta es una cita de Oseas en la que Dios castiga a su pueblo por ocultar su pecado con un espectáculo ceremonial:

> ¿Qué haré a ti, Efraín? ¿Qué haré a ti, oh Judá? La piedad vuestra es como nube de la mañana, y como el rocío de la madrugada, que se desvanece. Por esta causa los corté por medio de los profetas, con las palabras de mi boca los maté; y tus juicios serán como luz que sale. *Porque misericordia quiero, y no sacrificio*, y conocimiento de Dios más que holocaustos (Os. 6:4-6).

Estas palabras de Oseas: "misericordia quiero, y no sacrificio" (que Jesús también mencionó en Mt. 9:13), no eran una expresión aislada del corazón de Dios. Eran un refrán común del Antiguo Testamento:

> ¿Se complace Jehová tanto en los holocaustos y víctimas, como en que se obedezca a las palabras de Jehová? Ciertamente el obedecer es mejor que los sacrificios, y el prestar atención que la grosura de los carneros (1 S. 15:22).

> Hacer justicia y juicio es a Jehová
> Más agradable que sacrificio (Pr. 21:3).

> Sacrificio y ofrenda no te agrada;
> Has abierto mis oídos;
> Holocausto y expiación no has demandado.
> Entonces dije: He aquí, vengo;
> En el rollo del libro está escrito de mí;
> El hacer tu voluntad, Dios mío, me ha agradado,
> Y tu ley está en medio de mi corazón (Sal. 40:6-8).

> No te reprenderé por tus sacrificios,
> Ni por tus holocaustos, que están continuamente delante de mí.
> No tomaré de tu casa becerros,
> Ni machos cabríos de tus apriscos.
> Sacrifica a Dios alabanza,
> Y paga tus votos al Altísimo (Sal. 50:8-9, 14).

> ¿Con qué me presentaré ante Jehová, y adoraré al Dios Altísimo? ¿Me presentaré ante él con holocaustos, con becerros de un año? ¿Se agradará Jehová de millares de carneros, o de diez mil arroyos de aceite? ¿Daré mi primogénito por mi rebelión, el fruto de mis entrañas por el pecado de mi alma? Oh hombre, él te ha declarado lo que es bueno, y qué pide Jehová de ti: solamente hacer justicia, y amar misericordia, y humillarte ante tu Dios (Mi. 6:6-8).

Jesús no estaba criticándolos cuando dijo: "Si supieseis qué significa... No condenaríais a los inocentes". No era como si los fariseos hubieran pasado por alto una pequeña frase. Les estaba diciendo que estaban ciegos a una enseñanza crucial de las Escrituras; *Dios da prioridad a la misericordia hacia otras personas, antes que a la meticulosidad ceremonial.* Ellos habían leído esto, y no vieron lo que había allí.

Si creyeseis a Moisés, me creeríais a mí

Además de atribuir la equivocada condenación de los fariseos a su interpretación errónea de la Biblia (Mt. 12:3, 5, 7), Jesús les hace notar su interpretación errónea acerca de Él mismo también (vv. 6b, 8). Esto no es sorprendente, porque Jesús vio una correlación directa entre la mala interpretación de las Escrituras y el fracaso en reconocerlo: "Porque si creyeseis a Moisés, me creeríais a mí, porque de mí escribió él" (Jn. 5:46). "Si no oyen a Moisés y a los profetas, tampoco se persuadirán, aunque alguno se levantare de los muertos" (Lc. 16:31). "Escudriñad las Escrituras; porque a vosotros os parece que en ellas tenéis la vida eterna; y ellas son las que dan testimonio de mí; y no queréis venir a mí para que tengáis vida" (Jn. 5:39-40).

Uno mayor que el templo está aquí

La primera conexión entre Jesús y la condenación del inocente hecha por los fariseos está en Mateo 12:5-6:

> ¿O no habéis leído en la ley, cómo en el día de reposo los sacerdotes en el templo profanan el día de reposo, y son sin culpa? Pues os digo que *uno mayor que el templo está aquí.*

"Uno mayor que el templo está aquí". Esa es una afirmación indirecta, pero asombrosa, de la propia importancia de Jesús. Es una discusión de menor a mayor: Si el templo con sus sacrificios garantiza la "obra" profanadora del sábado por parte de los sacerdotes, ¿cuánto más *mi presencia* garantiza la provisión de mis discípulos fieles? Si condenan a sus discípulos, no es solo porque no leyeron las Escrituras de la manera que Dios quiso, sino también porque no pudieron interpretar los hechos y las palabras de Jesús. Algo estaba profundamente equivocado.

Señor del día de reposo

Finalmente, en este encuentro con los fariseos, Jesús dijo: "Porque el Hijo del Hombre es Señor del día de reposo" (Mt. 12:8). Esto eleva la exaltada afirmación del versículo 6 a un nivel sin precedentes. En efecto, Él estaba diciendo: "Yo soy el Señor del día de reposo". Ser el Señor del día de reposo es tener el derecho a decidir su significado. Esto coloca a Jesús en el lugar del creador del día de reposo. Las acciones y palabras de Jesús con sus discípulos fueron las acciones y palabras de Dios. La gloria de Dios brillaba más abundantemente que si el mismo templo hubiera descendido del cielo. Tan brillantemente como si el creador del día de reposo hubiera bajado. Pero los fariseos no vieron la peculiar gloria de Dios en las Escrituras y no la vieron en Jesús. No podían leer las Escrituras ni reconocer al Salvador. Algo andaba profundamente mal.

Una controversia sobre el divorcio

En otra ocasión, Jesús confrontó a los fariseos por su incapacidad para leer acerca de la cuestión del divorcio:

> Entonces vinieron a Él los fariseos, tentándole y diciéndole: ¿Es lícito al hombre repudiar a su mujer por cualquier causa? Él, respondiendo, les dijo: ¿*No habéis leído* que el que los hizo al principio, varón y hembra los hizo, y dijo: Por esto el hombre dejará padre y madre, y se unirá a su mujer, y los dos serán una sola carne? Así que no son ya más dos, sino una sola carne; por tanto, lo que Dios juntó, no lo separe el hombre. Le dijeron: ¿Por qué, pues, mandó Moisés dar carta de divorcio, y repudiarla? Él les dijo: Por la dureza de vuestro corazón Moisés os permitió repudiar a vuestras mujeres; mas al principio no fue así. Y yo os digo que cualquiera que repudia a su mujer, salvo por causa de fornicación, y se casa con otra, adultera; y el que se casa con la repudiada, adultera (Mt. 19:3-9).

Cuando Jesús les dijo: "¿No habéis leído?", Génesis 1:27 y 2:24, Él muestra que esperaba que los fariseos extrajeran de las Escrituras lo que ahora Él les está explicando. Esperaba que ellos vieran que la provisión mosaica para el divorcio, a la que se refieren desde Deuteronomio 24:1-4, no estaba de acuerdo con el plan original de Dios para el matrimonio. Fue dada como provisión temporal e inferior debido a la dureza de sus corazones (Mt. 19:8). Y dado que la gente todavía tiene corazones duros, Él *no* llegó a la conclusión de que la disposición sigue siendo aplicable.

Al contrario, algo nuevo ha llegado al mundo. El Mesías ha llegado. El rescate ha llegado (Mr. 10:45), ha llegado una nueva autoridad: "Oísteis que fue dicho... Pero yo os digo" (Mt. 5:20-48). El estándar ahora se eleva para los seguidores de Jesús, el estándar está de acuerdo con el diseño original de Dios expresado en Génesis 1:27 y 2:24. Jesús ha venido para rescatar al mundo tanto de la culpa como del poder del pecado. "Lo que Dios juntó, no lo separe el hombre" (Mt. 19:6). Este había sido el ideal desde el principio, por eso Jesús dijo a los fariseos: "¿No habéis leído?".

Así como Oseas 6:6 (con todos sus paralelos del Antiguo Testamento) debería haber evitado que los fariseos condenaran a sus discípulos por recoger granos para comer en el día de reposo, Génesis 2:24 debería haberles impedido que trataran al divorcio como lo hacían. Pero eran ciegos a las implicaciones de Génesis 1:27 y 2:24. Jesús les habló como si ni siquiera hubieran leído el texto.

Enfrentando a los fariseos por la alabanza de los muchachos

Después de que Jesús usó un látigo para sacar a los cambistas del templo y lo llamó "casa de oración", los ciegos y cojos vinieron a Él para que los sanara y los muchachos clamaban: "¡Hosanna al Hijo de David!".

> Y vinieron a él en el templo ciegos y cojos, y los sanó. Pero los principales sacerdotes y los escribas, viendo las maravillas que hacía, y a los muchachos aclamando en el templo y diciendo: ¡Hosanna al Hijo de David! se indignaron, y le dijeron: ¿Oyes lo que éstos dicen? Y Jesús les dijo: Sí; *¿nunca leísteis*: De la boca de los niños y de los que maman perfeccionaste la alabanza? (Mt. 21:14-16).

Jesús trata a los principales sacerdotes y escribas (así como a los fariseos) como si no hubieran leído el Salmo 8. El salmo comienza:

> ¡Oh Jehová, Señor nuestro,
> Cuán glorioso es tu nombre en toda la tierra!
> Has puesto tu gloria sobre los cielos;
> De la boca de los niños y de los que maman, fundaste la fortaleza,
> A causa de tus enemigos,
> Para hacer callar al enemigo y al vengativo (vv. 1-2).

"¿No habéis leído esto?", les pregunta. ¿Por qué dijo estas palabras? Porque ellos estaban buscando fallas en lo que decían los muchachos, y estaban criticando a Jesús por no corregirlos. Los muchachos estaban llamando a Jesús el Mesías, el Hijo de David. Los principales sacerdotes y escribas no creían que Jesús fuera el Mesías, por eso estaban tan molestos con los muchachos. Ellos estaban ciegos a quién era realmente Jesús. No tenían ojos para ver su gloria.

La peculiar majestad que no podían ver

¿Por qué no podían verla? Jesús dice que era debido a que no sabían leer. No saben lo que dice el Salmo 8. Era como si no lo hubieran leído. ¿Qué pasaron por alto en su lectura? El punto de este salmo es que la majestad de Dios brilla en mansedumbre. Prediqué en dos eventos sobre este salmo,[1] uno en el Domingo de Ramos, y otro en la Pascua. Uno de ellos era sobre un rey montado en un burro, y el otro era sobre la majestad del Rey resucitado.

El salmo comienza y termina con las palabras: "¡Oh Jehová, Señor nuestro, cuán glorioso es tu nombre en toda la tierra!". Esta es la afirmación inicial y final del salmo. Pero la verdad central del salmo no es la majestuosidad de Dios, sino su majestad a través de la debilidad. De los niños "fundaste la fortaleza" y hacen "callar al enemigo y al vengativo". Y los simples hombres tienen dominio sobre el mundo, simples hombres que apenas se ven en la magnitud de lo que Dios hizo con sus dedos. Así que, resumiendo el salmo: *Dios derrota a sus enemigos con la debilidad de los niños. Él gobierna su mundo con la debilidad de los hombres.*

Creo que lo que Jesús quiere decir es que si los principales sacerdotes y los escribas hubieran absorbido esta mentalidad de Salmos 8 y del resto de las Escrituras, tendrían ojos para ver la clase de Mesías que Jesús era. Pero, como se ve, ellos no saben quién es, al extremo que para Jesús es como si nunca hubieran leído el Salmo 8.

La piedra que los edificadores rechazaron

Una vez más, en Mateo 21:42, Jesús les dice a los principales sacerdotes y a los fariseos: "¿Nunca leísteis en las Escrituras?". En este caso, su mensaje es prácticamente el mismo que el que planteó en el Salmo 8. Los fariseos no veían la gloria peculiar de un Mesías débil y rechazado cuando leían las Escrituras; por lo tanto, no podían ver a Jesús por lo que realmente era.

Jesús acababa de contarles la parábola de los labradores malvados. En ella, el propietario de la viña envía a su hijo a recoger los frutos de los labradores. Esto representa al Hijo de Dios enviado a Israel para reunir el fruto del arrepentimiento y la obediencia. El resultado es que los inquilinos matan al hijo. Jesús pregunta a sus oyentes qué hará el señor de la viña con esos labradores. Ellos responden (firmando su propia sentencia de muerte): "A los malos destruirá sin misericordia, y arrendará su viña a otros labradores, que le paguen el fruto a su tiempo" (Mt. 21:41).

Ante su respuesta Jesús les dice: "*¿Nunca leísteis en las Escrituras?*", y

---

1. "*The Peculiar Marks of Majesty, Part 1*" (1 de abril de 2007) y "*The Peculiar Marks of Majesty, Part 2*" (8 de abril de 2007), consultado el 27 de junio de 2017, http://www.desiringgod.org/messages/the-peculiar-mark-of-majesty-part-1#_ftnref1; http://www.desiringgod.org/messages/the-peculiar-mark-of-majesty-part-2.

cita a continuación Salmos 118:22-23: "La piedra que desecharon los edificadores ha venido a ser cabeza del ángulo. De parte de Jehová es esto, y es cosa maravillosa a nuestros ojos". En el Salmo 8 el tema era: *Dios derrota a sus enemigos con la debilidad de los niños; Él gobierna su mundo con la debilidad de los hombres*. En el Salmo 118 el mensaje es: *Dios establece la gloria de su Mesías a través del dolor del rechazo*. Esta es la gloria peculiar de Dios en Cristo. En la mente de Jesús, el hecho de que los fariseos no le vieran de esta manera hacía que pareciera como si nunca hubieran leído el Salmo 118. Pero *lo habían* leído de una manera que queremos evitar. Algo había salido mal.

Los saduceos y la resurrección de los muertos

Una vez más, Jesús dice, esta vez a los saduceos: "¿No habéis leído?". Los saduceos eran un grupo que no creía en la resurrección de los muertos (Mt. 22:23). Así que tratan de hacer que Jesús quede en ridículo al hacerle la pregunta sobre de quién sería esposa en la resurrección una mujer que había tenido siete esposos en esta vida. Jesús responde: "Erráis, ignorando las Escrituras y el poder de Dios... Pero respecto a la resurrección de los muertos, *¿no habéis leído* lo que os fue dicho por Dios, cuando dijo: Yo soy el Dios de Abraham, el Dios de Isaac y el Dios de Jacob [Éx. 3:6]? Dios no es Dios de muertos, sino de vivos" (Mt. 22:29, 31-32).

Jesús insinúa que la negación de la resurrección del pueblo del pacto de Dios (Abraham, Isaac y Jacob) es como la admisión de que no han leído las Escrituras: "Erráis, ignorando las Escrituras" (Mt. 22:29). Jesús asume que la declaración de Dios de su compromiso del pacto con su pueblo fiel ("Yo soy tu Dios") lleva consigo un compromiso con ellos por siempre, incluso a través de la muerte. Jesús podría haber ido a un pasaje aparentemente más claro del Antiguo Testamento, como Salmos 49:15: "Dios redimirá mi vida del poder del Seol, porque él me tomará consigo". Pero estaba hablando acerca de cómo leer las Escrituras. Estaba mostrando que la lectura implica más que la exposición superficial. Leer las Escrituras incluye pensar en lo que leemos y penetrar en las implicaciones, no solo en las declaraciones superficiales.

Éxodo 3:6 no dice explícitamente: "Mi pueblo del pacto será resucitado". Así que, evidentemente, cuando Jesús dijo: "¿No habéis leído?", quiso decir: "¿No habéis leído, meditado y sacado de Éxodo 3:6 las implicaciones de lo que significa para Dios ser el Dios de una persona?". La respuesta es "no", no habían leído las Escrituras de esa manera. No de la manera en que Jesús espera que leamos.

Leer, en la mente de Jesús, no es solo ver las cosas superficiales, como la conexión de palabras, frases y oraciones, sino las implicadas más profundamente para buscar las realidades involucradas. Así, la lectura es pensar a través de lo que se dice no solo gramaticalmente sino —¿cómo decirlo?— esencial o sustancialmente. Es decir, la lectura incluye preguntarse sobre las implicaciones de las realidades manifestadas. En este caso, Dios es una realidad, y su relación con el patriarca también lo es. De la naturaleza de Dios y la naturaleza de la relación del pacto, hay una consecuencia: ¡resurrección! Si no lo vemos, Jesús dice: "¿Habéis leído?", los saduceos no lo vieron. ¿Por qué no lo hicieron?

¿Qué había salido mal?

Hasta ahora, una y otra vez en este capítulo hemos dicho, "algo había salido mal, terriblemente mal". Los expertos en conocimiento de las Escrituras no podían leer y entender las Escrituras. ¿Por qué no? ¿Qué les impedía tener este tipo de lectura que Jesús esperaba? Lo que vemos es que el problema no era lingüístico, gramatical o histórico; era moral y espiritual. Lo que impedía la lectura que Jesús esperaba no se debía a la falta de habilidades, sino a los pecados que amaban. El problema no era deficiencias mentales, sino deseos mal orientados.

El adulterio espiritual hizo que la lectura de la Biblia fuera imposible

Jesús dijo a los fariseos "sabéis distinguir el aspecto del cielo, ¡mas las señales de los tiempos no podéis!" (Mt. 16:3). Esas señales eran las obras y acciones de Jesús. Estas fueron las señales que Jesús dijo que no podían ver porque no podían leer las Escrituras. Su esposo, su Mesías, había venido, pero no lo querían. Ellos deseaban otra cosa.

Ellos eran como una esposa adúltera. Así que seguían exigiendo más señales, no porque quisieran creer que Jesús era su esposo, sino porque tenían una relación amorosa con el mundo. Entonces Jesús les dijo lo que eran: "generación mala y *adúltera*" (Mt. 16:4). Por eso no podían "interpretar". Sus corazones eran adúlteros, tenían otros amantes aparte de Jesús; sus deseos estaban fuera de lugar ya que amaban sus pecados. Y donde la verdad se interponía en el camino de esos deseos, no podía ser vista como más deseable que los pretendientes que ellos amaban.

El amante rival: la gloria humana

Probablemente, en la parte superior de la lista de deseos extraviados que cegó a los fariseos ante las Escrituras y ante Jesús estaba el deseo de alabanza humana. Ellos amaban la gloria del hombre más que la gloria de Dios. Sorprendentemente, Jesús les dijo a los líderes judíos: "El Padre que me envió ha dado testimonio de mí. *Nunca habéis oído su voz*" (Jn. 5:37). ¡Nunca habéis oído! ¡A pesar de toda su lectura de la Palabra de Dios! Su forma de leer era tan defectuosa que todo estaba distorsionado. Nunca escucharon la verdadera voz de Dios. A pesar de todas sus maravillas, nunca vieron la gloria peculiar.

El resultado, dijo Jesús, es que no "tenéis su palabra [de Dios] morando en vosotros"; y la evidencia de esto es que no creéis "a quien él envió" (Jn. 5:38). ¿Cuál es el problema de raíz? Lo podemos ver en lo que sigue:

> Yo os conozco, que *no tenéis amor de Dios en vosotros*. Yo he venido en nombre de mi Padre, y no me recibís; si otro viniere en su propio nombre, a ése recibiréis. *¿Cómo podéis vosotros creer, pues recibís gloria los unos de los otros, y no buscáis la gloria que viene del Dios único?* No penséis que yo voy a acusaros delante del Padre; hay quien os acusa, Moisés, en quien tenéis vuestra esperanza. Porque si creyeseis a Moisés, me creeríais a mí, porque de mí escribió él. Pero si no creéis a sus escritos, ¿cómo creeréis a mis palabras? (Jn. 5:42-47).

Creo que esto va al corazón mismo de la cuestión. La pregunta retórica del versículo 44 es una evidente declaración de la raíz del problema: *¿Cómo podéis vosotros creer, pues recibís gloria los unos de los otros, y no buscáis la gloria que viene del Dios único?* Convierta esta pregunta retórica en una declaración: "*No podéis* creer en Jesús cuando amáis la gloria del hombre más que la gloria de Dios". ¿Por qué? Porque Jesús es el tipo de Mesías que socava la autoexaltación.

Jesús dijo "si otro viniere en su propio nombre, a ése recibiréis" (v. 43). ¿Por qué sucede esto? Porque ese tipo de Mesías sería el tipo de persona que ellos buscaban; él les confirmaría su amorío con autoexaltación. Pero Jesús, como el Mesías verdaderamente humano, ama a Dios y a la gloria de Dios sobre todas las cosas. Esto no es lo que los fariseos quieren ser, ellos aman su propia gloria. "No tienen el amor de Dios dentro de ustedes", por lo tanto, no pueden creer y no pueden leer.

Deseos extraviados en sincronía con Satanás

Jesús vincula este amor a la autoexaltación con Satanás. Él dice que estos líderes no pueden acoger las palabras de Jesús porque sus deseos están en sincronía con Satanás:

> Jesús entonces les dijo: Si vuestro padre fuese Dios, ciertamente me amaríais; porque yo de Dios he salido, y he venido; pues no he venido de mí mismo, sino que él me envió. *¿Por qué no entendéis mi lenguaje? Porque no podéis escuchar mi palabra.* Vosotros sois de vuestro padre el diablo, y los deseos de vuestro padre queréis hacer. Él ha sido homicida desde el principio, y no ha permanecido en la verdad, porque no hay verdad en él. Cuando habla mentira, de suyo habla; porque es mentiroso, y *padre de mentira* (Jn. 8:42-44).

¿Por qué no pueden entender? Porque no pueden soportar lo que escuchan. ¿Por qué no? Porque están inclinados a otros deseos, su problema se reduce a *deseos*. Es un tema del corazón, no de la cabeza. Deseos extraviados, no deficiencias mentales.

Uno no puede ver la gloria de Dios si ama el dinero

El amor a la gloria humana, los mejores asientos en las sinagogas (Mt. 23:6), los saludos en las plazas (Lc. 11:43), los lugares de honor en las fiestas (Mr. 12:39), no eran sus únicos deseos adúlteros. Los fariseos también amaban el dinero. Ellos mostraron por qué un deseo tan equivocado los cegaba de la verdad de Jesús y de las Escrituras. Jesús enseñó que "Ningún siervo puede servir a dos señores; porque o aborrecerá al uno y amará al otro, o estimará al uno y menospreciará al otro. No podéis servir a Dios y a las riquezas" (Lc. 16:13). Lucas comenta: "Los fariseos, que amaban mucho su dinero, oyeron todo eso y se burlaron de Jesús" (Lc. 16:14, NTV).

Jesús enseñó la verdad sobre el dinero, pero no podían oír estas palabras tan hermosas y convincentes. Solo podían oírlas como absurdas, porque *amaban* el dinero (gr. *filárguroi*). ¡Lo amaban! Este es el tema, eran adúlteros; una generación adúltera. Su todo glorioso, todo satisfactorio Esposo había llegado, estaba lleno de verdad y belleza espiritual. Pero no podían verlo porque tenían otros amores, como la alabanza de los hombres y el poder del dinero. Por eso no podían ver a Jesús, y por eso no podían leer las Escrituras.

El problema no era que carecieran de la luz, sino que amaban la oscuridad. "Esta es la condenación: que la luz vino al mundo, y los hombres *amaron* más las tinieblas que la luz, porque sus obras eran malas" (Jn. 3:19).

Esto da lugar a un odio de hecho a la luz: "Todo aquel que hace lo malo, *aborrece* la luz y no viene a la luz" (Jn. 3:20).

El mayor obstáculo: corazones pecaminosos

A modo de conclusión, tal vez la manera de decirlo en este punto es: aquellos que aman las tinieblas y odian la luz pueden dedicar toda su vida a la lectura de las Escrituras y, sin embargo, nunca leerlas verdaderamente, nunca las leerán de la manera en que Jesús espera que sean leídas. Pueden leerlas día y noche, no obstante, escucharán a Jesús decir en cada momento: "¿Nunca habéis leído?", o, lo que es peor: "Nunca habéis oído su voz [de Dios]" (Jn. 5:37).

Los mayores obstáculos para leer las Escrituras no son intelectuales, no es falta de habilidad. El pensamiento riguroso y las habilidades literarias son importantes, como veremos en la Parte III. Pero *nada crea una barrera para ver lo que realmente hay en las Escrituras como un corazón que ama a otras cosas más que a Dios*. Esto, como hemos visto en el caso de los fariseos, anula la centralidad de las Escrituras. El objetivo de Dios para nosotros al leer las Escrituras es, sobre todo, que podamos ver y saborear su gloria, como más deseable que cualquier otra cosa. Este objetivo se abortará mientras nuestros corazones estén esclavizados al amor adúltero de nuestra propia gloria, al dinero o a cualquier otra cosa creada.

Por lo tanto, si vamos a tener éxito al leer, como Dios quiere que leamos, tendrá que ser un acto sobrenatural. Dios tendrá que quitar el corazón de piedra, con su dureza y resistencia a su gloria, y poner un corazón de carne, con una viva sensibilidad a su valor y belleza (Ez. 11:19; 36:26). ¿Cómo será esta lectura sobrenatural? A eso nos referiremos en el próximo capítulo.

Siendo renacidos, no de simiente corruptible, sino de incorruptible, por la palabra de Dios que vive y permanece para siempre... desead, como niños recién nacidos, la leche espiritual no adulterada, para que por ella crezcáis para salvación.

1 PEDRO 1:23; 2:2

Él, de su voluntad, nos hizo nacer por la palabra de verdad... Por lo cual, desechando toda inmundicia y abundancia de malicia, recibid con mansedumbre la palabra implantada, la cual puede salvar vuestras almas.

SANTIAGO 1:18, 21

13

Imágenes del Nuevo Testamento de la lectura de la Biblia como un acto sobrenatural

"Recibid con mansedumbre la palabra implantada".

La necesidad de leer la Biblia sobrenaturalmente

Los dos capítulos anteriores han dejado claro que la misma Biblia enseña que su lectura supone un acto sobrenatural, y ya ha quedado claro por qué es eso. La Biblia debe ser leída sobrenaturalmente, no porque la Biblia esté mal escrita, sino porque nuestros corazones son por naturaleza "insensatos y tardos" (Lc. 24:25). Estamos en rebelión contra lo que Dios ha escrito y no podemos someternos a la verdad de que su valor y belleza son más deseables que cualquier cosa en este mundo (Ro. 8:7). Además de esto, tenemos un enemigo sobrenatural que explota nuestra naturaleza rebelde y nos ciega a "la luz del evangelio de la gloria de Cristo" (2 Co. 4:4). Por eso es que la lectura de la Biblia debe ser un acto sobrenatural, un acto humano en el que Dios da la capacidad decisiva de ver el valor de su gloria.

En este capítulo, el objetivo *no* es mostrar la necesidad de leer la Biblia sobrenaturalmente, sino examinar cómo describe la Biblia este acto. Mi esperanza es que las descripciones bíblicas de la interacción con la Palabra de Dios sobrenaturalmente marquen en nosotros una profunda impresión y nos lleven a leer la Biblia de tal manera que veamos las glorias de Dios y seamos cambiados por ellas.

El nuevo nacimiento y el acto espiritual de la lectura

La forma en que leemos la Palabra de Dios está profundamente influenciada por nuestra comprensión acerca de cómo hemos nacido de nuevo. Jesús le dijo a Nicodemo: "De cierto, de cierto te digo, que el que no naciere de nuevo, no puede ver el reino de Dios" (Jn. 3:3). Explicó su significado diciendo:

> Lo que es nacido de la carne, carne es; y lo que es nacido del Espíritu, espíritu es. No te maravilles de que te dije: Os es necesario nacer de nuevo. El viento sopla de donde quiere, y oyes su sonido; mas ni sabes de dónde viene, ni a dónde va; así es todo aquel que es nacido del Espíritu (Jn. 3:6-8).

Todos los seres humanos somos "nacidos de la carne", es decir, nacimos naturalmente por primera vez por los medios humanos ordinarios. En esa condición natural, como vimos en el capítulo 11, estamos espiritualmente sin vida (Ef. 2:5). No teníamos ninguna sensibilidad espiritual. Por *espiritual* queremos decir *creados, sostenidos y formados por el Espíritu Santo*; no éramos espirituales en ese sentido. Por eso es que estábamos ciegos a la realidad espiritual (2 Co. 4:4), como el valor y la belleza de la gloria de Dios en Cristo. Solo éramos "naturales", "nacidos de la carne" y, como dice Pablo, "el hombre natural no percibe las cosas que son del Espíritu de Dios, porque para él son locura, y no las puede entender, porque se han de discernir espiritualmente" (1 Co. 2:14). Lo que significa que debemos nacer de nuevo; debemos recibir vida espiritual, para poder ver las cosas del Espíritu tal como realmente son, más hermosas y más preciosas que todos los tesoros terrenales.

Lo crucial a saber para nuestros propósitos aquí es que el nuevo nacimiento sucede *a través de la Palabra de Dios*. Esta es la razón por la cual el entender el nuevo nacimiento es tan importante para dar así forma a la manera en que leemos la Biblia. Dos pasajes claves hacen la conexión entre el nuevo nacimiento y cómo leemos la Biblia: Santiago 1:18-21 y 1 Pedro 1:23—2:3. Miremos estos pasajes, uno por uno.

Traído por la palabra de verdad

Santiago describe el nuevo nacimiento como un acto soberano de Dios, por el cual nos da la vida "por la palabra de verdad".

> Él, de su voluntad, *nos hizo nacer por la palabra de verdad*, para que seamos primicias de sus criaturas... Por lo cual, desechando toda inmundicia

> y abundancia de malicia, *recibid con mansedumbre la palabra implantada*, la cual puede salvar vuestras almas (Stg. 1:18, 21).

La frase "de su voluntad" enfatiza que este es un acto soberano de Dios; Él hizo esto, no fuimos nosotros. Un bebé recién concebido no causa su propio ser. Así que se supone que debemos pensar muy conscientemente aquí, *este es un acto sobrenatural*. Dios lo hizo. Pero no lo hizo sin una causa secundaria. Él es la causa primaria y decisiva, pero Dios usa una causa secundaria, a saber, "la palabra de verdad". Él "nos hizo nacer *por la palabra de verdad*" (v. 18).

La frase "palabra de verdad" probablemente tiene una referencia directa al evangelio de Jesucristo (que, como veremos en un momento, es la manera en que Pedro habla de la palabra regeneradora). Pero Santiago no hace hincapié en ningún significado limitado en particular de "la palabra de verdad". Lo que él hace explícito es que esta "palabra" fue el agente de Dios para causar el nuevo nacimiento, y esta palabra es verdadera. Él "nos hizo nacer por la palabra de verdad". También sabemos que unos versículos más tarde Santiago nos exhorta a ser "hacedores de *la palabra*" (Stg. 1:22), y relaciona esta "palabra" con la "perfecta ley, la de la libertad" (1:25), que incluye el mandato: "Amarás a tu prójimo como a ti mismo" (2:8). Por lo tanto, no estoy inclinado a ver "la palabra de verdad" en Santiago 1:18 de manera restrictiva. Es la Palabra de Dios y es verdad. Este es el foco explícito. Debemos nuestra nueva vida al milagro de la Palabra de Dios.

Recibir la palabra implantada, una y otra vez

Luego viene la conexión decisiva con la lectura continua de la Palabra de Dios. Santiago 1:21 dice: "Recibid con mansedumbre la palabra implantada, la cual puede salvar vuestras almas". Santiago ve "la palabra", como "implantada" en nosotros. En otras palabras, la Palabra que nos hizo nacer de nuevo no vino y luego se fue, sino que llegó y se quedó. Para usar las palabras de Jesús, la Palabra "permanece" en nosotros (Jn. 15:7). Con una analogía moderna, podríamos decir que Dios nos dio la vida con la semilla de su ADN, y ahora este ADN transmitido por la Palabra se ha convertido en parte nuestra. Define quiénes somos como nuevas criaturas en Cristo.

Luego llega la increíble conexión con la lectura. Santiago dice que esta "palabra implantada" debe ser recibida "con mansedumbre". La Palabra de Dios no solo viene una vez en el momento del nuevo nacimiento, debemos recibirla una y otra vez, y esta recepción continua de la Palabra puede salvar nuestras almas. Vamos a ver esta conexión exacta en 1 Pedro 2:2: "desead..., la leche espiritual no adulterada, para que por ella crezcáis *para salvación*". Nuestra salvación final no se debe simplemente a una vacunación espiritual que recibimos en el nuevo nacimiento. Más bien, se debe a eso *y* a la vida espiritual sostenida por la recepción continua de la Palabra.

Seremos "salvos" en el último día porque estamos "vivos", tenemos *vida* eterna. Santiago además señala que esta vida no es solo el don de un momento pasado, de un nacimiento, sino una realidad continua de una comunión vital con Dios que es sostenida por la continua recepción de su Palabra. Los bebés nacen y respiran. Los cristianos nacen y reciben la Palabra.

Una recepción sobrenatural

Tres rasgos marcan esta "recepción" de la Palabra como sobrenatural. Primero, "puede salvar vuestras almas", lo cual no es un efecto de causas meramente naturales. En segundo lugar, esta Palabra, aunque de día en día podemos escucharla en la Biblia o de varias personas, es, sin embargo, "implantada". Y se implanta a causa del milagro sobrenatural del nuevo nacimiento. En cierto sentido, la semilla de toda la verdad de Dios está arraigada en nuestras almas. Por lo tanto, aunque la recibimos de la Biblia, la estamos recibiendo como algo sobrenaturalmente implantado. Tercero, debemos recibirla "con mansedumbre". Santiago usa esta palabra una vez más, en Santiago 3:13, donde se refiere a la "sabia mansedumbre". La sabiduría de la que habla es contrastada con la sabiduría que es "terrenal, animal, diabólica". La sabia mansedumbre es la sabiduría que desciende de lo alto (Stg. 3:15). Por lo tanto, la mansedumbre con la que recibimos la palabra implantada es una mansedumbre sobrenatural. Es fruto del Espíritu (Gá. 5:23).

Leer la Palabra es nuestra vida

El hecho de que "nos hizo nacer por la palabra de verdad" es profundamente importante para entender cómo leemos (y así recibimos) la Palabra de Dios. La Palabra nos dio la vida eterna. La recepción continua de esta Palabra es la que sostiene nuestra vida eterna; salva nuestra alma. Esta recepción continua puede ocurrir de muchas maneras, a través de la predicación, la exhortación mutua, las clases bíblicas y más, pero común a todas ellas está la presencia activa de las Escrituras. Su raíz fue plantada en nosotros indestructiblemente por la regeneración. Y por el resto de nuestra vida, esa palabra implantada nos lleva a las Escrituras como su más completa expresión, y la recibimos como nuestra vida.

Pedro y Santiago hablan como si fueran uno

Los paralelos entre Santiago 1:18-21 y 1 Pedro 1:23—2:3 no prueban que Santiago o Pedro copiaron al otro, ni que usaron una fuente común. Más bien, estos paralelismos muestran que entre los escritores bíblicos encontramos una manera similar de pensar sobre cómo sucede el nuevo nacimiento a través de la Palabra de Dios y cómo la continua recepción de su Palabra sostiene la vida. Los paralelos son notables. Primero, aquí está el pasaje relevante de 1 Pedro 1:23—2:3:

> *Siendo renacidos, no de simiente corruptible, sino de incorruptible, por la palabra de Dios que vive y permanece para siempre.* Porque: Toda carne es como hierba, y toda la gloria del hombre como flor de la hierba. La hierba se seca, y la flor se cae; mas la palabra del Señor permanece para siempre. *Y esta es la palabra que por el evangelio os ha sido anunciada.* Desechando, pues, toda malicia, todo engaño, hipocresía, envidias, y todas las detracciones, desead, como niños recién nacidos, *la leche espiritual no adulterada*, para que por ella crezcáis para salvación, si es que habéis gustado la benignidad del Señor.

Ahora los paralelos:

Santiago 1:18-21	*1 Pedro 1:23—2:3*
Nos hizo nacer	Siendo renacidos
por la palabra de verdad	por la palabra de Dios que vive y permanece para siempre
Desechando toda inmundicia	Desechando toda malicia
En mansedumbre	desead como niños recién nacidos
recibid la palabra implantada	la leche espiritual no adulterada
la cual puede salvar vuestras almas	para que por ella crezcáis para salvación

Seguir deseando y bebiendo la Palabra

Estoy tentado de agregar otro paralelo, pero no es tan claro. En Santiago, la Palabra que debemos recibir de una manera continua es "la palabra implantada". Es decir, ha entrado en nosotros, se ha convertido en parte de nosotros y nos da una preparación continua. ¿Podría esto ser paralelo a

1 Pedro 2:3, "si es que habéis gustado la benignidad del Señor"? Deseamos la leche pura de la Palabra, porque ya ha entrado en nosotros, y hemos probado en ella la bondad del Señor. Así como la Palabra en Santiago 1:21 ha sido implantada, la Palabra en 1 Pedro 2:3 ha sido probada.

Esto puede ser forzado, pero lo que no es forzado es que Pedro, al igual que Santiago, conectan la recepción continua (beber) de la Palabra con el primer despertar a la Palabra en el nuevo nacimiento. Esta primera experiencia de la Palabra de Dios se llama *implantar* en Santiago 1:21, y *gustar* en 1 Pedro 2:3. Esta implantación y degustación ocurrió en el milagro sobrenatural del nuevo nacimiento. Para ambos, Santiago y Pedro, el milagro de esta palabra implantada y probada continúa. En Santiago, la Palabra debe ser "recibida"; en Pedro se debe "desear".

En ambos, "recibir" y "beber" son los medios de Dios para la salvación final. Recibir la palabra implantada "puede salvar vuestras almas" (Stg. 1:21). Beber la leche pura de la Palabra hace que "crezcáis para salvación" (1 P. 2:2). Lo que significa que recibir y beber la Palabra son actos sobrenaturales. Los procesos naturales no salvan el alma; los procesos naturales no causan el crecimiento hacia la salvación. Pero recibir la Palabra y beber la Palabra no son meramente naturales; es un milagro cuando la Palabra de Dios es implantada en nosotros, y es un milagro cuando en ella gustamos la dulzura de la bondad de Dios. A partir de ese momento, toda nuestra lectura de la Palabra de Dios se supone es una extensión de ese milagro en la vida diaria, hasta que "crezcamos para salvación".

Recibiendo la Palabra sobrenaturalmente en Tesalónica

Otro ejemplo de la recepción sobrenatural de la Palabra de Dios se encuentra en la primera carta de Pablo a los Tesalonicenses. Es especialmente notable porque Pablo se desvía de su manera de señalar la naturaleza maravillosa, milagrosa de esta recepción. En este caso, es la recepción de una palabra *oral*. Pero ya sea oral, a través de la audición, o visual, a través de la lectura, el hecho sigue siendo el mismo. Una palabra humana, por medio del apóstol de Cristo, fue recibida como la misma Palabra de Dios, que resultó ser sobrenaturalmente viva y poderosa:

> Nosotros sin cesar damos gracias a Dios, de que cuando recibisteis la palabra de Dios que oísteis de nosotros, la recibisteis no como palabra de hombres, sino según es en verdad, la palabra de Dios, la cual actúa en vosotros los creyentes. Porque vosotros, hermanos, vinisteis a ser

imitadores de las iglesias de Dios en Cristo Jesús que están en Judea; pues habéis padecido de los de vuestra propia nación las mismas cosas que ellas padecieron de los judíos (1 Ts. 2:13-14).

Una Palabra sobrenaturalmente dada y entregada

Observe tres aspectos sobrenaturales de lo que está sucediendo aquí. Primero, la palabra pronunciada por Pablo se llama "la palabra de Dios". No es una palabra cualquiera. Como lo describe en 1 Corintios 2:13, "no con palabras enseñadas por sabiduría humana, sino con las que enseña el Espíritu". O, como dice en Gálatas 1:12: "yo ni lo recibí ni lo aprendí de hombre alguno, sino por revelación de Jesucristo". Esta es una palabra sobrenaturalmente recibida de Dios y sobrenaturalmente entregada en el poder del Espíritu (1 Ts. 1:5).

A Dios, no a un hombre, se le agradece

Segundo, Pablo *agradece* a Dios que los tesalonicenses hayan recibido *su* palabra como la palabra misma *de Él*, pues sabe que esto no siempre sucede; Pablo menciona que para algunos de sus oyentes es el aroma de la muerte (2 Co. 2:16). Pero no sucedió así para estos cristianos en Tesalónica, y Pablo está lleno de agradecimiento. Su agradecimiento no está dirigido hacia sus propios dones retóricos ni hacia el discernimiento espiritual de los tesalonicenses. Él está sumamente agradecido con Dios: "Nosotros sin cesar *damos gracias a Dios*, de que cuando recibisteis la palabra de Dios que oísteis de nosotros, la recibisteis no como palabra de hombres, sino según es en verdad, la palabra de Dios". Este fue un milagro de la gracia soberana. Dios concedió a los ojos de los tesalonicenses el ver la auténtica "luz del evangelio de la gloria de Cristo" (2 Co. 4:4). Por esto recibieron la palabra del hombre como palabra de Dios.

La Palabra despertó un gozo y valor sobrenatural

Tercero, esta palabra apostólica, recibida como una palabra divina, no era una palabra inactiva. No fue ineficaz. La palabra misma, dice Pablo, "actúa en vosotros los creyentes" (1 Ts. 2:13) ¿Qué significa esto? Pablo explica en el versículo 14: "Porque vosotros, hermanos, vinisteis a ser imitadores de las iglesias de Dios en Cristo Jesús que están en Judea... pues habéis padecido". Su disposición a sufrir por Cristo fue la evidencia de que la Palabra de Dios estaba en acción en ellos.

¿Cómo pasó esto? Pablo ya lo había explicado en 1 Tesalonicenses 1:5-6:

"Nuestro evangelio no llegó a vosotros en palabras solamente, sino también en poder... Y vosotros vinisteis a ser imitadores de nosotros y del Señor, recibiendo la palabra en medio de gran tribulación, con gozo del Espíritu Santo". ¿Cómo la Palabra divina les permitió sufrir por Cristo? El Espíritu de Dios les abrió los ojos para ver la gloria de Cristo en su Palabra, y esta visión de "la luz del evangelio de la gloria de Cristo" los llenó del "gozo del Espíritu Santo". Este gozo cortó la raíz del miedo y del egoísmo, los liberó para sufrir antes que renunciar al Cristo todo satisfactorio que habían visto en el evangelio.

Este patrón de recibir la Palabra continúa

En reacción a esto, mi pregunta es: ¿Hay alguna razón para pensar que debería detenerse este patrón de recibir la palabra apóstolica? ¿Podemos realmente imaginar que Pablo diría: "Al principio de tu vida cristiana, mi palabra vino a ti como la Palabra de Dios, en el poder del Espíritu de Dios. Y porque Dios estaba obrando en ustedes, ustedes recibieron mi palabra como la Palabra de Dios. Y por su Espíritu, esa palabra obró en ustedes un gran gozo que transformó su vida tan profundamente que sufrieron por Cristo, sostenidos por ese gozo. Toda la experiencia era totalmente sobrenatural. Pero ahora, en el resto de su vida cristiana, la lectura de mis epístolas puede hacerse de una manera completamente natural"? Le pregunto, ¿puede imaginar a Pablo pensando o diciendo algo así? Yo no puedo.

Al contrario, me parece claro que, desde ese primer día, los tesalonicenses y todos los cristianos juntamente con ellos deberíamos dar *gracias* de que tenemos la Palabra de Dios; y debemos *agradecer a Dios* que hemos recibido esta palabra como su misma palabra, a pesar de que viene a nosotros en palabras humanas. Debemos *agradecer a Dios* que está obrando en nosotros por el Espíritu, abriendo nuestros ojos al tesoro de la gloria de Cristo y llenándonos de gozo. Debemos *agradecer a Dios* que esta palabra divina es tan maravillosamente poderosa que estamos dispuestos a sufrir la pérdida de cualquier cosa en este mundo en lugar de perder a Cristo. En otras palabras, de principio a fin el encuentro cristiano con la Palabra de Dios, que incluye nuestra lectura de la Biblia, es obra de Dios, por lo que debemos agradecerle a Él. La lectura de la Biblia fue diseñada por Dios para ser sobrenatural.

La Palabra de Dios es viva y eficaz

Pablo no es el único escritor del Nuevo Testamento que llama la atención sobre el hecho de que la Palabra de Dios "actúa en vosotros los creyentes"

(1 Ts. 2:13). Este verbo "actuar" (gr. *energeítai*) tiene una forma sustantiva que se usa en Hebreos 4:12, "la palabra de Dios es viva y eficaz [gr. *energés*]". Aquí está el contexto:

> La palabra de Dios es viva y eficaz, y más cortante que toda espada de dos filos; y penetra hasta partir el alma y el espíritu, las coyunturas y los tuétanos, y discierne los pensamientos y las intenciones del corazón. Y no hay cosa creada que no sea manifiesta en su presencia; antes bien todas las cosas están desnudas y abiertas a los ojos de aquel a quien tenemos que dar cuenta (He. 4:12-13).

Donde la Palabra trabaja, Dios trabaja

Qué agradable y fructífero sería detenerse en los detalles de este texto y extraer todas sus maravillas. Pero estamos buscando principalmente una cosa: la forma en que la Biblia trata su lectura como sobrenatural. Quizá lo más notable de este texto es el cambio de la obra viva [activa], cortante y discernidora de la palabra en el versículo 12, a la acción de Dios mismo en el versículo 13. El versículo 12 describe el modo en que la Palabra de Dios examina las profundidades y los secretos del alma humana, hasta la división del alma y el espíritu, las articulaciones y la médula. Describe cómo la Palabra de Dios expone "los pensamientos y las intenciones del corazón". Y luego, sin interrupción, el escritor dice: "no hay cosa creada que no sea manifiesta *en su* presencia", todas las cosas están "desnudas y abiertas a los ojos *de aquel* a quien tenemos que dar cuenta". El escritor se desplaza sin problemas del trabajo de la palabra a la obra de Dios.

La implicación es clara: donde la Palabra está trabajando, Dios también lo está haciendo. Dios es el que da vida a la Palabra. Dios es quien la hace activa. Dios es el que usa la Palabra como un bisturí para perforar, dividir y exponer las intenciones secretas del corazón. Por lo tanto, si apuntamos a encontrar la Palabra de Dios de la manera en que este escritor busca que lo hagamos, leeremos la Biblia con esperanza, fe y confianza de que Dios mismo será encontrado; y esto significa que el encuentro es sobrenatural.

La Palabra combate contra los enemigos externos

Por supuesto, el trabajo de la Palabra de Dios en los creyentes no es solo para la exposición de los secretos de nuestro corazón. Sin duda, es un gran regalo y una gran ayuda para el arrepentimiento. ¿Y qué es el arrepentimiento sino el retorno de las vanidades del mundo al tesoro de todo lo que

Dios es para nosotros en Jesús? ¿Y qué es esta vuelta sino la gran fuente de una vida transformada? Pero los enemigos de nuestra alma no son solo los autoengaños dentro de nosotros que nos llevan a pensar que el mundo es mejor que el Creador.

También tenemos enemigos sobrenaturales cuyo objetivo es arruinarnos engañándonos al pensar y sentir que la gloria de Cristo es menos satisfactoria que "los deseos de la carne, los deseos de los ojos, y la vanagloria de la vida" (1 Jn. 2:16). Satanás sedujo a Adán y Eva con estos engaños en el principio, e igualmente lo sigue haciendo con nosotros.

Estos son los ídolos que destruyen el alma. Juan cierra su primera carta con las palabras: "Hijitos, guardaos de los ídolos" (1 Jn. 5:21). Es decir, "no améis al mundo, ni las cosas que están en el mundo" más de lo que amáis al Padre (1 Jn. 2:15). ¿Cómo vamos a vencer a un enemigo sobrenatural que viene tentándonos para que amemos al mundo más que a Dios?

La palabra permanece en vosotros y podéis conquistar

Juan da su respuesta en 1 Juan 2:14: "Os he escrito a vosotros, padres, porque habéis conocido al que es desde el principio. Os he escrito a vosotros, jóvenes, porque sois fuertes, y *la palabra de Dios permanece en vosotros, y habéis vencido al maligno*". Así es como el maligno es superado cuando trata de engañarnos de que las cosas del mundo son más satisfactorias que Dios, incluso las mejores cosas, incluso la propia creación y las bendiciones de Dios. Vencemos las mentiras del maligno por medio de la *Palabra de Dios que permanece en nosotros*.

Por lo tanto, nuestro objetivo en la lectura de la Biblia es que la Palabra de Dios permanezca en nosotros para así tener este tipo de efecto. Leemos la Palabra con el objetivo de superar al maligno. Esa es una obra del poder divino, no de nuestra inteligencia. El diablo no huye ante la voluntad humana, él huye ante el poder de la verdad divina. La Palabra de Dios es el instrumento del Espíritu en esta guerra. Por lo tanto, en toda nuestra lectura de la Biblia, buscamos que la Palabra de Dios permanezca en nosotros con ese poder. Ese es el tipo de lectura bíblica a la que Dios nos llama: un enfrentamiento sobrenatural con una palabra divina y un enemigo demoníaco.

El gozo soberano del Espíritu Santo

Termino este capítulo con un vistazo más de cómo la Palabra de Dios supera los engaños del maligno. Recordemos 1 Tesalonicenses 1:6 y 2:13, y la manera en que la Palabra de Dios estaba en acción en los cristianos de Tesalónica. Esta produjo en ellos un gozo invencible que les permitió sufrir en lugar de abandonar el tesoro de Cristo por el bien de la comodidad y la seguridad. Así es como Satanás es derrotado. Cuando viene, diciéndonos la mentira de que renunciar a Cristo es mejor que sufrir, lo resistimos por la fe en la Palabra de Dios, que nos dice exactamente lo contrario. Hay más gozo, ahora y por siempre, en la gloria de Jesús que en cualquier cosa que este mundo pueda ofrecer.

Jesús dijo que esta es la razón por la cual nos dio sus palabras: "Estas cosas os he hablado, para que mi gozo esté en vosotros, y vuestro gozo sea cumplido" (Jn. 15:11). Su objetivo, cuando leemos sus palabras, es que *su gozo* esté en nosotros. Su objetivo *no* es que nuestro gozo se dé naturalmente al leer sus palabras, su objetivo es que *su* propio gozo, su gozo divino y sobrenatural, se convierta en nuestro gozo. Esto no es un gozo puramente natural, no es una respuesta natural a palabras naturales; es un efecto milagroso de las palabras divinas. Este es un gozo sobrenatural.

A los tesalonicenses, Pablo les dijo que era el "gozo del Espíritu Santo" (1 Ts. 1:6). Este es el único gozo que puede contrarrestar el engaño sobrenatural de Satanás cuando retrata los placeres del mundo en colores espectacularmente atractivos. Jesús dijo que por eso nos dio sus palabras; por eso debemos leerlas. No es un acto meramente natural, es un acto sobrenatural.

El camino a la gloria

Dios nos ha dado su Palabra y su intención es que la leamos sobrenaturalmente. Debemos recibirla una y otra vez como una palabra que nos ha dado vida al ser implantada sobrenaturalmente en nosotros a través del Espíritu en un nuevo nacimiento (Stg. 1:18, 21). Debemos desearla de la misma manera en que un bebé desea leche, porque hay en nosotros un gusto dado por el Espíritu por la toda satisfactoria bondad de Dios (1 P. 2:2-3).

Cada vez que leemos la Palabra de Dios, debemos agradecerle que tenemos de su gracia para recibirla como su Palabra dada en palabras humanas (1 Ts. 2:13). Debemos acoger el efecto vivo, activo, penetrante, cortante, exponente de la Palabra de Dios como la misma presencia de Dios (He. 4:12-13). Debemos almacenar las palabras de Dios en nosotros para que las tentaciones de Satanás fracasen mientras la Palabra de Dios permanece en nosotros (1 Jn. 2:14).

Además, debemos escuchar a Jesús mientras nos habla en las Escrituras para que su gozo, el gozo sobrenatural del Hijo de Dios, sea nuestro y sea completado (Jn. 15:11). Este es el camino del cambio de gloria en gloria (2 Co. 3:18). Este es el camino hacia la consumación de todas las cosas, y es un camino sobrenatural.

Transición a la Parte III

Pasamos ahora, paradójicamente, al acto natural de caminar por este camino sobrenatural: el acto *natural* de leer la Biblia sobrenaturalmente. El acto sobrenatural de ver la gloria de Dios a través de la gloria de la naturaleza no ocurre aparte del acto natural de observar la naturaleza. Durante la vida de Jesucristo en la tierra, el acto sobrenatural de ver su gloria divina no ocurrió aparte del acto natural de observar su presencia física e histórica. Hoy, el acto sobrenatural de ver la gloria peculiar de Dios, en y a través de las Escrituras, no ocurre aparte del acto natural de leer o escuchar la Biblia. El acto natural de leer la Biblia sobrenaturalmente es esencial. Lo cual es el tema de la Parte III.

PARTE III

El acto natural de leer la Biblia sobrenaturalmente

Ambos provienen del Espíritu Santo, es decir, que realmente creemos que la Escritura es la Palabra de Dios, y que entendemos verdaderamente la mente de Dios en ella.

JOHN OWEN

Introducción a la Parte III

El objetivo de la Parte III es fomentar una profunda dependencia de Dios y el máximo uso de nuestros poderes naturales en el hecho sobrenatural de leer la Biblia. Voy a explicar a continuación lo que quiero decir con "poderes naturales". Primero, sin embargo, permítanme resumir brevemente cómo llegamos hasta aquí, y por qué creo que nuestros poderes naturales deben ser utilizados sobrenaturalmente.

Cómo llegamos hasta aquí

La propuesta que ofrecí en la Parte I fue que, según la Biblia misma,

> ...nuestro objetivo supremo al leer la Biblia es que el valor infinito de Dios y su belleza sean exaltados en la eterna y ferviente adoración de la esposa de Cristo, comprada con su sangre, de cada pueblo, idioma, tribu y nación.

Implícita en la adoración ferviente de un pueblo perfeccionado está la dramática transformación de pecadores egoístas en santos sin pecado y centrados en Dios. Al principio, esa transformación es un proceso de ser cambiado progresivamente por la visión de la gloria del Señor (2 Co. 3:18). Entonces llega a una resplandeciente consumación en la aparición de Cristo al final de las edades. Y, sorprendentemente, aun ese último paso de glorificación sucede al ver su gloria: "sabemos que cuando él se manifieste, seremos semejantes a él, porque le veremos tal como él es" (1 Jn. 3:2).

Esta visión de la gloria del Señor, como por un "espejo, oscuramente", durante esta vida, y luego "cara a cara" cuando el Señor venga (1 Co. 13:12), no es una simple visión natural, no es neutral ni desagradable. Es una visión de Jesús tal como es en realidad: supremamente valioso y más satisfactorio que cualquier cosa en el mundo (Fil. 1:21; 3:8), es ver *y* saborear a Cristo. Juntos, ellos son la clave de la transformación que prepara a la esposa para su destino de adoración ferviente.

Este ver, que despierta este saborear transformador, sucede a través de la lectura de la Biblia; ya sea que uno mismo la lea, o que lo haga alguien más y le dice lo que está leyendo. Dios ha ordenado reunir y transformar a un pueblo para su Hijo mediante el uso de un Libro. Esto es increíble y es verdad. Dios ha planeado que la consumación de las edades dependa del poder transformador de su Palabra escrita. Este resultado es seguro, porque Dios dice "yo estoy alerta para que se cumpla mi palabra" (Jer. 1:12, NVI). La causa determinante de nuestro ver y saborear es Dios.

Esa es la Parte II del libro que ya se desarrolló. La lectura de la Biblia que ve la gloria del Señor es una lectura sobrenatural. Es una lectura que depende de Dios por su efecto necesario y decisivo en el cumplimiento de sus propósitos, y esta es la única clase de lectura que prepara al pueblo de Dios para su destino final.

Ahora llegamos a la Parte III, titulada "El acto natural de leer la Biblia sobrenaturalmente". El objetivo de esta parte del libro, como dije antes, es fomentar una profunda dependencia de Dios en el uso pleno de nuestros poderes naturales, en la acción sobrenatural de leer la Biblia.

Lo que podemos hacer porque somos seres humanos

Por "poderes naturales" me refiero a la habilidad para ver y oír, la capacidad de enfocarnos en palabras habladas o escritas. La habilidad para aprender el significado de palabras, frases y cláusulas, la habilidad para interpretar la intención de un autor en lo que él ha escrito. La habilidad para pensar, evaluar y relacionar lo que se aprende con otras cosas, la habilidad para recordar cosas que se han aprendido. La habilidad para escribir los pensamientos, la capacidad para dormir lo suficiente, comer y hacer ejercicio para que estos poderes sean asistidos con un estado de alerta mental y vigor físico. La capacidad de buscar ayuda de otras personas (muertas o vivas), y así sucesivamente. En resumen, quiero decir que todas estas habilidades las tenemos en virtud de haber nacido como seres humanos y haber recibido una educación básica junto con la experiencia de una vida común.

Como se puede imaginar, por lo tanto, las posibilidades de esta parte del libro son ilimitadas. Las posibles intersecciones entre la Biblia y la variedad de poderes humanos son innumerables. Las posibles pautas para ayudar a alguien a leer la Biblia provechosamente son infinitas, tantas como hay personas, circunstancias y agrupaciones de palabras en la Biblia. Una discusión de cómo todas estas variables se relacionan con la lectura de la Biblia podría continuar por siempre. Así que tengo que encontrar una manera de limitar esta parte del libro en algo útil, pero no exhaustivo.

Limitando nuestra discusión del acto de la lectura

Cuando llegue al capítulo 20, explicaré más detalladamente cómo estoy limitando mi discusión sobre el hecho natural de la lectura, o sea, el poner los ojos sobre la página. Pero voy a decir, en pocas palabras, que no tengo intención de discutir las diferentes pautas para leer los diferentes tipos de escritura en la Biblia, tales como el narrativo, el proverbial, la parábola, la poesía y muchos más. Hay muy buenos libros que abordan el tema mucho mejor que yo[1]. Mi enfoque se basa en la simple observación de que antes de que alguien pueda discernir a partir de un texto qué *tipo* de escritura es, uno debe estar leyendo. Lo que significa que hay importantes estrategias generales de lectura que tienen lugar *antes* de que uno pueda permitir que un cierto tipo de escritura determine cómo leemos.

En la Parte III, me voy a enfocar en qué hace una buena lectura *antes* de que el lector descubra qué clase de escritura está leyendo. Esta lectura es, de hecho, lo que le permite discernir con qué tipo de escritura está tratando y si el autor quiere que se aplique cualquier método o expectativas inusuales para entender su escritura. Elijo este enfoque no solo porque el otro enfoque demandaría demasiado espacio, sino principalmente porque esta forma de pensar acerca de la lectura ha sido fructífera en mi vida personal. La mayor parte de lo que he visto en las Escrituras no ha venido de reglas de aprendizaje para cada tipo de escritura, sino más bien de la disciplina básica de mirar largo y profundo a lo que realmente hay ahí. Lo explicaré más adelante en el capítulo 20.

El camino natural a la revelación sobrenatural

Ahora volvamos a la primera frase de esta introducción: mi objetivo en la Parte III *es fomentar una profunda dependencia de Dios y el máximo uso de nuestros poderes naturales en el acto sobrenatural de leer la Biblia.* No quiero decir que deberíamos leer la Biblia de una manera natural y luego

---

1. Por ejemplo, entre muchos, véanse *The Literary Guide to the Bible*, eds. Robert Alter y Frank Kermode (Cambridge, MA: Belknap Press, 1990); *A Complete Literary Guide to the Bible*, eds. Leland Ryken y Tremper Longman (Grand Rapids, MI: Zondervan, 1999); Leland Ryken, *A Complete Handbook of Literary Forms in the Bible* (Wheaton, IL: Crossway, 2014); Andreas J. Köstenberger y Richard D. Patterson, *For the Love of God's Word: An Introduction to Biblical Interpretation* (Grand Rapids, MI: Kregel, 2015); Robert H. Stein, *A Basic Guide to Interpreting the Bible: Playing by the Rules*, 2ª ed. (Grand Rapids, MI: Baker Academic, 2011); así como Jason S. DeRouchie, *How to Understand and Apply the Old Testament: Twelve Steps from Exegesis to Theology* (Phillipsburg, NJ: P&R, 2017); y Andrew David Naselli, *How to Understand and Apply the New Testament: Twelve Steps from Exegesis to Theology* (Phillipsburg, NJ: P&R, 2017).

esperar que tenga algún efecto espiritual, sobrenatural, en un *momento posterior*. Eso, me temo, es la forma en que mucha gente lee la Biblia. La leen de una manera meramente humana, y luego esperan, incluso oran, por algún impacto más que humano. Más bien, quiero animarle a tomar cada paso de la lectura natural de una manera sobrenatural. Quiero que lea la Biblia de una manera que solo es posible porque Dios mismo está en nosotros, por su Espíritu, creando un encuentro sobrenatural con la Biblia.

Cuando Pedro pronunció la oración perfectamente humana a Jesús, "Tú eres el Cristo, el Hijo del Dios viviente" (Mt. 16:16), Jesús dijo: "no te lo reveló ni carne ni sangre, sino mi Padre que está en los cielos" (Mt. 16:17). Esto significa que este reconocimiento era sobrenatural, más allá de lo que la carne y la sangre (la naturaleza humana) pueden hacer. Evidentemente, Pedro necesitaba que se lo dijera, Jesús lo estaba ayudando a comprender cómo llegó a esta maravillosa declaración. Si Pedro hubiera salido al bosque solo buscando una voz del cielo, y Dios le hubiera dicho con voz trémula: "Jesús es el Cristo y mi Hijo divino", Pedro no necesitaría que Jesús le dijera: "mi Padre te lo reveló".

Sin embargo, Pedro no había recibido la revelación de esa manera. Había *observado* a Jesús, lo había *escuchado*. Probablemente había *orado* pidiendo sabiduría, tal vez Salmos 119:18, "Abre mis ojos". El resultado fue que vio las marcas irrefutables de la realidad de Jesús. *Eso* es lo que necesitaba explicación. En cierto grado, todo se había sentido bastante natural. Pedro necesita una explicación para lo que realmente había sucedido, así que, en la práctica, Jesús le dice: "Pedro, mi Padre ha estado obrando en todo lo que has observado, escuchado y por lo que has orado, y te ha hecho ver lo que realmente está aquí: mi gloria autoautentificadora. Lo que has observado, escuchado y por lo que has orado no ha sido algo *meramente* natural, también ha sido sobrenatural. Mi Padre ha estado en lo que has observado, en lo que has escuchado y en lo que has orado. Lo que has visto, oído y recibido por medios naturales, de hecho, ha sido visto, oído y recibido sobrenaturalmente".

Eso es lo que quiero decir con "el máximo uso de nuestros poderes *naturales* en el acto *sobrenatural* de leer la Biblia". De eso trata la Parte III, el pleno uso de nuestras habilidades naturales en el acto de leer la Biblia, pero en una dependencia de Dios que nos permita ver y saborear la gloria de Dios de maneras que de otro modo nunca podríamos hacerlo.

No seáis niños en el modo de pensar, sino sed niños en la malicia, pero maduros en el modo de pensar.

1 CORINTIOS 14:20

Pero por la gracia de Dios soy lo que soy; y su gracia no ha sido en vano para conmigo, antes he trabajado más que todos ellos; pero no yo, sino la gracia de Dios conmigo.

1 CORINTIOS 15:10

Ocupaos en vuestra salvación con temor y temblor, porque Dios es el que en vosotros produce así el querer como el hacer, por su buena voluntad.

FILIPENSES 2:12-13

14

Dios no permita que desperdiciemos sus dones naturales

"Considera lo que digo, y el Señor te dé entendimiento en todo".

Un vientre estéril y una mente ciega

Cuando Abraham tenía cien años y su esposa Sara había pasado por mucho la edad de tener hijos, y además era estéril, Dios le prometió un hijo de Sara. Esto es semejante a nuestra condición cuando queremos leer la Biblia y ver la gloria de Dios. No hay esperanza de que pueda suceder sin la intervención sobrenatural de Dios. Pero, de hecho, Dios intervino en Abraham, y lo hace en nosotros.

Cuando miramos inexpresivamente la Palabra de Dios y no sentimos el valor supremo y belleza en ella, Dios actúa sobrenaturalmente. Él brilla "en nuestros corazones, para iluminación del conocimiento de la gloria de Dios en la faz de Jesucristo" (2 Co. 4:6), ilumina los ojos del corazón (Ef. 1:18), nos da entendimiento (1 Jn. 5:20), abre la mente (Lc. 24:45), revela lo que la carne y la sangre no pueden percibir (Mt. 16:17) y convierte una imposibilidad en una lectura sobrenatural.

Completamente convencido de que Dios podía hacer lo que prometió

¿Cómo sucedió eso? Observe cuidadosamente que este niño prometido era, en un sentido, completamente natural. Abraham y Sara tuvieron relaciones sexuales. Lo sabemos porque las Escrituras dicen: "Y Sara concibió y *dio a Abraham* un hijo" (Gn. 21:2). Este no era un nacimiento virginal como el de Jesús, a quien María concibió sobrenaturalmente. Abraham y Sara tuvieron relaciones sexuales, y Sara concibió. Estuvo embarazada durante nueve meses y dio a luz a un niño. Todo esto era perfectamente natural. Excepto que no habría habido ningún niño sin la intervención sobrenatural de Dios en el proceso natural.

Así es como sucede con el acto sobrenatural de leer la Biblia. En cierto sentido, es perfectamente natural, usamos nuestros poderes naturales naturales, pero, sin la intervención sobrenatural de Dios, no tendríamos ninguna motivación para leer las Escrituras con la esperanza de atesorar a Cristo por encima de todas las cosas (1 R. 8:58; Sal. 119:36). Sin la iluminación sobrenatural de Dios, no podríamos ver ni saborear lo que realmente existe: la gloria de todo lo que Dios es para nosotros en Cristo. En cierto sentido, el acto de leer es natural; en otro, sobrenatural. Por eso lo llamo "el acto natural de leer la Biblia sobrenaturalmente".

Obramos el milagro de la lectura sobrenatural de la Biblia

Otra manera de describir este "acto natural de leer la Biblia sobrenaturalmente" es decir que Dios hace el milagro de conceder la vista, pero obramos el milagro de ver.[1] Dios no ve por nosotros, *nos* permite hacerlo, y nosotros vemos. El acto sobrenatural de ver "la luz del evangelio de la gloria de Cristo" es por medio del acto natural de ver la historia del evangelio escrita (o hablada) en palabras humanas naturales.

Si queremos ver la gloria de una obra maestra de pintura, no quitamos los ojos de ella para mirar el correo electrónico. La visión de la gloria sucede al ver la pintura. Lo mismo ocurre con la gloria de Dios en las Escrituras. No quitamos nuestros ojos de las palabras, frases naturales y cláusulas que escribieron los escritores bíblicos. No desprendemos nuestra mente del proceso natural de interpretar el significado en el texto. Nos centramos en el objeto natural del texto. Nuestras facultades naturales de observación y pensamiento permanecen plenamente involucradas, y ahí es donde ocurre el milagro de ver la belleza de Cristo.

Ver la gloria en el hombre natural Jesús

Como hemos visto, esto es similar a la forma en que la gente veía la divinidad de Cristo. Miraban al hombre natural Jesús, lo vieron con ojos naturales, lo oyeron con oídos naturales, lo tocaron con manos naturales, interpretaron sus palabras con procesos naturales de pensamiento. Pero algunos no vie-

---

1. Para más información sobre esta idea de obrar el milagro, véase *Acting the Miracle: God's Work and Ours in the Mystery of Sanctification*, eds. John Piper y David Mathis (Wheaton, IL: Crossway, 2013). En este capítulo, he usado parte del material de mis ensayos en ese libro.

ron nada que los atrajera. La gloria de Cristo estaba allí, no estaba encima ni debajo ni al lado del hombre Jesús. Estaba *en* Él, *en* todo lo que dijo e hizo. No lo descubriríamos apartando los ojos de Jesús, mirando al cielo y pidiéndole a Dios que lo escribiera en las nubes. Dios lo había escrito en el milagro de la encarnación y aquellos que tenían ojos para ver lo vieron. El apóstol Juan fue uno de ellos y escribió: "Aquel Verbo fue hecho carne, y habitó entre nosotros (y vimos su gloria, gloria como del unigénito del Padre), lleno de gracia y de verdad" (Jn. 1:14).

Sin embargo, otros no tenían corazón, ni sentidos, ni mente para esto: "Esto es algo que no han entendido los gobernantes del mundo presente, pues si lo hubieran entendido no habrían crucificado al Señor de la gloria" (1 Co. 2:8, DHH). Los principales sacerdotes y los ancianos del propio pueblo de Jesús lo querían muerto (Mt. 26:4). Judas no tenía corazón para un Mesías que planeaba sufrir por sus seguidores y no pensaba en riquezas en esta vida (Jn. 12:6). Ellos no vieron "al Señor de la gloria", vieron a un débil pretendiente a Mesías. Para ellos, Él era un obstáculo, una barrera entre ellos y sus deseos más profundos. No podían ver su gloria porque eso habría eclipsado la suya, a la que amaban supremamente (Jn. 5:44).

Cristo encarnado, Biblia inspirada

Las Escrituras son similares a Jesús de esta manera. Su lenguaje es natural, de la forma en que el cuerpo, la mente y la voz de Jesús eran naturales. Jesús podía ser visto y la Biblia se puede leer. Jesús era más que natural, la Biblia es más que natural. Jesús era el Hijo de Dios, la Biblia es la Palabra de Dios. Jesús fue encarnado, la Biblia es inspirada. Jesús hablaba en lenguaje humano común, la Biblia está escrita en lenguaje humano común.

Para conocer a Jesús, la gente tenía que mirar y escuchar lo que se presentaba a sus sentidos naturales. Para conocer las Escrituras, debemos mirar y escuchar lo que se presenta a nuestros sentidos naturales. Buscar la gloria de Dios en Cristo aparte de su presencia natural era inútil. Buscar la gloria de Dios en las Escrituras aparte de su presencia natural es inútil. Jesús fue visto por muchos como débil y pretencioso. Muchos ven la Biblia como débil y pretenciosa. Era necesario un milagro sobrenatural para ver la gloria de Dios en Jesús: "Nadie conoce al Hijo, sino el Padre, ni al Padre conoce alguno, sino el Hijo, y aquel a quien el Hijo lo quiera revelar" (Mt. 11:27). Y se necesita un milagro sobrenatural para ver la gloria de Dios en las Escrituras: "Les abrió el entendimiento, para que comprendiesen las Escrituras" (Lc. 24:45).

El milagro está *en* la lectura

Así que, cuando pensemos en leer la Biblia sobrenaturalmente, no creamos que la urgencia y el esfuerzo de leerla naturalmente será menor que con cualquier otro libro. Todo el esfuerzo humano y habilidad que puedas reunir para interpretar el significado de los pasajes bíblicos será requerido. La gloria se ve a través del *significado* del texto, y el significado se encuentra a través de la lectura y del pensamiento. Dios está unido al hombre Jesús. La gloria de Dios está unida al significado de los textos bíblicos.

Por lo tanto, cuando el milagro de ver y saborear la gloria de Dios sucede, esto está *en* el acto de leer y pensar. Nosotros leemos, Dios revela. Dios nos *da* el milagro sobrenatural, nosotros *obramos* el milagro sobrenatural.

Toda la vida debe ser vivida sobrenaturalmente

Esta tensión, o paradoja, entre el *hecho* de que Dios haga el milagro de nuestra lectura sobrenaturalmente y nosotros *obremos* el milagro de leer sobrenaturalmente puede ser un nuevo pensamiento para usted. Permítanme tratar de ilustrarlo más ampliamente, mostrarlo desde las Escrituras y luego aplicarlo a la lectura de la Biblia. Aquí hay otros ejemplos de lo que quiero decir con que Dios *da* el milagro y nosotros *obramos* el milagro:

- *Dios* abre los ojos de los ciegos, pero los *ciegos* ven.
- *Dios* da fuerza a las piernas paralizadas, pero es el *cojo* quien se pone en pie y camina.
- *Dios* toca los oídos de los sordos, pero son los *sordos* los que oyen.
- *Dios* llama a Lázaro de la tumba, pero es *Lázaro* quien camina sobre sus propios pies.
- *Dios* da humildad misericordiosa, pero es *uno* quien ofrece la otra mejilla.
- *Dios* da valor y amor, pero es *uno* quien comparte a Cristo con su vecino.
- *Dios* pone un espíritu generoso, pero es *uno* quien escribe el cheque.
- *Dios* da paciencia para descansar en su tiempo oportuno, pero es *uno* quien conduce al límite de velocidad, se detiene en las señales de alto y se coloca el cinturón de seguridad.
- *Dios* hace que su gloria sea más satisfactoria que la lujuria, pero es *uno* quien se aleja de la pornografía.
- *Dios* inclina el corazón a su Palabra, pero es *uno* quien se levanta de la cama temprano cada mañana para leer su Biblia.

Así que podemos ver de qué manera leer la Biblia sobrenaturalmente es solo un ejemplo de cómo debe ser vivida toda la vida. La Biblia pone de manifiesto que la vida cristiana es penetrantemente sobrenatural, es decir, es continuamente sostenida firmemente y conformada por Dios en formas que conducen a la salvación final. No estamos hablando de la gracia *común* de la providencia divina que controla todas las cosas. Estamos hablando de la obra especial de Dios del nuevo pacto (Jer. 31:33), comprada para los elegidos por la sangre de Cristo (Lc. 22:20), que por el Espíritu permite al pueblo de Dios ver la gloria de Cristo y vivir en una manera que demuestra su valor supremo.

Por ejemplo, las Escrituras nos dicen que "vivimos por el Espíritu" (Gá. 5:25). Es decir, hemos "comenzado [nuestra vida cristiana] por el Espíritu" (Gá. 3:3). Somos "guiados por el Espíritu" (Ro. 8:14; Gá. 5:18). Andamos por el Espíritu (Gá. 5:16). Hacemos morir "las obras de la carne" por el Espíritu (Ro. 8:13). "Servimos por el Espíritu" (Fil. 3:3). Y todo esto se resume en decir que Dios obra nuestra "santificación por el Espíritu" (2 Ts. 2:13). Por eso digo que toda la vida debe ser vivida sobrenaturalmente. En la vida cristiana, cada momento de confianza en el Espíritu que produce su fruto de santidad y amor que honra a Cristo es un milagro.

Todavía somos los actores del milagro

Notemos que *nosotros* seguimos siendo los actores de este milagro. Somos nosotros los que obramos "por el Espíritu", no nos convertimos en el Espíritu, y el Espíritu no se convierte en nosotros, somos humanos y actuamos como tales. El Espíritu nos predispone decisivamente, y nosotros obramos. Vemos esto una y otra vez en la Biblia. Por ejemplo:

- Romanos 7:6: Nosotros morimos a aquello "en que estábamos sujetos, de modo que sirvamos bajo el régimen nuevo del Espíritu y no bajo el régimen viejo de la letra". Nótese que *nosotros* servimos. Por cierto, ¡"bajo el régimen nuevo del Espíritu"! Pero somos *nosotros* los que servimos. Observemos también, para que no pase desapercibido, que nuestra "muerte" con Cristo ocurrió una vez para siempre cuando Él murió (Gá. 2:19-20). Experimentamos esto solamente por la fe cuando estamos unidos a Cristo por la obra del Espíritu (Gá. 3:26). Así, el castigo por todos nuestros pecados es pagado en su totalidad, de una vez por todas (He. 7:27; 9:12, 26; 10:10). La justicia de Cristo es contada como nuestra para siempre debido a esta unión con Cristo (Fil. 3:9), que fue hecho por nosotros pecado "para que nosotros fuésemos hechos justicia de Dios en él" (2 Co. 5:21). Esto significa que nuestro subsecuente servicio, obediencia y buenas acciones *no* son la *base* de nuestra aceptación con Dios, sino el *fruto* de ella. No somos hechos justos para con Dios por causa de ellas. Dios las trabaja en nosotros porque fuimos hechos justos para con Él, de una vez por todas, por la fe en Cristo. Es crucial enfatizar esto, para que mi énfasis de "obrar el milagro" no dé la impresión de que esta *obra* de alguna manera *gana* o se *basa* en el hecho de que Dios está cien por ciento a favor de nosotros. Esta total aceptación para con Dios está fundamentada solo en Cristo, solo en la gracia y solo en la fe.

- Gálatas 2:20: "Con Cristo estoy juntamente crucificado, y ya no vivo yo, mas vive Cristo en mí; y lo que ahora vivo en la carne, lo vivo en la fe del Hijo de Dios, el cual me amó y se entregó a sí mismo por mí". Nótese el "ahora [*yo*] vivo en la carne". Sin duda, el viejo autosuficiente *yo* ha muerto. Ciertamente, Cristo vive en mí; pero *yo*, el nuevo *yo* de la fe, soy el que vive mi vida. La clave es "la fe del Hijo de Dios".

- 1 Pedro 4:11 (RVA-2015): "Si alguien presta servicio, sirva conforme al poder que Dios le da, para que en todas las cosas Dios sea glorificado por medio de Jesucristo". Nótese que *yo* estoy prestando servicio, pero yo estoy sirviendo "por la fuerza que *Dios* provee". Dios está proveyendo la ayuda sobrenatural. Yo estoy obrando el milagro sobrenatural.

- 1 Corintios 15:10: "Por la gracia de Dios soy lo que soy; y su gracia no ha sido en vano para conmigo, antes he trabajado más que todos ellos; pero no yo, sino la gracia de Dios conmigo". Nótese *yo* he trabajado más que todos, pero mi trabajo no ha sido decisivo. El trabajo de Dios fue decisivo; fue "la gracia de Dios conmigo". La gracia es el milagro supernatural. Pero el milagro no reemplaza a la persona, el milagro lo empodera. Por la gracia "soy lo que soy", por la gracia "he trabajado más que todos".

En cada caso soy *yo*, el cristiano humano, quien sirve, vive, trabaja, desea. Pero, en todos los casos, la voluntad personal está potenciada por otra voluntad: la del Espíritu, la de Cristo, la de Dios, la de la gracia. Aquí está la manera en que Jonathan Edwards describe la paradoja de la gracia y el poder de Dios en nuestra vida:

> No somos simplemente pasivos en Él, ni Dios hace algo y nosotros el resto, sino que Dios lo hace todo y nosotros lo hacemos todo. Dios produce todo y nosotros actuamos todo. Pues eso es lo que Él produce, nuestros propios actos. Dios es el único autor apropiado, y la fuente; nosotros solo somos los actores apropiados. Somos, en diversos aspectos, enteramente pasivos y enteramente activos.[2]

Trabajemos, porque Dios está trabajando en nosotros

Tal vez el pasaje más explícito en la Biblia que nos habla sobre "obrar el milagro", incluyendo el milagro de leer la Biblia sobrenaturalmente, es Filipenses 2:12-13:

> Por tanto, amados míos, como siempre habéis obedecido, no como en mi presencia solamente, sino mucho más ahora en mi ausencia, ocupaos en vuestra salvación con temor y temblor, porque Dios es el que en vosotros produce así el querer como el hacer, por su buena voluntad.

Para sentir la fuerza asombrosa de este pasaje, consideremos tres observaciones.

1) El verbo traducido en la frase "*ocupaos* en vuestra salvación" (gr. *katergázesthe*) significa "producirlo", "llevarlo a cabo", o "hacerlo". Aunque doctrinalmente este lenguaje puede parecer peligroso, es bíblico. "Provoca tu salvación". "Produce tu salvación". "Efectúa tu salvación por un esfuerzo continuo, sostenido, agotador". Digo "peligroso" porque Pablo también enseña que la salvación "es el don de Dios, no por obras, para que nadie se gloríe" (Ef. 2:9). Pero no hay contradicción aquí, porque las obras que no pueden salvar son las obras que tratan de producir una relación salvadora con Dios, eso es inútil (Ro. 3:20). Las obras que "efectúan" nuestra salvación son obras que Dios mismo provoca porque *ya hay* una relación salvadora y eso es lo que Pablo va a mostrar.

2) La *salvación* de la que Pablo nos dice "ocupaos" no es solo la gran realidad de la liberación total de la condenación y del infierno, es también la realidad más restringida y específica de la liberación diaria de las obras de la

2. Jonathan Edwards, *Writings on the Trinity, Grace, and Faith*, ed. Sang Hyun Lee, vol. 21, *The Works of Jonathan Edwards* (New Haven, CT: Yale University Press, 2003), p. 251.

carne que destruyen el alma (1 P. 2:11); cosas como la ira, la autocompasión, la avaricia y la lujuria. "Ocupaos en vuestra salvación", vuestra liberación, de aquellos enemigos mortales. En otras palabras, debemos usar nuestra mente y nuestra voluntad para oponernos activamente a estos pecados cuando los vemos elevándose en nuestro corazón. Esta oposición activa, dice Pablo, es realmente *nuestra* actuación. Pero lo que vemos a continuación es que estamos obrando un milagro, porque *Dios* está realizando esa voluntad en nosotros: "Porque *Dios* es el que en vosotros produce así *el querer* como el *hacer*".

3) Además de decirnos que debemos ocuparnos, es decir, esforzarnos y activamente lograr nuestra liberación del pecado inminente, Pablo también dice que debemos hacer esto "con *temor y temblor*, porque Dios es el que en vosotros produce así el querer como el hacer, por su buena voluntad". ¿Por qué habría de existir "temor y temblor" al atacar mi pecado y "traer salvación" desde la ira o la autocompasión? La razón dada para nuestro temblor no es una amenaza, es un regalo.

Pablo dice que hay que combatir al pecado *con temor y temblor*, porque Dios Todopoderoso, creador del cielo y la tierra, redentor, justificador, sustentador, Padre, amante está tan cerca de *nosotros* que nuestras obras y voluntad son *sus* obras y *su* voluntad. ¡Temblemos ante este impresionante pensamiento! El Dios Todopoderoso está en nosotros. Dios es el que está en nuestra voluntad. Dios es el que está en nuestras obras. Nuestro esfuerzo "continuo, sostenido, agotador" no solo se lleva a cabo en la *presencia* de Dios, sino que es su misma obra. *Dios* está obrando en nosotros. Y lo que Él está obrando es *nuestra* obra. Por lo tanto, no estamos *esperando* un milagro, estamos *obrando* el milagro.

Leer la Biblia, obrar el milagro

Así es como debemos leer la Biblia. Queremos y obramos porque Dios está queriendo y obrando en nosotros. Obramos con todos nuestros poderes naturales para ver el significado de los escritos inspirados, porque Dios está obrando en nosotros para abrir nuestra mente para ver la gloria que realmente está ahí. A continuación tenemos la manera en que el escritor de Proverbios lo pone (nótese toda la actividad humana en cursiva y la provisión de Dios en negrita):

> Hijo mío, si *recibieres* mis palabras,
> Y mis mandamientos *guardares* dentro de ti,
> Haciendo estar atento tu oído a la sabiduría;

Si *inclinares* tu corazón a la prudencia,
Si *clamares* a la inteligencia,
Y a la prudencia *dieres tu voz*;
Si como a la plata la *buscares*,
Y la *escudriñares* como a tesoros,
Entonces entenderás el temor de Jehová,
Y hallarás el conocimiento de Dios.
Porque Jehová da la sabiduría,
Y de su boca viene el conocimiento y la inteligencia.
Él provee de sana sabiduría a los rectos;
Es escudo a los que caminan rectamente (Pr. 2:1-7).

Los versículos 1-4 nos exhortan a usar todos nuestros poderes para obtener sabiduría y perspicacia, para ver en la mente de Dios, recibir las palabras de Dios, atesorar sus mandamientos, escuchar la sabiduría, pedir discernimiento, elevar nuestra voz por ella, buscarla como a la plata, buscarla como un tesoro. Esta es la manera del escritor de decir: doble cada esfuerzo, exprese toda su energía, enfoque todos sus deseos, use todos sus poderes, ¿con qué fin? ¡La sabiduría de Dios!

Luego viene el terreno sorprendente para todo este esfuerzo: "Porque Jehová *da* la sabiduría". Él nos la *da*. Si la buscamos con todas nuestras fuerzas, Dios nos la da. Nuestro trabajo es *esencial*, pero el don de Dios es *decisivo*. Si Dios no la "da", no la encontramos. "Desarrollamos nuestra liberación" de la ceguera a la sabiduría de Dios, leyendo cuidadosamente con todas nuestras fuerzas. Porque Dios obra en nosotros el "querer y el hacer" del descubrimiento de su luz. Él crea el milagro de dar vista espiritual. Nosotros obramos el milagro de ver.

Busquen la luz con toda su fuerza, porque Dios *da* la vista

El apóstol Pablo nos mostró una y otra vez a través de sus escritos que esperaba que sus lectores u oyentes usaran todos sus poderes de concentración mental y pensamiento para ver la luz del evangelio de la gloria de Cristo. Por ejemplo, al menos siete veces en el libro de Hechos, vemos la estrategia de Pablo de "razonar" con la gente en su esfuerzo por mostrar al pueblo la verdad y la belleza de Cristo (Hch. 17:2, 17; 18:4, 19; 19:8, 9; 24:25). Esta fue la versión oral del libro de Romanos. Su suposición es que sus oyentes y lectores usarían sus mentes tan completamente al escuchar y leer como él lo hizo al hablar y escribir.

Así que les dijo a los corintios: "No seáis niños en el modo de pensar, sino sed niños en la malicia, pero maduros en el modo de pensar" (1 Co. 14:20). De manera aún más contundente, dijo que preferiría hablar cinco palabras comprensibles con su mente para instruir a otros que diez mil palabras ininteligibles con el milagro de las lenguas (1 Co. 14:19). Además, Pablo esperaba que todo ese "pensamiento" alcanzara su máximo fervor y se concentrara en el acto de leer sus cartas inspiradas: "*Leyendo* lo cual podéis *entender* cuál sea mi conocimiento en el misterio de Cristo" (Ef. 3:4). En otras palabras, involucrar a la mente en la tarea mental de leer es el camino designado por Dios para entrar en la gloria de Dios. *Nosotros* pensamos, es decir, hacemos el esfuerzo riguroso de leer con comprensión, y *Dios* crea el milagro de la luz sobrenatural en los procesos de nuestro pensamiento.

Reflexionamos en la revelación, porque Dios da la iluminación

El apóstol Pablo expone su punto más claramente y con fuerza con estas simples palabras: "*Piensa en esto* que digo, porque el Señor *te lo hará* comprender todo" (2 Ti. 2:7, DHH). Nosotros reflexionamos, Dios da. Ambas cosas, no solo una. Mucha gente se desvía del camino hacia un lado u otro en este versículo. Algunos subrayan la primera parte: "Piensa en lo que te digo". Estos enfatizan el papel indispensable de la razón y el pensamiento y luego minimizan el papel sobrenatural de Dios al hacer que la mente pueda ver y acoger la gloria de la verdad. Otros destacan la segunda mitad del versículo: "el Señor te lo hará comprender todo", enfatizando en la inutilidad de la razón.

Pero Pablo no lo dividía de esa manera. Para Pablo no era lo uno o lo otro, sino ambos: "*Piensa* en esto que digo, porque *el Señor te lo hará comprender* todo". Nótese la palabra "porque". Esto significa que la voluntad de Dios para darnos entendimiento es la *base* de nuestro pensamiento, no el *sustituto* del mismo. Pablo no dice: "Dios te da entendimiento, así que no pierdas tu tiempo pensando en lo que digo". No nos anima a sustituir la oración por el pensamiento, sino a saturar el pensamiento con la oración. Tampoco dice: "Piensa bien en lo que digo, porque todo depende de ti, y Dios no ilumina la mente". No. Él enfáticamente hace que el don de la iluminación de Dios sea el fundamento de nuestra reflexión. Él hace que la luz dada por Dios sea la razón en nuestro proceso de seguir la luz. "Piensa en esto que digo, *porque* el Señor te lo hará comprender todo".

Leer en el poder de otro

La idea central de este capítulo es que la lectura sobrenatural de la Biblia no minimiza la urgencia o el esfuerzo de usar todos nuestros poderes naturales en este proceso. O, para expresarlo positivamente, la Biblia misma fomenta el uso más completo de nuestro cuerpo, nuestra voluntad y nuestra razón en el acto sobrenatural de leer las Escrituras. Leer la Biblia en dependencia de Dios es un acto particular entre miles de actos que, en la vida cristiana, son sobrenaturales de esta manera. Nuestra vida debe ser vivida "en el Espíritu" y "por el Espíritu" (Ro. 8:9, NTV; según 1 Co. 12:3; Gá. 5:16, 18, 25; Ef. 6:18; Fil. 3:3, NVI; 2 Ts. 2:13). Eso es cierto, ya sea que estemos asando un pavo, corriendo a la oficina o leyendo la Biblia.

Dios no tiene intención de reemplazarnos cuando estamos unidos a Cristo; tiene la intención de renovarnos, darnos poder y guiarnos. Él quiere que podamos decir: "he trabajado más que todos ellos", y también: "pero no yo, sino la gracia de Dios conmigo" (1 Co. 15:10). Él quiere que digamos: "yo ejercí mi voluntad, mi mente y mi cuerpo con todas mis fuerzas", y también: "porque Dios estaba queriendo y trabajando en mí" (véase Fil. 2:12-13). Él quiere que usemos nuestra mente para comprobar "lo que es agradable al Señor" (Ef. 5:10) y también para confesar con gozo que Dios está obrando en nosotros "lo que es agradable delante de él" (He. 13:21).

Tendremos más que decir acerca de cómo se cruzan el acto natural de la lectura y el don sobrenatural de la luz en la lectura. Pero, por ahora, lo más importante es que el objetivo designado por Dios al leer la Biblia no se logrará sin una intervención sobrenatural. Y la forma normal en que Dios interviene es a través del acto natural de leer sobrenaturalmente. Dios no permita que creer en lo sobrenatural dado por Dios nos haga despreciar lo natural creado por Dios.

La pregunta que nos hacemos ahora es: ¿Cómo leemos la Biblia, si los grandes efectos de ver, saborear y transformarnos a través de la lectura están decisivamente en el poder de otro, no de nosotros mismos?

Separados de mí nada podéis hacer.

JUAN 15:5

Recibid con mansedumbre la palabra implantada.

SANTIAGO 1:21

15

La humildad abre mil ventanas

"Encaminará a los humildes por el juicio,
y enseñará a los mansos su carrera".

¿Cómo obro el milagro de la lectura sobrenatural?

Una de las preguntas más importantes, persistentes y omnipresentes de mi vida adulta ha sido: ¿Cómo vivir la vida cristiana de tal manera que realmente la estemos viviendo, aunque *otro*, el Espíritu Santo, en forma decisiva esté viviendo *en y a través* de nuestra vida? El capítulo anterior nos mostró que esto es, de hecho, lo que significa vivir la vida cristiana: "He trabajado más que todos ellos; pero no yo, sino la gracia de Dios conmigo" (1 Co. 15:10). Pero la pregunta es: ¿Cómo? ¿Qué es lo que realmente hacemos para obedecer a 1 Pedro 4:11: "Si alguno ministra, ministre conforme al *poder que Dios da*"? ¿Cómo servimos, vivimos o leemos en la fuerza de otro? Es decir, ¿cómo *obro* el milagro que Dios causa?

Encontré que necesitaba una estrategia simple para ayudarme a vivir de esta manera, hora por hora, mientras que me movía de un desafío a otro. Me parece que la respuesta bíblica a la cuestión de cómo vivir de esta manera se puede resumir en cinco pasos, que quedan en mi memoria con la ayuda de las siglas ROCAD. La mayoría de las veces las he usado al leer o predicar la Biblia. Sabía que necesitaba la ayuda de Dios para vencer mi abatimiento y ver la gloria que realmente está en la Palabra de Dios (Ef. 1:18). Sabía que necesitaba el poder divino en la predicación, si quería que sucedieran cambios que exaltasen a Cristo en la vida de las personas (1 Co. 2:4). Así que la cuestión de cómo leer y predicar *en la fuerza de otro* se hizo especialmente urgente en ese momento de mi vida.

Resumen de ROCAD

Lo que intento hacer, por lo tanto, en este capítulo es dar un breve resumen de lo que quiero decir con ROCAD. Entonces trataré de mostrar cómo la primera letra, R (*reconocer* la necesidad de ayuda), se relaciona con el acto natural de leer la Biblia sobrenaturalmente. Luego, en los capítulos siguientes trataremos con las otras letras.

Viviendo el acrónimo R.O.C.A.D es la manera en que busco "andar por el Espíritu" (Gá. 5:16). O, para ser específico, es cómo busco *leer la Biblia* "por el Espíritu", es decir, leerla sobrenaturalmente.

R—*Reconocer*

Reconozco que sin Cristo no puedo hacer nada.

> Yo soy la vid, vosotros los pámpanos; el que permanece en mí, y yo en él, éste lleva mucho fruto; porque separados de mí nada podéis hacer (Jn. 15:5).

O—*Orar*

Oro pidiendo la ayuda de Dios; cualquier forma de ayuda que necesite.

> Pedid, y se os dará; buscad, y hallaréis; llamad, y se os abrirá (Mt. 7:7).
>
> No tenéis lo que deseáis, porque no pedís (Stg. 4:2).
>
> Invócame en el día de la angustia (Sal. 50:15).

C—*Confiar*

Confío en una promesa específica de Dios que está hecha a la medida para mi situación, o una promesa general que cubra muchas situaciones. Por ejemplo, antes de levantarme para predicar, podría confiar en esta promesa:

> Mi palabra… no volverá a mí vacía (Is. 55:11).

O:

> No sois vosotros los que habláis, sino el Espíritu (Mt. 10:20).

O, más genéricamente, podría recordar este versículo favorito y poner mi confianza aquí:

> Yo soy tu Dios. Te fortaleceré y te ayudaré; te sostendré con mi diestra victoriosa (Is. 41:10, NVI).

O:

> Poderoso es Dios para hacer que abunde en vosotros toda gracia, a fin de que, teniendo siempre en todas las cosas todo lo suficiente, abundéis para toda buena obra (2 Co. 9:8).

O:

> Mi Dios, pues, suplirá todo lo que os falta (Fil. 4:19).

A—*Actuar*

Actúo en obediencia a la Palabra de Dios, esperando que Dios actúe bajo, en y por medio de mi obrar, de modo que el fruto es decisivamente producto de *su* acción. Yo obro el milagro, pero Dios es la causa determinante:

> Yo planté, Apolos regó; pero el crecimiento lo ha dado *Dios*. Así que ni el que planta es algo, ni el que riega, sino *Dios*, que da el crecimiento (1 Co. 3:6-7).
>
> *Ocupaos* en vuestra salvación con temor y temblor (Fil. 2:12).
>
> He *trabajado* más que todos ellos; pero no yo, sino la gracia de Dios conmigo (1 Co. 15:10).
>
> Si por el Espíritu *hacéis morir* las obras de la carne, viviréis (Ro. 8:13).

D—*Dar gracias*

Doy gracias a Dios por todo lo bueno que viene; le doy la gloria a Él.

> Dando siempre gracias por todo al Dios y Padre, en el nombre de nuestro Señor Jesucristo (Ef. 5:20).
>
> El dar gracias es un sacrificio que verdaderamente me honra (Sal. 50:23, NTV).

Estaba encantado de encontrar, mucho después de que comencé a usar R.O.C.A.D, que J. I. Packer elogió un proceso casi idéntico de vivir la vida cristiana. Él estaba escribiendo sobre la búsqueda de la santidad, que es lo que es la vida cristiana. Lo llama santidad *agustiniana*, porque el gran teólogo africano Agustín lo descubrió y lo describe muy bien:

> La actividad que anima la enseñanza de la santidad agustiniana es intensa, como demuestran las carreras de hombres santos tan prodigiosamente ocupados como Agustín mismo, Calvino, Whitefield, Spurgeon y Kuyper, pero no es en absoluto autosuficiente en espíritu. En su lugar, sigue esta secuencia de cuatro etapas. Primero, como alguien que quiere hacer todo el bien que pueda, uno observa qué tareas, oportunidades y responsabilidades le esperan. En segundo lugar, uno pide ayuda en estas cosas, reconociendo que sin Cristo no puede hacer nada, nada fructífero, claro está (Jn. 15:5). En tercer lugar, va a trabajar con una buena voluntad y un buen corazón, esperando ser ayudado como pidió serlo. Cuarto, agradece a Dios por la ayuda dada, pide perdón por sus propios fracasos en el camino, y solicita más ayuda para la siguiente tarea. La santidad agustiniana es una santidad trabajadora, basada en interminables repeticiones de esta secuencia.[1]

El primero y el último de los pasos de Packer (ver lo que hay que hacer y pedir perdón por los fracasos) se suman a mis cinco pasos. Doy por hecho su primer paso. Su último paso es un buen consejo (¡siéntase libre de crear una nueva sigla si puede hacer que funcione!). Pero las otras sugerencias que Packer hace son las mismas que mis cinco: (1) Reconozca que no puede hacer nada sin Cristo. (2) Ore pidiendo ayuda. (3) Confíe en una promesa de Dios, mientras trabaja. (4) Actúe en obediencia mientras es ayudado. (5) Dé gracias a Dios.

La R: Reconocer que no podemos hacer nada sin ayuda divina

Otra manera de describir este primer paso de la lectura de la Biblia en el poder de otro es decir que comienza con *humildad*. Comienza con la renuncia al orgullo. Comienza con una verdadera sensación de lo depravada y distorsionada que es nuestra mente, y con qué prontitud nuestro corazón desea otras cosas más de lo que deseamos a Dios. Si el Espíritu Santo no obra en nosotros el fruto de la humildad, la mansedumbre y la capacidad de ser enseñados (Gá. 5:23, Stg. 3:17), negaremos o distorsionaremos la verdad de las Escrituras. Porque la totalidad de las Escrituras exalta a Dios por sobre nosotros.

1. J. I. Packer, *Keep in Step with the Spirit* (Grand Rapids, MI: Baker, 2005), p. 105.

Jonathan Edwards cita Salmos 25:9 (NTV), "Guía a los humildes para que hagan lo correcto; les enseña su camino", y dice: "El orgullo es un gran obstáculo para la entrada de la luz divina, y un obstáculo que la evitará eternamente, hasta que sea mortificado".[2] Qué maravillosa promesa: Él ¡"guía a los humildes"! Si esperamos ver a Dios actuar sobrenaturalmente como nuestro maestro cuando leemos la Biblia, así es como deberemos comenzar. Nos humillamos "bajo la poderosa mano de Dios" (1 P. 5:6). Tomaremos en serio el estribillo de las Escrituras: "Jehová exalta a los *humildes*" (Sal. 147:6). "Hermoseará a los humildes con la salvación" (Sal. 149:4). "Recibid con *mansedumbre* la palabra implantada" (Stg. 1:21). "Miraré a aquel que es pobre y *humilde* de espíritu, y que tiembla a mi palabra" (Is. 66:2). Si Dios no "mira" a una persona orgullosa que lee las Escrituras, es seguro que el lector orgulloso no va a recibir su ayuda. John Owen resume la idea así: "El Espíritu de Dios nunca instruyó y nunca instruirá a un alma orgullosa y no humillada en el conocimiento correcto de las Escrituras, ya que es una revelación divina".[3]

La feliz necesidad de ser como niños

Si esperamos leer las Escrituras sobrenaturalmente, debemos dejar todos los pretextos de la autosuficiencia. Esto es lo que Jesús quiso decir con la necesidad de ser como niños: "De cierto os digo, que si no os volvéis y os hacéis como niños, no entraréis en el reino de los cielos. Así que, cualquiera que se humille como este niño, ése es el mayor en el reino de los cielos" (Mt. 18:3-4). La humildad de un niño no es que sea libre de la vanidad. Los niños son naturalmente egoístas (al igual que los adultos). La humildad de un niño, más bien, es su conciencia libre y voluntaria de que no puede satisfacer sus propias necesidades y debe tener a un adulto para satisfacérselas.

Ningún niño se deprime porque no puede vivir su propia vida aislado. Él acepta esto como su posición en la vida, y confía en sus padres para cuidar de él. Esa es la manera en que debemos acercarnos a la vida, incluyendo la forma en que leemos la Biblia. Somos como niños, que hacemos todo lo que podemos para comprender lo que nuestro Padre ha escrito para nosotros, pero que también admitimos libremente que no veremos su gloria sin el don de la luz.

---

2. Jonathan Edwards, "A Spiritual Understanding of Divine Things Denied to the Unregenerate", en *Sermons and Discourses, 1723-1729*, eds. Harry S. Stout y Kenneth P. Minkema, vol. 14, *The Works of Jonathan Edwards* (New Haven, CT: Yale University Press, 1997), p. 87.

3. John Owen, *The Works of John Owen*, ed. William H. Goold, vol. 4 (Edimburgo: T&T Clark, s.f.), p. 186.

Así que Pedro nos dice que anhelemos la leche de la Palabra "como niños recién nacidos" (1 P. 2: 2). Esta comparación probablemente no solo lleva el significado de un deseo abundante, sino también el sentido no vergonzoso de que la nutrición de esta leche es totalmente inmerecida. Es un regalo. No podemos disfrutarlo aparte de la gracia vivificante de Dios.

La humildad como lo opuesto a la autoglorificación

En el capítulo 12, vimos los efectos cegadores del orgulloso amor de nuestra propia gloria por sobre la gloria de Dios. Esta era la razón por la cual los fariseos no podían ver el significado del Antiguo Testamento o el significado del propio ministerio de Jesús. Él lo mostró muy claramente:

> Yo he venido en nombre de mi Padre, y no me recibís; si otro viniere en su propio nombre, a ése recibiréis. ¿Cómo podéis vosotros creer, pues recibís gloria los unos de los otros, y no buscáis la gloria que viene del Dios único? (Jn. 5:43-44).

El corazón humano por naturaleza prefiere imágenes de la gloria de Dios (especialmente la del espejo) por encima de la gloria de Dios mismo (Ro. 1:18-23). Esa preferencia es la esencia del pecado, raíz de nuestro orgullo y de la corrupción que nos impide ver la gloria de Dios en las Escrituras. La obra central del Espíritu Santo al ayudarnos a leer las Escrituras no es agregar nueva información a nuestra mente que no esté en la Biblia, sino más bien humillarnos para que disfrutemos más de la gloria de Cristo que de nuestra autoexaltación.

Este es el papel que Jesús prometió para el Espíritu Santo: "cuando venga el Espíritu de verdad... Él me glorificará" (Jn. 16:13-14). Sabemos que el Espíritu está funcionando cuando la exaltación de Cristo es apreciada. Porque "nadie puede llamar a Jesús Señor, sino por el Espíritu Santo" (1 Co. 12:3). Cuando el Espíritu trabaja en la lectura de las Escrituras, somos humillados y Cristo es exaltado. Nuestra antigua preferencia por la autoexaltación se sustituye por una pasión en busca de la exaltación de Cristo. Esta nueva pasión es la llave que abre mil ventanas en las Escrituras para dejar entrar el resplandor de la gloria de Dios.

La humildad tiene ojos

Jesús se acerca a la necesidad de la humildad de otra manera, Él dice:

> Mi doctrina no es mía, sino de aquel que me envió. El que quiera hacer la voluntad de Dios, conocerá si la doctrina es de Dios, o si yo hablo por mi propia cuenta. El que habla por su propia cuenta, su propia gloria busca; pero el que busca la gloria del que le envió, éste es verdadero, y no hay en él injusticia (Jn. 7:16-18).

La idea de la humildad se expresa aquí de dos maneras. Una al decir que nuestra voluntad debe ser tan humillada que estemos listos y deseosos de que la voluntad de Dios sea la nuestra. No estamos determinados a decir orgullosamente que su voluntad debe conformarse a la nuestra. Más bien, "nuestra voluntad es hacer la suya". Eso es lo que somos, ese es el milagro que el Espíritu Santo ha hecho. Él nos ha dado un afán por conformar nuestra voluntad a la de Dios. Jesús dice que su humilde disposición exaltadora de Dios "conoce" la enseñanza divina cuando la ve. Un "ver" viene con este gozo que renuncia a sí mismo en la voluntad de Dios.

La otra manera en que se expresa la humildad aquí es enfatizando el compromiso de Jesús de vivir para la gloria del Padre: "El que habla por su propia cuenta, su propia gloria busca; pero el que busca la gloria del que le envió, éste es verdadero, y no hay en él injusticia". La razón por la cual una persona puede reconocer este tipo de Mesías como verdadero es que la persona está ansiosa por unirse a Jesús en esta exaltación de la gloria del Padre, que nos lleva a negarnos a nosotros mismos. Así que la humildad está en la raíz del reconocimiento de la verdad. La humildad es un ingrediente clave en el colirio que provee una vista sobrenatural en la lectura de las Escrituras. Por eso es que Jesús le dijo a la iglesia de Laodicea: "Te aconsejo que de mí compres...; y unge tus ojos con colirio, para que veas" (Ap. 3:18). El ingrediente principal de este colirio sobrenatural es la autohumillación.

La humildad conduce a la oración

Esta admisión de nuestra impotencia, esta humildad, es la raíz de la *oración*. El siguiente paso en ROCAD crece desde el primero. Los cinco pasos de este acrónimo no son simplemente secuenciales; están orgánicamente relacionados. La oración crece en el terreno de la humildad. Ninguno de nosotros oraría como debiéramos sin la humildad de admitir la impotencia. Pasamos ahora, en los próximos dos capítulos, al papel absolutamente indispensable de la oración en el acto natural de leer la Biblia sobrenaturalmente.

No tenéis lo que deseáis, porque no pedís.

SANTIAGO 4:2

Pedid, y se os dará; buscad, y hallaréis; llamad, y se os abrirá.

MATEO 7:7

16

El lugar indispensable de la oración en la lectura sobrenatural de la Biblia: despertar nuestro deseo por la Palabra

"Inclina mi corazón a tus testimonios,
y no a la avaricia".

Al comienzo del capítulo 15, resumí el significado del acrónimo ROCAD, que es mi intento práctico y bíblico de ayudarnos a servir "conforme al poder que Dios da" (1 P. 4:11). Es una manera de cumplir el mandato de "andad en el Espíritu" (Gá. 5:16). Es una manera de explicar lo que significa decir: "he trabajado más que todos", pero "no yo, sino la gracia de Dios conmigo" (1 Co. 15:10). Esto significa que es también un camino hacia el acto natural de leer la Biblia sobrenaturalmente. Pasamos en este capítulo y el siguiente a la O en ROCAD, el lugar indispensable de la *oración.*

La oración es el camino de la percepción

Dios ha dejado en claro que el camino para ver su gloria peculiar es la oración: "Abre mis ojos, y miraré las maravillas de tu ley" (Sal. 119:18). ¡Cuánta luz hemos perdido por falta de oración sobre la palabra que estamos leyendo! "No tenéis lo que deseáis, porque no pedís" (Stg. 4:2). El capítulo más largo de la Biblia es una meditación extendida sobre la hermosura de la Palabra de Dios. Está marcada con oraciones explícitas, y todo el salmo está escrito como en la presencia de Dios. Siete veces el salmista ora: "¡Enséñame!":

> Bendito tú, oh Jehová;
> Enséñame tus estatutos (Sal. 119:12).

> Te he manifestado mis caminos, y me has respondido;
> Enséñame tus estatutos (Sal. 119:26).
>
> Enséñame, oh Jehová, el camino de tus estatutos,
> Y lo guardaré hasta el fin (Sal. 119:33).
>
> De tu misericordia, oh Jehová, está llena la tierra;
> Enséñame tus estatutos (Sal. 119:64).
>
> Enséñame buen sentido y sabiduría,
> Porque tus mandamientos he creído (Sal. 119:66).
>
> Bueno eres tú, y bienhechor;
> Enséñame tus estatutos (Sal. 119:68).
>
> Haz con tu siervo según tu misericordia,
> Y enséñame tus estatutos (Sal. 119:124).

Estas oraciones no significan: "Muéstrame las palabras de sabiduría del mundo que son tuyas". El salmista sabe dónde se encuentra la Palabra de Dios. El pueblo judío no estaba a la deriva preguntándose dónde encontrar la Palabra de Dios. Estas oraciones significan: "Abre mis ojos al pleno y glorioso significado de tu palabra". Tenemos tesoros en la Palabra de Dios que la mente meramente natural no puede ver (1 Co. 2:14). Hay una "enseñanza" divina que nos permite ver la verdad y la belleza de la mente de Dios. Es la apertura de nuestra mente para poder ver la suprema conveniencia de todo lo que Dios es para nosotros en Cristo. Así es la obra de Dios que nos capacita para venir a Cristo. Así que Jesús dice: "Escrito está en los profetas: Y serán todos *enseñados por Dios*. Así que, todo aquel que oyó al Padre, y *aprendió de él*, viene a mí" (Jn. 6:45). Este milagro continuo de la enseñanza divina, en y a través de la palabra escrita de Dios, es un regalo en respuesta a la oración.

Con palabras ligeramente diferentes, el salmista ruega cinco veces que Dios le dé entendimiento:

> *Hazme entender* el camino de tus mandamientos,
> Para que medite en tus maravillas (Sal. 119:27).
>
> *Dame entendimiento*, y guardaré tu ley,
> Y la cumpliré de todo corazón (Sal. 119:34).
>
> Tus manos me hicieron y me formaron;
> *Hazme entender*, y aprenderé tus mandamientos (Sal. 119:73).

Tu siervo soy yo, *dame entendimiento*
Para conocer tus testimonios (Sal. 119:125).

Llegue mi clamor delante de ti, oh Jehová;
Dame entendimiento conforme a tu palabra (Sal. 119:169).

Lo que Dios ha unido, no lo separe

Vimos en el capítulo 14 que el don divino de la comprensión no anula nuestro esfuerzo natural para entender la Biblia. Vimos esto en 2 Timoteo 2:7: "*Piensa en esto* que digo, porque el Señor te lo *hará* comprender todo" (DHH). El verdadero entendimiento de la palabra apostólica es un don gratuito de Dios. No lo encontramos por nuestra propia cuenta, está dado. Por eso oramos: "dame entendimiento". Pero es también el fruto del pensamiento, de hecho, del pensamiento riguroso. Así como hablamos de la necesidad de la oración en el proceso de lectura, no creamos que esto provee un atajo para evitar el acto natural de luchar con palabras, frases y cláusulas, es decir, el acto natural de la lectura.

Benjamin Warfield (1851-1921), el gran profesor de Teología de Princeton, fue reprendido por un santo indolente de su época por el énfasis de Warfield en el estudio: "Diez minutos de rodillas te darán un conocimiento más verdadero de Dios que diez horas sobre tus libros". La respuesta de Warfield captó el matrimonio bíblico de pensar y orar. Él dijo: "¿¡Qué!? ¿[Más] de diez horas sobre tus libros, de rodillas?".[1] Él no aceptaría el implícito "una cosa o la otra"; nosotros tampoco deberíamos hacerlo. Orar *y* estudiar, estudiar *y* orar. Lo que Dios ha unido no permita que ningún intelectual (pensador) o carismático (orador) lo separe.

"Inclina mi corazón a tus testimonios"

Hay una oración más fundamental que la oración por la enseñanza y el entendimiento de Dios. Debemos hacer esta oración continuamente. Surge de la admisión de nuestra impotencia en el nivel más esencial. Sin la ayuda sobrenatural de Dios, ni siquiera querríamos leer la Biblia, y mucho menos clamar por una comprensión plena y profunda.

La oración más fundamental que podemos hacer acerca de la lectura de la Biblia es que Dios nos otorgue el deseo de leer este libro. No solo la *voluntad*, que sería lo siguiente, sino el *deseo*. Eso es lo que el apóstol

1. Benjamin Warfield, "The Religious Life of Theological Students", en *The Princeton Theology*, ed. Mark Noll (Grand Rapids, MI: Baker, 1983), p. 263.

Pedro dijo que debemos tener: "desead, como niños recién nacidos, la leche espiritual no adulterada" (1 P. 2:2). Del mismo modo, el salmista dijo que el justo se *deleita* en la ley del Señor (Sal. 1:2). ¿Y por qué no lo haríamos, ya que las palabras de Dios "son más *deseables* que el oro", y "son más *dulces* que la miel, incluso que la miel que gotea del panal" (Sal. 19:10, NTV)? ¿Por qué no? Porque nuestro corazón tiende a ser frío, indolente, duro y ciego.

Esa es la razón básica por la que debemos orar sobre nuestra lectura de la Biblia. Nos alejamos del deseo de hacerlo. Incluso cantamos sobre esta terrible tendencia:

> Propenso a vagar, Señor, lo siento,
> Propenso a dejar al Dios que amo;
> Aquí está mi corazón, oh tómalo y séllalo,
> Séllalo para tus atrios celestiales.[2]

Eso es absolutamente correcto. "Señor, aquí está mi corazón, a la deriva, enfriándose, vacilando, voluble, endureciéndose. ¡Tómalo! Haz lo que debas hacer para sellarlo para ti para siempre. Mantenlo vivo, anhelando, amando, deleitándose y atesorando". Pocas oraciones he elevado más a menudo que esta, *¡Señor, evita que me aleje de tu Palabra!*

De hecho, tengo otro acrónimo que uso: IAUS. Oro estas cuatro oraciones cuando es hora de leer la Biblia:

- I *Inclina.* "*Inclina* mi corazón a tus testimonios, y no a la avaricia" (Sal. 119:36).
- A *Abre.* "*Abre* mis ojos, y miraré las maravillas de tu ley" (Sal. 119:18).
- U *Unifica.* "Enséñame, oh SEÑOR, tu camino; andaré en tu verdad; *unifica* mi corazón para que tema tu nombre (Sal. 86:11, LBLA).
- S *Sáciame.* "De mañana *sácianos* de tu misericordia, y cantaremos y nos alegraremos todos nuestros días (Sal. 90:14).

"Sé que debería, pero he perdido el deseo"

Permanezcamos aquí en la oración por el deseo. "*Inclina* mi corazón a tus testimonios". A lo largo de los años, en mi ministerio pastoral, muchas personas se quejaron de que no tenían motivación para leer la Biblia. Personas que tienen un sentido del deber que les dice que deberían hacerlo, pero el

2. Robert Robinson, "*Come thou Fount of Every Blessing*", 1757.

anhelo no está presente. Es notable cuántas de esas personas sienten que la ausencia de este anhelo es el último clavo en el ataúd de la meditación gozosa en la Palabra de Dios.

Cuando les pido que me describan lo que están haciendo al respecto, me miran como si yo hubiera entendido mal el problema. ¿Qué puedes hacer por la ausencia de anhelo?, se preguntan. "No es cuestión de *hacer*, es una cuestión de *sentir*", protestan. El problema con esta respuesta es que estas personas no solo han perdido el anhelo por la Palabra de Dios, sino que han perdido de vista el poder soberano de Dios, que provee ese anhelo. Están actuando como ateos en la práctica, ya que han adoptado una especie de fatalismo que ignora la forma de orar del salmista.

Evidentemente, el salmista también sentía esta terrible tendencia de alejarse de la Palabra de Dios. Ciertamente, él también conocía el enfriamiento del anhelo y la tendencia de su corazón a inclinarse más hacia otras cosas, especialmente hacia el dinero. De lo contrario, ¿por qué habría clamado: "inclina mi corazón a tus testimonios, y *no a la avaricia*"? Él está suplicando a Dios que le dé ese anhelo por la Palabra. Él sabe que finalmente Dios es soberano sobre los deseos del corazón. Entonces suplica a Dios para que haga lo que él no puede hacer que suceda por su propia cuenta. Esta es la respuesta al fatalismo. Esta es la respuesta al actuar como un ateo, como si no hubiera Dios que gobierna el corazón y sea capaz de restaurar lo que hemos perdido.

Estamos luchando por nuestra vida

No puedo enfatizar lo suficiente cómo nuestra verdadera impotencia espiritual (R-*Reconocer*) debe estar acompañada por el pedido diario a Dios de que Él sostenga y despierte nuestro deseo de leer su Palabra (O-*Orar*). Muchos de nosotros somos pasivos cuando se trata de nuestros afectos espirituales. Somos fatalistas prácticos, y creemos que no hay nada que podamos hacer. "Bueno, es que hoy no tengo el deseo de leer. Tal vez lo tenga mañana, ya veremos"; así salimos rumbo a nuestras actividades diarias.

Esta no es la forma en que el salmista pensó o actuó. No es la forma en que los grandes santos de la historia de la iglesia han actuado tampoco. La vida es una batalla, y las principales batallas se libran a nivel de los deseos, no de los hechos. Cuando Pablo dijo: "Haced morir, pues, lo terrenal en vosotros" incluyó en la lista: "fornicación, impureza, pasiones desordenadas, malos deseos y avaricia" (Col. 3:5). Estos son los grandes destructores del anhelo por la Palabra de Dios. ¿Qué dijo Jesús que quita nuestro anhelo por la Palabra? "Los afanes de este siglo, y el engaño de las riquezas, y *las codicias de otras cosas*, entran y *ahogan la palabra*" (Mr. 4:19). ¡Pablo nos dice que matemos esos "deseos por otras cosas" antes de que ellos nos maten! No nos anima a ser pasivos o fatalistas, por el contrario, nos anima a luchar por nuestra vida. Es decir, luchemos buscando el anhelo por la Palabra de Dios.

Y el primero y más decisivo golpe que podemos dar en contra de "los deseos de otras cosas" que "estrangulan la palabra" y quitan nuestro anhelo por ella, es la súplica diaria a Dios de que Él "incline" nuestro corazón a su Palabra y "no a ganancias egoístas". No espere hasta que haya perdido el deseo para comenzar a orar por ese deseo; si este está presente, dé gracias y pídale a Dios que lo preserve e intensifique. Si siente que está enfriándose, ruéguele a Dios que lo encienda; y si se ha ido, y no siente ningún anhelo por orar, haga lo que puede hacer: arrepiéntase. Dígale a Dios que lamenta que su anhelo por su Palabra está muerto. Dígale lo que siente, aunque Él ya lo sabe. Esto es posible sin hipocresía por causa de la "simiente incorruptible" (1 P. 1:23) que permanece en sus hijos, pídale que le dé el anhelo de que en ese mismo momento pueda reunir la voluntad para pedir eso. Él es misericordioso.

Cristo murió para que su oración en busca de ese deseo sea contestada

La razón por la que podemos orar así, esperando misericordia y seguridad, es que Jesús murió para comprar este deseo por la Palabra de Dios. Él murió por usted a fin de que esta oración fuera respondida. Dios prometió, a través de los profetas Moisés, Jeremías y Ezequiel, que un día haría un "nuevo pacto" con su pueblo. Jesús dijo que el derramamiento de su sangre era la compra de este nuevo pacto para todos los que confiaran en Él como su Salvador, Señor y supremo tesoro. En la llamada última cena explicó: "Esta copa es *el nuevo pacto en mi sangre*, que por vosotros se derrama" (Lc. 22:20). Por el derramamiento de su propia sangre, Jesús obtuvo el nuevo pacto para su pueblo. Garantizó el perdón de los pecados para todos los que confían en Él (Hch. 10:43). "Esto es mi sangre del nuevo pacto, que por muchos es derramada para remisión de los pecados" (Mt. 26:28).

Sobre la base de este perdón, las otras bendiciones del nuevo pacto fluyen hacia el pueblo de Dios. Estas bendiciones se relacionan principalmente con el cambio de nuestros anhelos, particularmente nuestro anhelo por Dios y su Palabra. Aquí están las principales promesas del nuevo pacto:

> Y circuncidará Jehová tu Dios tu corazón, y el corazón de tu descendencia, *para que ames a Jehová tu Dios* con todo tu corazón y con toda tu alma, a fin de que vivas (Dt. 30:6).
>
> Este es el pacto que haré con la casa de Israel después de aquellos días, dice Jehová: *Daré mi ley en su mente, y la escribiré en su corazón*; y yo seré a ellos por Dios, y ellos me serán por pueblo (Jer. 31:33).
>
> Y les daré un corazón, y un espíritu nuevo pondré dentro de ellos; y quitaré el corazón de piedra de en medio de su carne, y les daré un corazón de carne, para que anden en mis ordenanzas, y guarden mis decretos y los cumplan, y me sean por pueblo, y yo sea a ellos por Dios (Ez. 11:19-20).
>
> Os daré corazón nuevo, y pondré espíritu nuevo dentro de vosotros; y quitaré de vuestra carne el corazón de piedra, y os daré un corazón de carne. Y pondré dentro de vosotros mi Espíritu, y haré que andéis en mis estatutos, y guardéis mis preceptos, y los pongáis por obra (Ez. 36:26-27).

Jesús murió para que nuestras oraciones por un amor renovado a Él y su Palabra pudieran ser misericordiosamente contestadas. No le estamos pidiendo nuevos deseos por su Palabra sobre la base de nuestros méritos. Le estamos pidiendo sobre la base de la sangre y la justicia de Cristo. No discutimos con Dios si es que nos debe algo a nosotros, no, no lo hacemos. Todo lo que recibimos es un don, gratuito y de gracia.

Cuando oramos: "Inclina mi corazón a tus testimonios" (Sal. 119:36), admitimos que no merecemos nada; un corazón frío hacia la belleza infinita es un pecado infinito. Confesamos nuestra impotencia y pecaminosidad, y miramos lejos de nosotros mismos a Cristo. Nuestra súplica es: ¡Oh Dios, por el amor de Cristo! ¡Por el bien de tu amado Hijo! Por amor a su sangre infinitamente preciosa (1 P. 1:19), escucha mi clamor y devuélveme el gozo de mi salvación (Sal. 51:12) y el deleite que tuve una vez en tu Palabra (Sal. 1:2). Restaura en mí la plenitud de mi amor por ti (Dt. 30:6). Concédeme decir de nuevo, desde el fondo de mi corazón: "¡Oh, cuánto amo yo tu ley!" (Sal. 119:97).

Rendir nuestra identidad a Dios

No perdamos cuán radical es orar de esta manera acerca de la lectura de la Biblia. La oración contiene una entrega absoluta de nosotros mismos a

Dios. Estamos diciendo, en efecto: Estoy feliz de que Dios tenga el control básico de mi corazón. Estoy feliz de que vayas bajo mi voluntad consciente y controles las raíces de mis deseos y anhelos y, por lo tanto, todo lo que fluye de mi interior. Esto es radical. Esto es una rendición a Dios de nuestra identidad. Nuestro propio ser, como persona individual, es lo que somos en lo más profundo.

Nuestra más profunda identidad no son los simples actos externos de una actividad religiosa, ni esfuerzos caritativos, ni exitosas hazañas. Todo eso está río abajo de la corriente de nuestra identidad. Somos quienes somos en el lugar oculto, donde nacen los deseos, anhelos, pasiones y afectos. Cuando oramos "inclina mi corazón", estamos entregando el control de esas profundidades. Estamos mirando a Cristo y su muerte por los pecadores, y lo que vemos es una persona digna de la más profunda confianza. Por su causa estamos diciendo a Dios: "Creo que eres bueno; creo que puedo confiar en ti; creo que no me apartarás, sino que harás conmigo todo para lo que fui creado. Así que te entrego las raíces de mi ser, la fuente de mi misma identidad. Te pido, Dios, que tomes el control de esto y me des los anhelos que están de acuerdo con tu valor y mi mayor alegría en ti.

Sospecho que muchos que oran a Dios pidiendo ayuda con su lectura de la Biblia no obtienen la respuesta porque realmente no están dispuestos a hacer toda la entrega que está involucrada al clamar: "inclina mi corazón". En el fondo, están diciendo: "No estoy tan seguro de que realmente quiero tener este anhelo por la Palabra de Dios que es mayor que mi deseo de sexo, dinero, popularidad, matrimonio, familia o la vida misma". En realidad, no están diciendo: "*mejor* es tu misericordia que la vida" (Sal. 63:3). Se están conteniendo. Un profundo amor por algún pecado o algún "deseo de otras cosas" impide la entrega de todo corazón. Pero tales negociaciones con Dios, tales medias tintas, no son aceptadas. "Si en mi corazón hubiese yo mirado a la iniquidad, el Señor no me habría escuchado" (Sal. 66:18).

La Palabra de Dios es la revelación de sí mismo

Es probable que aquí se dé el autoengaño. El engaño de que estamos tratando únicamente con la Palabra de Dios y no con Dios mismo. No nos damos cuenta que retraernos del pleno deseo por la Palabra de Dios es retraernos de Dios mismo. Este autoengaño no permite creer que podemos anhelar una relación a largo plazo con Dios mientras que cultivamos idolatrías silenciosas en el corazón. Dios ve a través de tales subterfugios. Jesús puso en claro lo que todos sabemos en lo profundo de nuestro corazón. La

Palabra de Dios es, como dice Derek Kidner, "la revelación de sí mismo".[3] Jesús dijo: "El que me ama, mi palabra guardará" (Jn. 14:23). Esto nos habla de lo cerca que está la relación entre Cristo y su Palabra. La pérdida de interés en la Palabra de Dios es la pérdida de interés en Dios mismo.

Por lo tanto, aquí en el inicio al contestar a la pregunta, "¿cómo leemos la Biblia en la fuerza de otro?", hemos encontrado la demanda más profunda de todas. La lectura de la Biblia es algo que debemos *desear* hacer (Sal. 1:2; 1 P. 2:2), pero los deseos de nuestro corazón pecaminoso son inconstantes. Por lo tanto, todo comienza con esta prueba: ¿realmente *queremos* anhelar y disfrutar de la Palabra de Dios sobre todas las cosas creadas? ¿Estamos dispuestos a entregar la fuente de nuestros anhelos, nuestra identidad, en las manos de Dios? ¿Estamos dispuestos a orar: "inclina mi corazón a tus testimonios", y no retener nada? En otras palabras, la pregunta acerca de cómo leer las Escrituras es una cuestión de la entrega cristiana radical de nuestro ser más íntimo en las manos de Dios para hacer lo que Él quiera. Todo se resume a qué significa ser cristiano.

Oración para la apertura de nuestros ojos

Después de haber orado para que Dios incline nuestro corazón a sus testimonios (Sal. 119:36), la *I* en nuestro acróstico IAUS, ahora miramos al Libro. Estamos leyendo. Veremos en breve cuáles son los procesos naturales involucrados en este acto. Pero lo que hay que destacar aquí es que cuando Dios nos da el anhelo por su Palabra, la tarea de la oración recién acaba de empezar. Antes y durante nuestra lectura, estamos diciendo en oración: "*Abre mis ojos*, y miraré las maravillas de tu ley" (Sal. 119:18). Estos ojos son lo que Pablo llama los ojos del corazón (Ef. 1:18, NVI). Su oración es esencialmente la misma que la del salmista, solamente está orando por los demás. Pide que "*los ojos de nuestro corazón* sean iluminados".

Todos sabemos lo que es leer sin ver "cosas maravillosas". Hemos mirado las cosas más gloriosas sin verlas como tales. Hemos visto maravillas sin maravillarnos. Hemos puesto la dulce bondad de Dios en la lengua de nuestra alma sin probar su dulzura. Hemos visto un amor indescriptible sin sentirnos amados. Hemos visto el mayor poder y no hemos sentido ningún temor. Hemos visto una inconmensurable sabiduría y no hemos sentido admiración. Hemos visto la santidad de la ira y no hemos sentido ningún estremecimiento. Lo que significa que estamos "viendo sin ver"

3. Derek Kidner, *Salmos 73-150* (Buenos Aires: Editorial Certeza, 1991), p. 454.

(véase Mt. 13:13). Por eso debemos seguir tejiendo el hilo de la oración que depende de Dios en nuestra lectura: "Muéstrame tu gloria" (Éx. 33:18).

Si no sentimos el valor de lo que vemos, no lo estamos viendo como realmente es. Lo estamos viendo como Satanás lo ve, excepto que incluso los demonios tiemblan (Stg. 2:19). Lo estamos viendo como lo ve el hombre natural. Antes de la "iluminación" sobrenatural de nuestro corazón en la conversión (Ef. 1:18; He. 10:32), miramos la historia de Jesús y somos ciegos a "la luz del evangelio de la gloria de Cristo" (2 Co. 4:4). E incluso después de esa iluminación inicial (2 Co. 4:6), debemos orar repetidamente, y por el resto de nuestra vida, para que Dios nos siga dando ojos para ver.

Sabemos esto porque Pablo está orando por los *cristianos* cuando él pide que "los ojos de sus corazones" sean iluminados. Lo sabemos también porque el escritor de Hebreos está escribiendo a los *cristianos* cuando dice: "os habéis hecho tardos para oír" (He. 5:11). Hasta que Jesús regrese, "vemos por espejo, oscuramente" (1 Co. 13:12), y ese espejo tiene varios grados de niebla para hacer las cosas borrosas. Dios ha ordenado que la oración sea un medio indispensable para limpiar ese espejo y así poder ver las maravillas de la Palabra por lo que son realmente.

Orar sin cesar

No es una oración de una vez por todas, ni siquiera una oración una vez al día, o una oración al iniciar el tiempo devocional. He pasado la mayor parte de mi ministerio de cuarenta y cinco años mirando textos bíblicos, y puedo testificar que "orar sin cesar" (1 Ts. 5:17) tiene una relevancia especial para la lectura y el estudio de la Biblia. Cuántos cientos de veces me he topado con un muro en mi esfuerzo por entender un texto; a menudo he tenido un sentido de desesperación porque debo predicar sobre este texto en unos pocos días. He utilizado los idiomas originales, he usado los libros de eruditos, he comenzado mi trabajo con oración; para todavía seguir perplejo. Hago una pausa, ¡otra vez!, y ruego al Señor que me muestre la verdad y belleza de este texto. Es una cosa maravillosa cuántas veces, dentro de la siguiente media hora o algo así, algo se abre que no había visto antes, entonces inclino la cabeza con asombro ante su misericordia y paciencia. Charles Spurgeon lo expresó de la siguiente manera:

> Podemos martillar un texto a veces en meditación, y golpearlo una y otra vez, y sin embargo puede no ceder ante nosotros, pero clamamos a Dios, y enseguida el texto se abre, y vemos ocultos en él maravillosos

> tesoros de sabiduría y de gracia... Solo leer es improductivo; orar sin leer no es tan enriquecedor; pero cuando los dos corren juntos, son como dos caballos que tiran de un carruaje y avanzan alegremente.[4]

Adelantándonos por una razón

Implícito en mi último párrafo, y en la cita de Spurgeon, está el hecho de que no hemos sido explícitos todavía. Dios responde a nuestras oraciones no solamente permitiéndonos ver la gloria, belleza y valor en donde de otro modo no solo seríamos sordos e insensibles, sino también perderíamos la capacidad de ver el significado básico de los textos a través de los cuales resplandece esa gloria. Me estoy adelantando aquí, porque todavía no hemos hablado específicamente de cuál es el *significado* de un texto. Eso viene después. Pero necesito establecer esto en nuestro punto de vista ahora, porque de otra manera no conoceremos el efecto completo de la oración. Voy a retomar esto en el próximo capítulo a medida que terminamos nuestra consideración del lugar indispensable de la oración en la lectura de la Biblia de manera sobrenatural.

4. C. H. Spurgeon, *The Metropolitan Tabernacle Pulpit Sermons*, vol. 58 (Londres: Passmore & Alabaster, 1912), p. 427.

Santifícalos en tu verdad; tu palabra es verdad.

JUAN 17:17

Guíame por la senda de tus mandamientos,

Porque en ella tengo mi voluntad.

SALMOS 119:35

17

El lugar indispensable de la oración en la lectura sobrenatural de la Biblia: ver, saborear y amar con un corazón unificado

"Abre mis ojos, y miraré las maravillas de tu ley".

Significado y gloria

En la primera parte de nuestro acercamiento al tema de la oración (capítulo 16), terminé refiriéndome a mi experiencia de impactarme contra un muro al intentar entender un texto bíblico, detenerme para orar pidiendo ayuda a Dios, para finalmente lograr un avance. Luego comenté que esta experiencia personal introdujo un aspecto de la oración que todavía no había mencionado. Hasta entonces, el foco estaba en el poder de la oración para abrir los ojos de nuestro corazón y así poder ver la gloria de Dios donde, de otro modo, seríamos sordos e insensibles. Pero el nuevo punto es que la oración tiene un efecto no solo sobre la percepción espiritual que el corazón tiene de la gloria de Dios, sino también sobre la comprensión intelectual de la mente acerca del *significado fundamental* del texto a través del cual brilla la gloria.

Me declaré culpable de adelantarme a mí mismo porque, al usar la frase *significado fundamental*, estoy asumiendo cosas que voy a discutir más adelante (en el capítulo 20) acerca de lo que realmente queremos *decir* con "significado". Pero lo hice para mostrar la plenitud de lo que la oración debe hacer por nosotros en la lectura de la Biblia.

Cuando oramos para que Dios nos muestre su gloria en las Escrituras, no le estamos pidiendo que eluda el significado del texto, sino que abra la plenitud del significado del autor. Por lo tanto, en nuestra búsqueda para ver y saborear la gloria de Dios en las Escrituras, oramos por su ayuda para comprender el significado fundamental de las palabras. La gloria no se cierne sobre el texto como una nube para ser vista aparte de lo que los autores pretendían comunicar. Brilla en y por lo que intentaban comunicar, es decir su *significado*.

Ilustración de Filipenses

Aunque esta no es la manera de decirlo, pues la gloria es *parte* de lo que los autores humanos pretendían comunicar. Pero creo que es útil distinguir el *significado fundamental* de un pasaje, por un lado, y el *valor y belleza del mensaje*, por el otro lado. Sé que no son realmente separables, y ambos son parte de lo que el autor quiere que experimentemos. Tal vez una ilustración nos ayudará a ver por qué creo que la distinción es importante, y cómo se relaciona esto con la oración.

En Filipenses 1:23, Pablo dice: "teniendo deseo de partir y estar con Cristo, lo cual es muchísimo mejor". Supongamos que algún lector descuidado sabía que Pablo estaba en Roma y asumió que Pablo quería decir que su deseo era partir *de Roma* y estar *con Cristo* en un lugar más rural y pacífico que el peligroso centro urbano del Imperio. Y supongamos que el lector siente que este es un pensamiento maravilloso, lleno de dulces implicaciones sobre el valor de la naturaleza y la tranquilidad para el refrigerio del alma.

Bien, esta persona estaría equivocada. Primero, este lector descuidado consiguió el *significado fundamental* incorrecto. Pablo no quiso decir nada sobre la partida de Roma al campo, ni sobre el valor de la paz rural. Tenía la intención de decir que deseaba apartarse de esta vida y estar con Cristo en el cielo. Así que nuestro lector simplemente perdió la intención de Pablo. Pero el asunto se pone peor. Sobre la base del significado equivocado, este descuidado lector también vio una especie de gloria que no estaba allí. Sentía una dulzura por la vida pacífica y rural para el refrigerio del alma humana. Este sentimiento no tiene base en este texto. Él ha visto algo a lo que llamaría glorioso o maravilloso, pero la gloria y la maravilla, en realidad, no están allí.

El objetivo de esta ilustración es el siguiente: cuando el salmista ora: "Abre mis ojos, y miraré las *maravillas* de tu ley" (Sal. 119:18), no quiso decir que la visión de las maravillas podría omitir el proceso natural de la lectura cuidadosa. Por lo tanto, la oración no toma el lugar de una interpretación cuidadosa, sino que sirve para lograr esa interpretación cuidadosa. Esto es lo que me estaba ocurriendo en el capítulo anterior cuando mencioné que a veces me topo contra un muro al tratar de entender un texto, entonces oro por ayuda y, a menudo, viene un gran avance. Mi oración no es solo pidiendo la visión de la gloria, sino por ayuda en la comprensión del significado a través del cual brilla la gloria.

Orar por todo, pues Dios lo controla todo

De cualquier manera que describamos los niveles del significado de un texto, la oración es fructífera en todos ellos. Dios no solo abre los ojos de nuestro corazón para ver su gloria, sino que también nos guía providencialmente en todo el proceso de interpretación, incluso en las partes más naturales. Él es soberano sobre todo, Él gobierna cada parte de nuestra observación textual, pensamiento o investigación. Jesús dijo que "ni un solo gorrión puede caer a tierra sin que el Padre lo sepa" (Mt. 10:29, NTV); y así es con la lectura de la Biblia. No hacemos el más pequeño descubrimiento sin la guía providencial de Dios. Por supuesto, esto es cierto para el erudito incrédulo también. El gobierno de Dios no es frustrado por las autoafirmaciones de incredulidad.[1] Pero, en el caso de los creyentes, el misterio de la oración está operando en su plenitud.

Por increíble que parezca, Dios misteriosamente intercala las oraciones de su pueblo en la forma en que dirige al mundo. Las cosas suceden porque oramos por algo que no sucedería si no orásemos. Eso es lo que quiere decir Santiago cuando dice: "No tienen, porque no piden" (Stg. 4:2, NVI). Y es lo que quiere decir Jesús cuando dice: "Pedid, y se os dará; buscad, y hallaréis; llamad, y se os abrirá" (Mt. 7:7). Esto no nos hace Dios, como si nuestra voluntad fuera el árbitro final de lo que sucede en el mundo. Pero significa que nuestras peticiones, hechas a Dios en fe, son parte de la forma en que Dios hace que suceda su voluntad. Esto incluye su gracia en ayudarnos a ver la plenitud del significado de su Palabra, su mensaje fundamental y su gloria.

Que oremos no nos hace infalibles

Esto significa que jamás podemos defender nuestra interpretación diciendo: "Oré por la ayuda de Dios, y mi interpretación es la correcta". Este tipo de argumento no es convincente, al menos por tres razones. Primero, la persona que presenta el caso puede no estar diciéndonos la verdad. Tal vez oró, tal vez no. Segundo, Dios a veces retiene la plenitud de su iluminación por razones sabias y santas, incluso cuando le pedimos ayuda para interpretar un texto. Si Él no retuviera algún discernimiento, una oración sincera podría

1. Si quisiera unirse a mí para reflexionar más ampliamente sobre la soberanía de Dios sobre las acciones pecaminosas del hombre y Satanás, véase John Piper, *Pecados espectaculares: Y su propósito global en la gloria de Cristo* (Bogotá: CLC Colombia, 2014).

convertir a un lector en un comentarista infalible en las Escrituras. Evidentemente, Dios no cree que esto sea una buena idea. Así como Él quiere santificarnos paulatinamente en lugar de perfeccionarnos de la noche a la mañana, así también quiere dirigirnos al significado completo de los textos bíblicos poco a poco, en vez de hacernos infalibles de la noche a la mañana. La interpretación infalible espera la venida de Cristo (1 Co. 13:12).

Tercero, y más importante, no podemos defender nuestra interpretación alegando la iluminación divina en respuesta a la oración, porque la manera en que Dios ilumina el texto es *mostrando lo que realmente está allí*. Esto significa que cuando queremos hacer una presentación de cómo entendemos un texto, debemos mostrar lo que realmente hay ahí. Un buen argumento gramatical sólido para lo que significa el texto supera todas las afirmaciones de que el Espíritu Santo me comunicó el significado. La razón por lo que esa declaración no es irreverente es que la misma toma más en serio la gloriosa obra del Espíritu Santo en la inspiración de la gramática que las experiencias subjetivas de un intérprete que la ignora.

Ore por ayuda para prestar atención a lo que está escrito

Por lo tanto, aunque la guía del Espíritu Santo en la lectura de la Biblia no nos da un argumento de que nuestras interpretaciones son verdaderas, su guía e iluminación son esenciales. Así que debemos orar por ello repetidamente durante todo el proceso de lectura y estudio de la Biblia. Debemos orar, por ejemplo, para que Dios nos ayude a prestar mucha atención a todas las características del texto. ¡Oh cuán frustrante y terrible es la tendencia de nuestra mente a vagar! Permítame un ejemplo personal tomado de mi diario:

> Esta misma mañana, podría haber sido como cualquier otra mañana, estaba leyendo Éxodo 34 como parte de mis devociones matutinas. He olvidado orar por esta ayuda cuando comencé. Estaba en un hotel y fuera de mi rutina habitual de tiempo y lugar (excusas, excusas), y me metí directamente en la lectura, sin orar con confianza a la manera de IAUS.[2] Cuando comencé a leer, estaba prestando atención. Moisés estaba relatando las palabras de Dios mientras subía a la montaña para recibir los Diez Mandamientos por segunda vez. Leí hasta el versículo 4, pero en pocos minutos (¡sí, minutos enteros!) me "desperté" y ya estaba leyendo

2. Para el acrónimo IAUS, véase el cap. 16.

el versículo 9 sin el menor recuerdo de lo que estaba en los versículos 5 a 8. No me dormí, mi mente vagaba, y me llevó a una reunión que íbamos a tener mi esposa y yo con alguien en un restaurante en aproximadamente una hora, una reunión que podría resultar muy difícil.

Me disculpé ante el Señor. Sí, creo que es un insulto no prestar atención cuando alguien está hablando contigo, entonces necesitamos disculparnos, lo mismo que si estuviéramos soñando despiertos en un restaurante cuando alguien al otro lado de la mesa nos está hablando. Entonces oré para que Él me ayudara a prestar atención y me diera algo que nos auxiliara en esta reunión. Volví y releí los versos, y esto es lo que vi: "Y pasando Jehová por delante de él, proclamó: ¡Jehová! ¡Jehová! fuerte, misericordioso y piadoso; tardo para la ira, y grande en misericordia y verdad; que guarda misericordia a millares, que perdona la iniquidad, la rebelión y el pecado, y que de ningún modo tendrá por inocente al malvado" (Éx. 34:6-7).

¡Glorioso! ¡Glorioso! ¿Oye la manera en que Dios se identifica después de haber sido rechazado por su pueblo que hizo un becerro de oro? El Señor, Dios, fuerte, misericordioso, piadoso, lento [¡no rápido!] para la ira. Abundando en misericordia, en fidelidad, perdonando la iniquidad, perdonando la transgresión, perdonando el pecado; castigará a los culpables que no abracen la gracia.

No hay nada más dulce en el Nuevo o el Antiguo Testamento que esos dos versículos de Éxodo 34. Eso es lo que Satanás *no* quería que yo viera. Creo que fue Dios, por su gracia, quien me despertó en el versículo 9, me reprendió y me envió de regreso para ver la gloria que me perdí porque mi mente simplemente estaba oscurecida.

Y aquí es a donde va todo. Llamé a mi esposa para que se sentara frente a mí y me escuchara. Le leí estos versículos y luego oramos. Aplicamos específicamente estos versículos para nosotros mismos y para la reunión que tendríamos. Esto nos fortaleció y nos dio esperanza. Dios se movió, en un punto la conversación tomó un giro que era simplemente asombroso, los corazones se abrieron y la sinceridad brotó; el amor fluyó.

Casi pierdo ese regalo. Si así hubiera ocurrido, creo que el Señor habría estado plenamente justificado al decir: "No lo tuviste, porque no pediste. Simplemente cumpliste diligentemente tu lectura, y te perdiste la gloria que estaba esperando allí para ti". Pero, como dice el texto, Dios es misericordioso, muy misericordioso. Nos perdona y, en el versículo 9, está dispuesto a comenzar nuevamente con nosotros.

Así que pídale al Señor que lo ayude a prestar atención. Si tiende a quedarse dormido mientras lee la Biblia, pídale que le dé la disciplina que necesita para ir a la cama lo suficientemente temprano para conseguir el descanso que necesita. O pídale que le enseñe cuándo es el momento óptimo en el que no tendrá tanto sueño. O pídale que le dé la motivación para levantarse y caminar de un lado a otro en su habitación mientras lee su Biblia, porque es mucho más difícil quedarse dormido mientras se camina. O, si su conciencia lo permite, pídale que lo haga tolerante a la cafeína; y ponga su café a trabajar para la gloria de Dios.

Dios hace todo método más fructífero si se lo pedimos

El número de cosas por las cuales podría orar para ayudarle a ver lo que está en las Escrituras es tan grande como el número de estrategias para obtener discernimiento. Dios puede hacernos más fructíferos, si se lo pedimos. Esto incluiría:

- Oración pidiendo dirección para notar partes del texto que son especialmente iluminadoras.
- Oración para llevarnos a otros pasajes de la Biblia que arrojarían luz sobre lo que estamos leyendo.
- Oración para llevarnos a otros libros, sermones o conferencias que serían útiles para arrojar luz sobre algún problema que hayamos encontrado.
- Oración por experiencias, o un recordatorio de experiencias que ya hemos tenido, que harían que lo que estamos leyendo sea más real.
- Oración por los amigos con quienes podríamos estudiar la Biblia y nos ayudarían a ver cosas que no hemos visto aún.
- Oración contra cualquier hábito pecaminoso o inclinaciones que pudieran cegarnos a una parte de las Escrituras que encontraríamos incómoda.
- Oración para que, a medida que escribimos el texto en nuestro diario, notemos cosas que se perdieron en la simple lectura.

Cualquier cosa que nos ayude a prestar más atención a lo que realmente está escrito, oremos sobre esto en particular. Pidámosle a Dios que lo haga más iluminador de lo que sería sin su ayuda.

"Unifica mi corazón" mientras leo tu Palabra

Por lo tanto, en nuestro uso del acrónimo IAUS para guiar nuestra oración por ayuda en la lectura sobrenatural de la Biblia, hasta ahora hemos considerado I-*Inclina*. "*Inclina* mi corazón a tus testimonios, y no a la avaricia" (Sal. 119:36). Y hemos mirado a A-*Abre*: "*Abre* mis ojos, y miraré las maravillas de tu ley" (Sal. 119:18). La siguiente letra de nuestro acrónimo es la U-*Unifica*: "Enséñame, oh SEÑOR, tu camino; andaré en tu verdad; *unifica* mi corazón para que tema tu nombre" (Sal. 86:11, LBLA).

La diferencia entre esta oración, "unifica mi corazón", y la oración por el enfoque es que esta involucra al corazón, no solo la atención mental al texto. Revela un profundo problema humano, ya que nuestro corazón es propenso a ser dividido, a no estar unido. Søren Kierkegaard escribió un libro titulado con una asombrosa afirmación: *La pureza de corazón es querer una sola cosa*.[3] Detrás de esta afirmación hay un poderoso apoyo bíblico: "Acercaos a Dios, y él se acercará a vosotros. Pecadores, limpiad las manos; y vosotros *los de doble ánimo, purificad vuestros corazones*" (Stg. 4:8). Ser impuro es tener el corazón dividido, en donde una parte está apegada a Dios y otra parte se apega a algo que compite con Dios por nuestros deseos.

La experiencia universal de un corazón dividido

Esta es la experiencia universal para toda persona que ha sido invadida por el Espíritu de Dios y traída a la fe en Jesús. Jesús es ahora el tesoro supremo: "El que ama a padre o madre más que a mí, no es digno de mí; el que ama a hijo o hija más que a mí, no es digno de mí" (Mt. 10:37). Pero hasta que muramos, o hasta que Jesús vuelva, la batalla continúa con rigor. Los cristianos debemos reafirmar diariamente nuestra lealtad a Jesús como supremo. Como dice Pablo, debemos considerarnos "muertos al pecado, pero vivos para Dios en Cristo Jesús, Señor nuestro" (Ro. 6:11). Debemos "considerarnos" o "contarnos" activamente como pertenecientes a Dios. *Nosotros* le pertenecemos, *estamos* muertos al pecado, y *estamos* vivos para Dios. Por lo tanto, debemos *considerarnos* así, porque diariamente hay otras fuerzas en acción que nos arrastran hacia otro lado. Pablo describe la realidad cristiana cuando dice: "Porque lo que hago, no lo entiendo; pues no hago lo que quiero, sino lo que aborrezco, eso hago" (Ro. 7:15).[4] Pablo clama: "¡Miserable de mí!" (Ro. 7:24). Eso es ser un hombre de doble ánimo (Stg. 1:8).

---

3. Søren Kierkegaard, *La pureza de corazón es querer una sola cosa* (Buenos Aires: Ediciones La Aurora, 1979).

4. Sé que algunos buenos eruditos no creen que Romanos 7 describa la experiencia cristiana, pero yo sí. He tratado de presentar esto en una serie de seis partes en el sermón, *Who Is This*

Por eso, cuando leemos la Biblia debemos orar con el salmista: "Unifica mi corazón". Si el significado y la gloria de las Escrituras son para ser vistos y saboreados con todo nuestro corazón, debemos tener un corazón unificado para Dios. Este es el primer y gran mandamiento: "Amarás al Señor tu Dios con *todo* tu corazón, y con *toda* tu alma, y con *toda* tu mente" (Mt. 22:37). ¿Cómo obedece este mandamiento un corazón dividido? El gran mensaje, central, omnipresente de la Biblia es que Dios debe ser amado sobre *todas* las cosas, y con *todo* lo que somos. Él es supremo en valor y belleza. Hay poca esperanza, por lo tanto, de que el mensaje central de la Biblia, y todo lo que toca, sea visto y saboreado correctamente donde hay un corazón que está dividido. Oremos, por lo tanto, junto con Thomas Ken:

> Todo lo que dirija, controle, sugiera, este día,
> Todo lo que diseñe, haga, o diga,
> Que todos mis poderes, con todas sus fuerzas,
> En tu sola gloria pueda *unir.*[5]

La oración para saborear la gloria de Dios

La cuarta letra de mis siglas de oración (IAUS) es S-*Sácianos*: "De mañana *sácianos* de tu misericordia, y cantaremos y nos alegraremos todos nuestros días" (Sal. 90:14). Recordemos la propuesta de la Parte I:

> La Biblia misma muestra que nuestro objetivo supremo en su lectura es que el valor infinito de Dios y su belleza sean exaltados en la eterna y ferviente adoración de la esposa de Cristo, comprada con su sangre, de cada pueblo, idioma, tribu y nación.

Toda nuestra lectura de la Biblia apunta hacia este fin: la exaltación de la gloria de Dios en la adoración ferviente de su pueblo. Por lo tanto, dedicamos tres capítulos (3—5) a la implicación de que la gloria de Dios debe ser *vista* en la Palabra, y dos capítulos (6—7) a la implicación de que la gloria de Dios debe ser *saboreada* en la Palabra.

El presente capítulo trata de la necesidad de orar para que Dios haga que

---

Divided Man?, consultado el 12 de julio de 2017, http://www.desiringgod.org/scripture/romans/7/messages.

5. Thomas Ken, "Awake, My Soul, and with the Sun", 1674, consultado el 12 de julio de 2017, http://ciberhinario.org/htm/a/w/awakemys.htm; cursivas añadidas.

sucedan estas implicaciones. El acrónimo IAUS llega a su punto más alto en la oración que Dios nos llevaría a *saborearlo*, o estar satisfechos en él, sobre todo: "De mañana *sácianos* de tu misericordia". Esto es lo que quiero decir con *saborear* la gloria de Dios. Significa que lo hallemos más *satisfactorio* que cualquier realidad creada. Decimos con el salmista: "Estaré *satisfecho* cuando despierte a tu semejanza" (Sal. 17:15).

El salmista necesita ayuda divina para amar a Dios

¿No es reconfortante e inspirador que los salmistas sintieran la necesidad de orar de esta manera? "¡Sácianos de tu misericordia!". ¿Por qué orarían así? Porque sus corazones estaban divididos, al igual que los nuestros. Todos los días necesitaban apoderarse de la supremacía del valor de Dios. Todos los días tenían que reconocer que el amor de ayer no es suficiente para hoy. Necesitamos nuevas misericordias cada mañana, necesitamos nueva gracia, necesitamos que Dios revele su belleza y valor para nosotros una vez más. Por eso leemos nuestra Biblia todos los días, y esta es la razón por la cual oramos, "abre mis ojos a tu gloria", y, "satisfáceme con todo lo que eres para mí en Jesús".

David muestra para nosotros en el Salmo 63 el progreso de su alma que va de *buscar* a *ver* y a *saborear*:

> Dios, Dios mío eres tú;
> De madrugada *te buscaré*;
> Mi alma tiene sed de ti, mi carne te anhela,
> En tierra seca y árida donde no hay aguas,
> Para ver tu poder y tu gloria,
> Así como te he *mirado* en el santuario.
> Porque mejor es tu misericordia que la vida;
> Mis labios te alabarán.
> Así te bendeciré en mi vida;
> En tu nombre alzaré mis manos.
> Como de meollo y de grosura será *saciada* mi alma,
> Y con labios de júbilo te alabará mi boca (vv. 1-5).

Cuando David y los otros salmistas (como Asaf) vieron y saborearon al Señor sobre todas las cosas, les encantaba decirlo:

> ¿A quién tengo yo en los cielos sino a ti?
> Y fuera de ti nada deseo en la tierra.

Mi carne y mi corazón desfallecen;
Mas la roca de mi corazón y mi porción es Dios para siempre
(Sal. 73:25-26).

Oh alma mía, dijiste a Jehová:
Tú eres mi Señor;
No hay para mí bien fuera de ti (Sal. 16:2).

IAUS - ¿G?

Ahora, si ha estado siguiéndome, se dará cuenta de que IAUS es incompleto. El objetivo de leer la Biblia no termina en mi satisfacción personal en Dios sin referencia a otras personas y fin de la historia. Por lo tanto, en la Parte I, dediqué dos capítulos (8—9) al hecho de que ver y saborear a Dios conduce a una bella transformación de la conducta egoísta a la conducta radical, arriesgada y amorosa. El texto clave fue 2 Corintios 3:18 ("mirando a cara descubierta como en un espejo la gloria del Señor, somos transformados de gloria en gloria en la misma imagen"). *Ver* la gloria de Dios por lo que realmente es, toda *satisfactoria*, transforma la raíz de todas nuestras acciones y conduce al amor.

Por lo tanto, tenemos que estropear nuestro pulcro acrónimo con otra letra-G para *Guía*. Debemos pasar de "*Sáciame* de tu misericordia", a "me *guiará* por sendas de justicia por amor de su nombre" (Sal. 23:3). "*Guíame* por la senda de tus mandamientos, porque en ella tengo mi voluntad" (Sal. 119:35). "*Guíame* con tu verdad y enséñame" (Sal. 25:5, NTV). "Guíame, Jehová, en tu justicia" (Sal. 5:8).

No debemos pensar que esta "guía" es diferente de la profunda transformación interna que vimos en 2 Corintios 3:18. Jesús y los salmistas no quieren decir: "Guíanos por una fuerza externa de la manera en que conducirías una mula con un látigo". Significa: "Guíanos mostrándonos la gloria de tu gracia y sácianos en las profundidades de nuestro ser de modo que seamos liberados para arriesgar nuestra vida en la causa del amor". Sabemos esto debido a la manera en que David describe la dirección de Dios en Salmos 32:8-9 (NTV):

El SEÑOR dice: «Te guiaré por el mejor sendero para tu vida;
te aconsejaré y velaré por ti.
No seas como el mulo o el caballo, que no tienen entendimiento,
que necesitan un freno y una brida para mantenerse controlados».

Si necesitas brida y freno, no has visto la gloria de Dios: "El que hace lo bueno es de Dios; pero el que hace lo malo *no ha visto a Dios*" (3 Jn. 11).

Pablo nos muestra cómo orar para obtener la transformación. Sin duda, ora para que se abran los ojos de nuestros corazones (Ef. 1:18) y para que nuestros corazones sean arrebatados por el amor inconmensurable de Cristo (Ef. 3:14-19). Pero él también ora por el fruto práctico y visible de la justicia y las buenas obras. "No cesamos de orar por vosotros... para que andéis como es digno del Señor, agradándole en todo, llevando fruto en toda buena obra, y creciendo en el conocimiento de Dios" (Col. 1:9-10). "Que estén siempre llenos del fruto de la salvación —es decir el carácter justo que Jesucristo produce en su vida— porque esto traerá mucha gloria y alabanza a Dios" (Fil. 1:11, NTV).

"Santifícalos en la verdad; tu palabra"

Sabemos que estas oraciones por la guía de Dios y el don de Dios de una buena vida y buenas acciones son oraciones en busca de *fruto en la lectura* de la Biblia, porque la Biblia deja claro que Dios nos da su Palabra precisamente para traer estos cambios en nuestra vida. Leer la Palabra de Dios y ser guiados por el Espíritu de Dios no son cosas inseparables. Jesús oró explícitamente que su Padre nos condujera a una vida santa por medio de su Palabra. "Santifícalos en la verdad; tu palabra es verdad" (Jn. 17:17). Él había explicado anteriormente que nuestra liberación del pecado viene por la verdad de la Palabra de Dios: "Conoceréis la verdad, y la verdad os hará libres" (Jn. 8:32). Cuando el apóstol Pablo afirmó la inspiración de las Escrituras, también hizo explícita la conexión entre la Palabra de Dios y nuestras buenas obras:

> Toda la Escritura es inspirada por Dios, y útil para enseñar, para redargüir, para corregir, para instruir en justicia, a fin de que el hombre de Dios sea perfecto, enteramente preparado para toda buena obra (2 Ti. 3:16-17).

Así que cuando oramos pidiendo que Dios nos guíe por sendas de justicia (Sal. 23:3), que nos haga fructificar en toda buena obra (Col. 1:10) y que nos llene del fruto de justicia (Fil. 1:11), estamos orando para que las *Escrituras* tengan ese efecto sobre nosotros. Estamos orando por la forma en que leemos *la Biblia*.

Sin embargo, no estamos orando para volvernos legalistas, haciendo el bien solamente porque la Biblia dice que debemos hacer el bien, seamos o no cambiados por dentro. Esa es la manera en que los fariseos manejaban la Palabra de Dios, y Jesús les dijo que actuaban como si nunca la hubieran leído (véase capítulo 12). No, estamos orando para que la Palabra nos revele el valor y la belleza de todo lo que Dios es para nosotros en Cristo, para que podamos *verla* como toda satisfactoria, y la *saboreemos* por encima de todos los demás deseos, para así *ser cambiados* por ella de ser egoístas a ser abnegados, a fin de que la gente pueda ver nuestras buenas acciones y *dar gloria a Dios* (Mt. 5:16).

Dios obra por medio de nuestra lectura

Hemos pasado dos capítulos hablando sobre el indispensable lugar de la oración para leer la Biblia sobrenaturalmente. Este acto está representado por la letra O en el acrónimo ROCAD, "O"-Oración. Bajo este tema profundizamos más en la especificidad de la oración con la ayuda de otro acrónimo, IAUS (Inclina, Abre, Unifica, Sácianos). El objetivo no era solo ayudarnos a orar por la lectura de la Biblia, sino también a orar de la misma manera que la Biblia lo hace.

El acrónimo ROCAD es una guía para cómo vivir la vida, incluyendo la lectura de la Biblia, por el poder y la dirección del Espíritu Santo. Es un intento de responder a lo que debemos hacer si esperamos decir juntamente con Pablo: He trabajado más que todos ellos; pero no yo, sino la gracia de Dios (1 Co. 15:10). Leí mi Biblia, pero no fui yo, sino Dios que obra en mí. ROCAD es un esfuerzo para describir lo que significa *obrar el milagro* de la vida cristiana. Debemos comenzar con la humildad. Es decir, comenzamos nuestra lectura bíblica *reconociendo* (R) que no podemos hacer nada aparte de la gracia de Dios. Entonces debemos *orar* (O) por nuevos deseos, ojos abiertos, corazones unidos, almas satisfechas y una vida de amor.

Y ahora pasamos a la letra C de nuestro acrónimo ROCAD: *Confiar*. Si vamos a experimentar la realidad sobrenatural de la intervención de Dios en nuestra lectura de la Biblia, no solo debemos pedirle su ayuda, sino confiar en sus promesas de que la recibiremos. Ese es el enfoque de los siguientes capítulos 18 y 19.

Porque por fe andamos, no por vista.

2 CORINTIOS 5:7

Aquel, pues, que os suministra el Espíritu, y hace maravillas entre vosotros, ¿lo hace por las obras de la ley, o por el oír con fe?

GÁLATAS 3:5

18

Leer la Biblia por fe en las promesas de Dios

"Yo... vivo en la fe del Hijo de Dios, el cual me amó y se entregó a sí mismo por mí".

Al comienzo del capítulo 14, miramos a Abraham y Sara como un ejemplo del acto natural de experimentar ayuda sobrenatural. Ambos eran ancianos y Sara era estéril. Dios prometió que Sara concebiría a un niño por medio de Abraham y daría a luz. Era humanamente imposible. Ese es el mensaje de la historia, Dios hace cosas sobrenaturales para cumplir sus promesas. El cumplimiento de las promesas divinas no solo sucede, sino que Dios hace que suceda. "Yo apresuro mi palabra para ponerla por obra" (Jer. 1:12). Pero Abraham y Sara todavía hacen lo *natural*: tienen relaciones sexuales. Así que todo parece todavía muy natural y, en cierto sentido, *es* natural. Pero no habría habido Isaac sin la intervención sobrenatural de Dios.

Lo mismo ocurre con la lectura de la Biblia. El ver, el saborear y la transformación que Dios ha prometido dar a través de las Escrituras no sucederán en la mente y corazón de los seres humanos pecadores, a menos que haya una intervención sobrenatural. Ese era el mensaje de los capítulos 11—13. Dios debe realizar una nueva creación (2 Co. 4:6), iluminar los ojos del corazón (Ef. 1:18), abrir la mente (Lc. 24:45) y revelar lo que realmente está allí (Mt. 16:17). En todo eso, Él cambia una imposibilidad en una lectura sobrenatural.

Finalmente, la C de ROCAD

Pregunté en el capítulo 14, ¿cómo sucede esto? ¿Cómo obraron Abraham y Sara el milagro de tener el hijo de la promesa? ¿Cómo obramos el milagro de ver la belleza de Dios en las Escrituras? La respuesta que di simplemente se centró en el hecho de que Dios hace su obra sobrenatural sin anular los procesos naturales de engendrar niños o leer las Escrituras. Él normalmente trabaja *por medio* de ellos, no *alrededor* de ellos. Por lo tanto, como dice el título del capítulo 14, "Dios no permita que despreciemos sus dones naturales".

No obstante, lo que pasé por alto completamente en el capítulo 14 fue una parte absolutamente esencial de la historia de Abraham y Sara, y una parte igualmente esencial de leer la Biblia sobrenaturalmente. Pasé por alto la *fe* de Abraham: su *confianza* en la promesa de Dios. Estoy volviendo a la confianza de Abraham ahora que tomamos la C en ROCAD.

ROCAD, como seguramente recuerda, es una guía práctica y bíblica para ayudarnos a vivir sobrenaturalmente para ministrar "conforme al poder que Dios da" (1 P. 4:11). Es una forma de caminar "en el Espíritu" (Gá. 5:16) y desarrollar lo que significa decir: "He trabajado más que todos ellos; pero no yo, sino la gracia de Dios conmigo" (1 Co. 15:10). Así que ROCAD es el camino por el que entramos en el acto natural de leer la Biblia sobrenaturalmente. En este capítulo, nos centramos en la C-*Confiar*. "*Confía* en el SEÑOR de todo corazón, y no en tu propia inteligencia. Reconócelo en todos tus caminos [¡incluyendo la lectura de la Biblia!], y él allanará tus sendas" (Pr. 3:5-6, NVI).

Completamente convencido de que Dios podía cumplir lo que prometió

Abraham nos es presentado como ejemplo en obrar el milagro, es decir, recibir y realizar lo sobrenatural. Él, al igual que nosotros, estaba ante una imposibilidad humana. ¿Qué hizo? ¿Qué debemos hacer? Pablo se enfoca en la confianza glorificadora de Dios por parte de Abraham en la palabra de Dios. "Tampoco dudó, por incredulidad, de la promesa de Dios, sino que se fortaleció en fe, *dando gloria a Dios*, plenamente convencido de que era también poderoso para hacer todo lo que había prometido" (Ro. 4:20-21). Es notable que la gloria de Dios se manifieste de dos maneras en este momento de la vida de Abraham, tanto en el milagro que glorifica a Dios por el *nacimiento de Isaac* como en la *fe* de Abraham que glorifica a Dios creyendo que Dios cumplirá.

Así sucede con la lectura de la Biblia. Nuestro objetivo es ver, saborear y ser cambiados por la gloria de Dios en y por el significado de lo que leemos, y eso corresponde al milagro del nacimiento de Isaac. En el camino hacia ese fin, hay un camino que glorifica a Dios para buscar este significado y esta gloria, es decir, confiar en la promesa de Dios de ayudarnos, y eso corresponde a la fe de Abraham. Él "se fortaleció *en fe*". Él estaba "*plenamente convencido* de que era también poderoso para hacer todo lo que había prometido". Y en esta fe y esta plena convicción, Abraham "dio gloria a Dios". Es decir, mostró, por medio de su confianza, que Dios es gloriosamente fuerte y digno de confianza. Dios puede dar un hijo a un hombre de cien años y una esposa estéril. Y Dios puede hacer que un corazón humano, una vez espiritualmente muerto como el nuestro, vea la gloria de Dios en la Biblia.

Caminar, vivir (y leer) por fe

Leer la Biblia es parte normal del caminar cristiano por la vida. Por lo tanto, debemos leer la Biblia de la manera en que debemos *caminar y vivir*. La respuesta bíblica es que debemos andar *por fe* (2 Co. 5:7) y vivir *por fe* (Gá. 2:20). O, como todo el capítulo 11 de Hebreos nos exhorta, debemos entender por fe (v. 3), obedecer por fe (v. 8), mudarnos por fe (v. 9), recibir el poder por fe (v. 11), ofrecer sacrificios por fe (v. 17), oponernos a los tiranos por fe (v. 24) y así sucesivamente. En otras palabras, todo lo que hacemos debe hacerse "por fe".

La razón más importante de la necesidad de hacer todo por fe, incluyendo la lectura de la Biblia, es que esta es la única manera en que Dios recibirá la gloria que Él debe tener de nosotros en cada acción. Abraham es nuestro ejemplo de esto: "Pero no dudó de la promesa de Dios por falta de fe. Al contrario, fue fortalecido en su fe, dando *gloria a Dios*, plenamente convencido de que Dios, quien había prometido, era poderoso para hacerlo" (Ro. 4:20-21, RVA-2015). Confiar en Dios por su ayuda en lo que hacemos llama la atención sobre su poder y confiabilidad. La fe en la ayuda prometida por Dios convierte cada acto en una virtud que exalta a Dios. Y si creemos que todas las promesas de Dios son para nosotros solamente por medio de Cristo (2 Co. 1:20; Ro. 8:32), entonces la fe en la ayuda prometida de Dios convierte cada acto en una virtud que exalta a Cristo.

Y como todo debe hacerse para la gloria de Dios (1 Co. 10:31), todo acto debe ser por fe en la ayuda prometida de Dios. Por lo tanto, sin fe es imposible agradar a Dios (He. 11:6), ya que Dios quiere ser glorificado en todas las cosas, y no lo glorificamos si no confiamos en Él. Lo que significa que "todo lo que no proviene de fe, es pecado" (Ro. 14:23). Pues es un pecado tratar a la ayuda prometida por Dios como no digna de confianza.

Por supuesto, esto supone que somos totalmente dependientes de Dios para los actos más simples de la vida, así como para los más difíciles. Lo que es cierto, aunque la mayoría de la gente no lo cree, y muchos de los que sí lo creen teóricamente no oran, confían y actúan como ello lo demanda. Sin embargo, Jesús dijo: "Separados de mí, nada podéis hacer" (Jn. 15:5). El apóstol Pablo dijo que Dios "es quien da a todos vida y aliento y *todas las cosas*" (Hch. 17:25). "¿Qué tienes que no hayas recibido? Y si lo recibiste, ¿por qué te glorías como si no lo hubieras recibido?" (1 Co. 4:7). "De él, y por él, y para él, son *todas las cosas*. A él sea la gloria por los siglos" (Ro. 11:36). Ni siquiera podemos ir de una ciudad a otra sin el poder sustentador de Dios.

> ¡Vamos ahora! los que decís: Hoy y mañana iremos a tal ciudad, y estaremos allá un año, y traficaremos, y ganaremos; cuando no sabéis lo que será mañana. Porque ¿qué es vuestra vida? Ciertamente es neblina que se aparece por un poco de tiempo, y luego se desvanece. En lugar de lo cual deberíais decir: Si el Señor quiere, viviremos y haremos esto o aquello. Pero ahora os jactáis en vuestras soberbias. Toda jactancia semejante es mala (Stg. 4:13-16).

¿Qué es lo contrario de este jactarse en arrogancia? Lo contrario es la fe, es decir, admitir felizmente que no estamos en control de nuestra vida, ni siquiera en las cosas más incidentales y, por lo tanto, debemos confiar en la ayuda prometida por Dios para vivir cada minuto de nuestros días, incluyendo los minutos que empleamos para leer la Biblia. No podemos pasar de una página a otra sin Dios. No podemos tener un pensamiento sin Dios. No podemos tener un sentimiento sin Dios. Y, ciertamente, no podemos ver las maravillas más gloriosas en la Palabra sin Dios. Por lo tanto, debemos leer por fe en la promesa comprada con sangre de que Dios nos ayudará.

¿Cómo leemos "por el Espíritu"?

¿Cuál es la relación entre vivir *por el Espíritu* y vivir *por fe*? Pregunto esto, porque he argumentado que ROCAD es una estrategia para vivir "conforme al poder que Dios da" (1 P. 4:11) y andar en el Espíritu (Gá. 5:16). Ahora estamos tratando con la C de ROCAD, y la C significa, "caminar por la *fe* [= *creer*]", es decir, *confiar* en la ayuda prometida de Dios. Así que hay una relación implícita entre leer la Biblia "por el Espíritu" y leer la Biblia "por la fe". ¿Cuál es esa relación?

La respuesta se encuentra en la carta de Pablo a los Gálatas, donde nos dice que vivimos *por la fe* (Gá. 2:20) y que "vivimos *por el Espíritu*"

(Gá. 5:25), además debemos caminar *en el Espíritu*", ser guiados *por el Espíritu* y andar *por el Espíritu* (Gá. 5:16, 18, 25). La conexión entre vivir por la fe y vivir por el Espíritu se encuentra en Gálatas 3:5. Pablo realiza la conexión haciendo una pregunta retórica: el "que os suministra el Espíritu, y hace maravillas entre vosotros, ¿lo hace por obras de la ley, o por oír con fe?". Él espera la obvia respuesta de que el Espíritu no hace su obra "por las obras de la ley". En otras palabras, guardar la ley no es el canal por el cual el Espíritu hace fluir, como lo hace, su poderosa obra. Más bien, el canal por el cual fluye el Espíritu es la *fe*. Cuando *confiamos* en las promesas de Dios, el Espíritu se mueve para hacer su poderosa obra.

La razón por la que me refiero a "confiar en *las promesas de Dios*" en vez de referirme simplemente a una confianza genérica es que Pablo usó la frase "*oír con fe*". El "que os suministra el Espíritu, y hace maravillas entre vosotros, ¿lo hace por obras de la ley, o por *oír con fe*?". Esto no es una fe genérica, es la fe en respuesta a la Palabra de Dios. Dios ha *dicho* algo que necesita ser *escuchado* (o leído) y creído. Básicamente, este es el evangelio de Jesús con la promesa de pecados perdonados y vida eterna. Pero el principio no se limita a una sola promesa o grupo de promesas. Dondequiera que Dios promete cualquier ayuda, de cualquier tipo, desde la eterna hasta la más inmediata y práctica, la fe en esa promesa es el canal por el cual el Espíritu Santo actúa. Este es el mensaje de Gálatas 3:5.

Confíe en una promesa específica de ayuda

Así que la conexión entre leer la Biblia *por el Espíritu* y leer la Biblia *por fe* es que la fe en la ayuda prometida de Dios es el canal a través del cual viene la ayuda del Espíritu. La implicación de esta conexión para el uso de ROCAD es que cuando *reconocemos* (R) nuestra necesidad, y *oramos* (O) por ayuda, debemos orar con fe. Debemos *creer* (C) en las promesas de Dios para ayudarnos a encontrar el significado de las Escrituras, especialmente la belleza y el valor de Dios brillando a través de este significado. De esta manera, la obra sobrenatural de Dios entra en acción, y nos encontramos leyendo sobrenaturalmente, es decir, por el Espíritu.

Lo que he encontrado a lo largo de los años es que el colapso más común en el patrón de vida descrito en ROCAD es la falta de confianza en una promesa específica del Señor a medida que avanzamos en nuestra *acción* (A), en este caso, nuestra lectura de la Biblia. Incluso las personas que están familiarizadas con este patrón bíblico de vivir por el Espíritu por la fe a menudo experimentan una especie de neblina mental y espiritual entre O y C. Ellos *oran* por ayuda, pero no tienen una promesa específica de Dios en mente cuando lo están haciendo y, por lo tanto, su confianza flota en el aire en lugar de atarse a una sólida promesa. Las promesas están destinadas a ser creídas. Creídas específicamente. La fe tiene la intención de sujetarse firme e inquebrantablemente a una o más de estas promesas. Pero, cuando las promesas no están a la vista, la fe oscila en el aire. Esto no afirma el alma, ni honra a Dios, como si nos apoderásemos de una promesa y confiáramos gozosamente en que Dios la mantendría mientras trabajamos.

Confiar en una persona para obedecer su palabra

Sé que nuestra fe está en última instancia en una *persona*. Pero la confianza en una persona que no hace promesas no tiene sentido. Es como decir: "confío en José, pero no sé qué podría hacer José", eso no es un tributo a José, es una señal de nuestra insensatez. José es digno de confianza o no, porque sabemos algo sobre su carácter, su capacidad y sus intenciones hacia nosotros. Las buenas intenciones se llaman "promesas". La evidencia de que confiamos en José como *persona* es nuestra confianza en su palabra.

Así que parte de vivir por fe y caminar por el Espíritu es que mantengamos las buenas intenciones de Dios delante de nosotros. Cuando comenzamos a orar por la ayuda de Dios en la lectura de la Biblia, ponemos estas intenciones ante nosotros en forma de promesas, y confiamos en ellas. Entonces, en esa confianza, *actuamos* (A). Esto es lo que hace que la acción sea "por el Espíritu". El Espíritu se mueve a través de esa confianza (Gá. 3:5). O, para decirlo de otra manera, por esa confianza en la promesa de Dios para ayudarnos, la lectura de la Biblia se convierte en la obra humana de un milagro. Dios obra por el Espíritu para ayudarnos, según su promesa. Actuamos por fe en esa promesa y así recibimos la ayuda.

¿Qué promesas?

La pregunta, por lo tanto, que presiona para ser contestada es esta: ¿Qué promesas divinas tenemos para ayudarnos en la lectura de la Biblia? ¿Son solo promesas generales de ayuda? ¿O hay promesas específicas relacionadas directamente con la tarea de buscar la mente de Dios en las Escrituras? Ese es el tema que abordaremos en el capítulo 19.

El que no escatimó ni a su propio Hijo, sino que lo entregó por todos nosotros, ¿cómo no nos dará también con él todas las cosas?

ROMANOS 8:32

Y si alguno de vosotros tiene falta de sabiduría, pídala a Dios, el cual da a todos abundantemente y sin reproche, y le será dada.

SANTIAGO 1:5

19

Leer la Biblia por fe en su promesa de enseñarnos

"Bueno y recto es Jehová: por tanto, él enseñará a los pecadores el camino".

En los capítulos 18 y 19 nos estamos enfocando en la C de nuestro acrónimo ROCAD, *Confiar*. Este acrónimo es una manera de describir cómo vivimos una vida sobrenatural naturalmente, o cómo realizamos *el acto natural de leer la Biblia de manera sobrenatural*. Lo que hemos visto es que caminar "por el Espíritu" sucede en y por caminar "por la fe". La fe o confianza es el canal por el cual la obra sobrenatural de Dios fluye en nuestras tareas naturales. Vimos que esta confianza es más eficaz cuando se adhiere a las promesas específicas de Dios, en lugar de colgar vagamente en el aire de la bondad de Dios. Lo que nos lleva ahora a preguntarnos cuáles son estas promesas.

"¿Cómo no nos dará todas las cosas?"

¿Qué promesas divinas tenemos para ayudarnos en la lectura de la Biblia? Empezamos con las promesas amplias y maravillosamente abarcadoras, y su conexión con la cruz de Cristo. Muchos cristianos comenzarían con una de las promesas más grandes y más inclusivas que Dios haya hecho jamás a sus hijos, Romanos 8:28: "Sabemos que a los que aman a Dios, todas las cosas les ayudan a bien, esto es, a los que conforme a su propósito son llamados". En otras palabras, si amamos a Dios, podemos abordar cada tarea con una fuerte confianza de que Dios la tornará para nuestro bien, incluyendo la tarea de leer la Biblia.

Prefiero comenzar con Romanos 8:32, porque este versículo abarca Romanos 8:28 pero también lo conecta con el fundamento sólido de la cruz de Cristo: "El que no escatimó ni a su propio Hijo, sino que lo entregó por todos nosotros, ¿cómo no nos dará también con él todas las cosas?". Esta es una pregunta retórica, es decir, significa que necesita ser expresada como una declaración para ver su significado claro. De hecho, es una promesa increíble. "Puesto que Dios no escatimó a su propio Hijo, sino que lo entregó en la cruz por todos nosotros, ciertamente nos dará todas las cosas con Él". No hay mayor fundamento (el sacrificio que hace Dios de su Hijo en nuestro lugar), ni ninguna estructura mayor construida sobre este fundamento, que la promesa de que Dios dará a sus hijos todas las cosas.

"Todas las cosas" significa "todas las cosas que son buenas para nosotros", por eso es que dije que Romanos 8:32 abarca Romanos 8:28. "Todas las cosas les ayudan a bien" es virtualmente lo mismo que "nos dará también con él todas las cosas". Sabemos que la promesa no incluye todas las cosas cómodas en esta vida. Tres versículos más tarde, Pablo incluye en *todas las cosas* "tribulación, o angustia, o persecución, o hambre, o desnudez, o peligro, o espada", y luego agrega: "Por causa de ti somos muertos todo el tiempo; somos contados como ovejas de matadero" (Ro. 8:35-36). Pero estos horrores que los cristianos podemos esperar no nos separan del amor de Cristo, sino que, de hecho, trabajan para nuestro bien eterno, especialmente en busca de la semejanza con el Hijo de Dios (Ro. 8:29).

Así que la promesa fundamental en que podemos confiar en cada momento del día es que *Dios nos dará lo que necesitamos para hacer su voluntad y alcanzar la meta de ser semejantes a Jesús.* "Mi Dios, pues, suplirá todo lo que os falta conforme a sus riquezas en gloria en Cristo Jesús" (Fil. 4:19). No todos los "deseos" o "anhelos", sino cada *necesidad.* Lo que sea que tengamos que hacer para hacer *su voluntad.* "Sé vivir humildemente, y sé tener abundancia; en todo y por todo estoy enseñado, así para estar saciado como para tener hambre, así para tener abundancia como para padecer necesidad. *Todo lo puedo* en Cristo que me fortalece" (Fil. 4:12-13). Puedo hacer *todas las cosas*, puedo ser *humillado* para la gloria de Dios. Puedo *pasar hambre* para la gloria de Dios. *Puedo estar en necesidad* para la gloria de Dios. Y en todo esto, podemos confiar con gozo en que Dios está con nosotros y está trabajando *todas las cosas* para nuestro bien. Dios promete suplir lo que necesitemos para lograr ese fin.

Promesas que lo abarcan todo

Es crucial que aferremos nuestra fe a dos o tres expresiones claras de esta promesa omnipresente en las Escrituras. Digo esto porque, incluso para los seguidores de Jesús de muchos años, el contenido de nuestra esperanza puede volverse confuso. La esperanza confusa proporciona una motivación débil. Un sentido nebuloso de que Dios está de alguna manera trabajando para ayudarnos no es un canal tan claro para el poder del Espíritu Santo como cuando tenemos una visión clara y aguda de una promesa específica. Por lo tanto, es bueno memorizar algunas promesas definidas que son tan abarcadoras que cubren cada situación. Por ejemplo:

> Porque los ojos de Jehová contemplan toda la tierra, para mostrar su poder a favor de los que tienen corazón perfecto para con él (2 Cr. 16:9).
>
> No temas, porque yo estoy contigo; no desmayes, porque yo soy tu Dios que te esfuerzo; siempre te ayudaré, siempre te sustentaré con la diestra de mi justicia (Is. 41:10).
>
> Ciertamente el bien y la misericordia me seguirán todos los días de mi vida (Sal. 23:6).
>
> Porque sol y escudo es Jehová Dios;
> Gracia y gloria dará Jehová.
> No quitará el bien a los que andan en integridad
> (Sal. 84:11; cp. 34:9-10).
>
> Mas buscad primeramente el reino de Dios y su justicia, y todas estas cosas os serán añadidas (Mt. 6:33).
>
> Todo es vuestro: sea Pablo, sea Apolos, sea Cefas, sea el mundo, sea la vida, sea la muerte, sea lo presente, sea lo por venir, todo es vuestro, y vosotros de Cristo, y Cristo de Dios (1 Cr. 3:21-23).
>
> Todas las promesas de Dios son en él Sí, y en él Amén, por medio de nosotros, para la gloria de Dios (2 Co. 1:20).

Con estas grandes promesas, deberíamos llegar a la tarea de leer nuestra Biblia (como a todas las demás tareas) alentados de que Dios nos ayuda. Él dio a su Hijo para darnos la vida, ¿no nos ayudará a conocerlo, a entender sus caminos y ver su gloria? Cada vez que pensamos en los obstáculos que impiden nuestra comprensión y nuestra visión espiritual, debemos recordar las promesas de que Dios está con nosotros y no contra nosotros. "No quitará el bien a los que andan en integridad" (Sal. 84:11).

Sujetemos nuestra fe en promesas específicas

Pero no solo debemos clavar en la pared de nuestra mente varias promesas abarcadoras específicas de la ayuda de Dios; también deberemos recordar en varias ocasiones promesas más específicas que se relacionen directamente con los asuntos cotidianos. Si nos enfrentamos a la tentación de la codicia o la dificultad financiera, debemos recordar las promesas de Dios sobre el dinero (He. 13:5-6). Si nos enfrentamos a la tentación sexual, debemos recordar las promesas de Dios a los de limpio corazón (Mt. 5:8). Si somos tentados con orgullo y jactancia, debemos recordar las promesas hechas a los humildes (1 P. 5:6-7). Si somos tentados a tomar venganza, debemos recordar las promesas de que Dios mismo pagará (Ro. 12:19). Si nos enfrentamos a la muerte, debemos recordar las promesas de Dios para los que la enfrentan (Jn. 11:25-26). Esto es lo que significa caminar por la fe, momento a momento confiando en que Dios hará lo que Él ha prometido hacer en cada situación de nuestra vida. Todas las promesas son sí en Cristo. Ellas son el derecho adquirido por la sangre, para toda persona nacida de nuevo. Eso es lo que asegura la lógica de Romanos 8:32.

Él instruye a los pecadores en el camino

Por lo tanto, cuando vamos a leer nuestra Biblia, no solo debemos mirar las promesas abarcadoras que están clavadas en la pared de nuestra mente, como "yo soy tu Dios que te esfuerzo; siempre te ayudaré, siempre te sustentaré" (Is. 41:10), sino que también debemos recordar las promesas más específicas que se relacionan con nuestra necesidad presente, la necesidad de entender la mente de Dios en las Escrituras y ver su gloria. Por ejemplo, desde el tiempo que estuve en el seminario, hace cuarenta y cinco años, hasta el día de hoy, el Salmo 25 ha sido un amigo cercano en mi esfuerzo por entender las Escrituras.

> Dios mío, en ti *confío*;
> No sea yo avergonzado...
> Bueno y recto es Jehová;
> Por tanto, él *enseñará* a los pecadores el camino.
> *Encaminará* a los humildes por el juicio,
> Y *enseñará* a los mansos su carrera...
> ¿Quién es el hombre que teme a Jehová?
> Él le *enseñará* el camino que ha de escoger (Sal. 25:2, 8-9, 12).

Para ser honesto, supongo que la razón por la que esta promesa es tan valiosa para mí es que califico tan fácilmente para ella: "Él enseñará a los *pecadores* el camino". ¡Qué alivio! Por lo general, el pecado hace que nuestra tarea de ver la gloria en las Escrituras sea muy difícil. Así que podemos temer que nos hayamos descalificado completamente de la ayuda de Dios porque nos hemos cegado a nosotros mismos, por nuestro propio pecado. Pero Dios viene a nuestro auxilio en el Salmo 25 y nos recuerda su misericordia. Él ayudará a los *pecadores* a entender. ¡Él instruirá a los *pecadores*! No pecadores arrogantes, autoexaltados e impenitentes, sino pecadores quebrantados y humildes: "Encaminará a los *humildes* por el juicio". No a los autosuficientes que piensan que pueden encontrar el significado de las Escrituras por sí mismos o que no sienten ninguna necesidad de las Escrituras en lo absoluto. Sino los pecadores que *confían* y *temen* al Señor. "Dios mío, en ti confío... ¿Quién es el hombre que *teme* a Jehová? Él le enseñará".

Promesas de la lectura bíblica que han sido compradas con sangre

Así que abrimos nuestra Biblia con un dulce sentido de que, aunque no lo merecemos, Dios nos *guiará* e *instruirá*. Nuestra misma lectura es la experiencia de la gracia del evangelio. Cristo murió por los pecadores para que la promesa se hiciera realidad: *Dios ayuda a los pecadores a entender la Biblia*. Estas promesas compradas por sangre nos son dadas para que podamos creerlas, no solo escucharlas, creer en ellas, confiar en ellas. Porque, recordemos Gálatas 3:5, Dios "os suministra el Espíritu... por el oír *con fe*". Estamos ante la Biblia listos para leerla. Escuchamos una promesa: "Te instruiré y te enseñaré". Ponemos nuestra fe en Él, el Espíritu se mueve en el canal de la fe y "obramos el milagro", leemos sobrenaturalmente. Así que es bueno reunir algunas de estas preciosas promesas y almacenarlas:

> Jehová da la sabiduría,
> Y de su boca viene el conocimiento y la inteligencia.
> Él provee de sana sabiduría a los rectos (Pr. 2:6-7).
>
> Fíate de Jehová de todo tu corazón,
> Y no te apoyes en tu propia prudencia.
> Reconócelo en todos tus caminos,
> Y él enderezará tus veredas (Pr. 3:5-6).

> Te haré entender, y te enseñaré el camino en que debes andar;
> Sobre *ti* fijaré mis ojos (Sal. 32:8).

> *Me has guiado* según tu consejo,
> Y después me recibirás en gloria (Sal. 73:24).

> No os preocupéis por cómo o qué habréis de responder, o qué habréis de decir; porque el *Espíritu Santo os enseñará* en la misma hora lo que debáis decir (Lc. 12:11-12).

> Dijo entonces Jesús a los judíos que habían creído en él: Si vosotros permaneciereis en mi palabra, seréis verdaderamente mis discípulos; y *conoceréis la verdad*, y la verdad os hará libres (Jn. 8:31-32).

> Y si alguno de vosotros tiene falta de sabiduría, pídala a Dios, el cual *da a todos abundantemente* y sin reproche, y le será dada. Pero pida con fe, no dudando nada; porque el que duda es semejante a la onda del mar, que es arrastrada por el viento y echada de una parte a otra. No piense, pues, quien tal haga, que recibirá cosa alguna del Señor. El hombre de doble ánimo es inconstante en todos sus caminos (Stg. 1:5-8).

La infalibilidad no es prometida

La promesa de Dios de ayudarnos, instruirnos y darnos sabiduría mientras leemos la Biblia no es una promesa de que llegaremos a ser infalibles en esta vida. Argumenté en el capítulo 17 que nunca debemos defendernos ante la corrección de nuestra interpretación diciendo: "Oré pidiendo ayuda, confié en que Dios me ayudaría; por lo tanto, sé que mi interpretación es verdadera". Que una interpretación sea verdadera dependerá de si está realmente allí en las palabras, frases y cláusulas del texto. Otros que también han orado pueden ver las cosas de manera diferente. La conversación que tienen entre sí no es una discusión acerca de quién oró más fervorosamente o quién confió más profundamente. Es un esfuerzo mutuo para mostrar lo que realmente hay en el texto para que el otro lo vea.

Ya sea que podamos explicarlo completamente o no, el hecho es que Dios ha planeado santificarnos e iluminarnos *gradualmente*, no instantáneamente. De lo contrario, una oración ("Tu voluntad sea hecha") podría hacerme impecable, y una oración ("Instrúyeme") podría hacerme infalible. Pero Jesús nos enseñó no solo a orar todos los días "hágase tu voluntad", sino también a orar todos los días "perdona nuestros pecados" (véase Mt. 6:9-13). Y así como el pecado nos persigue todos los días, hasta el día de nuestra muerte (1 Jn. 1:8-10), también las deficiencias en la interpretación bíblica nos pesarán hasta el final de nuestros días. Por eso es que Santiago nos advirtió de no convertirnos en maestros bíblicos sin una consideración seria:

> No os hagáis maestros muchos de vosotros, sabiendo que recibiremos mayor condenación. Porque todos ofendemos muchas veces. Si alguno no ofende en palabra, éste es varón perfecto, capaz también de refrenar todo el cuerpo (Stg. 3:1-2).

Esta tendencia para ofender "muchas veces" en nuestro esfuerzo por ver y enseñar la verdad es una de las razones por las que Dios puso a sus hijos en las iglesias. No se supone que debemos ser intérpretes aislados de la Palabra de Dios. Se supone que debemos exhortarnos "los unos a los otros" (He. 3:13; Col. 3:13), animarnos "unos a otros" (1 Ts. 5:11), amonestarnos "los unos a los otros" (Ro. 15:14), considerándonos "unos a otros para estimularnos al amor" (He. 10:24) y confesarnos nuestras "ofensas unos a otros" (Stg. 5:16). En otras palabras, hay una interdependencia profunda y diseñada por Dios dentro del cuerpo de Cristo. Cuando una persona ve mal las cosas en un pasaje de la Biblia, otra persona puede verlas más claramente. Cristo no habría dado los *maestros* (Ef. 4:11) a la iglesia si quisiera que fuéramos tan individualistas que no pudiéramos aprender de otros a cómo ver mejor lo que está en la Biblia.

Si no hay infalibilidad, ¿entonces qué?

Esto nos deja una pregunta final: cuando Dios promete darnos sabiduría y guiarnos, ¿en qué sentido podemos confiar en Él, si no hay una interpretación infalible? La primera parte de mi respuesta es recordar que Dios nos guía a la verdad de maneras que no son siempre inmediatas y solitarias, por lo que la guía puede no ser fácilmente manifiesta. Puede llevarnos tiempo. Dios puede guiarnos gradualmente, poniendo a personas en nuestra vida con ideas que no tendríamos por nuestra propia cuenta. Puede conducirnos dándonos experiencias sin las cuales algunos textos permanecerían oscuros. "Bueno me es haber sido humillado, para que aprenda tus estatutos" (Sal. 119:71). Y Él puede llevarnos a mirar repetidamente el texto para que, a la décima vez que lo miramos, finalmente veamos lo que habíamos perdido las veces anteriores. Así que no debemos concluir tan rápidamente, cuando nos falta el entendimiento, que Dios no está trabajando. Él puede estar preparando el sufrimiento, el sermón, o el estado de alerta que nos traerá la luz, y ninguno de nuestros esfuerzos habrá sido desperdiciado. Dios entrelaza incluso la aparentemente fallida hora de estudio en el tejido de la iluminación.

La segunda parte de mi respuesta es que la seguridad de nuestra salvación por medio de la fe en Cristo incluye, implícitamente, la seguridad de que Dios nos ayudará a ver en la Biblia todo lo que necesitamos para llegar con seguridad a su presencia al final de nuestra vida, o en el día de su venida. Hay una santidad sin la cual no veremos al Señor (He. 12:14). Dios crea y sostiene esa medida de santidad por medio de su Palabra (Jn. 17:17). Por lo tanto, la fidelidad de Dios para mantenernos seguros en Cristo (Fil. 1:6; Ro. 8:30; 1 Co. 1:8) incluye este compromiso de cumplir sus promesas para guiarnos a suficiente verdad y obediencia para confirmar nuestra fe y unión con Cristo en el día final (Fil. 1:10-11). En su estructura típicamente compleja de oraciones, John Owen expresa esta parte de mi respuesta de la siguiente manera:

> Por lo tanto, fijaré esta aseveración como una verdad sagrada. En el estudio diligente e inmediato de las Escrituras, todo el que quiera conocer la mente de Dios y así obedecer deberá permanecer en súplicas fervientes en y por Jesucristo, para que estas puedan llevarlo a toda verdad, para revelarle y darle a conocer la verdad tal como es en Jesús. Para darle un entendimiento de las Escrituras y de la voluntad de Dios transmitida a través de ella, él *será preservado de perniciosos errores* para *alcanzar ese grado en el conocimiento, el cual será suficiente para la guía y preservación de la vida en Dios en su fe y obediencia.*[1]

La última parte de mi respuesta a la pregunta "¿Cuando Dios promete darnos sabiduría, en qué sentido podemos confiar en Él?" es que hay dones de comprensión y vislumbres de gloria que nadie puede predecir ni cuantificar antes de tiempo. Dios ama a su pueblo y muy a menudo quiere darles una ayuda especial de su Palabra. Con este fin, puede dar una visión inusual a un pastor, maestro, líder de un grupo pequeño o a un padre de familia que nunca hubiera tenido, excepto que Dios quería que esa comprensión fuera dada como un regalo a su pueblo. Lo que significa que cada vez que leemos

1. John Owen, *The Works of John Owen*, ed. William H. Goold, vol. 4 (Edinburgh: T&T Clark, s.f.), p. 204; cursivas añadidas.

la Biblia, debemos desear que todo nuestro discernimiento sirva a los demás y no solo a nosotros mismos. Entonces debemos orar por la ayuda de Dios y *confiar* en Él, para que nos dé no solo lo que necesitamos para nuestra propia perseverancia, sino también para la fortaleza y la belleza de su pueblo, ya sea que alentemos a un amigo o prediquemos a muchos.

Cómo fluye la ayuda santa

Hemos estado reflexionando en el "acto natural de leer sobrenaturalmente la Biblia". El acrónimo ROCAD ha sido nuestra guía. Para leer la Biblia sobrenaturalmente, debemos *reconocer* (R) que sin la intervención divina no podremos ver, saborear ni ser cambiados por la verdad y la belleza de las Escrituras tal como realmente son. Desde este sentido de dependencia en Dios, debemos, entonces, *orar* (O) pidiendo la ayuda de Dios en nuestra lectura. En este orar y en el subsecuente *actuar* (A) de la interpretación (a lo que pasaremos a continuación), debemos *confiar* (C) en las promesas de Dios por amor a Cristo. A través de estos tres movimientos de nuestro corazón (reconocer, orar, confiar), fluye la obra sobrenatural del Espíritu Santo.

Sin esta intervención divina, nuestros ojos espirituales no se abrirían (Ef. 1:18), nuestros corazones no se ablandarían (Ez. 11:19; Ef. 4:18), nuestras mentes no serían iluminadas (2 Co. 4:6), nuestras almas no serían receptivas (1 Co. 2:14) y nuestra voluntad no sería sumisa a la Palabra de Dios (Ro. 8:7). Por lo tanto, nuestra lectura no vería ni saborearía nada como realmente es. Muchos significados serían distorsionados en su nivel fundamental y todo significado sería despojado de su aspecto más importante: la relación con Dios y su gloria. El propósito de Dios para transformar a su pueblo a través de la contemplación de su gloria (2 Co. 3:18) nos pasaría por alto.

Pasamos ahora al aspecto más natural de la lectura sobrenatural: la A de nuestro acrónimo ROCAD: reconocer, orar, confiar, *actuar*. La obra del Espíritu Santo es decisiva, pero el trabajo del lector es esencial. Las palabras de Pablo concernientes a su propio ministerio se aplican a toda la lectura fructífera de la Biblia: "...trabajo, luchando según la potencia de él [de Cristo], la cual actúa poderosamente en mí" (Col. 1:29). La energía de Cristo es decisiva, pero no subestimemos lo que se espera de nosotros: "trabajo, luchando". Ese es el acto natural de leer sobrenaturalmente.

Leían en el libro de la ley de Dios claramente, y ponían el sentido, de modo que entendiesen la lectura.

NEHEMÍAS 8:8

¿Entiendes lo que lees?

HECHOS 8:30

20

El objetivo ordinario de la lectura: el significado del significado

"No os escribimos otras cosas de las que leéis, o también entendéis".

Leer para saber lo que estamos leyendo

En la introducción a la Parte III, dije que en el capítulo 20 explicaría más plenamente cómo estoy limitando mi tratamiento del acto real de leer, el poner los ojos sobre la página. Di un vistazo a mi enfoque limitado al decir que no iba a tratar con las diferentes pautas para leer los diversos tipos de escritura en la Biblia (a veces llamados *géneros*): narrativa, poesía, proverbio, parábola y muchos más. Más bien, voy a enfocarme en los hábitos generales que necesitan estar presentes en una buena lectura *antes* de que se pueda discernir qué tipo de escritura se está leyendo. Dije que la razón principal de este enfoque limitado es que estos hábitos básicos y generales de una buena lectura han sido muy fructíferos en mi vida. La mayor parte de lo que he visto (y predicado) en las Escrituras no se debió a que aprendí reglas para leer cada género, sino a la disciplina fundamental de mirar largo y tendido a lo que realmente estaba allí, fuera cual fuera el género.

Cientos de miles de combinaciones únicas de palabras

Avancemos ahora para explicar por qué pienso que este acercamiento más fundamental será provechoso. La Biblia misma ofrece innumerables desafíos de interpretación. Lo digo literalmente, innumerables. El desafío no es simplemente que haya unas pocas docenas de tipos de escritura, como si tuviéramos que aprender a leer esos tipos y entonces nuestros problemas se resolverían. Hay, de hecho, un enorme número de tipos de escritura.

Para empezar, encontramos hechos históricos, alabanzas poéticas, sabiduría proverbial, parábolas, acertijos, prescripciones ceremoniales, historias extendidas, debates vigorosos, promesas de ayuda, descripciones de la naturaleza de Dios, ilustraciones de los caminos de Dios, normas de vida santa, procedimientos de disciplina eclesiástica, predicciones, calamidades, advertencias de oposición satánica, convocatoria a la fe, análisis de la depravación humana, indicaciones para esposos y esposas, ideas políticas, principios financieros y más. En un sentido, es inútil tratar de contar los tipos de escritura en la Biblia, porque las distinciones se borran y uno no puede estar seguro de si se trata, por ejemplo, de una poesía o simplemente de un brote momentáneo de prosa figurativa. Así que los tipos de escritura son más como puntos interminables en un sinfín de distintas cajas con sus propias reglas de interpretación.

Sin embargo, la situación es mucho más compleja que esto, virtualmente cada palabra y cada grupo de palabras en la Biblia es un desafío único para el lector. Por ejemplo, hay 751.275 palabras en la Biblia Reina-Valera revisión de 1960. Cada una de ellas ocurre en un contexto (más pequeño o más grande) que no es exactamente igual al contexto de esa misma palabra en otro lugar. Sin duda, las palabras pueden tener un significado *similar* en diferentes contextos. Pero todos sabemos que la misma palabra puede tener significados ligeramente diferentes en contextos diferentes. La palabra "pasar" tiene 64 acepciones en el Diccionario de la Real Academia Española, pero la palabra "mano" tiene 371 significados si se suman las diferentes acepciones.

La gloria y el exceso del lenguaje es que es incalculablemente flexible. Autores y hablantes (usted incluido) regularmente ponen palabras en combinaciones que nunca existieron antes. Por lo tanto, existe una tensión constante entre la *estabilidad* del lenguaje y su *adaptabilidad*. La idea aquí es, simplemente, que además de la lista típica de géneros, en la Biblia hay cientos de miles de combinaciones únicas de palabras que requieren atención especial. Sería imposible desarrollar métodos o reglas de interpretación para cada género, o cada agrupación de palabras.

Leemos antes de saber qué estamos leyendo

Así que hemos visto tres razones por las que considero inútil y desalentador dar a los lectores de la Biblia la impresión de que necesitan conocer muchas reglas para muchos géneros en la Biblia, antes de poder entender el texto. La primera razón es que los géneros son fluidos y se superponen. La segunda es que las agrupaciones únicas de palabras ofrecen desafíos únicos, y son innumerables. La tercera razón para no centrarnos en los géneros y las supuestas reglas que nos guían en la lectura proviene del primer párrafo de este capítulo: un lector debe empezar a leer la Biblia *antes* de saber qué tipo de palabra, agrupación o género es el texto. Tiene que ser capaz de leer el texto primero, *para que pueda averiguar qué tipo de texto está leyendo*. Esta estrategia básica y primaria de la lectura es mi enfoque.

A veces los expertos dan la impresión de que hay un conjunto de reglas para leer un género en particular en la Biblia, por ejemplo, parábolas, poesía, proverbios o ese resbaladizo género llamado "apocalíptico" (como langostas que tienen la apariencia de caballos con coronas de oro y rostros humanos, Ap. 9:7). Pero aquí está el asunto: para saber qué género tenemos, primero debemos leer. Y si primero debemos leer para descubrir el género que estamos leyendo, entonces la buena lectura no puede definirse solamente como lo que se hace *después* de conocer el género de lo que estamos leyendo.

No es una buena lectura comenzar con una noción preconcebida del género, o comenzar con un conjunto preconcebido de expectativas acerca de cómo funciona el género, y luego hacer que el texto se ajuste a sus expectativas. Tenemos que leer palabras e interpretarlas *antes* de saber si estamos leyendo poesía o parábola o lo que sea. Esto significa que la buena lectura debe *preceder* al conocimiento de lo que es el género para que se pueda hacer un juicio de lo que es, por medio de la lectura. ¡Esa es una de las cosas para las cuales es la lectura!

Imaginemos esto. Supongamos que usted se acerca a un capítulo de la Biblia, y alguien le dice que es proverbial, casuístico, apodíctico, parabólico o apocalíptico (usted no tiene que saber lo que estas palabras significan para obtener mi opinión. Ni siquiera yo estoy seguro de saber su significado). Supongamos que usted ha investigado sobre las "reglas de interpretación" para este género. Si empieza a presionar al texto para que se ajuste a las expectativas que tiene para ese género, *¿cómo podría hacer el autor para decirle que está mezclando las cosas?* ¿Cómo le haría saber que él está usando intencionalmente solo algunas de las reglas usuales de ese género, pero rompiendo con el patrón habitual para plantear una cuestión?

Escepticismo humilde

Sé que algunas Biblias de estudio y comentarios le indican, antes de leer, a qué género pertenece lo que está por leer. Mi propia sugerencia es ser humildemente escéptico acerca de estas etiquetas. No porque estén equivocados (puede ser que lo estén o no), sino por tres razones, en orden ascendente de importancia: (1) Esas etiquetas pueden estar equivocadas, y usted necesita decidir si lo están a través de lo que *está leyendo*. (2) Los géneros no son categorías herméticas con reglas rígidas de interpretación; son flexibles, y usted debería serlo también. (3) Lo más importante: la mentalidad que suele ver más en un texto y lo ve con la autenticidad y confianza más transformadora, es la mentalidad que permite que el propio texto dicte todo lo posible, mientras que lo escudriñamos con todas nuestras fuerzas. Esa es la mentalidad que quiero incentivar.

Mi enfoque, por lo tanto, es evitar la abundante (¡e importante!) discusión de los diversos tipos de escritura bíblica. Hay muchos buenos libros que hablan de esto mejor de lo que yo podría (mencioné algunos en la introducción de la Parte III). Quiero enfocarme en lo que un lector serio de la Biblia tendría que hacer con cualquier parte de la Biblia antes de que sepa qué tipo de género es. En otras palabras, ¿qué hace que la buena lectura pueda descubrir qué es el género solo por la lectura? Creo que hay hábitos útiles de la mente y el corazón que realmente son fundamentales e increíblemente fructíferos.

Testimonio personal

Confieso libremente que mi acercamiento es influenciado por mi propio peregrinaje en aprender a leer productivamente. Estoy seguro de que traigo a la tarea de leer la Biblia muchas debilidades. Soy un lector lento, por ejemplo, así que no he podido leer muchos libros sobre cómo leer la Biblia. No soy un erudito ampliamente instruido; esa es una de las razones por las que dejé el campo académico después de seis años de enseñar en la universidad. Sabía que mis limitaciones no me convertirían en un gran erudito: lector lento, memoria débil, impaciente con ciertos protocolos académicos.

Acepté mis debilidades como una bendición de Dios, traté de discernir lo que implicaban para mi vida, y luego hice todo lo posible para maximizar lo que *podía hacer*, en lugar de paralizarme con el desánimo por lo que *no podía hacer* (recomiendo este enfoque para la vida). Lo que *podía hacer* era leer y pensar cuidadosamente. No tenía la velocidad o la memoria para beneficiarme de considerar *lo mucho*, así que decidí sacar el máximo provecho de mirar *lo poco*. Bajo la ayuda llena de gracia de Dios, creo que debo la mayor parte de lo que he visto y saboreado en la Biblia a la lucha atenta, reflexiva y cubierta de oración pasaje tras pasaje. Hay hábitos de la mente y el corazón que creo que son increíblemente fructíferos de un discernimiento que cambia la vida. Eso es en lo que quiero enfocarme.

Desde el objetivo supremo al objetivo ordinario

Para hablar de los hábitos de la mente que forman la tarea básica de la lectura, el ojo sobre la página, debemos al fin aclarar cuál es el objetivo ordinario de la lectura. Digo "al fin" porque, en ciertos puntos hasta ahora, hemos *asumido* lo que ese objetivo ordinario es, sin aclararlo ni defenderlo. Por ejemplo, nos hemos referido a veces al "*significado* de un texto" sin explicar qué incluye ese significado del texto. Me refiero al "objetivo *ordinario* de la lectura" para distinguir este objetivo del "objetivo *supremo* de la lectura de las Escrituras", discutido en la Parte I.

En la Parte I, propuse que la Biblia misma demuestra que nuestro objetivo final en su lectura es que el valor infinito de Dios y su belleza sean exaltados en la eterna y ferviente adoración de la esposa de Cristo, comprada con su sangre, de cada pueblo, idioma, tribu y nación. Desarrollé este objetivo supremo de leer las Escrituras enfocándome en sus implicaciones, especialmente que deberíamos: (1) leer siempre la Biblia para ver la suprema dignidad y belleza de Dios, (2) saborear su excelencia por encima de todo lo demás, y (3) ser transformados en la semejanza de Cristo al ver y saborear esta gloria.

Ahora la pregunta es: ¿cómo se relaciona el objetivo *supremo* de la lectura de la Biblia con el objetivo *ordinario* de la lectura real de poner los ojos sobre la página? De ahí la necesidad de aclarar finalmente cuál es ese objetivo ordinario. Dije en el capítulo 5 que la gloria de Dios no flota sobre la Biblia como una nube. No se esconde en lugares ocultos separados del significado de las palabras y las oraciones. *Se ve en y por el significado de los textos.* En el capítulo 17 dije que, cuando oramos para que Dios nos muestre su gloria en las Escrituras, no le estamos pidiendo que eluda *el significado del texto*. En nuestra búsqueda por ver y saborear la gloria de Dios en las Escrituras, no solo oramos por el milagro de la luz sobrenatural, también oramos por su ayuda para comprender el *significado fundamental de las palabras*. La gloria de Dios no sobrevuela el texto como una nube que se ve aparte de lo que los autores pretendían comunicar; brilla en y a través de lo que ellos intentaban comunicar, su *significado*. Lo ilustré con un ejemplo de Filipenses 1:23.

El argumento que estaba desarrollando era este: cuando el salmista oró "Abre mis ojos, y *miraré las maravillas* de tu ley" (Sal. 119:18), él no quiso decir que la visión de las maravillas podría *omitir el proceso natural de la lectura cuidadosa*. No quería decir que el objetivo *ordinario* de la lectura podría ser descuidado. Nuestra oración, por lo tanto, no es solo para pedir la visión de la gloria, sino para pedir ayuda para comprender *el significado del texto* a través del cual brilla la gloria.

La definición de *significado* es (en un sentido) arbitrario

Así que aquí y allá he usado las frases "significado del texto", "significado básico de las palabras" y "objetivo ordinario de la lectura". Ha llegado el momento de aclarar a qué se refieren estas frases, y de mostrar desde las mismas Escrituras qué es este *objetivo ordinario* de la lectura de la Biblia. Para ser más preciso, cuando digo que el objetivo ordinario de la lectura es *comprender el significado del texto*, ¿qué es lo que eso incluye?

En un sentido, todas las definiciones son arbitrarias. No hay nada intrínseco en la palabra *pasta* que hace que sea un pequeño pastel en varios países de América Latina y comida típica italiana en otros, o una pastilla medicinal, o incluso puede hacer referencia a cierta droga, y más significados. Los significados nacen alrededor de las palabras por su uso, y la tarea principal que tenemos en la comunicación es asegurarnos de que cuando hablamos con alguien ambos estamos usando las mismas definiciones. Muchos de los desacuerdos supuestos desaparecerían si la gente que está en desacuerdo hiciera una pausa para asegurarse de que están definiendo sus términos de la misma manera.

Por lo tanto, mi decisión de asignar una definición al término *significado* en relación con los textos bíblicos es, en cierto sentido, arbitraria. Se podría decir que el término *significado* es otra cosa. Las definiciones no son correctas o incorrectas hasta que se les añada un significado, o uso común. Una vez que se habla de "la definición del significado de Juan", entonces uno puede estar equivocado al respecto. Podría decirle a alguien que mi definición es *x* cuando de hecho es *y*. Así que, en un sentido, no sirve argumentar que una definición es mejor que otra. Solo necesitamos estar seguros de que cuando hablamos entre nosotros, entendemos cuál es la definición que estamos usando.

Sin embargo, las definiciones rara vez existen en lo abstracto, si es que sucede alguna vez. Hay argumentos que se pueden presentar sobre por qué es aconsejable usar una definición en lugar de otra y eso es lo que voy a hacer. Voy a darle *mi definición de significado en relación con los textos bíblicos*, y luego darle cinco razones de por qué creo que es prudente pensar en el *significado* de esta manera.

Definición de *significado* que propongo

El significado de un texto bíblico es lo que el *autor pretendía comunicar con sus palabras*. Así es como la mayoría de la gente usa la palabra cuando corrige a alguien. Corregimos a alguien diciendo: "Yo no quise decir eso". Lo que estamos diciendo es: "Lo que estás diciendo no es lo que yo intentaba comunicar". En este libro, estoy usando una definición muy común de *significado*: lo que un autor pretendía comunicar. Utilizo la palabra *comunicar* para mantener abierta la posibilidad de que el autor tenga la intención de comunicar una *emoción* que quiere que compartamos. Podría haber dicho, el significado de un texto bíblico es lo que el autor quería que *entendiéramos*. La palabra *entender*, para la mayoría de las personas, habría limitado la intención del autor a las ideas. Y, por supuesto, las emociones pueden, en un sentido, ser *entendidas*. Pero la intención del autor puede ser no solo que entendamos su emoción, sino que la *experimentemos*. Estoy definiendo el significado de un texto para incluir esta intención, así como la transferencia de pensamientos de una mente a otra.

No obstante, quiero dejar en claro que la comunicación de los *pensamientos* del autor a nuestra *comprensión* es fundacional. Las emociones que tienen algún valor que honra a Cristo están arraigadas en la verdad. Por lo tanto, las emociones que un autor bíblico pretende compartir con sus lectores se transmiten a través del entendimiento, es decir, al meditar en los pensamientos del autor. El autor utiliza el lenguaje de tal manera que la verdad en *su* mente puede ser comunicada a *nuestra* mente. Entonces podemos discernir, de esos pensamientos, si parte de la intención del autor es que también compartamos la emoción que él expresa acerca de esta verdad.

Dos preguntas más que necesitan respuesta

Sé que esta definición de *significado* requiere que al menos otras dos preguntas sean contestadas. Primero, ¿cómo se relaciona la intención del autor humano con la intención de Dios como quien inspiró el texto (2 Ti. 3:16-17)? En segundo lugar, ¿puede el autor humano pretender cosas de las que no es consciente en el momento? Intentaré responder a estas preguntas en el capítulo 22. Pero lo siguiente que hay que hacer, en el capítulo 21, es dar las cinco razones por las que animo a todos a usar esta definición, a saber, que *el significado de un texto es lo que el autor pretendía comunicar*. Este es el tema central para el próximo capítulo.

El significado es un asunto de la conciencia, no de las palabras. Una secuencia de palabras no significa nada en particular hasta que alguien quiera decir algo por ellas o interprete algo a partir de ellas. Desterrar al autor original como el que determina el significado es rechazar el único principio normativo convincente que podría dar validez a una interpretación.

E. D. HIRSCH

21

El objetivo ordinario de la lectura: cinco razones para definir el *significado* como lo que el autor pretendía comunicar

"Os he escrito por carta... No absolutamente...".

El objetivo último de leer la Biblia es ser una parte gozosa del glorioso propósito de Dios, a saber, que el valor infinito de Dios y su belleza sean exaltados en la eterna y ferviente adoración de la esposa de Cristo, comprada con su sangre, de cada pueblo, idioma, tribu y nación. Pero, para ser una parte gozosa de este gran propósito, primero debemos ver y saborear al Dios que la Biblia revela. Esta visión de la gloria no ocurre ignorando las palabras, frases y cláusulas de la Biblia, sino leyéndolas cuidadosamente y entendiendo su significado. Estoy argumentando que la manera más útil de definir el significado de un texto es decir qué es lo que el autor pretendía comunicar. Descubrir eso es el objetivo ordinario de la lectura. A través de este descubrimiento, la belleza, la gloria de Dios y sus caminos brillan.

Tengo por lo menos cinco razones para abogar por esta comprensión de lo que significa un texto y de cuál debe ser nuestro objetivo ordinario en la lectura.

Primera razón de esta definición: la Biblia lo da por sentado

La Biblia misma da por sentado que, cuando leemos, estamos tratando de entender *lo que el autor pretendía comunicar con sus palabras*. Por ejemplo, 1 Corintios 5:9-11:

> Os he escrito por carta, que no os juntéis con los fornicarios; no absolutamente con los fornicarios de este mundo...; pues en tal caso os sería

> necesario salir del mundo. Más bien os escribí que no os juntéis con ninguno que, llamándose hermano, fuere fornicario...

Pablo había escrito a los corintios al menos una vez *antes* de 1 Corintios y les dijo que no se asociaran con personas sexualmente inmorales. Algunos en la iglesia habían *entendido mal* lo que escribió. Es decir, no interpretaron correctamente su *significado*, no vieron lo que realmente *intentó transmitir*. Pensaban que se refería a "toda la gente inmoral", incluso a los incrédulos fuera de la iglesia. Así que Pablo corrige su malentendido diciendo "de ninguna manera *quise decir* eso"[1]. La forma más natural de interpretar las palabras de Pablo es entender que su *significado* es lo que "tenía la intención de comunicar". Ellos no vieron su *significado*, le imputaron algo a su *intención* que no estaba allí.

Otro ejemplo bíblico de significado textual como *lo que el autor pretendía comunicar con sus palabras* es Juan 21:20-23:

> ...Pedro, vio que les seguía el discípulo [Juan] a quien amaba Jesús... Cuando Pedro le vio, dijo a Jesús: Señor, ¿y qué de éste? Jesús le dijo: Si quiero que él quede hasta que yo venga, ¿qué a ti? Sígueme tú. Este dicho se extendió entonces entre los hermanos, que aquel discípulo no moriría. Pero Jesús no le dijo que no moriría, sino: Si quiero que él quede hasta que yo venga, ¿qué a ti?

Aquí también tenemos palabras que en la mente del autor (Jesús) tienen un significado claro y cierto. Pero otros malinterpretan esas palabras y dicen que Jesús quiso decir algo que no dijo ni quiso decir, es decir, que no tenía la *intención de comunicar*. Lo que Jesús le dijo a Pedro acerca de Juan fue: "Si quiero que él quede hasta que yo venga, ¿qué a ti? Sígueme tú". El rumor que se extendió fue que Jesús había dicho, "Juan permanecerá vivo hasta que yo vuelva". Eso no es lo que Jesús dijo, significó o pretendió decir. Para corregirlos, simplemente les repite sus palabras.

¡Qué lección nos proporciona este intercambio! Jesús realmente tiene la intención de que prestemos mucha atención a sus palabras para oír lo que Él realmente se propone comunicar. La diferencia entre lo que Jesús quiso

---

1. La frase de Pablo "os he escrito" en el versículo 9 gobierna la acción del versículo 10: "Os he escrito por carta [expresando la intención para ellos] que no os juntéis con los fornicarios; no absolutamente [refiriéndome a mi intención] con los fornicarios de este mundo, o con los avaros, o con los ladrones, o con los idólatras; pues en tal caso os sería necesario salir del mundo" (1 Co. 5:9-10).

comunicar y lo que le malinterpretaron es una sola palabra de dos letras en español (si) y tres letras en griego (*eán*). Si dejamos fuera esa palabra, Jesús le dice: "Quiero que él quede hasta que yo venga". Lo cual no es lo que Él quiso decir, no era lo que intentaba decir.

Aquí hay un ejemplo más para demostrar que la Biblia misma da por sentado que, cuando leemos, estamos tratando de entender lo que el autor *pretendía comunicar a través de sus palabras*:

> [Jesús] les dijo después: Nuestro amigo Lázaro duerme; mas voy para despertarle. Dijeron entonces sus discípulos: Señor, si duerme, sanará. Pero Jesús decía esto de la muerte de Lázaro; y ellos pensaron que hablaba del reposar del sueño. Entonces Jesús les dijo claramente: Lázaro ha muerto (Jn. 11:11-14).

Jesús habló metafóricamente de la muerte de Lázaro. Quería que los discípulos comprendieran que Lázaro estaba literalmente muerto. Tal vez Jesús intentó a través de la metáfora del sueño comunicar que para Él es tan fácil levantar a alguien de entre los muertos como despertar a alguien del sueño. Los discípulos no entendieron la intención de Jesús, pues pensaban que Él quería decir que Lázaro estaba "descansando en el sueño". Entonces, Jesús los corrigió con un lenguaje más claro. "Jesús les dijo claramente: Lázaro ha muerto". Esa fue su intención la primera vez, ese era su significado.

Así que mi primera razón para animarnos a pensar en el significado de los textos de esta manera es que la Biblia lo hace. Obtendremos muy poco beneficio en aplicarle una definición de significado a las Escrituras que las mismas no asumirían. El significado de un texto bíblico *es lo que el autor pretendía comunicar con sus palabras*.

Segunda razón de esta definición: la regla de oro

Debemos usar esta definición de significado (lo que un autor pretende comunicar) porque nos ayuda a tratar a los demás de la manera que nos gustaría ser tratados. En concreto, tratar a los *autores* de la forma en que nos gustaría ser tratados, a saber, con cortesía.

Debemos leer a un autor de cualquier comunicación importante de la manera que nos gustaría que leyeran si nosotros fuéramos los que escribimos esa comunicación. No estamos hablando aquí de alegres juegos de palabras. Tal vez a usted no le importa cómo puede alguien leer algo sin importancia, pero estamos hablando de cuestiones de vida o muerte.

Supongamos que usted escribe una nota a un amigo para decirle que unos secuestradores lo tienen retenido en cautiverio. Y supongamos que usted describe de qué manera la policía podría encontrarlo. ¿Cómo quisiera que su amigo leyera esa nota? ¿Se sentiría amado y respetado si él dijera: "La intención del autor no importa. Lo que importa es lo creativo que puedo ser en encontrar mi propio significado en esta nota"? No, usted no se sentiría amado, se sentiría abandonado.

Cuando escribimos cosas importantes, queremos que nuestros lectores hagan todo lo posible para ver y honrar nuestras intenciones al escribir. Si expone sus intenciones en una carta, contrato o sermón, usted espera que otros traten de obtener lo que usted ha expuesto. Así que esto es lo que debemos hacer con los autores, especialmente los autores de la Biblia.

Tercera razón de esta definición: la humildad

Leer en busca de la intención de un autor es leer de una manera humilde.

Cuando trabajamos para encontrar lo que otra persona piensa, estamos admitiendo que hay cosas que no sabemos y que otros probablemente ya las sepan. Así que queremos aprender por medio de la lectura, queremos crecer. Estamos dispuestos a que otros sean el medio para que seamos menos ignorantes. No estamos leyendo simplemente para ver un reflejo de lo que ya sabemos. Solo el orgulloso lee de esta manera. Estamos leyendo para aprender sobre la realidad fuera de nosotros que no conocemos. Estamos asumiendo una conducta receptiva. Estamos dispuestos a depender de los demás. Este es un acto humilde. Por supuesto, hay otros objetivos en la lectura además de aprender, como el placer de una buena historia, un poema bien elaborado o un ensayo. Pero no estoy hablando de eso en este momento.

Cuarta razón de esta definición: la realidad objetiva fuera de nosotros

Cuando leemos para encontrar lo que los autores pretendían comunicar, nuestra forma de leer corresponde a la forma en que realmente es el universo.

Vivimos en una época en la que la gente no premia la realidad transformadora que no es como la de ellos. Por supuesto, la gente siempre se ha negado a someterse a la realidad suprema y absoluta (Sal. 14:1; Ro. 1:18-23), siempre se han inclinado hacia la afirmación de que "el hombre es la medida de todas las cosas" (Protágoras). Pero, en nuestro tiempo, hay una afirmación aún más radical por parte de muchos que no solo no se someten a la realidad última y fuera de nosotros mismos, sino que no creen siquiera que exista.

Cuanto más tiempo vivo, más impresionado estoy con la magnitud del impacto sobre nuestras vidas por la simple convicción de que existe una realidad objetiva que transforma la vida, fuera de nosotros, que no podemos controlar y que necesitamos conocerla y adaptarnos a ella. Quien toma a Dios en serio sabe que esta visión de la realidad es verdadera. Dios es la realidad absoluta, no nosotros. Dios ha hablado, y su palabra existe como una realidad objetiva fuera de nosotros. Hubo autores humanos que fueron objetivamente inspirados por Dios para escribir ciertas palabras con ciertos significados. Esas palabras y esas intenciones de esos autores son realidades objetivas fuera de nosotros.

Cuando leemos para encontrar lo que estos autores pretenden comunicar, estamos afirmando esta visión de la realidad. Es una visión gloriosa. La otra visión nunca puede elevarse por encima de la vanidad y el narcisismo. Leer con el fin de crear nuestro propio significado, en lugar de encontrar el significado del autor, nos deja atrapados en el diminuto mundo del "yo". Pero leer con la esperanza, el objetivo y la expectativa de que realmente podamos ver más de la realidad a través de los ojos de otro y saber más de cómo son Dios y el mundo, eso es algo glorioso.

C. S. Lewis era un gran amante de la realidad objetiva fuera de nosotros. Él creyó que era una gran tragedia para el hombre moderno el que muchos hayan renunciado a "la doctrina del valor objetivo, la convicción de que ciertas actitudes son realmente verdaderas y otras realmente falsas respecto a lo que es el universo y lo que somos nosotros".[2] Una persona que no compartía su (o mi) objetivo en la lectura le preguntó una vez a Lewis:

> ¿Por qué debo pasar de una verdadera experiencia presente, lo que el poema significa para mí, lo que me pasa cuando lo leo, para preguntarme sobre las intenciones o reconstrucciones del poeta, dado que siempre es incierto lo que pudo haber significado para sus contemporáneos?

Lewis respondió:

> Parece que hay dos respuestas. Una, es que el poema en mi cabeza que hago de mis malas traducciones de Chaucer o malentendidos de Donne, puede no ser tan bueno como el trabajo que Chaucer o Donne realmente hicieron.

2. C. S. Lewis, *The Abolition of Man* (Nueva York: Macmillan, 1947), p. 29. Publicado en español por Editorial Andrés Bello con el título *La abolición del hombre*.

> En segundo lugar, ¿por qué no tener ambos? Después de disfrutar de lo que dice de él, ¿por qué no volver al texto esta vez buscando las palabras duras, resolver las alusiones y descubrir que algunas delicias métricas en mi primera experiencia se deben a mi desafortunada mala pronunciación, y ver si puedo disfrutar el poema del poeta, no necesariamente en lugar de, sino además del mío?[3]

Esta respuesta expone la superficialidad y la vanidad encarnada de muchos lectores modernos. Están contentos con sus malentendidos (porque no creen que existan tales cosas) y muy contentos de permanecer en su diminuta órbita alrededor de sí mismos como el sol.

Pero si Lewis hubiera estado tratando con textos autoritativos (como la Biblia), no solo habría llamado la atención a la pereza y absorción de los lectores, sino también al peligro mortal en el que se encuentran. Si estoy satisfecho con el significado en mi mente que hago mis propias lecturas erróneas, entonces no vivo bajo la autoridad de Dios y estoy perdido.

No estamos tratando con cosas pequeñas. Entregarse a sí mismo a la tarea de encontrar la intención de un autor es una manera de leer que corresponde a la forma en que las cosas realmente son. Dios es. Dios ha hablado. Los autores humanos han impartido su intención dada por Dios a las palabras. Estas palabras existen y esos significados existen. Son realidades objetivas fuera de nosotros. Es nuestra gloria buscarlos y encontrarlos, mientras leemos.

Quinta razón de esta definición: la autoridad de Dios es posible

Si el significado de un texto es lo que el autor pretende comunicar, puede tener autoridad sobre nosotros.

Si el significado de un texto bíblico puede ser algo dentro de nuestra propia mente, activado por el texto, entonces Dios deja de tener autoridad en nuestra vida. Pero si el significado de un texto es lo que el autor pretendía, entonces es objetivo y fijo, no puede cambiar. Ni siquiera un autor puede convertir más tarde su intención pasada en una intención diferente. Si cambia de opinión acerca de lo que quiso decir, estaría equivocado al decir: "no quise decir eso", cuando de hecho quiso decirlo. Eso es lo que significa cambiar de opinión. Una vez tuvo la intención de comunicar una

3. C. S. Lewis, *An Experiment in Criticism* (Cambridge, UK: Cambridge University Press, 1965), pp. 100-101.

cosa, y ahora ya no piensa que esa intención sea verdadera. En vez de eso, debe decir: "yo *quería* decir eso, pero estaba equivocado en cuanto a eso. Ahora he cambiado de opinión. Esta es la nueva cosa que tengo la intención de comunicar". Así que los significados, una vez que están escritos, se fijan en esa escritura. El significado de un texto nunca cambia, es decir, lo que el autor pretendía comunicar es un acontecimiento histórico de una vez por todas, el pasado no puede ser cambiado. Ese significado puede tener *aplicaciones* que cambian constantemente en épocas y culturas diferentes. Pero el significado, la intención del autor, permanece igual.

Por eso es que Dios, a través de la Biblia, puede tener autoridad sobre nosotros. No podemos atribuir significados a la Biblia como una forma de escapar de las enseñanzas que no nos gustan. Ellos son lo que son. Precisamente su inmutabilidad permite que su autoridad divina perdure de siglo en siglo.

Implicaciones que cambian la vida al ver el significado de esta manera

Por estas cinco razones, los animo a pensar de esta manera sobre la lectura y sobre el significado de los textos. El significado de un texto bíblico es *lo que el autor pretendía comunicar con sus palabras*. Y la *lectura* es lo que hacemos para encontrar esa intención. El *objetivo ordinario* de la lectura es captar lo que el autor pretendía comunicar con sus palabras.

Las implicaciones de esto nos cambian la vida. Nunca volveremos a acercarnos a la Biblia solo para ver si nos podemos sentir inspirados por lo que venga a nuestra mente. Nunca estaremos contentos en un estudio bíblico en grupo donde el objetivo es que todos digan "lo que el texto significa para ti". No nos entusiasmaremos con un pastor que nos cuente historias interesantes y diserte sobre historia, política, o psicología personal, pero nunca nos muestre lo que los autores bíblicos pretendían comunicar en textos particulares.

En lugar de eso haremos todo lo posible para leer la Biblia de una manera que abra las intenciones de los autores y nos inspire *a eso*. Buscaremos ver y saborear a Dios a través *de eso*. Nos encantarán los estudios bíblicos en pequeños grupos donde cada uno se ayuda mutuamente a ver aspectos del texto que sacan más y más de lo que el autor realmente quiso decir. Daremos gracias a Dios por cada sermón que nos muestre el significado de lo que los autores bíblicos realmente quisieron decir. Y, sí, en nuestra lectura personal, estudio de grupo y sermón que escuchemos, intentaremos aplicar el significado a nuestra vida, nuestras circunstancias y nuestro mundo. El poder de esta aplicación aumentará con la confianza de que está basada en el significado real, objetivo e inmutable que realmente está ahí.

Pasemos a responder a nuestras persistentes preguntas

Hay más implicaciones de ver el objetivo ordinario de la lectura como el descubrimiento de lo que el autor pretende comunicar. Veremos algunas de estas en el próximo capítulo cuando tratemos de responder las dos preguntas planteadas al final del capítulo 20. Primero, ¿cómo se relaciona la intención del autor humano con la intención de Dios como quien inspiró el texto? En segundo lugar, ¿puede el autor humano pretender cosas de las que no es consciente en este momento?

Los profetas que profetizaron de la gracia destinada a vosotros, inquirieron y diligentemente indagaron acerca de esta salvación, escudriñando qué persona y qué tiempo indicaba el Espíritu de Cristo que estaba en ellos, el cual anunciaba de antemano los sufrimientos de Cristo, y las glorias que vendrían tras ellos.

1 PEDRO 1:10-11

Ninguna profecía de la Escritura es de interpretación privada, porque nunca la profecía fue traída por voluntad humana, sino que los santos hombres de Dios hablaron siendo inspirados por el Espíritu Santo.

2 PEDRO 1:20-21

22

El objetivo ordinario de la lectura: la intención de Dios a través de la intención del hombre

"Lo que os escribo son mandamientos del Señor".

El objetivo ordinario de la lectura que recomiendo es que leamos para descubrir lo *que el autor pretendía comunicar*. Lo que implica que el significado está fuera de nosotros, es un descubrimiento, no una creación. No lo llevamos a la Biblia, ya está allí porque los autores, con la guía de Dios, juntaron sus palabras para comunicar lo que pretendían. Cuando leemos la Biblia, su significado no son las ideas que vienen a nuestra mente y que pueden ser "significativas" para nosotros. Estas ideas pueden o no ser parte de lo que el autor quiso decir. Más bien, cuando leemos la Biblia estamos en busca del oro de lo que los escritores inspirados querían comunicar. No estamos creando significados, los estamos buscando.

> Si como a la plata la buscares,
> Y la escudriñares como a tesoros,
> Entonces entenderás el temor de Jehová,
> Y hallarás el conocimiento de Dios (Pr. 2:4-5).

¿Qué pensaríamos de una persona que empezó a extraer oro y un día trajo algunas de sus propias piedras bien talladas a la mina, luego las sacó de su bolsillo y vino corriendo a nosotros gritando: "¡Mira lo que encontré en la mina! ¡Mira, encontré esto en la mina! ¡Debe ser muy valioso!". Diríamos que es un tonto.

El significado de la Biblia no es algo que está en nuestra mente. Es lo que estaba en la mente del autor y ahora está incrustado, por lo maravilloso del lenguaje, en las palabras y su estructura en la página. El objetivo ordinario de la lectura es desenterrarla, esto es una obra gloriosa cuyas recompensas son inestimables.

> Deseables son más que el oro, y más que mucho oro afinado;
> Y dulces más que miel, y que la que destila del panal (Sal. 19:10).

La inspiración y la intención de Dios en los textos bíblicos

Mencioné al final del capítulo anterior que por lo menos hay dos preguntas que plantea esta visión del significado. La primera que trataremos es: ¿Cómo se relaciona la intención del autor humano con la intención de Dios como quien inspiró el texto? Mi asunción en este libro es que Dios inspiró la Biblia de tal manera que guio a los escritores para expresar sus intenciones a través de las Escrituras.[1] Los textos que apuntan hacia esta suposición incluyen:

> Toda la Escritura es inspirada por Dios, y útil para enseñar, para redargüir, para corregir, para instruir en justicia, a fin de que el hombre de Dios sea perfecto, enteramente preparado para toda buena obra (2 Ti. 3:16-17).
>
> Ninguna profecía de la Escritura es de interpretación privada, porque nunca la profecía fue traída por voluntad humana, sino que los santos hombres de Dios hablaron siendo inspirados por el Espíritu Santo (2 P. 1:20-21).
>
> Nosotros no hemos recibido el espíritu del mundo, sino el Espíritu que proviene de Dios, para que sepamos lo que Dios nos ha concedido, lo cual también hablamos, no con palabras enseñadas por sabiduría humana, sino con las que enseña el Espíritu, acomodando lo espiritual a lo espiritual (1 Co. 2:12-13).
>
> Si alguno se cree profeta, o espiritual, reconozca que lo que os escribo son mandamientos del Señor (1 Co. 14:37).

Comparando la visión islámica del Corán con la visión cristiana de la Biblia

La doctrina de la inspiración de las Escrituras puede ser malinterpretada de

---

1. He tratado de mostrar cómo las Escrituras se revelan completamente como verdaderas en John Piper, *Una gloria peculiar: Cómo las Escrituras revelan su completa veracidad* (Grand Rapids, MI: Editorial Portavoz, 2017).

tal manera que la autoría humana es virtualmente anulada. Este es un grave error. Podemos ver cuán serio es este error al comparar la visión musulmana histórica del Corán y la visión cristiana histórica de la Biblia. Para los musulmanes, "el Corán se entiende como *ipsissima verba* (las mismas palabras) de Dios, dado mediante el *tanzil* ["hacer descender"] a Mahoma, en árabe, como una transcripción del libro divino en el cielo".[2] En otras palabras, el Corán realmente existe en el cielo en árabe y la afirmación es que, cuando fue entregado a Mahoma, simplemente fue entregado en un texto ya establecido en el cielo que no tomó en cuenta la autoría de Mahoma.

Como contraste, consideremos esta comparación perspicaz de Andrew Walls entre las Escrituras cristianas y el Corán islámico:

> La fe cristiana debe seguir siendo traducida, debe entrar continuamente en la cultura vernácula e interactuar con ella, de otra manera se marchita y desvanece. Los absolutos islámicos se fijan en un lenguaje particular y en las condiciones de un período particular de la historia humana. La Divina Palabra es el Corán, fijado en el cielo para siempre en árabe, el lenguaje de la revelación original. Para los cristianos, sin embargo, la Palabra divina es traducible, infinitamente traducible. Las mismas palabras de Cristo fueron transmitidas en forma traducida en los documentos más antiguos que tenemos, un hecho seguramente inseparable de la convicción de que, en Cristo, el propio ser de Dios fue traducido a la forma humana. Muchos malentendidos entre cristianos y musulmanes han surgido de la suposición de que el Corán es para los musulmanes lo que la Biblia es para los cristianos. Sería más cierto decir que el Corán es para los musulmanes lo que Cristo es para los cristianos.[3]

Jesucristo, el Dios-hombre encarnado, tiene una identidad personal, física, psicológica, cultural y étnica que no cambia. La gente puede pintar cuadros de Él como un hombre rubio, de ojos azules, anglosajón o escandinavo, o africano, o chino, pero eso está mal. Él no era, no es, y nunca será otro que el Dios-hombre, que fue encarnado por el Espíritu Santo en el vientre de María y vivió su vida como un carpintero judío, maestro, profeta y Mesías.

La encarnación del Hijo de Dios lo fija en la historia de una manera que

---

2. Kenneth Cragg, "Contemporary Trends in Islam" en *Muslims and Christians On the Emmaus Road*, ed. J. Dudley Woodberry (Monrovia, CA: MARC, 1989), p. 28.

3. Andrew F. Walls, "Christianity in the Non-Western World", en *The Cross-Cultural Process in Christian History* (Maryknoll, NY: Orbis, 2002), p. 29.

la inspiración de las Escrituras no las fija. Ciertamente, Dios las inspiró en griego y hebreo, y son estos escritos originales los que afirmamos infalibles como un reflejo de la veracidad de Dios. Pero este acto divino de inspiración impartió a las palabras de los autores humanos significados que Dios quiso poner en otros idiomas y culturas. Podemos ver que esto ya sucede en el Nuevo Testamento a medida que la fe cristiana se mueve de un medio predominantemente judío a un medio gentil. Los nuevos términos son recogidos y puestos para servir a la verdad.

Las intenciones de Dios comunicadas a través de las intenciones humanas

Entonces, cuando consideramos la inspiración de las Escrituras, estamos navegando entre dos usos inadecuados de la doctrina. Uno convierte los escritos originales en el dictado de Dios, de manera que las palabras de las Escrituras no reflejan el pensamiento de los autores humanos y no son realmente transferibles a otros lenguajes. El otro error trata a los autores humanos como no atados a la guía especial de Dios por lo que *solo* tenemos intenciones humanas, y no la intención de Dios. La visión histórica, y la que estoy asumiendo aquí, es que las intenciones de Dios están presentes en toda la Escritura y que nos llegan mediante una adecuada comprensión de lo que los autores humanos buscaban comunicar cuando escribieron.

Subyacente a esta convicción está la visión de que Dios se humilló a sí mismo no solo en la encarnación de su Hijo, sino también en la inspiración de las Escrituras. Él ató a su divino Hijo a la naturaleza humana, y ató su significado divino a las palabras humanas. El pesebre y la cruz no fueron excepcionales. Tampoco la gramática y la sintaxis, sino que así fue como Dios eligió revelarse a sí mismo. Un pobre campesino judío y una frase proposicional tienen esto es común: ambos son humanos y ambos son ordinarios. Que el pobre campesino fuera Dios y la frase proposicional es la palabra de Dios no cambian este hecho. Por lo tanto, si Dios se humilló a sí mismo para asumir carne humana y hablar en lenguaje humano, ¡ay de nosotros si pretendemos ignorar la humanidad de Cristo y la gramática de las Escrituras!

No solo lenguaje humano, sino el lenguaje de esos humanos

Pero no basta con decir que la revelación de Dios en las Escrituras viene a nosotros en un lenguaje humano. Viene en el lenguaje de autores humanos particulares en épocas y lugares particulares. No hay convenciones de lenguaje distintivamente divinas. Aquí es donde la visión cristiana de las Escrituras se aparta profundamente de la visión islámica del Corán. Los musulmanes piensan que hay un original árabe del Corán en el cielo. Esto significa que la redacción no refleja el vocabulario o estilo de ningún autor humano, sino solo de Dios. Pero los cristianos no ven que las Escrituras fueran dadas en esta forma, esta no es la manera en que Dios inspiró la Biblia. Cuando Dios hablaba a través de autores humanos, no siempre usaba el mismo lenguaje, estilo o vocabulario; más bien, todas las pruebas apuntan al hecho de que Dios se valió del lenguaje, estilo, vocabulario y usos peculiares de los escritores bíblicos individuales. Incluso en los discursos proféticos donde Dios es citado directamente, encontramos rasgos de lenguaje que distinguen a un autor humano de otro.

Las implicaciones de esto para cómo vamos a leer la Biblia son enormes. Permítanme ilustrarlo. En vista de esta concepción de inspiración, supongamos que queremos entender lo que Dios quiere decir con la palabra *sabiduría* en Santiago 1:5: "Si alguno de vosotros tiene falta de *sabiduría*, pídala a Dios, el cual da a todos abundantemente y sin reproche". No creemos que el uso de Dios de la palabra *sabiduría* siempre será el mismo, como si hubiera un significado divino fijo para esa palabra *sabiduría* en el cielo. Por lo tanto, no saltamos a Proverbios 8 para buscar una definición de sabiduría en Santiago 1:5, con la suposición de que, puesto que la palabra *sabiduría* se usa allí, debe tener el mismo significado que tiene en Santiago 1, ya que Dios inspiró ambos pasajes.

Más bien, reconocemos que cuando Dios inspiró las Escrituras, habló *a través del vocabulario y los patrones de comunicación de los autores humanos inspirados*. Así nos damos cuenta de que sería más sabio dejar que el mismo Santiago nos diera orientación sobre lo que *él* quiere decir con "sabiduría" en Santiago 1:5. Por lo tanto, sería mejor mirar los otros tres usos que el mismo Santiago hace de la palabra *sabiduría*. Al descubrir cuidadosamente la intención de Santiago, conoceremos la mente de Dios mejor que si no le damos un papel especial al vocabulario de Santiago, sino que asumimos que hay un vocabulario divino transbíblico.

Mi conclusión, por lo tanto, es que el significado de Dios, *lo que Dios quiere comunicar* en las Escrituras, solo es accesible a través del vocabulario particular y los patrones de comunicación de los diversos autores humanos. Por lo tanto, mi creencia en la inspiración es una creencia que *comprende que lo que estos autores humanos pretendían comunicar en su situación histórica particular capta también la propia intención de Dios para esta situación*. En consecuencia, el objetivo básico y ordinario de leer la Biblia es entender lo que los autores bíblicos pretendían comunicar en su situación.

¿Puede un autor querer decir más de lo que es consciente?

Esto conduce a otra pregunta sobre cómo se relacionan las intenciones divinas y las humanas: ¿Nuestra definición de significado, como lo que el autor pretendía comunicar, implica que con las palabras que inspiró Dios nunca se refirió a más de lo que los autores humanos pretendían comunicar?

Antes de responder a esto, necesito insertar mi respuesta a la segunda pregunta que hice al final del capítulo anterior: ¿Puede el autor humano de las Escrituras proponer cosas de las que no es consciente en ese momento? Respondo esto aquí porque la respuesta que doy realmente es parte de la otra pregunta acerca de si Dios quiere decir más en los textos que los autores humanos.

Entonces, ¿puede el autor humano proponer cosas de las que no es consciente en ese momento? La respuesta es sí. Sé que esto suena contradictorio, ya que he definido el significado como lo que el autor *intenta* comunicar, y ahora estoy diciendo que puede *intentar* algo de lo que no es consciente. ¿Qué significa esto?

Realmente no es tan extraño. Hacemos esto cada vez que usamos la pequeña abreviatura, *etc.* o cuando decimos "y así sucesivamente". Supongamos que decimos: "Cualquier verdura que podamos comprar en el supermercado es buena para nosotros, incluyendo lechuga, brócoli, pepinos, etc.". En ese momento, esos son los únicos tres vegetales verdes que vienen a nuestra mente. *No somos conscientes* de otros en el momento en que hablamos, pero el término *etc.* está diseñado para llevar nuestra intención más allá de lo que somos conscientes.

Etc., en la oración, no puede significar simplemente cualquier cosa. Le hemos dado límites. Dijimos: "cualquier verdura", además dijimos, "que podamos comprar en el supermercado". Estos dos rasgos limitan el significado de *etc.* Así que si alguien dijera: "¿Quieres *decir*, espárragos?", nosotros diríamos: "sí". Nos referíamos a los espárragos, aunque no fuéramos conscientes de ellos. Otra manera de decir esto es señalar que las *implicaciones necesarias* de nuestro significado consciente están incluidas en nuestro significado, incluso si no somos conscientes de todas ellas. En lo que sigue, veremos una ilustración bíblica específica de esto en Colosenses 3:17.

Dios puede significar más que los autores humanos

Vuelvo a la pregunta acerca de la intención de Dios en las Escrituras y la intención del hombre. ¿Nuestra definición de significado, como *lo que el autor pretendía comunicar*, implica que Dios nunca quiso decir más, con las palabras que Él inspiró, de lo que los autores humanos pretendían comunicar?

No, no implica eso. Por ejemplo, sabemos por 1 Pedro 1:10-12 que Dios se refiere, al menos a veces, a más de lo que los autores humanos eran conscientes:

> Los profetas que profetizaron de la gracia destinada a vosotros, inquirieron y diligentemente indagaron acerca de esta salvación, *escudriñando qué persona y qué tiempo indicaba el Espíritu de Cristo que estaba en ellos*, el cual anunciaba de antemano los sufrimientos de Cristo, y las glorias que vendrían tras ellos. *A éstos se les reveló que no para sí mismos, sino para nosotros*, administraban las cosas que ahora os son anunciadas por los que os han predicado el evangelio por el Espíritu Santo enviado del cielo; cosas en las cuales anhelan mirar los ángeles.

Consideremos varias cosas. En primer lugar, Dios no tenía la intención de comunicar a los profetas o sus oyentes en su propio día los detalles sobre la identidad o el tiempo de la venida del Mesías. Más bien, Dios quiso que una generación posterior viera cosas en estas profecías que los propios autores no podían ver, y *sabían que no podían ver*. Sabemos esto a partir de las palabras: "A éstos se les reveló que no para sí mismos, sino para nosotros". En otras palabras, los contemporáneos de Pedro deberían ser capaces de leer las profecías y ver la persona y ministerio de *Jesús*. Los profetas no podían ver las glorias y el sufrimiento de Jesús como los cristianos posteriores pueden hacerlo.

La segunda cosa por notar es que estas generaciones posteriores de lectores deben todavía aceptar la propia manera de escribir del profeta. Incluso cuando Dios tiene más para comunicar a una generación posterior de lo que un profeta es consciente, esa revelación no está expresada en un vocabulario o estilo divino especial. El único acceso a esa revelación es a través de la manera particular de escribir del profeta. Así que los contemporáneos de Pedro, cientos de años después, tuvieron que leer y entender lo que el profeta humano había escrito. Sin este entendimiento, no habrían podido ver cómo las palabras encajaban en la vida de Jesús.

La profecía involuntaria de Caifás

Lo mismo puede decirse de la profecía del sumo sacerdote Caifás acerca de la muerte de Jesús. Los principales sacerdotes y fariseos vienen a Caifás y se quejan de que "si le dejamos así, todos creerán en él; y vendrán los romanos, y destruirán nuestro lugar santo y nuestra nación" (Jn. 11:48). Caifás responde:

> Vosotros no sabéis nada; ni pensáis que nos conviene que un hombre muera por el pueblo, y no que toda la nación perezca. Esto no lo dijo por sí mismo, sino que como era el sumo sacerdote aquel año, profetizó que Jesús había de morir por la nación; y no solamente por la nación, sino también para congregar en uno a los hijos de Dios que estaban dispersos (Jn. 11:49-52).

Las principales palabras proféticas son: "conviene que un hombre muera por el pueblo, y no que toda la nación perezca" (v. 50). La intención inmediata de Caifás era comunicar que sería mejor matar a Jesús antes de que la nación judía pereciera a manos de los romanos. Dios le comunicó a Juan que Dios tenía una intención diferente con las mismas palabras, a saber, que la muerte de Cristo sería efectivamente, por sustitución, salvar a su pueblo, pero que la salvación sería mayor, tanto en profundidad como en alcance. La muerte de Cristo no solo los salvaría de los romanos, sino también del pecado. Además, no solo los judíos serían salvos, sino todos los "hijos de Dios" esparcidos por el mundo.

Lo que aquí es similar a 1 Pedro 1:10-12 es que Dios no quiso comunicar la plenitud de este significado a los escribas y fariseos en aquel momento. Él dio palabras a Caifás que más tarde, según el discernimiento divino de Juan, los lectores podrían ver que encajaban perfectamente con el efecto más profundo y más amplio de la muerte de Jesús. Pero nuevamente, el punto permanece, la mayor intención de Dios no es comunicada por un lenguaje divino especial. Es comunicada a través del vocabulario y el modo ordinario de hablar que usó Caifás. No había ningún código divino oculto en la oración que le dijera al lector que cambiara el objetivo ordinario de la lectura a algún nuevo método para discernir la intención de Dios.

Dios *siempre* quiere decir más

Así que, concluyo que Dios puede tener y tiene más en mente para comunicar a través de las Escrituras inspiradas de lo que los autores humanos eran plenamente conscientes. Creo que sería justo decir que, en un sentido, Dios *siempre* tiene más en mente para comunicar de lo que los autores humanos son plenamente conscientes. Digo esto por lo menos por dos razones.

Una es la afirmación que ya hemos presentado en este capítulo, a saber, que las *implicaciones necesarias* forman parte del significado de un autor cuando nosotros usamos el término. Sin embargo, ningún autor, excepto Dios, ve todas las implicaciones necesarias de lo que escribe. Pero Dios sí lo hace. Por lo tanto, Dios siempre quiere decir conscientemente lo que los autores humanos quieren decir solo implícitamente. Por ejemplo, cuando Pablo dice: "Y todo lo que hacéis, sea de palabra o de hecho, hacedlo todo en el nombre del Señor Jesús" (Col. 3:17), Dios ve cada uno de los miles de millones de actos incluidos en "todo" y nos propone hacer cada uno de ellos en el nombre de Jesús. Pablo, no obstante, no puede ver las implicaciones específicas de la palabra *todo* para cada creyente. Por lo tanto, Dios, en este sentido, siempre tiene la intención de un significado más completo y específico que los autores humanos.

Una segunda razón por la que digo que Dios siempre tiene más en mente para comunicar es que Dios vio todas las conexiones entre todo lo que escribieron los autores bíblicos. Ellos no podían ver todas estas conexiones porque, en su mayor parte, ni siquiera eran conscientes de lo que otros escribían. Pero ahora que tenemos todos los libros inspirados de la Biblia, podemos pasar toda una vida explorando estas conexiones. Hay decenas de miles de conexiones entre los diversos libros de la Biblia. Es totalmente posible que mientras reflexionamos sobre algo que Pablo dijo y algo que Juan dijo, se pueda tener una visión de una realidad que ninguno de ellos vio. Por supuesto, Dios lo vio, y vio que lo veríamos. Dios buscaba todas estas conexiones. Él las inspiró. Los autores y los lectores, hasta el día de hoy, ven solo una fracción de estas conexiones, que bien valen la pena toda una vida de búsqueda.

El mensaje aquí es que Dios siempre tiene más en mente para comunicar que los autores humanos. Pero esto no desconecta las intenciones de Dios del vocabulario y hábitos de escritura usados por los autores humanos. No tenemos otro acceso firme y seguro a la mente de Dios que a través de la manera en que los autores humanos usan el lenguaje para comunicar sus intenciones.

Gloria en el significado del texto

Por lo tanto, cuando pensamos en el acto natural de leer la Biblia sobrenaturalmente, no debemos ignorar la urgencia de perseguir la intención de los autores humanos con todas nuestras fuerzas. Esto requiere todo el esfuerzo humano y la habilidad que podamos reunir. Sin duda, nuestro objetivo final es glorificar a Dios al ver, saborear y ser cambiado por su belleza y valor en las Escrituras. Pero lo que hemos visto es que su gloria se nos revela en y por el significado del texto *—lo que el autor pretendía comunicar—*. El significado es encontrado por leer y pensar. Cuando Dios se une al hombre Jesús en la encarnación, igualmente la gloria de Dios se une al significado de los textos bíblicos.

Por lo tanto, cuando el milagro de ver y saborear la gloria de Dios sucede, se da por el acto de leer y pensar. Nosotros leemos. Dios se revela. Dios *da* el milagro sobrenatural y nosotros *obramos* el milagro sobrenatural. Los procedimientos prácticos para hacer esto es donde nos dirigimos a continuación.

En tus mandamientos meditaré;
Consideraré tus caminos.

SALMOS 119:15

La erudición es primero para ver, en segundo lugar para ver, en tercer lugar para ver y siempre para ver.

ADOLF SCHLATTER

23

El poder de la paciencia y la atención agresiva

"Si como a la plata la buscares,
y la escudriñares como a tesoros".

La lectura de la Biblia y el propósito del universo

El hecho asombroso es que leer la Biblia es uno de los medios indispensables a través del cual Dios da lugar a su propósito supremo para el universo. Reflexionemos en la palabra *indispensables*. Significa que este gran propósito no será alcanzado si el objetivo ordinario de leer no se logra entre el pueblo de Dios. El objetivo ordinario de leer es *captar lo que los autores bíblicos pretenden comunicar*. Esto es indispensable porque el objetivo *supremo* de leer se origina a través del acto de perseguir este objetivo *ordinario* de leer.

El propósito final de leer (que planteamos en la Parte I) es que el valor infinito de Dios y su belleza sean exaltados en la eterna y ferviente adoración de la esposa de Cristo, comprada con su sangre, de cada pueblo, idioma, tribu y nación. La exaltación del valor y la belleza de Dios en el culto ferviente dependen del valor y la belleza de Dios, su gloria peculiar, que se ve y saborea en las Escrituras como el supremo tesoro del universo. Ver la gloria de Dios en las Escrituras es una obra sobrenatural de la gracia de Dios, porque por naturaleza estamos endurecidos y ciegos ante ella. Pero el milagro ocurre en y por medio del acto natural de leer la Biblia sobrenaturalmente.

Es decir, el milagro sucede cuando leemos, por fe, con el propósito *común* de comprender lo que los autores bíblicos pretendían comunicar. Así como la gloria del Hijo de Dios solo se puede ver mirando al Hijo del

Hombre encarnado, así la gloria de la Palabra de Dios solo puede ser vista mirando la palabra inspirada del hombre. La iluminación divina sucede a través de la observación humana. La belleza de la verdad divina se ve en la contemplación de las palabras humanas, es decir, en leer. "Cuando *lean* esto que les escribo, entenderán la percepción que tengo de este plan acerca de Cristo" (Ef. 3:4, NTV).

Aprendí a leer a los veintidós años

La tarea fundamental de este acto natural de leer es ver lo que realmente está allí. Mi objetivo en este capítulo es persuadirle y animarle a que al leer la Biblia pueda ver más de lo que usted pensaba que podía. Voy a argumentar que esto no sucederá principalmente porque aprenda griego y hebreo, u obtenga una educación de seminario (aunque estas herramientas pueden ser muy valiosas), sino porque forme el hábito y desarrolle la paciencia para mirar más y más cuidadosamente de lo que lo hace. La mayoría de los fracasos en ver lo que los autores pretenden comunicar no es debido a una educación insuficiente o una inteligencia inadecuada, sino a una lectura pasiva, que no es una atención agresiva, de lo que hay ahí.

Hablo con gran convicción y esperanza por usted debido a mi propia experiencia. Cuando tenía veintidós años, aprendí a leer. En realidad, supongo, eso no es justo para mis padres o los excelentes maestros que había tenido hasta ese momento. Sería más exacto decir que mi comprensión de lo que es leer y mi compromiso de hacerlo bien recibieron una inyección de refuerzo de cambio de vida cuando tenía veintidós años. Eso es lo que espero que le pase a usted en la lectura de este libro. Aprendí la diferencia entre la lectura pasiva y la activa (con la ayuda de Mortimer Adler[1]). Vi la maravilla del propósito ordinario de la lectura: pensar los pensamientos de otra persona (con la ayuda de E. D. Hirsch[2]). Aprendí a hacer el tipo de preguntas que se deben hacer (con la ayuda de Daniel Fuller[3]). No había leído nada de estos hombres antes de los veintidós años.

Ver al mirar, mirar realmente

En lo primero que el profesor Daniel Fuller insistió en esos días de seminario y que me cambio la vida fue que creamos en la posibilidad y la utilidad de

1. Mortimer Adler y Charles van Doren, *Cómo leer un libro*, 2da. edición (Buenos Aires: Editorial Claridad, 1983).

2. E. D. Hirsch, *Validity in Interpretation* (New Haven, CT: Yale University Press, 1967).

3. Daniel P. Fuller, *Hermeneutics*, trabajo no publicado, Fuller Theological Seminary.

ver al mirar, específicamente, mirar el texto de la Biblia. Esto puede sonar extraño, pero piense cuántas cosas pasan ante sus ojos cada día, y estos están abiertos, pero pasivos. Usted está viendo el mundo, pero apenas nota cualquier cosa. Usted está escuchando todo el tiempo, pero apenas se da cuenta de los sonidos en particular.

El doctor Fuller no era el único que me empujaba a ver y escuchar activamente. Un día, en una clase sobre predicación, el profesor estaba enseñando sobre la necesidad de que los pastores obtuvieran sus ilustraciones de la vida real, no a partir de libros de ilustraciones. Hizo una pausa de unos 30 segundos de silencio, no sabíamos qué hacía. Luego dijo: ¿Oyeron eso? No sabíamos de qué estaba hablando. Él dijo: "¡La sirena! Abajo en la carretera, es una ambulancia. Alguien probablemente esté gravemente herido o gravemente enfermo ahora mismo mientras estamos sentados aquí". Ese momento me causó una impresión indeleble. El hecho de que lo recuerde ahora, cuarenta y ocho años más tarde, muestra el impacto que me produjo. *Despierta*, pensé. *Eres como un sonámbulo que camina a través de la vida. Ves y oyes, pero no te das cuenta. ¡Despierta!*

La mayoría de la gente lee medio dormida. Leemos la Biblia casi como si mirásemos la televisión pasivamente. Lo que quiero decir con "pasivamente" es que esperamos que el programa de televisión nos afecte de alguna manera, que nos divierta, informe o enseñe. Nuestras mentes están casi enteramente en modo pasivo, solo recibimos los impulsos que vienen a nuestra mente. Lo contrario es cuando nuestra mente está alerta y vigilante cuidadosamente. Nos volvemos agresivamente observadores. Cuando vemos la televisión o el mundo activamente, vemos capas, dimensiones y aspectos de la realidad que antes pasaban totalmente desapercibidos. La diferencia es que ahora la mente está ocupada. Hemos emitido una orden al cerebro: *¡Mira! ¡Escucha! Piensa en lo que estás viendo. Encuentra la clave. Sé un observador intenso, sé incansable en tu atención, mantente vigilante. Haz conexiones. Observa patrones. Haz preguntas.*

Otra inspiración inolvidable en mi creciente deseo de ver como nunca antes había visto fue la historia de *Agassiz y el pez*. Cuando leí esta historia por primera vez quedé fascinado. Era como una brillante explosión en el horizonte de mi nueva vida de estudio bíblico. El brillo hizo que todos los detalles de la Biblia se iluminaran. De repente, yo estaba viendo patrones, interrelaciones y líneas de pensamientos que nunca había visto, y todo esto no pasaba porque un maestro me decía qué ver, sino porque alguien me decía: *mira, mira, mira.*

Louis Agassiz (1807-1873) fue el fundador del Museo de Zoología Comparada de Harvard (Harvard Museum of Comparative Zoology) y profesor de Harvard. Uno de sus estudiantes, Samuel Scudder, escribió acerca de cómo este asombroso profesor le mostró lo que podía ver si solo adoptaba el hábito y tenía la paciencia de mirar largo y tendido al objeto de su estudio.

> "El estudiante, el pez y Agassiz"
> Hace más de quince años que entré en el laboratorio del profesor Agassiz y le dije que me había inscrito en la escuela de ciencias como estudiante de historia natural. Me hizo algunas preguntas sobre mi objetivo al venir, mis antecedentes en general, el modo en que me proponía usar después el conocimiento que podía adquirir y, finalmente, si quería estudiar alguna rama en particular. A esto respondí que aunque deseaba estar bien fundamentado en todos los departamentos de zoología me proponía dedicarme especialmente a los insectos.
>
> —¿Cuándo quieres comenzar? —me preguntó.
>
> —Ahora —respondí.
>
> Esto pareció agradarle y, con un enérgico "muy bien", alcanzó del estante un enorme frasco de un espécimen en alcohol amarillento.
>
> —Toma este pez —me dijo—, y míralo; lo llamamos haemulon; de vez en cuando te preguntaré lo que has visto.
>
> Después de decirme esto salió por un momento y volvió con instrucciones explícitas sobre el cuidado del objeto que me fue confiado.
>
> —Ningún hombre es apto para ser naturalista —dijo—, si no sabe cómo cuidar los especímenes.
>
> Debía guardar el pescado delante de mí en una bandeja de hojalata y, de vez en cuando, humedecer la superficie con alcohol del frasco, siempre teniendo cuidado de reemplazar el tapón firmemente. Aquellos no eran los días de los tapones de vidrio sólidos, y los frascos de especímenes elegantemente formados. Todos los estudiantes de aquellas épocas recordarán las enormes botellas de vidrio sin cuello con sus corchos agujereados y encerados, medio comidos por insectos y llenos de polvo de bodega. La entomología era una ciencia más limpia que la ictiología, pero el ejemplo del profesor, que sin pensar sumergía el brazo en el fondo del frasco para sacar el pescado, era contagioso; y, aunque el alcohol tenía "un olor muy antiguo y similar a un pez", realmente no me atreví a mostrar ninguna aversión dentro de estos recintos sagrados, y traté el alcohol como si fuera agua pura. Sin embargo, era consciente de una

sensación pasajera de decepción, pues mirar a un pez no era tarea que se encomendara a un ardiente entomólogo. Mis amigos en casa también se molestaron cuando descubrieron que ninguna cantidad de agua de colonia ahogaba el perfume que me perseguía como una sombra.

En diez minutos había visto todo lo que se podía ver en ese pez, y empecé a buscar al profesor, quien había salido del museo. Cuando volví, después de un prolongado tiempo de observar algunos de los animales raros almacenados en el departamento superior, mi espécimen estaba completamente seco. Puse el líquido sobre el pez como para resucitarlo de un desmayo, y miraba con ansiedad para que volviera a una apariencia normal y desalineada. Cuando terminó este pequeño entusiasmo, sin tener otra cosa que hacer volví a mirar fijamente a mi mudo compañero. Pasó media hora, una hora, otra hora. El pescado comenzó a parecer cada vez más repugnante. Lo di vuelta y lo miré a la cara, que era espantosa; por arriba, por abajo, por los lados, por donde lo mirara era terrible. Estaba desesperado. Aunque era temprano, concluí que necesitaba comer algo, esto fue un alivio; como debía salir, coloqué el pescado cuidadosamente en el frasco, y durante una hora estuve libre.

A mi regreso, me enteré de que el profesor Agassiz había estado en el museo, pero se había ido y no volvería por varias horas. Mis compañeros estaban demasiado ocupados como para ser molestados con mi conversación. Así que, poco a poco me acerqué a ese pescado horrible y con una sensación de desesperación volví a mirarlo. No podría usar una lupa; los instrumentos de toda clase estaban prohibidos. Estábamos solos mis manos, mis ojos y el pescado, parecía un campo de trabajo muy limitado. Empujé mis dedos por su garganta para ver cuán afilados eran sus dientes. Comencé a contar las escamas en las diferentes filas hasta que estuve convencido de que esto era una tontería. Por fin apareció un pensamiento feliz: dibujaría al pez, y con sorpresa comencé a descubrir nuevos rasgos en la criatura. Fue en ese momento cuando el profesor regresó.

—Es cierto —dijo—, un lápiz es uno de los mejores ojos. Me alegro de notar, también, que usted mantiene su espécimen mojado y su botella bien tapada.

Con estas palabras alentadoras, añadió:

—Bueno, ¿cómo le va?

Escuchó atentamente mi breve ensayo de la estructura de las piezas cuyos nombres todavía me eran desconocidos; las agallas con sus pestañas y el opérculo móvil, los poros de la cabeza, los labios carnales, los ojos sin párpados. La línea lateral, la aleta espinosa y la cola bifurcada, el cuerpo en forma de arco comprimido. Cuando terminé, se quedó inmóvil como si esperase más, y luego, con aire de decepción, dijo:

—No ha mirado con mucho cuidado, porque —continuó con más fervor— ¡no ha visto uno de los rasgos más llamativos del animal y que está claramente ante sus ojos como el mismo pez! ¡Mire nuevamente! ¡Mire otra vez!

Y me abandonó en mi miseria.

Estaba herido, me sentía mortificado. ¿Todavía más de este miserable pescado? Pero ahora me puse a la tarea como si se tratara de mi testamento, y descubrí una cosa tras otra, hasta que vi qué justa había sido la crítica del profesor. La tarde pasó rápidamente y, cuando ya casi llegaba a su final, el profesor volvió y me preguntó:

—¿Ya lo ve?

—No —respondí—. Estoy seguro de que no, pero ahora me doy cuenta de lo poco que vi antes.

—Eso está mejor —dijo con seriedad—. Por ahora no seguiremos más. Guarde su pez y vaya a casa; quizá tenga una mejor respuesta por la mañana. Lo examinaré a usted antes de mirar al pez.

Esto era desconcertante, no solo debía pensar toda la noche sobre cuál era ese rasgo desconocido pero muy visible, sin el objeto ante mí, sino que también debía revisar mis nuevos descubrimientos y dar una explicación exacta de ellos al día siguiente. Tenía una muy mala sensación, así que caminé rumbo a casa distraído con mis dos preocupaciones.

El saludo cordial del profesor a la mañana siguiente fue un gesto muy tranquilizador. Aquí estaba un hombre que parecía estar tan ansioso como yo de que hubiera podido encontrar por mí mismo lo que debía ver.

—¿Será posible —pregunté—, que usted esté pensando que el pez tiene lados simétricos con órganos en pares?

Su complaciente "¡Por supuesto, por supuesto!", pagó todas las horas de vigilia de la noche anterior. Después de haber discurrido con la mayor felicidad y entusiasmo, como siempre lo hizo, sobre la importancia de este punto, me aventuré a preguntar qué debía hacer a continuación.

—¡Continúe mirando a su pez! —dijo.

Y me dejó nuevamente en el aire. En poco más de una hora regresó y volvió a escuchar mi nueva lista.

—Está bien, eso está bien —repitió—, pero no es todo.

Así pasaron tres largos días, él puso ese pez delante de mis ojos, prohibiéndome mirar cualquier otra cosa, o usar alguna ayuda artificial. "Mirar, mirar, mirar", esa fue su reiterada orden.

Esta fue la mejor lección de entomología que tuve, una lección cuya influencia se extendió a los detalles de cada estudio posterior. Un legado que el profesor me ha dejado, como les dejó a muchos otros, de un valor inestimable, que no podíamos comprar y del que no podemos separarnos.

Un año después, algunos de nosotros nos divertíamos dibujando en la pizarra extravagantes animales. Dibujábamos estrellas de mar saltarinas, ranas en combate mortal, gusanos hidrolizados, señoriales langostas, paradas sobre sus colas con paraguas en alto, y peces grotescos con la boca abierta y los ojos fijos. El profesor entró poco después, y fue tan divertido como cualquiera en nuestros experimentos. Miró a los peces.

—Haemúlidos, cada uno de ellos —dijo—. El señor… los dibujó.

Cierto, y hasta el día de hoy, si intento dibujar un pez, no puedo dibujar más que haemúlidos.

Al cuarto día se colocó un segundo pescado del mismo grupo junto al primero y se me pidió que señalara las semejanzas y diferencias entre los dos. Otro y otro siguieron, hasta que toda la familia estaba delante de mí y toda una legión de recipientes cubrió la mesa y los estantes circundantes. El olor se había convertido en un agradable perfume, e incluso ahora, la vista de un corcho de seis pulgadas comido de gusanos me trae ¡fragantes recuerdos!

Todo el grupo de haemúlidos fue puesto en revisión y, aunque estuviera disecando los órganos internos, preparando y examinando el armazón óseo, o describiendo las diferentes partes, la formación de Agassiz en el método de observar los hechos en un arreglo ordenado, siempre fue acompañada por la urgente exhortación de no estar satisfecho con ello.

"Los hechos son cosas tontas", diría, "hasta que se los conecta con alguna ley general".

Al cabo de ocho meses, casi con reticencia, dejé a estos amigos y me volví a los insectos; pero lo que gané por esta experiencia ha sido de muchísimo más valor que años de investigación posterior en mis grupos favoritos.[4]

---

4. Horace E. Scudder, ed., *American Poems: Longfellow: Whittier: Bryant: Holmes: Lowell: Emerson; with Biographical Sketches and Notes*, 3ra. ed. (Boston: Houghton, Osgood, 1879), pp. 450-54.

No puedo agradecer a Dios lo suficiente por esta lección

Al mirar hacia atrás, no puedo agradecer a Dios lo suficiente por un testimonio similar, un profesor que no me dijo lo que la Biblia significaba, pero todos los días, en ocho clases durante tres años, me dijo: "mira, mira, mira", y me mostró cómo hacer preguntas acerca de lo que veía. Él entraba en clase y colocaba su retroproyector con el texto en él, luego procedíamos a probar si lo que habíamos visto estaba realmente allí. En el proceso, ¡cuánto más veíamos! No había engaños. Si no estaba allí, uno no podría escaparse con ningún pensamiento agradable, espiritual, o cualquier ruego que, aunque no estuviera allí, seguramente estaría en otro texto. Correcto. Pero no está allí. Nuestro objetivo era ver lo que estaba allí y lo mirábamos durante horas.

Así como Agassiz decía, incluso en los días en que los demás veían mucho y yo veía poco, la "mejor alternativa" a ver mucho era "ver lo poco que había visto". Esto nos enseñó que siempre había más cosas para ver que lo que habíamos visto. Puedo decir que, después de cuarenta y ocho años de mirar el Libro, esto es cierto. La barrera para ver las riquezas de las Escrituras no es debido al hecho de que más personas no conocen griego y hebreo, sino a que más personas no tienen la paciencia de mirar, mirar y mirar.

Una miseria que vale la pena

Scudder comentó que Agassiz le dijo: "Mira otra vez, mira de nuevo". Luego dijo: "Me abandonó a mi propia miseria". Ah, sí, pero esa miseria no es larga. Debemos ser honestos, la disciplina agresiva, paciente y rigurosa de mirar es ciertamente costosa. Ver no sucede casualmente; sucede con esfuerzo, el esfuerzo de ver. Este esfuerzo puede ser un trabajo tan duro como cualquier otro que haya realizado. A veces se sentirá como que "me han abandonado a mi propia miseria". En ocasiones me he quejado con mi esposa: "No puedo verlo. No puedo resolverlo. He estado batallando con este texto durante cuatro horas, y no cede". Así que no quiero dar la impresión de que los tesoros de un texto se consiguen con una lectura pasiva, relajada, casual y de manera fácil. Pueden no ceder rápidamente a la lectura más enfocada y agresiva.

> Si clamares a la inteligencia,
> Y a la prudencia dieres tu voz;
> Si como a la plata la buscares,
> Y la escudriñares como a tesoros... (Pr. 2:3-4).

¡Clame! ¡Alce su voz! ¡Busque! ¡Investigue! Si supiera que hay diez millones de dólares ocultos en ese lugar y es su oportunidad de hallarlos, ¿cómo lo haría? Miraría una y otra vez, y si se cansa y encuentra la tarea sin valor a veces, usted proseguiría. Pues bien, por la gracia de Dios, usted sabrá y sentirá que los tesoros de la Palabra de Dios son deseables "más que el oro, y más que mucho oro afinado" (Sal. 19:10). Son como un "tesoro escondido en un campo, el cual un hombre halla, y lo esconde de nuevo; y gozoso por ello va y vende todo lo que tiene, y compra aquel campo" (Mt. 13:44).

Un espíritu afín en Alemania

Después del seminario, pasé tres años en Alemania mirando las enseñanzas de Jesús acerca de amar a nuestros enemigos. Ese fue el tema de mi tesis doctoral. La presión de la erudición para leer *sobre* los textos, en lugar de solamente mirar *a los* textos, era enorme. Pero qué alegría fue encontrar a un erudito alemán de la generación anterior que dio voz a lo que estaba sintiendo. Adolf Schlatter (1852-1938) había sido una especie de inconforme académico en la erudición bíblica en la Universidad de Tubinga. Era muy respetado por su inmensa erudición en los trasfondos semíticos del primer siglo. Pero era excéntrico cuando se trataba de su erudición publicada, ya que despreciaba el uso de notas de pie de página como un desfile de la amplitud de su lectura. Su famoso lema era: "La erudición es primero mirar, segundo mirar, tercero mirar, y mirar una y otra vez".[5] ¡Esto era "Agassiz y el pez" nuevamente! Fue una gran confirmación para mí en ese momento y me animó a seguir adelante con mi pasión para mirar lo que había en el texto en lugar de especular sobre cómo podría haber sucedido.

Agassiz entre las artes

En el número de noviembre-diciembre de 2013 de la revista de Harvard, Jennifer Roberts, profesora de Humanidades de la Cátedra Elizabeth Cary Agassiz en Harvard, publicó un artículo titulado: "El poder de la paciencia: enseñar a los estudiantes el valor de la desaceleración y la atención inmersiva".[6] Como puede imaginar, me encantó el título. "Agassiz" está en

---

5. Adolf Schlatter, "Atheistische Methoden in der Theologie?", *Zur Theologie des Neuen Testaments und zur Dogmatik: Kleine Schriften*, ed. Ulrich Luck (Munich: C. Kaiser, 1969), p. 142. El original alemán dice: "Wissenschaft ist erstens Sehen un zweitens Sehen und drittens Sehen und immer und immer wieder Sehen".

6. Jennifer Roberts, "The Power of Patience", en la revista *Harvard*, nov.-dic. 2013, consultado el 29 de marzo de 2016, http://harvardmagazine.com/2013/11/the-power-of-patience.

su título de cátedra. Y el espíritu de Agassiz está en el título de su artículo. De hecho, él está en todo su trabajo. Lo que ella hace en este artículo nos inspira de nuevo con las posibilidades de ver más de lo que pensábamos que podríamos ver. Ella no es una zoóloga como Agassiz, sino una historiadora del arte. Así que, en vez de mirar a los peces, quiere que miremos una pintura y luego miremos todo. Ella enseña un curso en Harvard llamado "El arte de mirar".

Su estrategia con sus estudiantes es la misma que la de Agassiz. Tendrán que mirar, mirar y mirar. Su objetivo es ayudar a los estudiantes a desarrollar la paciencia para "desacelerar" y "sumergirse" en la atención. Para sentir toda la importancia de su tarea y su ilustración del principio de Agassiz relacionada con el arte, quizá quiera ir a Internet y mirar la pintura a la que hace referencia.[7]

> Cada presión externa, social y tecnológica, está empujando a los estudiantes en la otra dirección, hacia la inmediatez, la rapidez y la espontaneidad... Quiero darles el permiso y las estructuras para aflojar el paso... Lo primero que les pido que hagan en el proceso de investigación es emplear un dolorosamente largo tiempo mirando el objeto.
>
> Digamos que un estudiante quería explorar el trabajo popularmente conocido como *Boy with a Squirrel* [El niño con una ardilla], pintado en Boston en 1765 por el joven artista John Singleton Copley. Antes de hacer cualquier investigación en libros o en línea, se espera que el estudiante primero vaya al Museo de Bellas Artes, donde se encuentra el cuadro, y pase tres horas completas mirando el cuadro, anotando sus observaciones, así como preguntas y especulaciones que surgen de estas observaciones. El lapso está explícitamente diseñado para parecer excesivo.

Al principio, muchos de los estudiantes se resisten a ser sometidos a un ejercicio correctivo. Para ayudar a los estudiantes a perseverar en la tarea, Roberts les dice que ella misma realizó esta actividad, tres horas completas mirando, mirando, mirando el cuadro *Boy with a Squirrel*. Ella cuenta lo que le sucedió durante su experiencia:

---

7. Véase de John Singleton Copley "A Boy with a Flying Squirrel" (1765), Museo de Bellas Artes de Boston, consultado el 27 de octubre de 2016, http://www.mfa.org/collections/object/a-boy-with-a-flying-squirrel-henry-pelham-34280.

> Solo algunos ejemplos de la primera hora de mi propio experimento: Me tomó 9 minutos para notar que la forma de la oreja del chico refleja con precisión la mancha a lo largo del vientre de la ardilla, Copley estaba haciendo algún tipo de conexión entre el animal, el cuerpo humano y las capacidades sensoriales de cada uno.
>
> Pasaron 21 minutos antes de registrar el hecho de que los dedos que sostienen la cadena exactamente abarcan el diámetro del vaso de agua que se encuentra por debajo de ellos.
>
> Tardé unos 45 minutos para darme cuenta de que los pliegues y arrugas al parecer aleatorios de la cortina de fondo son en realidad copias perfectas de las formas del oído y el ojo del niño, como si Copley hubiera imaginado esos órganos sensoriales que se distribuían o imprimían en la superficie detrás de él, y así sucesivamente.
>
> Lo que este ejercicio muestra a los estudiantes es que solo porque han *mirado* algo no significa que lo han *visto*.
>
> Lo que convierte el acceso en aprendizaje es el tiempo y la paciencia estratégica.[8]

Es posible que desee probarse a sí mismo en esto (para observar la pintura, refiérase a la nota 7). ¿Notó que el pliegue del interior de la cola de la ardilla forma una curva prácticamente idéntica a la curva formada por el borde inferior del labio inferior del niño? ¿O notó que uno de los volados blancos que sobresalen de la mano izquierda del niño es idéntico al contorno de la piel blanca del vientre de la ardilla? Y, por supuesto, ¿notó que hay una ardilla sentada en el escritorio de este chico? ¡Una ardilla! ¡Y parece estar atada como con una correa de la cadena! ¿Qué está haciendo allí? ¿Cuál es el significado (intención) de todo esto entretejiendo lo humano y lo animal?

El poder de la paciencia en la mirada

Usted puede estar entre los que son demasiado impacientes para mirar un pez o una pintura por un largo período de tiempo. Pero ¿qué pasa con la Biblia? ¿Son las posibles recompensas lo suficientemente grandes como para que pueda hacer el esfuerzo de seguir buscando? La profesora Roberts señala un punto revelador sobre por qué llama a la paciencia un tipo de poder:

---

8. Roberts, "The Power of Patience".

> La virtud de la paciencia estaba asociada originalmente con tolerancia o sufrimiento. Se trataba de conformarse a la necesidad de esperar las cosas. Pero ahora que generalmente *no* es necesario esperar las cosas, la paciencia llega a ser un estado cognitivo activo y positivo. Donde la paciencia una vez indicaba una falta de control, ahora es una forma de control sobre el ritmo de la vida contemporánea que de otra manera nos controla. La paciencia ya no connota pérdida de poder, quizá ahora la paciencia es poder.
>
> Si la "paciencia" suena demasiado anticuada, llamémosla "administración del tiempo", "inteligencia temporal", o "ingeniería de distorsión temporal masiva". De cualquier manera, la conciencia del tiempo y la paciencia como medio productivo de aprendizaje es algo que siento que es urgente de modelar para —y esperar de— mis estudiantes.[9]

La Biblia nos llama a buscar por un tiempo prolongado

Cuando la Biblia nos llama a meditar en la instrucción del Señor "todo el día" (Sal. 119:97), de hecho, "de día y de noche" (Sal. 1:2), y en sus mandamientos (Sal. 119:15), ¿no es esto un llamado para mirar, mirar y mirar? ¿O escuchar, escuchar y escuchar (lo que es lo mismo), mientras nos repetimos sus palabras a nosotros mismos día y noche? ¿Qué podríamos ver? Muchísimo más de lo que pensamos.

Cierro este capítulo con un ejemplo de las Escrituras. Supongamos que un sabio maestro le entrega el pasaje de Proverbios 6:16-19 y le pide que busque un lugar tranquilo y mire este texto bíblico con atención agresiva durante una hora. Una modesta sugerencia. ¿Qué vería?

> Seis cosas aborrece Jehová,
> Y aun siete abomina su alma:
> Los ojos altivos, la lengua mentirosa,
> Las manos derramadoras de sangre inocente,
> El corazón que maquina pensamientos inicuos,
> Los pies presurosos para correr al mal,
> El testigo falso que habla mentiras,
> Y el que siembra discordia entre hermanos.

Lo primero que puede hacer, recordando lo que Agassiz le sugirió a Scudder:

---

9. Ibíd.

"Un lápiz es uno de los mejores ojos", es escribir el texto y hacer una lista de las cosas que el Señor aborrece en una columna en lugar de tenerlas todas en un párrafo. De esta manera usted podría ser capaz de ver las relaciones mejor. Ver las relaciones es una de las cosas más iluminadoras de un texto. Así que aquí están, ¿qué ve?

1. Los ojos altivos,
2. la lengua mentirosa,
3. las manos derramadoras de sangre inocente,
4. el corazón que maquina pensamientos inicuos,
5. los pies presurosos para correr al mal,
6. el testigo falso que habla mentiras,
7. el que siembra discordia entre los hermanos.

¡Aquí estamos una hora más tarde! ¿Ha visto que de estas siete cosas que el Señor aborrece la del medio (4) se refiere al órgano más íntimo, el corazón y parece funcionar como una bisagra para las tres a cada lado? A medida que nos alejamos del corazón, como la raíz de nuestro comportamiento, parece que (3) y (5) se corresponden entre sí: manos y pies. Específicamente, las manos derramando sangre y los pies corriendo para hacer mal. Entonces parece que (2) y (6) se corresponden: la lengua y el habla, ambos diciendo mentiras. Así que el corazón crea la maldad, entonces esta intención interior sale por manos y pies que lastiman a otros, y a través de la boca que engaña a otros.

En vista de este patrón (3=5; 2=6), esperamos que (1) y (7) se correspondan. Los ojos altivos corresponden a la siembra de discordia. ¿Lo hacen? ¿Qué opina de esto? Creo que corresponden y que el escritor quiere que profundicemos y averigüemos el cómo. Esto se lo dejaré a usted, y así hay mucho más que ver también. Paciencia, oración, tiempo y lápiz. Todos tenemos ojos.

¿Qué hace la mente del observador activo?

La pregunta que tenemos ante nosotros ahora es: ¿Qué hace la mente mientras pacientemente mira, mira y vuelve a mirar? Cuando hablamos de lectura *activa* y atención *agresiva*, ¿qué estamos insinuando? ¿Hay ciertos tipos de tareas que realiza la mente que mira? ¿Cuán intencionales son estas tareas? Ahí es donde pasamos al siguiente capítulo.

Resolución: Estudiar las Escrituras de manera continua, constante y frecuente, todo lo que pueda encontrar y claramente percibir, para crecer en el conocimiento de las mismas.

JONATHAN EDWARDS

Las personas solo piensan verdaderamente cuando se enfrentan a un problema. Sin algún tipo de dilema para estimular el pensamiento, el comportamiento se vuelve más habitual que pensativo.

JOHN DEWEY

24

La lectura activa significa hacer preguntas

"Considera lo que digo, y el Señor te dé entendimiento en todo".

El cerebro es como un músculo

Si Dios nos diera el deseo y la paciencia de mirar un párrafo de la Biblia durante varias horas, ¿qué haríamos realmente? ¿Qué significa prestar a un pasaje de las Escrituras "atención agresiva"? ¿Qué significa perseguir la lectura *activa* más que pasiva? Significa que tratamos a nuestra mente como una especie de músculo, de la misma manera que hacemos con los músculos de nuestro brazo. Cuando queremos un vaso de agua, le decimos a nuestro brazo (muy inconscientemente): "Brazo, estírate y toma ese vaso de agua, y llévalo a mis labios". Sorprendentemente los músculos de nuestro brazo hacen exactamente lo que le hemos dicho. Hay un gran misterio en cómo un acto de voluntad inmaterial se transfigura en un acto de materia física.

De la misma manera, podemos decirle a nuestra mente: "Mente, enfócate, presta atención, mira atentamente este párrafo, examínalo. Haz preguntas, piensa acerca del texto, léelo una y otra vez. No abandones, no te muevas, no seas pasivo. No solo esperes a que una idea entre en su mente, búscala, explórala, examínala, persíguela, escudriña estas palabras. Presiona hasta que gotee su significado en la mente". En las Escrituras, este tipo de lectura de la Biblia se compara con la búsqueda vehemente de tesoros. No se compara con acostarse y esperar a que una uva caiga en nuestra boca.

Pensar significa hacer y contestar preguntas

Pero ¿podemos ser más específicos? Sí, podemos. Cuando estamos agresivamente atentos y mentalmente activos, *la mente hace preguntas que intenta contestar* mirando lo que está escrito en el párrafo y los escritos relacionados. John Dewey dijo: "Las personas solo piensan verdaderamente cuando se enfrentan a un problema. Sin algún tipo de dilema para estimular el pensamiento, el comportamiento se vuelve más habitual que pensativo".[1] Creo que Dewey tenía razón al respecto. La lectura se convierte en un hábito pasivo de pasar a través de los textos a menos que tengamos el hábito de hacer preguntas, es decir, a menos que habitualmente veamos cosas que aunque al principio no tengan un sentido completo, sintamos un revuelo en nuestra mente y luego excavemos nuestro camino hasta la belleza de la verdad.

Creo que el apóstol Pablo lo confirma cuando le dice a Timoteo: "*Piensa en lo que te digo*. El Señor te ayudará a entender todas estas cosas" (2 Ti. 2:7, NTV). ¿Qué significa *pensar algo*? Significa que hacemos preguntas al respecto y tratamos de responderlas viendo conexiones y relaciones. La mayoría de nosotros lo hacemos tan intuitivamente que no nos damos cuenta de que eso es lo que estamos haciendo. Pero leer activamente es convertir este hábito intuitivo en uno consciente y vigoroso.

Ilustrándolo con un mensaje de texto

Permítanme ilustrar cómo todos pensamos y respondemos preguntas al leer. Supongamos que usted recibió un mensaje de texto de su amigo que dice: "Necesito que vengas rápido. Estoy atrapado en el molino, trae el barrote".

Eso es todo lo que dijo, pero ¿qué hace su mente con estas palabras y frases? Lo primero que hace es preguntarse: "¿Es urgente?". Responde comparando, en una fracción de segundo, estas palabras a lo que sabe acerca de su amigo. Usted sabe que él nunca usa palabras como, "*necesito* que vengas". Por lo general, diría, "quisiera que vengas", o "por favor, ven". Las palabras que él está utilizando ahora son inusuales, denotan que él está desesperado; las palabras le confirman *rápidamente* su respuesta: Sí, es urgente.

En segundo lugar, entonces, usted se pregunta: "¿Por qué necesita que vaya tan urgentemente?". Para responder a esta pregunta, intuitivamente inserta un "porque" entre las dos primeras frases. "Necesito que vengas rápido [porque] estoy atrapado en el molino". Usted necesitaba una respuesta a la pregunta "¿Por qué la urgencia?", y la recibe: "Estoy atrapado en el molino". Intuitivamente ve esta oración como una *razón* o *motivo* para explicar la primera frase. Podría haber dicho: "*Porque* estoy atrapado en el molino". Pero él sabía que usted lo haría en su mente debido al contexto.

---

1. Sin datos de la fuente.

Tercero, usted se pregunta: "¿Dónde está?", y se responde al notar la frase "en el molino". Vuelve a preguntarse: "¿A qué se refiere con 'en el molino'?". Recuerda que usted y él habían ido al bosque la semana pasada para encontrar un viejo molino abandonado en el arroyo que corre a través de la propiedad de su padre. No hay otras posibilidades en su mente para indicarle a cuál *molino* podría referirse. Usted espera que la frase no haya sido corregida por el corrector ortográfico automático al haber escrito mal otra palabra.

Entonces usted se pregunta: "¿Qué está mal, y cómo puedo ayudar?". Usted no sabe lo que para él significa *atrapado*. ¿Cómo podría estar atrapado en el molino? No había edificios ni habitaciones. Usted se pregunta: "¿La última frase arroja luz sobre esta incertidumbre?". "Trae el barrote". Usted vuelve a preguntarse: "¿Qué barrote? ¿Qué tiene la intención de comunicar al mencionar el *barrote*?". ¿Y cómo se relaciona esto con su situación de estar atrapado en el molino?

Pone a trabajar las neuronas de su cerebro; todas ellas. Pasa la palabra *barrote* por su banco de memoria de palabras. Usted *no* es pasivo, su mente no está divagando a la deriva, esperando que alguna idea salga de la nada acerca del significado de "barrote". Su mente se ha puesto en alerta (atención agresiva). Usted está ordenando a su mente que busque en su banco de datos de palabras, conversaciones y experiencias con su amigo. ¡Lo encontró! Recuerda que la semana pasada, cuando salían del molino, su amigo le dijo: "La próxima vez que salgamos, deberíamos traer un barrote y ver lo que hay debajo de algunas de estas piedras". Hay muchas otras preguntas que usted podría hacer acerca de este mensaje. Pero bajo estas circunstancias eso es suficiente. Usted tiene el barrote, salta a su automóvil, y la cabeza sigue trabajando en su rescate, todavía sigue pensando. Sigue haciendo preguntas.

Esa es la manera en que todos leemos. Hacemos y respondemos a las preguntas. Casi todo los que preguntamos en esa pequeña historia fue intuitivo. Tomó unos pocos segundos responder, todas las preguntas fueron contestadas inmediatamente por el uso común de las palabras. Hacemos este tipo de lectura tan espontáneamente que no nos damos cuenta de lo habilidosos que realmente somos en responder a nuestras preguntas a través de las pistas del lenguaje. Hemos estado practicando esta habilidad desde que transitábamos el primer año de nuestra vida. La mayoría de nuestras preguntas son contestadas antes de que puedan ser puestas en nuestros labios. Sería maravilloso, tal vez, si ese fuera el caso con *toda* interpretación. Pero no lo es.

La lectura activa y la atención agresiva convierten este hábito intuitivo en una disciplina consciente y vigorosa. En otras palabras, los lectores activos tienen el hábito de hacer preguntas sobre lo que leen. Esto es lo que significa tener una mente activa. Es lo que Pablo quiere que hagamos cuando dice: "Piensa en lo que te digo" (2 Ti. 2:7, NTV).

Preguntar con humildad, sin arrogancia

Es cierto que esto es temporalmente una tarea incómoda, e incluso peligrosa. La ignorancia es felicidad. Mientras no hagamos preguntas, no estaremos perplejos por no tener respuestas, y nuestra lectura será cómodamente superficial e impotente. Pero si habitualmente detectamos cosas que exigen esfuerzo para entender, experimentaremos temporadas de incomodidad entre la detección y la resolución.

El peligro radica en la posibilidad de que nuestra consulta del texto pueda volverse arrogante y escéptica. Podemos comenzar a ponernos en la posición de juez sobre el texto y hacer nuestras preguntas como un fiscal, no como un buscador lleno de esperanza. Recuerden que Zacarías, el padre de Juan el Bautista, y María, la madre de Jesús, hicieron preguntas a los ángeles. Pero la pregunta de Zacarías fue recibida con indignación, y recibió el castigo de no poder hablar (Lc. 1:18-20), mientras que la pregunta de María fue recibida con aprobación, y obtuvo una respuesta profunda (Lc. 1:34-35). La diferencia es que Zacarías era escéptico, y María humilde y confiada.

Cuando digo que la clave del entendimiento es el hábito de hacer preguntas, no estoy abogando por escepticismo, desconfianza o arrogancia. Este es un enfoque sin esperanza de las Escrituras. Estoy instando a observar las cosas que no comprendemos a primera vista con una actitud de niño, humilde, pero insistente y vigorosa. Me refiero a la búsqueda humilde de lo que podrían significar esas cosas, y al esfuerzo paciente, incluso doloroso, para encontrar las respuestas.

Martín Lutero no dejaría escapar el texto

Dios ha tenido misericordia de muchos lectores en este punto para darles la ayuda que necesitan, incluso cuando sus actitudes no eran completamente ejemplares. Por ejemplo, Martín Lutero estaba enojado con Dios porque no podía entender el significado del evangelio en Romanos 1:16-17, donde Pablo escribe:

> Porque no me avergüenzo del evangelio, porque es poder de Dios para salvación a todo aquel que cree; al judío primeramente, y también al

griego. Porque en el evangelio la justicia de Dios se revela por fe y para fe, como está escrito: Mas el justo por la fe vivirá.

Lutero no podía superar las implicaciones negativas del término "justicia de Dios" de su formación filosófica. Pero, en la gran misericordia de Dios, Lutero siguió mirando, mirando y mirando. Estaba desesperado por tener una respuesta a esta pregunta acerca de cómo la revelación de la justicia de Dios podría ser buenas noticias en lugar de juicio:

> Odiaba la palabra "justicia de Dios", que, *según el uso y la costumbre de todos los maestros, se me había enseñado a entender filosóficamente* lo concerniente a la justicia formal o activa, como ellos la llamaban, con la cual Dios es justo y castiga a los injustos pecadores.
>
> Estaba enojado con Dios, y dije: "Parece que, ciertamente, no bastara que los pecadores miserables, perdidos eternamente por el pecado original, sean aplastados por toda clase de calamidades por la ley del Decálogo, sin que Dios agregue dolor al dolor por el evangelio, y también por el evangelio que nos amenaza con su ira justa". Así que me enfurecí con una conciencia feroz y preocupada. Sin embargo, *golpeé importunamente a Pablo en aquel lugar, deseando ardientemente conocer lo que Pablo quería.*
>
> Por fin, por la misericordia de Dios, *meditando día y noche*, presté atención al contexto de las palabras: "En ella se revela la justicia de Dios, como está escrito: 'el justo por la fe vivirá'". Allí *empecé a entender* que la justicia de Dios es aquella por la cual el justo vive por un don de Dios, a saber, por la fe. Y este es el significado: la justicia de Dios es revelada por el evangelio, es decir, la justicia pasiva con la cual el Dios misericordioso nos justifica por la fe, como está escrito: "el justo por la fe vivirá". Aquí sentí que había nacido de nuevo y había entrado en el paraíso mismo a través de puertas abiertas. Aquí se me mostró una cara totalmente diferente de toda la Escritura. *Entonces corrí por las Escrituras de memoria...*
>
> Y exalté mi palabra más dulce con un amor tan grande como el odio con el que antes había odiado la frase 'justicia de Dios'. Así, *ese lugar en Pablo* fue para mí verdaderamente la puerta al paraíso".[2]

---

2. John Dillenberger, ed., *Martin Luther: Selections from His Writings* (Garden City, NY: Doubleday, 1961), pp. 11-12; cursivas añadidas.

Apenas puedo pensar en una mejor ilustración del vigor de la "atención agresiva" y de la "lectura activa". Él estaba desesperado por ver cómo encajaban dos partes de un texto: la buena noticia y la justicia de Dios. Él decía que el avance fue prácticamente su nuevo nacimiento: "Sentí que había nacido de nuevo y había entrado en el paraíso mismo a través de puertas abiertas". Dios fue maravillosamente misericordioso con la ira y las luchas que Lutero atravesó; y podemos esperar que lo será con nosotros también. Pero bajo Dios, aquí estaba la clave: a pesar de toda su confusión y rabia, dijo: "Sin embargo, golpeé impunemente a Pablo en aquel lugar, deseando ardientemente conocer lo que Pablo quería". Esto es "atención agresiva". Esto es "pensar lo que digo". Este es el vigoroso hábito de hacer y responder preguntas. Esta es una lectura activa.

¿Estamos haciendo preguntas irrespetuosas de la Palabra de Dios?

Me doy cuenta de que para algunas personas mi argumento puede parecer irrespetuoso, nos formamos el hábito de señalar cosas que al principio no parecen muy razonables, sentimos un malestar en nuestra mente, y luego buscamos diligentemente nuestro camino a la belleza de la verdad. Este recelo es comprensible: hacer preguntas es lo mismo que plantear problemas, y muchos de nosotros hemos sido desalentados toda nuestra vida de encontrar problemas en la Palabra de Dios. Hay un buen instinto aquí, no quiero cultivar un hábito de sospecha.

Es imposible respetar demasiado a la Biblia. Pero es posible respetarla indebidamente. Si no preguntamos seriamente cómo encajan entre sí las partes de un texto, entonces somos sobrehumanos (vemos toda la verdad a simple vista), o indiferentes (no nos importa ver la coherencia de la verdad). Pero ¿cómo puede alguien que es indiferente o que pretende ser sobrehumano tener un respeto adecuado a la Biblia? La reverencia a la Palabra de Dios exige que hagamos preguntas y nos planteemos problemas. Un humilde buscador de la verdad de Dios se da cuenta de que estas son *nuestras* preguntas y *nuestros* problemas. No son signos de la efectividad de la Palabra de Dios, y si Él ha inspirado sus Escrituras para que reconozcamos que en ellas hay algunas cosas que son "difíciles de entender" (2 P. 316), esto es bueno para nosotros y debemos recibir el reto como humillante y desafiante en lugar de irritante. Dios quiere que hagamos nuestras preguntas como un hombre en busca de oro, porque ha prometido que hay tesoros nuevos y viejos (Mt. 13:52).

Todos somos niños

Seguramente Dios quiere que sus hijos hagan preguntas sobre lo que no entendemos en su Palabra. No acusé a mi hija de seis años de falta de respeto cuando ella no podía encontrarle sentido a un versículo bíblico y me preguntó acerca de esto. Estaba aprendiendo a leer y, en cierto sentido, todos estamos aprendiendo a leer. Cuando Pablo dijo que en esta era "vemos por espejo, oscuramente; mas entonces veremos cara a cara" (1 Co. 13:12), lo comparó con el estado de la vida de un hombre cuando era un niño: "Cuando yo era niño, hablaba como niño, pensaba como niño, juzgaba como niño; mas cuando ya fui hombre, dejé lo que era de niño" (v. 11). Está comparando las maneras infantiles de ver con el ver en un espejo débilmente. Está comparando maneras adultas de ver con el ver cara a cara. Lo que significa que Pablo sabe que en esta época, todos somos, en cierto sentido, como niños en nuestras habilidades para discernir la verdad divina. Podemos ver y saber, pero ¡cuánto más hay que un día veremos y conoceremos!

Así que todos somos como mi hija a los seis años. Nuestras habilidades para leer no han sido perfeccionadas, ninguno de nosotros capta la lógica de un párrafo y ve instantáneamente en la primera lectura cómo cada parte de una oración o párrafo encaja en el texto. ¡Cuánto menos vemos cómo encaja una epístola entera, o todo el Nuevo Testamento, o toda la Biblia! Por lo tanto, si amamos la Biblia y nos preocupamos por la verdad, debemos incesantemente consultar el texto y formar el hábito de detectar cosas que al principio no tienen mucho sentido, para luego estar dispuestos a sentir un malestar en nuestra mente, y así indagar buscando nuestro camino hacia la belleza y la unidad de la verdad.

Lo opuesto a la irreverencia

Hacer preguntas sobre lo que vemos es justo lo contrario de la irreverencia. Es lo que hacemos si anhelamos la mente de Cristo. Nada nos impulsa más profundamente en los consejos de Dios que ver cosas desconcertantes en la Biblia y luego reflexionar sobre esas cosas día y noche hasta que se conviertan en una visión emergente de la verdad unificada. Estos rompecabezas pueden estar en el nivel micro de palabras y frases, y cómo encajan entre sí. O pueden estar en el nivel macro de cómo las declaraciones en una parte de la Biblia encajan con declaraciones en otra parte. Lo que pido es que, con el más profundo respeto por la Palabra de Dios y con gran confianza en su unidad, detectemos estos rompecabezas y no escatimemos esfuerzos para profundizar hasta que encontremos la unidad.

Ver las paradojas y verter toda nuestra energía en ver la unidad

Jonathan Edwards formuló esta proposición: "Resuelvo que cuando pienso en cualquier teorema en la divinidad a ser resuelto, de inmediato hago lo que pueda para resolverlo, si las circunstancias no lo obstaculizan".[3] "Teorema en la divinidad a ser resuelto" significa cualquier enigma bíblico o teológico que él no entendía al principio. ¡Qué increíble afirmación! No es de extrañar que fuera un pensador y predicador tan profundo y fructífero. Lo que podemos aprender de esta resolución es que el esfuerzo por presionar en las Escrituras para responder a las preguntas que tenemos es lo que hacen los amantes de Dios y su Palabra. Y es increíblemente fructífero.

Dedico mucho tiempo abriéndome paso a través de paradojas bíblicas en mi camino hacia una adoración más profunda e intensa. Tengo poca empatía por aquellos que dicen que su adoración es mayor cuando tienen sus manos llenas solo de misterios. Creo que el enfoque bíblico es decir que hay una correlación directa entre lo que entendemos de Dios y cuán intensamente lo admiramos. Uno puede mostrar solamente mucha admiración por alguien que no conoce, pero Dios no es honrado por tal admiración.

Así que este es el tipo de asuntos sobre los que me paso pensando mucho de mi tiempo:

- ¿Cómo puede decir Pablo, por una parte: "por nada estéis afanosos" (Fil. 4:6), pero, por otra parte, decir que "sobre mí se agolpa cada día, la preocupación por todas las iglesias" (2 Co. 11:28)?
- ¿Cómo puede decir: "Estad siempre gozosos" (1 Ts. 5:16), y también decir: "llorad con los que lloran" (Ro. 12:15)?
- ¿Cómo puede decirnos que debemos dar "siempre gracias por todo" (Ef. 5:20) y luego admitir, "tengo gran tristeza y *continuo* dolor en mi corazón" (Ro. 9:2)?
- ¿Qué significa lo que Jesús dijo en Mateo 5:39 de ofrecer la otra mejilla cuando somos golpeados, pero en Mateo 10:23 dice: "cuando os

3. Jonathan Edwards, *Letters and Personal Writings*, eds. George S. Claghorn y Harry S. Stout, vol. 16, *The Works of Jonathan Edwards* (New Haven, CT: Yale University Press, 1998), p. 754.

persigan en esta ciudad, huid…"? ¿Cuándo se debe huir, y cuándo se deben soportar las dificultades hasta presentar la otra mejilla?

- ¿En qué sentido es cierto que Dios es "tardo para la ira" (Éx. 34:6), cuando también es cierto que "se inflama de pronto su ira" (Sal. 2:12)?

No voy a resolver estos interrogantes para usted. Pero voy a dar mi testimonio de que he profundizado en mi estudio hasta la raíz común de estas paradojas y, he descubierto, a través de los años, que la fecundidad de este esfuerzo es de incalculable valor en la adoración y a lo largo de la vida. Hay centenares de similares enseñanzas paradójicas en las Escrituras. Deshonramos la Palabra de Dios por no verlas y no pensarlas hasta la raíz de su unidad y belleza. Dios no es un Dios de confusión. Sus palabras no están divididas. Hay soluciones profundas y maravillosas para todos esos aparentes rompecabezas, ya sea que los veamos en esta vida o no. Él nos ha llamado a una eternidad de descubrimiento para que cada mañana por siglos venideros podamos estallar en nuevas canciones de alabanza.

Haga preguntas agresivamente

Cosas asombrosas ocurren cuando se forma el hábito riguroso de consultar el texto, cuando nos *hacemos preguntas agresivas* a nosotros mismos y al texto. Poco a poco, hilo por hilo, se empieza a ver el intrincado tejido de la revelación de Dios. Con el tiempo seremos cambiados.

- Llegará a ser un *Sherlock Holmes* rastreando pistas con una emoción cada vez mayor cuando la trama de los pasajes se hace más densa.
- Llegará a ser un *aficionado* que busca ver y saborear cada vez más el mensaje que Dios le ha enviado.
- Llegará a ser su propio *abogado interrogador* obligándose a responder a las preguntas que otros le pueden hacer.
- Llegará a ser un *árbol* plantado junto a corrientes de agua, y verá que está creciendo y volviéndose fuerte.
- Llegará a ser un *profesor* que está listo con preguntas y respuestas para otros que quieren conocer junto a usted.
- Llegará a ser una *nueva persona* según la verdad establecida en 2 Corintios 3:18: "Mirando a cara descubierta como en un espejo la

gloria del Señor, somos transformados de gloria en gloria en la misma imagen, como por el Espíritu del Señor".

- Llegará a ser un *adorador* moviéndose cada vez más cerca de la intensidad ferviente que conoceremos cuando veamos cara a cara y conozcamos como somos conocidos.

La atención agresiva, expresada en preguntas habituales y humildes, con celosos esfuerzos por responderlas a partir del propio texto, dará más fruto de lo que usted jamás imaginó. Entonces, ¿qué tipo de preguntas debemos habituarnos a hacer? A esto nos referiremos en el capítulo siguiente.

¡Cuán dulces son a mi paladar tus palabras!
Más que la miel a mi boca.

SALMOS 119:103

¡Cuán preciosos me son, oh Dios, tus pensamientos!
¡Cuán grande es la suma de ellos!

SALMOS 139:17

25

Preguntas sobre palabras y frases

"La exposición de tus palabras alumbra;
hace entender a los simples".

Consultar el texto para buscar la intención del autor

Pasemos ahora a inquirir qué clase de preguntas deberíamos hacer cuando, de forma humilde y habitual, consultamos el texto de las Escrituras. Si hacer preguntas es la clave para entender, ¿qué deberíamos preguntar? Dejemos que el *objetivo ordinario* de leer nos ayude a responder. Argumenté en el capítulo 20 que el objetivo ordinario de leer es *comprender lo que el autor pretendía comunicar* cuando escribió el texto que estamos leyendo. Por lo tanto, las preguntas que deben llenar nuestra mente mientras leemos deben ser principalmente varias formas de: *¿Qué pretendía el autor con esto?*

¿Qué pretendía con *esa* selección y arreglo de palabras? Estas son las dos tareas principales de la composición o de la escritura: seleccionar qué palabras utilizar, y después ponerlas en varios grupos y conexiones. Por lo tanto, debemos preguntarnos sobre lo que el autor se propone comunicar mediante la elección de *esas* palabras. Además, ¿qué quiere comunicar el autor por la forma en que arregló y conectó las palabras, frases, cláusulas y párrafos de su composición?

Qué traducción usar

Antes de dar ejemplos específicos de los tipos de preguntas que tengo en mente y cómo responder a ellas, necesito hacer una observación acerca de nuestras traducciones de la Biblia en español. Estoy asumiendo que la mayoría de las personas que leen este libro no saben griego y hebreo. Esto significa que usted necesita una traducción fiel de los documentos originales inspirados. Creo que los textos griegos y hebreos en los que se basan nuestras traducciones son esencialmente los mismos que escribieron los escritores inspirados en griego y hebreo siglos atrás. Argumento acerca de esto en el capítulo 4 de mi libro *Una gloria peculiar: Cómo las Escrituras revelan su completa veracidad.*[1] De esto, también concluyo que las traducciones cuidadosas y fieles de los textos griegos y hebreos son una presentación fiable de la Palabra de Dios.

Algunas versiones en español son mejores que otras para el tipo de lectura detallada que recomiendo en este libro. Los traductores tienen diferentes filosofías sobre cómo debe ser una traducción. Algunos se inclinan más hacia hacer el texto tan comprensible como sea posible. Su enfoque se denomina a veces *equivalencia dinámica*, o traducción pensamiento por pensamiento. Otros se inclinan más hacia hacer a la traducción tan similar al original como sea posible en relación con sus palabras. Su enfoque se denomina a veces *equivalencia formal*. Ambos son objetivos dignos. Me complacerá decirle sobre mi preferencia más adelante, pero el mensaje principal que quiero que usted oiga acerca de las traducciones de la Biblia es que *cualquiera* que sea la traducción que use, la atención agresiva y la lectura activa darán tal abundancia de frutos para su alma y su vida que hará que la cuestión de las traducciones empalidezca por comparación.

Sin embargo, mi recomendación es que para este tipo de lectura de la Biblia use una traducción que se incline hacia la *equivalencia formal*. Esto significa que se ha hecho el esfuerzo para preservar las *formas* o estructuras del griego y hebreo, siempre que sea posible en un español comprensible. Esto a menudo no es posible porque las formas y estructuras del lenguaje son diferentes. El griego y el hebreo tienen clases de estructuras de lenguaje que simplemente no tenemos en español. Pero, donde la correspondencia puede ser preservada, el enfoque de *equivalencia formal* generalmente trata de hacerlo.

En español, las dos traducciones que recomendamos son la Reina-Valera 1960 (RVR1960), que es la versión más usada, basada en el *Textus Recepetus*, y la Reina Valera Contemporánea (RVC) que es muy similar a la RVR1960 pero usa el texto crítico como base.[2]

---

1. John Piper, *Una gloria peculiar: Cómo las Escrituras revelan su completa veracidad* (Grand Rapids, MI: Editorial Portavoz, 2017), pp. 67-84. "Los textos griegos y hebreos, en los que se basan nuestras traducciones modernas hoy día, son esencialmente los mismos que los que escribieron los autores inspirados" (p. 84).

2. En este libro se ha usado la RVR1960 cuando era posible, pero se ha cambiado a otras traducciones para reflejar la idea del autor. Piper expone sus ideas sobre las traducciones de la Biblia (en inglés) en http://www.desiringgod.org/articles/good-englishwithminimal-translation-whybethlehem-uses-theesv; y http://www.desiringgod.org/interviews/what-do-you-thinkabout-paraphrasedbible-translations (consultado el 30 de marzo de 2016).

¿Por qué el autor elige las palabras como lo hace?

Ahora que tenemos nuestra traducción delante de nosotros, el grupo básico de preguntas que queremos hacer tiene que ver con las palabras que el autor utilizó. ¿Por qué eligió estas palabras, y por qué las relacionó con otras palabras de la manera en que lo hizo? ¿Por qué esta palabra? ¿Por qué aquí entre estas otras palabras? Puede ser que una de las razones por las que el autor eligió una palabra en particular es la forma en que esta *suena*. Todos nos damos cuenta de esto cuando un autor está escribiendo poesía. Él puede querer que ciertas palabras rimen. Pero puede que no esté escribiendo poesía y simplemente quiera que sus palabras suenen de cierta manera y con cierta consonancia, asonancia o cadencia. Su objetivo puede ser simplemente hacer la lectura más agradable. Todos amamos ciertas cadencias, ritmos y sonidos. Algunos son más agradables que otros. Pero el autor también puede señalar por sonidos similares que debemos vincular dos palabras.

Mucho más a menudo, los autores escogen sus palabras y las ponen en un cierto orden para comunicar ciertos pensamientos, ideas o verdades. Esto es especialmente indudable cuando se trata de documentos que reclaman altos grados de autoridad, como un contrato, la Constitución de una nación o la Biblia. Así que, cuando leemos la Biblia, estamos buscando principalmente la verdad que el autor pretende comunicar mediante esta selección de palabras en su presentación.

La respuesta más obvia a por qué un autor eligió una palabra en particular es que él sabe, por la forma en que se usa la palabra, que puede tener su significado. Digo, *puede* tener su significado; si *tendrá* o no su significado dependerá de lo que haga con ella. Las palabras no tienen un significado intrínseco, lo consiguen de acuerdo con su uso. Notamos en el capítulo 20 que la palabra *pasar* tiene 64 acepciones en el Diccionario de la Real Academia Española, pero la palabra *mano* tiene 371 significados en sus diferentes usos. Lo que esto significa es que esta palabra, como conjunto, se puede utilizar de 371 maneras diferentes. Obtiene su significado particular de la forma específica en que un autor la *usa*, ya sea que Juan estreche la *mano* de su padre al despedirse, o juegue una *mano* de póker. Así que un autor no escoge una palabra porque sabe que la palabra, por sí misma, tendrá su significado, sino porque sabe de su experiencia que *puede* tener su significado. Luego le da su significado particular por la forma en que la usa con otras palabras. Así que una de las primeras tareas de la lectura activa es preguntar qué significados suele llevar una palabra, y luego la forma en que el autor la utiliza en relación con otras palabras, todo con el fin de encontrar *lo que el autor pretendía comunicar*.

Cómo llegar a un acuerdo con el autor

Puesto que cualquier palabra puede tener más de un significado, nuestra tarea es determinar con precisión qué significado pretende un autor para usar una palabra determinada. Mortimer Adler nos ayuda para distinguir entre *palabras* y *términos*. Él sugiere que llamemos a una palabra "término" cuando un autor la usa con un significado definido y particular en un contexto dado.[3] Él llama a este aspecto específico de la lectura "llegar a un acuerdo". Hemos llegado a un acuerdo con un autor cuando descubrimos cómo está usando sus palabras. ¿Qué significado definido está dando a sus palabras para que no tengan un sinfín de significados sino solo uno, o dos, si quiere sugerirnos un doble sentido (doble entendimiento o doble intención)?

No podemos *llegar a un acuerdo* con un autor bíblico al buscar sus palabras en un diccionario, ni siquiera un diccionario griego. Los diccionarios dan una lista de posibles significados, pero no especifican con certeza qué significado tiene dicha palabra en un texto dado. La única manera de descubrir el significado *del autor* de una palabra es preguntando sobre su relación con *otras* palabras en su contexto. Usted tiene que preguntarse sobre esas otras palabras de la misma manera. Esto es cierto, dice Adler, no importa que al principio parezca más un carrusel.[4]

Una de las razones por las que Adler llama a este método "carrusel" es que en este punto de acercarnos a los términos nos encontramos dando vueltas en el célebre *círculo hermenéutico*, lo que significa que las palabras solo pueden entenderse desde su contexto, y un contexto se compone de palabras que también necesitan ser entendidas. Paradoja similar a un círculo vicioso: para leer este texto es necesario experimentar la lectura, pero para experimentar la lectura es necesario leer los textos. Sin embargo, el hecho de que todos nos comunicamos con palabras todos los días, y con mucho éxito, muestra que el *círculo hermenéutico* no es tan vicioso como suena. Usted puede salir de un carrusel en un lugar diferente de donde se subió, y eso puede llevarlo a donde necesita ir. Cuando se combinan los usos posibles limitados de la mayoría de las palabras, con (1) las limitaciones añadidas y establecidas por las estructuras gramaticales, (2) las limitaciones añadidas de los hábitos propios del autor, con (3) las limitaciones añadidas de un párrafo en particular, el círculo regularmente da paso a la

---

3. Mortimer Adler y Charles van Doren, *How to Read a Book*, rev. ed. (Nueva York: Simon & Schuster, 1972), pp. 66-113. Publicado en español por Editorial Claridad con el título *Cómo leer un libro*.

4. Ibíd., p. 107.

claridad. E. Hirsch aborda el problema del círculo hermenéutico en *Validity in Interpretation* [La validez en la interpretación] y muestra que "es menos misterioso y paradójico que lo que muchos en la tradición hermenéutica alemana lo han hecho parecer".[5]

Puede ser útil considerar tres ejemplos bíblicos de cómo la misma palabra puede convertirse en "términos" diferentes, es decir, tener diferentes significados particulares cuando se usan de diferentes maneras.

Circuncisión

En Efesios 2:11-12, Pablo usa la palabra *circuncisión* para referirse al pueblo judío en general, en oposición a los gentiles:

> Por tanto, acordaos de que en otro tiempo vosotros, los gentiles en cuanto a la carne, erais llamados incircuncisión por la llamada *circuncisión* hecha con mano en la carne. En aquel tiempo estabais sin Cristo, alejados de la ciudadanía de Israel y ajenos a los pactos de la promesa, sin esperanza y sin Dios en el mundo.

No obstante, en Filipenses 3:2-3, el apóstol usa la misma palabra de una manera radicalmente diferente para referirse a los cristianos, incluyendo a los gentiles, que ni siquiera habían recibido el acto físico de la circuncisión:

> Guardaos de los perros, guardaos de los malos obreros, guardaos de los mutiladores del cuerpo. Porque nosotros somos la *circuncisión*, los que en espíritu servimos a Dios y nos gloriamos en Cristo Jesús, no teniendo confianza en la carne.

Este uso inesperado de la palabra *circuncisión* debe provocar en nosotros varias preguntas. Si quiere referirse a los cristianos, ¿por qué usar una palabra que normalmente se refiere a los judíos? ¿Qué conexión está intentando hacer entre cristianos e Israel? ¿Cuáles son realmente las marcas de la verdadera circuncisión, si no es el acto físico de cortar el prepucio? ¿Hay otros lugares donde Pablo usa el término *circuncisión* de la misma manera que podría arrojar luz sobre cualquiera de estas preguntas? Estos son los tipos de preguntas que constituyen una lectura seria y activa de la Biblia.

---

5. E. D. Hirsh, *Validity in Interpretation* (New Haven, CT: Yale University Press, 1967), pp. 76-77.

Podemos notar de esa última pregunta (¿Hay otros usos similares en Pablo?) que una buena concordancia se convertirá en uno de los compañeros más útiles en este tipo de lectura activa. Una concordancia es un libro que tiene enlistadas todas las palabras de la Biblia y la cita donde se usan. Así que, con una concordancia puede encontrar todos los lugares donde es usada la palabra *circuncisión*. Lo que resulta ser inmensamente provechoso.

Por ejemplo, *circuncisión* aparece en Colosenses 2:11: "En él también fuisteis circuncidados con *circuncisión* no hecha a mano, al echar de vosotros el cuerpo pecaminoso carnal, en la circuncisión de Cristo". Y en Romanos 2:29: "Es judío el que lo es en lo interior, y la *circuncisión* es la del corazón, en espíritu, no en letra". Estos versículos contribuyen en gran medida para responder qué pensaba Pablo en cuanto a la relación entre los cristianos y el pueblo de Israel. Pero la idea principal, y lo esencial aquí, es basar el significado de las palabras en cómo se utilizan, no en cualquier definición de un diccionario. En este proceso he encontrado que, además del texto mismo de las Escrituras y la disciplina de mirar, mirar y mirar, ninguna otra herramienta me ha sido más útil que la concordancia.[6]

Cuando busque los otros usos de una palabra, le recomiendo que considere esos otros usos, tal como ocurren, en círculos concéntricos empezando por el párrafo o capítulo que está estudiando. Luego considere los usos de la palabra en el mismo libro bíblico. Después considere usos en otros libros del mismo autor, para pasar a considerar el uso en el Nuevo o Antiguo Testamento como un todo y, finalmente, en toda la Biblia. La razón de esta sugerencia es que nuestro objetivo al leer es captar lo que el *autor* pretende comunicar. Por lo tanto, tiene sentido que no se consulte primero la forma en que *otro autor* usa la palabra. De hecho, eso puede arrojar luz sobre el uso de Pablo en el caso de la *circuncisión*. Pero priorizamos los usos de Pablo de la palabra, porque nuestro objetivo es saber lo que *Pablo pretendía comunicar*.

Llamado

Considere un ejemplo en el que la misma palabra es utilizada por dos autores en contextos doctrinales similares, pero con significados muy diferentes.

---

6. A menos que no tenga acceso a un teléfono inteligente, tableta o computadora, el software bíblico proporciona las herramientas más útiles para el uso de la concordancia. Además, hay muchos buenos programas. Asegúrese de obtener uno con alguna característica para buscar en toda la Biblia cualquier palabra. Es realmente útil si la función de búsqueda puede limitarse a autores particulares y libros de la Biblia. Esta característica es su concordancia virtual.

El apóstol Pablo ama usar la palabra *llamado* para referirse a los cristianos. En su pensamiento, la palabra normalmente se refiere al acto de Dios que efectivamente crea la fe que ordena. Por ejemplo, distingue a los "llamados" de judíos y griegos que han oído el *llamado general* del evangelio, pero lo han rechazado:

> Pero nosotros predicamos a Cristo crucificado, para los judíos ciertamente tropezadero, y para los gentiles locura; mas para los *llamados*, así judíos como griegos, Cristo poder de Dios, y sabiduría de Dios (1 Co. 1:23-24).

Así que los "llamados", en la manera de pensar de Pablo, no son simplemente aquellos que han sido llamados en una reunión evangelística por un predicador. De hecho, los judíos y los griegos habían sido llamados de *esa* manera. Más bien, los "llamados" en el significado de Pablo son aquellos que han experimentado un acto de Dios como el llamado de Jesús a Lázaro cuando él estaba muerto: "¡Lázaro, ven fuera!" (Jn. 11:43). El llamado produjo vida. Creó lo que ordenaba.

Tal vez, usted podrá ver este significado con mayor claridad en Romanos 8:30, donde Pablo dice que todos los llamados son justificados y glorificados: "a los que predestinó, a éstos también *llamó*; y a los que *llamó*, a éstos también justificó; y a los que justificó, a éstos también glorificó". Por tanto, así como en 1 Corintios 1:23-24, a los llamados no solo se les ofrece el llamado de invitación de Dios, que pueden aceptar o no. Más bien, los llamados son aquellos a quienes Dios persigue de manera decisiva y efectiva, y que por su llamado llegan a la viva eterna.

Pero entonces, nos volvemos al Evangelio de Mateo y encontramos un uso muy diferente de la palabra *llamado*. Jesús acaba de contar la parábola de la fiesta de bodas. Un rey dio una fiesta de bodas para su hijo. Pero la gente invitada no quería venir. "Mas ellos, sin hacer caso, se fueron, uno a su labranza, y otro a sus negocios; y otros, tomando a los siervos, los afrentaron y los mataron" (Mt. 22:5-6). Entonces el rey dijo que sus sirvientes deberían ir y llamar a todos los que pudieran encontrar: "Id, pues, a las salidas de los caminos, y llamad a las bodas a cuantos halléis" (Mt. 22:9). Al final, la fiesta de bodas está llena de gente, pero algunos entraron sin la ropa adecuada, probablemente representando con esto que tenían poco respeto por el rey y que sus vidas no habían sido cambiadas por su gracia. Tales personas son echadas "en las tinieblas de afuera". La parábola termina: "Allí será el lloro y el crujir de dientes. Porque muchos son *llamados*, y pocos escogidos" (Mt. 22:13-14).

Puede ver cuán diferente es este significado de *llamado* del de Pablo. Para Pablo, todos los llamados son glorificados (Ro. 8:30). Pero para Mateo, los llamados son arrojados a la oscuridad exterior. Qué gran error sería pensar que Pablo y Mateo tienen puntos de vista contradictorios sobre la salvación. No los tienen, pero usan las palabras de diferentes maneras. Aquí está la forma en que Leon Morris lo explica en su comentario sobre Mateo:

> Esta es una expresión de la doctrina de la elección que encontramos de una forma u otra a través del Nuevo Testamento... La invitación del evangelio se extiende a todas partes, pero no todos los que la escuchan son parte de los elegidos de Dios. Conocemos a los que son elegidos por su respuesta obediente. Tal vez vale la pena notar aquí que esta doctrina también se encuentra en Pablo, pero que lo expresa de manera diferente. Para él, el "llamado" es el llamado eficaz, de modo que basta con que hable de las personas como siendo llamadas por Dios. "Llamado", en sus escritos, significa lo mismo que "elegido" aquí.[7]

De

Ah, cuántas veces volamos sobre las palabras en nuestra lectura sin hacer un alto para preguntarnos, con paciencia y cuidado, ¿qué quiere comunicar el autor con esta palabra? Algunas de las palabras más comunes llevan algunos de los significados más importantes y algunos de los desafíos más grandes. Esto es ciertamente lo que ocurre con respecto a la pequeña palabra *de*, que se puede utilizar de muchas y diferentes maneras. Como preposición, siempre ocurre con otra palabra, y juntos crean una frase, como "de la fe". Entonces nos enfrentamos a los mismos desafíos con la *frase* como lo hicimos con las palabras individuales. Las frases pueden tener diferentes significados dependiendo de cómo se usan en una oración y en un párrafo. Así que cada vez que vemos la palabra *de* necesitamos determinar cuál de sus muchos posibles significados el autor pretende usar.

Considere el uso de Pablo de la frase "de la fe". Por sí misma, la frase no conlleva ningún significado claro o definido. Tenemos que verla en relación con otras palabras. Dos veces, en la carta a los Romanos, Pablo conecta la frase con la palabra *obediencia*: "obediencia de la fe".

---

7. Leon Morris, *The Gospel according to Matthew*, Pillar New Testament Commentary (Grand Rapids, MI: Eerdmans, 1992), p. 553.

> Por él [Cristo] recibimos la gracia y el apostolado para la *obediencia de la fe* a favor de su nombre en todas las naciones (Ro. 1:5, RVA-2015).
>
> ... la revelación del misterio... ha sido manifestado ahora; y que por medio de las Escrituras proféticas y según el mandamiento del Dios eterno se ha dado a conocer a todas las naciones para la *obediencia de la fe* (Ro. 16:25-26, RVA-2015).

¿Qué significa la frase de cuatro palabras "obediencia de la fe"? Depende del significado de la palabra *de* (o, en griego, el significado del caso genitivo). Esto no es fácil porque las posibilidades son muchas. Pablo usa la palabra *de* en muchas maneras:

- Obra de vuestra fe (1 Ts. 1:3; 2 Ts. 1:11), probablemente en el sentido de "producido por" la fe.
- Escudo de la fe (Ef. 6:16), probablemente con el sentido de "compuesto de" fe.
- Familia de la fe (Gá. 6:10), probablemente con el sentido de "caracterizado por" la fe.
- Palabra de fe (Ro. 10:8), probablemente con el sentido de "acerca de" la fe.
- Justicia de la fe (Ro. 4:13), probablemente con el sentido de "declarado a través de" la fe.

Los candidatos más probables para entender la frase "obediencia de la fe" parecen ser (1) "obediencia que *consiste en* la fe", es decir, creer es obedecer. O (2) "obediencia que *brota de* la fe", es decir, la fe da lugar y poder a la obediencia. No quiero privarle de su privilegio de "mirar el pez" (¡Agassiz!). Pero cuando mire lo más detenidamente posible en el contexto inmediato en busca de pistas sobre cuál de estos dos sentidos está usando Pablo, su concordancia lo llevará a Romanos 10:16, que dice: "No todos *obedecieron* al evangelio; pues Isaías dice: Señor, ¿quién ha *creído* a nuestro anuncio?". Esta conexión entre obediencia y fe podría inclinarnos a decir que Pablo los usa aquí de manera intercambiable y, por lo tanto, quizá también en Romanos 1:5 y 16:26.

Pero entonces, la concordancia también nos lleva a un paralelo aún más cercano a Romanos 1:5, es decir, 15:18: "No osaría hablar sino de lo que Cristo ha hecho por medio de mí para la *obediencia* de los gentiles, *con la palabra y con las obras*". Esto parece que podría resolver el asunto. Si la obediencia que persigue entre los gentiles es con "la palabra y con las obras", entonces es más que fe. Incluye otros "hechos" concretos de obediencia. Así que la frase "obediencia de la fe" significaría probablemente "obediencia que viene de la fe". Pero hay un posible problema. ¿Qué modifica la frase "con la palabra y con las obras"? Acabo de suponer que modifica a "obediencia". Pero ¿esto es así? La mayoría de los comentaristas dicen que no, que modifica al ministerio *de Pablo*. Él los llevó a la obediencia por *su propia* palabra y obra.

Un método que nos obliga a "mirar al pez"

Voy a dejarlo ahí con usted y simplemente extraer una implicación más para el tipo de preguntas que hacemos cuando leemos activamente. Hemos visto que llegar a un acuerdo con un autor significa entender cómo usa sus palabras para darles significados definidos. Y ahora hemos visto que también debemos discernir la relación entre las diversas partes de sus oraciones, como la relación que la frase "con la palabra y con las obras" tiene con las otras palabras en la oración de Pablo. ¿Modifica el ministerio de Pablo o la obediencia de los gentiles?

Hay un método de analizar frases bíblicas que nos obliga a tomar todas estas relaciones en serio y decidir cómo creemos que un autor está usando todas sus palabras y frases. Puede que haya usado este método, como yo, en la escuela, se llama *diagramación de oraciones*. No todo el mundo tuvo mi experiencia. Pero no dejo de dar gracias a Dios por mi maestra, la señora Adams, que nos hizo realizar diagramas de oraciones durante todo el año escolar, al menos eso es lo que me dice mi memoria. Me pareció tan emocionante como ver historias de detectives. Tratar de averiguar cómo se ajustan todas las piezas de una frase para conformar un todo coherente fue una tarea muy satisfactoria para mí. Por supuesto, no todo el mundo está de acuerdo con esta experiencia personal.

Mi objetivo no es enseñar la habilidad de diagramar frases, sino recomendar este método como uno extremadamente útil en la formación del hábito de la observación que pone cada parte de una oración en su relación intencionada con las otras. Esto debe hacerse, si no en el papel, entonces intuitivamente en la mente. De lo contrario, las partes de la oración simplemente cuelgan sin ningún propósito claro. Usted puede decidir si ve estas relaciones intuitivamente o si alguna práctica con la diagramación de oraciones le ayudaría.

Uno de los lugares donde el método de diagramación de oraciones es presentado de manera completa y provechosa es el capítulo 5 del libro *Interpreting the Pauline Epistles* [Interpretación de las Epístolas Paulinas, de Thomas Schreiner].[8] Schreiner admite que se puede ver el significado de un texto sin diagramar las oraciones. Pero tiene razón al insistir en que no se puede ver ese significado si no se conoce los hábitos gramaticales que guiaron a un autor para ordenar sus palabras de la manera en que lo hizo. ¿Por qué considerar la práctica de la diagramación de oraciones? Schreiner dice:

> Comencé a ver que la diagramación me obligaba a pensar a través de la relación sintáctica de cada palabra, frase y cláusula en la oración. La diagramación de oraciones me obligó a hacer y responder a preguntas que no siempre contemplaba acertadamente, tales como... ¿A qué palabra o palabras modifica la frase preposicional?
>
> Uno de los grandes valores de la diagramación, entonces, es que obliga al intérprete a ir más despacio y pensar cuidadosamente en cada elemento del texto... También es útil porque establece el texto visualmente. Esta diagramación de oraciones muestra inmediatamente la cláusula principal, el verbo principal, el objeto directo, el objeto u objetos indirectos, los modificadores, las cláusulas subordinadas (si las hubiera) y otras partes gramaticales claves.[9]

En otras palabras, la diagramación de oraciones nos obliga a estar agresivamente atentos. Nos obliga a quedarnos en la mesa frente al pescado de Agassiz, quedarnos en el museo de arte mirando al *Boy with a Squirrel* (véase capítulo 23).[10]

---

8. Thomas Schreiner, *Interpreting the Pauline Epistles*, 2a ed. (Grand Rapids, MI: Baker Academic, 2011), pp. 69-96.

9. Ibíd., pp. 69-70.

10. La mayoría de los principales programas bíblicos de computadora tienen un módulo de diagramación de oraciones para que pueda hacerlo en la computadora. *Accordance*, *Bible Works* y *Logos* proporcionan ayuda para usar sus características de diagramación de oraciones. Quiero mencionar un recurso en línea que es de especial interés para mí porque me involucré indirectamente en su nacimiento y porque es propiedad de Bethlehem College & Seminary, donde sirvo como rector: Biblearc.com (https://biblearc.com, y en español: https://www.biblearc.com/path/arcing/es/) le permite aprender a diagramar oraciones con la ayuda de videos de instrucción y luego proporciona los medios para hacer la diagramación en línea y guardar su trabajo. Estoy especialmente deseoso de recomendar este sitio web porque, en el próximo capítulo, veremos un método que he encontrado inmensamente útil y que todavía lo sigo usando hasta el día de hoy, sobre cómo relacionar las proposiciones de un párrafo, y *Biblearc* es el mejor recurso en línea para ayudar y guiar en el uso y utilización de este método en particular.

Observación cuidadosa, no reglas de memorización

Ejemplos de palabras y frases del tipo que hemos estado considerando podrían multiplicarse por cientos y, con cada una de ellas, algo ligeramente diferente representaría un desafío para nuestra mente. Por eso no es nada práctico dar reglas para cada desafío de interpretación. Todas son diferentes en alguna forma, pequeña o grande, la clave está en convertirse en un observador muy cuidadoso, no en memorizar innumerables reglas. Cuantos más textos analicemos con atención agresiva, más aptos llegaremos para interpretar otros.

Mi objetivo principal en este capítulo, por lo tanto, ha sido señalar algunos de los tipos de preguntas que se deben hacer acerca de las palabras y frases de un autor. Mi esperanza es alentarle a formar y profundizar en el hábito, de mente y corazón, de amar el observar largo y concentradamente a las Escrituras, y disfrutar en la confianza de que tal atención agresiva bien vale la pena todo el esfuerzo invertido.

En el próximo capítulo, nos moveremos más allá de las palabras y frases hasta llegar al tipo de preguntas que se hacen sobre cómo están relacionadas las cláusulas o proposiciones entre sí. En mi propia experiencia, este es el nivel de observación y análisis que ha demostrado ser explosivo con un discernimiento que cambia la vida.

Esto significó para mí un nuevo enfoque de la lectura bíblica. Ya no más simplemente leer y memorizar versículos, coleccionando perlitas. También busqué entender, memorizar y aplicar argumentos.

JOHN PIPER

Para mí, aquí es donde las luces se encendieron más brillantes. Pablo no estaba ensartando perlas. Estaba forjando enlaces.

JOHN PIPER

26

Proposiciones: ¿colecciones de perlas o enlaces en una cadena?

"Habló con denuedo... discutiendo y persuadiendo".

¿Cómo aprendí a leer a los veintidós años?

En el capítulo 23 comencé a contar la historia de cómo los años 1968 a 1971 fueron explosivos en mi descubrimiento de lo que significa leer. En un sentido, dije, aprendí a leer cuando tenía veintidós años. Mis encuentros con Daniel Fuller, Mortimer Adler y E. D. Hirsch cambiaron mi vida. Hirsch me convenció de que las interpretaciones solo pueden reclamar validez si el significado se define en términos de lo que un autor quiso comunicar a través de sus palabras. Adler me mostró cuán pasiva era mi lectura y lo que significaba poner mi mente en marcha mientras leía, de modo que ahora siempre estoy haciendo preguntas y tratando de contestarlas. Fuller tomó mi mano por tres años y me guio a través de docenas de textos bíblicos, obligándome a poner en práctica las disciplinas de la atención agresiva.

¿Realmente aprendí a leer cuando tenía veintidós años? ¿Realmente tuve que esperar hasta mi primer año en el seminario para descubrir lo que significa leer la Biblia? Juzgue usted. El descubrimiento más fructífero que hice acerca de cómo leer fue que los autores de las Escrituras *argumentan*. A decir verdad, desarrollan argumentos, es decir, cadenas de pensamientos enlazados que conducen a alguna parte. Hasta esos días, leía la Biblia principalmente para recoger preciosas *perlitas*. Perlitas doctrinales. Perlitas devocionales. Perlas. Fueron maravillosas, y no me arrepiento de los años de coleccionarlas y ensartarlas. Fueron muy útiles. Las amé y creo que probablemente me hubieran llevado fielmente al cielo.

Pero en cuestión de días, en un curso de hermenéutica basado en el libro de Filipenses, me asusté al ver que *Pablo no ensarta perlas; él forja cadenas*. Esto era lo nuevo. No culpo a nadie en mi pasado por no mostrarme esto. Puede que me lo hayan mostrado y yo simplemente no estaba listo para recibirlo, y puede ser que no lo haya registrado. Esto no es culpa de nadie en absoluto. Se trata de la alegría del descubrimiento. O tal vez debería llamarlo "despertar". Los pensamientos de Pablo no son perlas, son enlaces. Si esto siempre ha sido obvio para usted y ahora está diciendo "obvio", entonces, alabo a Dios por esto. Pero, para mí, llegó a los veintidós años con la fuerza de un huracán. Estaba atrapado en una manera de leer que era nueva, ardua y gratificante más allá de todas mis esperanzas. Lo llamamos *arcing* ["arqueo bíblico"].

Daniel Fuller desarrolló este procedimiento de identificar cláusulas o proposiciones de un texto, determinar cómo se relacionan entre sí en el argumento emergente y luego etiquetarlas con abreviaturas bajo arcos que conectamos con otros arcos cada vez más amplios, como vimos de qué manera las piezas del argumento encajan entre sí. Volveremos a hablar de esto y lo ilustraré en breve, ya que puede haber dificultades para visualizar lo que quiero decir.

Las raíces del *arcing*

En primer lugar parece justo y alentador señalar que Fuller también había sufrido su propio despertar hermenéutico a fines de la década de 1940 en el Seminario de Princeton bajo la dirección de Howard T. Kuist. Justin Taylor cuenta esta historia en su tesis doctoral.

> Uno de sus maestros en Princeton, que enseñaba en la Cátedra Charles T. Haley, fue Howard T. Kuist (1895-1964), profesor de *Biblical Theology for Teaching of English Bible* [Teología bíblica para la enseñanza de la Biblia en inglés], un defensor pionero del método inductivo de estudio de la Biblia. (Una lista de su colección de manuscritos en Princeton se puede ver en línea en http://manuscripts.ptsem.edu/collection/195 [consultado el 16 de julio de 2014]). Kuist enfatizaba la *observación*, definida como "el arte de ver las cosas como realmente son". Los predicadores, argumentaba, solo disponen de un tiempo limitado para la preparación del sermón y, por lo tanto, la mayoría del tiempo del predicador debe ser invertido en el texto mismo, no en la literatura secundaria. Los comentarios deben ser consultados solo para los *hechos*, no para las conclusiones.

Kuist trataba de convencer a sus estudiantes de que dejaran de lado todos los sistemas hermenéuticos y presuposiciones, incluyendo cualquier sermón, credo o lección que hubiéran oído antes, y que dejaran que la Biblia les hablara por sí misma, como si estuvieran acercándose a ella por primera vez. "Tal conversación", relata Fuller, "fue un momento que cambió mi vida. Tiendo a interpretar toda mi vida desde entonces como que esta idea jugó un papel crucial en lo que hice y cómo pensé a partir de entonces". (Daniel Fuller a Justin Taylor [1 de enero de 2011]; en posesión del autor. Mi propia opinión es que el esfuerzo de Kuist para "dejar a un lado todos los sistemas hermenéuticos y presuposiciones, incluyendo cualquier sermón, credo o lección que se ha oído antes" no es posible. La forma en que yo lo expresaría es decir que todos los lectores de las Escrituras deben buscar ser conscientes de sus preconceptos, y que deben orar y trabajar hacia una clase de enseñanza que haga que estén dispuestos a cambiar sus puntos de vista si las Escrituras se lo piden). Kuist dedicó la mayor parte de su tiempo de clase "a entrenar a estudiantes en cómo captar el significado deseado de un autor a partir de los símbolos verbales en un texto". (Daniel P. Fuller, "How I Became a Berean", http://documents.fuller.edu/ministry/berean/i_became.htm [consultado el 30 de octubre de 2013]). La Biblia en inglés era su texto principal. Kuist también hacía que sus estudiantes leyeran dos lecturas cortas. La primera era el capítulo de Mortimer Adler sobre "Coming to Terms" de *How to Read a Book*. (Mortimer J. Adler, *How to Read a Book: The Art of Getting a Liberal Education*, 1ra. ed. [Nueva York: Simon and Schuster, 1940], pp. 185-208; publicado en español por Editorial Claridad con el título *Cómo leer un libro*). La segunda lectura fue un testimonio del entomólogo y paleontólogo Samuel Scudder (1837-1911) sobre sus días de estudiante en el aula de Louis Agassiz (1807-1873), fundador del *Museum of Comparative Zoology* [Museo de Zoología Comparada de Harvard]...

Fuller relata: "Esta historia produjo un cambio muy profundo en mi estrategia para estudiar la Biblia. Me hizo comprender cuán diligentemente debo escudriñar un pasaje de la Biblia para ver lo que hay allí y tratar de olvidar lo que había oído o leído anteriormente sobre ese pasaje". (Fuller, "How I Became a Berean" [Cómo me convertí en un bereano]).[1]

---

1. Justin Gerald Taylor, "John Piper: The Making of a Christian Hedonist", disertación doctoral. The Southern Baptist Theological Seminary, 2015.

El nacimiento del método

En 1953, como nuevo profesor en *Fuller Seminary*, Daniel Fuller comenzó a convertir todo lo que había aprendido sobre el estudio bíblico inductivo de Kuist en el procedimiento que se ha conocido como *arcing*. Taylor continúa la historia:

> De marzo a mayo de ese semestre de primavera [1953], Fuller enseñó la clase de *NT Survey* (Panorama del NT) por Wilbur Smith, quien estaba en su año sabático (el séptimo año de la existencia de la escuela). Este curso requería enseñar todo el Nuevo Testamento en treinta y ocho sesiones, 50 minutos por clase. Así que un libro como Romanos tendría que resumirse en solo tres sesiones.
>
> Cuando Fuller estudió el libro inductivamente para prepararse para la clase, el comienzo del proceso de "*arcing*" fue una realidad. Él veía ciertas unidades que eran abrazadas por unidades más grandes, y comenzó a emplear un sistema de representar unidades de pensamientos dibujando un arco sobre un conjunto de proposiciones. Eventualmente, los capítulos 1-8 de Romanos quedaron abarcados bajo un arco, del cual se podría construir un esquema. Los estudiantes recibían un bosquejo, con espacio para notas, en lugar de una disertación. Los estudiantes respondieron positivamente a la enseñanza de Fuller, lo que finalmente lo llevó a ser contratado a tiempo completo. Fuller continuó desarrollando el método de arcos como un medio para seguir la trayectoria de un autor, al discernir la relación entre las diversas proposiciones de un pasaje. (Para las explicaciones de la formación de arcos, véase el capítulo de Thomas R. Schreiner sobre "Tracing the Argument" (Trazando el argumento), en su libro *Interpreting the Pauline Epistles* (Interpretando las epístolas paulinas), 2da. ed. [Grand Rapids: Baker Academic, 2011], pp. 97-124; John Piper, *Biblical Exegesis: Discovering the Meaning of Scriptural Texts* [Minneapolis: Desiring God, 2002], y el sitio web http://biblearc.com).[2]

Me siento profundamente conmovido y lleno de agradecimiento por la fidelidad y providencia de Dios por ponerme en una generación marcada por este tipo de atención rigurosa en las Escrituras.

2. Ibíd.

Proposiciones: bloques básicos de pensamiento

En este capítulo, quisiera simplemente darle una muestra de lo que para mí es tan revolucionario sobre el *arcing*.[3] Al hacerlo, espero subrayar nuevamente que *hacer preguntas es la clave para entender*, y que algunas de las preguntas más fructíferas son aquellas sobre cómo se relacionan entre sí las proposiciones. Implícito en el capítulo anterior estaba el hecho de que las palabras y las frases no transmiten un significado claro y definido hasta que son vistas como partes dentro de una proposición. Por ejemplo, la frase "por los pecadores" no tiene un significado definido en sí mismo. Tampoco "murió" ni "Jesús". Pero, cuando los juntamos para formar una proposición de acuerdo con las reglas de la gramática, todas ellas toman sus distintos significados: "Jesús murió por los pecadores". Bloques básicos de construcción de una cadena de pensamiento.

Una proposición es una afirmación sobre algo. "Jesús lloró" es una proposición. Tiene un sujeto y un predicado (un verbo y sus modificadores), y están en un orden que tiene sentido. Para comprender las proposiciones, debemos conocer al menos los rudimentos de la gramática y la sintaxis del lenguaje que estamos leyendo, incluso si el conocimiento es intuitivo más que consciente en sí mismo. Las proposiciones tienen significados solo porque están compuestas de palabras y frases agrupadas de acuerdo con las reglas establecidas. No podemos comunicarnos si desobedecemos las reglas. "Agripa encarceló a Pablo" y "Pablo encarceló a Agripa" son dos proposiciones que usan *exactamente las mismas palabras* pero que transmiten significados muy diferentes. Hay una regla sintáctica en español que dice que el sujeto de una oración (que ejecuta la actuación) suele *preceder* al verbo. Es por eso por lo que estas dos proposiciones con las mismas palabras tienen diferentes significados. Si queremos leer griego o hebreo deberemos aprender nuevos conjuntos de reglas. Ya sea que esté leyendo griego, hebreo, español (o cualquier otro idioma), usted debe prestar atención a las reglas apropiadas de la gramática para así poder entender el significado de las proposiciones de un autor.

La relación entre las proposiciones

Hasta el momento solo he dicho lo que ya sabía cuando leía la Biblia para recoger perlas. Ahora viene el nuevo conocimiento, tan simple como puede

---

3. Estoy tomando prestado en este capítulo de mi artículo inédito al que Justin Taylor se refirió: John Piper, *Biblical Exegesis: Discovering the Meaning of Scriptural Texts*.

ser. Después de entender la estructura gramatical de una proposición, de llegar a un acuerdo con las palabras y frases en ella, *todavía podemos no entender su significado.* ¿Por qué? Porque así como las palabras y las frases obtienen su significado de su uso en una proposición, también una proposición obtiene su significado preciso de su uso en relación con otras proposiciones. Los vínculos o enlaces en una cadena dependen de los otros enlaces o vínculos, no a la manera que lo hacen las perlas dentro de una bolsa.

Por ejemplo, en Colosenses 2:21, Pablo dice "no manejes, ni gustes, ni aun toques". Analizadas por separado, estas tres proposiciones sugerirían que Pablo está prescribiendo ciertas reglas de comportamiento. Eso sería un completo malentendido, pues, la proposición precedente, la pregunta retórica del versículo 20, dice: "¿por qué... os sometéis a preceptos tales como...?". (Las preguntas retóricas son preguntas que quedan sin una respuesta expresada porque el autor asume que podemos ver lo que en ella se afirma: "¡No se sometan a tales preceptos!"). Así que lo que Pablo realmente quiere decir es lo opuesto de lo que las tres proposiciones del versículo 21 expresan cuando están aisladas de su contexto. Él quiere decir que tengamos cuidado con las regulaciones tales como: "no manejes, ni gustes, ni aun toques".

La muy abarcadora palabra *porque*

Otro ejemplo sería Filipenses 2:12: "ocupaos en vuestra salvación con temor y temblor...". Esta proposición no será entendida apropiadamente a menos que sea vista en relación con la cláusula que sigue: "...porque Dios es el que en vosotros produce así el querer como el hacer, por su buena voluntad" (Fil. 2:13). Toda una teología depende de la forma en que relacionamos estas dos proposiciones. Si hacemos que la segunda cláusula sea el *resultado* de la primera, la misma estaría diciendo: "ocupaos de vuestra salvación con temor y temblor, *para que* Dios obre en vosotros tanto el querer como el hacer, por su buena voluntad". Estaría diciendo que la acción de Dios en la santificación depende de nuestro trabajo primero.

Pero si hacemos que la segunda cláusula sea *la base* de la primera, la misma estaría diciendo: "ocupaos de vuestra propia salvación con temor y temblor, *porque* Dios está obrando en vosotros tanto el querer como el hacer, por su buena voluntad". Diciendo que *nuestros* esfuerzos hacia la santidad son iniciados por *Dios* y posiblemente solo porque Dios ya está obrando en nosotros. Pablo no deja lugar a dudas de cuál de estas ideas es la que se propone comunicar. Él lo hace explícito al unir las dos cláusulas por la conjunción *porque*: "Ocupaos en vuestra salvación con temor y temblor, *porque* Dios es el que en vosotros produce así el querer como el hacer, por su buena voluntad" (Fil. 2:12-13). La obra de Dios en nosotros es la *base* y el empoderamiento de nuestras obras. Teológicamente, pocas cosas son más importantes que tener esta línea de argumentación correcta.

El flujo del pensamiento de un autor

El objeto de ver las proposiciones en su relación unas con otras no es simplemente dilucidar el significado de cada proposición, sino también ayudarnos a comprender el flujo del argumento de un autor. Aquí es donde las luces se encendieron para mí más brillantemente. Pablo no estaba ensartando perlas, estaba forjando eslabones en una cadena. Recuerdo el momento en la clase de hermenéutica donde esto me tocó. Estábamos trabajando a través de Filipenses 1:6-8, donde Pablo escribe:

> ...estando persuadido de esto, que el que comenzó en vosotros la buena obra, la perfeccionará hasta el día de Jesucristo; como me es justo sentir esto de todos vosotros, por cuanto os tengo en el corazón; y en mis prisiones, y en la defensa y confirmación del evangelio, todos vosotros sois participantes conmigo de la gracia. *Porque Dios me es testigo de cómo os amo a todos vosotros con el entrañable amor de Jesucristo.*

Había leído el libro de Filipenses muchas veces desde que era un niño. Mi versión *King James* de la Biblia que mis padres me dieron a mis quince años (que tengo aquí delante de mí) está marcada fuertemente en lápiz rojo y azul. Las palabras "Clave gozo" están escritas al lado del título. Pero siete años más tarde, cuando tenía veintidós años, alguien me preguntó por primera vez: "¿Notaste la palabra *porque* al principio del versículo 8?". Sí, la vi". "¿Qué dice eso acerca de la relación entre los versículos 7 y 8?". "Me dice que el versículo 8 es una base o la causa del versículo 7". "Correcto. Ahora bien, *¿cómo* funciona este argumento? *¿De qué manera* el anhelo de Pablo por los filipenses con el afecto de Cristo es un *fundamento* para la justificada confianza de Pablo de que Dios completaría en ellos la obra que había comenzado?". Esa pregunta me perdió completamente. Ese es el tipo de pregunta que he estado formulando durante los últimos cuarenta y ocho años. Ese es el tipo de pregunta más fructífera: ¿Cómo funcionan los argumentos?

La conclusión de esa discusión fue algo así: Si Pablo realmente ama a los filipenses con el mismo afecto de Cristo; es decir, si el afecto de Cristo por ellos es lo que Pablo siente por ellos, entonces el compromiso de Pablo por ellos es realmente el compromiso de Cristo, y es una señal segura de que Cristo los preservará hasta el fin, ellos perseverarán. Nunca había tenido un pensamiento como ese. La razón que yo no lo tenía es que nunca había hecho esa pregunta sobre cómo funciona el argumento de los versículos 7 y 8. Hacer esa pregunta me obligó a pensar de maneras que nunca antes lo había hecho. Multiplique este tipo de descubrimiento por cientos de veces, y podrá ver por qué me sentía como si acabara de aprender a leer.

De recolectar perlas a descubrir cadenas

Esto significó para mí un nuevo enfoque de la lectura bíblica. No dejé de leer, memorizar versos, recoger perlas, pero también busqué entender, memorizar y aplicar *argumentos*. Esto implicaba encontrar el punto principal de cada unidad literaria y luego ver cómo cada proposición encajaba para desplegar y apoyar el punto principal.

Para llevar a cabo este tipo de análisis de proposiciones de una manera extendida, necesitamos dos cosas. Primero, necesitamos conocer los tipos de relaciones que pueden existir entre las proposiciones. Si no sabemos cómo se relacionan los pensamientos entre sí, tenemos un gran obstáculo para entender cómo forman las proposiciones complejas unidades de significado. Si tenemos solo una vaga idea de cómo se relacionan dos proposiciones no podremos seguir adelante, porque, aunque intuyamos la relación correcta, no sabremos poner nuestra comprensión en palabras. Necesitamos una lista de posibles relaciones lógicas, con nombres descriptivos, para que podamos usarlas cuando discutimos el significado de un texto.

Segundo, necesitamos algún tipo de método o estrategia que nos ayude a mantener un argumento largo o complejo en nuestra visión mental. Para la mayoría de nosotros es imposible mantener ante nuestra mente las complejas interrelaciones de un argumento desarrollado al principio de un párrafo mientras estamos luchando por ver cómo las proposiciones, en diez versículos posteriores, encajan más tarde en ese argumento. Puede ser que el argumento anterior contenga la clave para el posterior. Así que debemos encontrar una manera de preservar, en un breve espacio, las interrelaciones de la línea de argumentación de un autor. De lo contrario, será casi imposible comprender la totalidad y la unidad de lo que el autor pretende comunicar en su párrafo.

Para esto es el *arcing*

Para eso se diseñó *arcing,* para proporcionar estas dos cosas que necesitamos a fin de poder seguir el hilo del pensamiento de un autor. Es un medio para *ver* y *preservar* el intrincado desarrollo del pensamiento de un autor en su complejidad y unidad. En el apéndice, doy una explicación e ilustración más detallada del proceso de formación de *arcing.* La mejor manera de aprender este método de leer la Biblia es en asociación con otros que están más avanzados que nosotros. Por eso *Bethlehem College & Seminary* ha creado el sitio web biblearc.com.[4] Este es el lugar para aprender y practicar arcos. Lo uso para mi propio estudio, además de usarlo en la enseñanza de estudios de libros en *Bethlehem College & Seminary.*

Si no tiene una computadora para visitar y usar este sitio web, la introducción que doy en el apéndice de este libro es suficiente para empezar. Hice *arcing* durante cuarenta años con lápiz y papel antes de que se desarrollaran las facilidades de una computadora. Así que no deje que nada lo detenga. La clave no está en la tecnología, ni siquiera en la técnica. La clave está en la observación rigurosa, las buenas preguntas, el pensamiento arduo, y obtener sus respuestas de las conexiones en el texto, todo empapado en oración por la iluminación de Dios (capítulos 11-13).

Consultar el texto

La idea central de este capítulo ha sido que las palabras y las frases obtienen su significado definido por la forma en que se usan en una proposición, y las proposiciones obtienen su significado de la forma en que están conectadas a otras proposiciones en la construcción de una cadena de pensamiento. Por lo tanto, el hábito mental de hacer preguntas acerca de cómo las proposiciones trabajan en relación entre sí ha sido el tipo de lectura más fructífera para mí. Pero no hemos terminado con nuestras sugerencias sobre qué preguntas utilizar al consultar el texto. Las preguntas sobre las proposiciones y sus relaciones son primordiales. Las preguntas sobre paradojas, placeres y vidas transformadas también son cruciales. A eso nos referiremos en el siguiente capítulo.

---

4. Véase capítulo 25, nota 10.

Tan pronto como la Palabra de Dios se conozca a través de ti, el diablo te afligirá, hará de ti un verdadero médico y te enseñará por sus tentaciones a seguir y amar la Palabra de Dios. Porque yo mismo... debo a mis papistas muchas gracias por haberme golpeado, presionado y asustado a través de la furia del diablo, pues ellos me han convertido en un teólogo razonablemente bueno.

MARTÍN LUTERO

¡Cuán dulces son a mi paladar tus palabras!
Más que la miel a mi boca.

SALMOS 119:103

27

Consultar el texto sobre las paradojas, los placeres y una vida transformada

"La suma de tu palabra es verdad, y eterno es todo juicio de tu justicia".

No conseguí el trabajo

En el capítulo anterior, elogié el método de la seria lectura activa llamado *arcing* (véase también el apéndice). Es una forma de identificar las proposiciones de un texto, discernir sus relaciones y preservarlas de forma esquemática para que nos ayude a identificar el punto principal de un texto y cómo todas las partes encajan para aclarar y apoyar ese punto. Mi objetivo no era convertir a todos ustedes en seguidores del *arcing*, sino persuadirlos de que ver el texto de esta manera y hacer este tipo de preguntas vale la pena todo el esfuerzo que eso puede dar. Usted puede ser tan agudo que puede intuitivamente hacer lo que algunos de nosotros debemos depender de arcos para que lo hagan por nosotros. Hay ojos en los arcos.

De hecho, una vez, cuando estaba siendo entrevistado para un trabajo de enseñanza, uno de los profesores en el comité me preguntó: "¿No es ese *arcing* solo una muleta?". No dudé, y dije: "Absolutamente, ya que soy mentalmente limitado necesito toda la ayuda que pueda obtener. Y asumo que la mayoría de mis estudiantes necesitan la misma ayuda". No conseguí el trabajo. Lo cual fue probablemente una de las experiencias negativas más dulces que el Señor haya hecho a mi favor.

Pero reconozco que son los principios, las preguntas y el pensamiento arduo que rodean al sistema de arcos los que hacen la diferencia, no la técnica real de crear la forma esquemática. La clave es desarrollar los hábitos mentales que *arcing* exige.

Preguntar acerca de las relaciones a lo largo de toda la Biblia

Si aplicamos el principio de arcos sobre un libro entero en la Biblia, o sobre toda la Biblia, vemos qué tipo de preguntas necesitamos hacer. El objetivo, si vivimos lo suficiente, es captar lo que todos los autores bíblicos pretendían comunicar. Así que seguimos haciendo preguntas acerca de cómo cada párrafo se relaciona con los demás hasta que entendamos el punto principal de cada libro. El *punto principal* es el punto que es apoyado por todos los demás pero que no apoya nada. Es el objetivo final del autor en lo que escribió. Todas las demás partes del texto sirven para explicar y argumentar el punto principal. Y cuando vemos los puntos principales de los libros, hacemos preguntas acerca de cómo se relacionan entre sí los mensajes de los libros. De esta manera, nos movemos hacia el mensaje principal de toda la Biblia.

Puesto que creemos que Dios es el autor supremo, quien inspiró a los autores humanos para comunicar lo que quería, sabemos que la Biblia demostrará ser coherente. No se contradice. Las personas que están constantemente tropezando con las aparentes contradicciones en la Biblia se autoexcluyen de obtener un gran discernimiento, que es el fruto de la búsqueda obstinada y ardua en los textos para encontrar qué es lo que hace que esta aparente contradicción, la paradoja, sea una profunda unidad. Interrumpir este proceso de investigar debido a que no se cree en la unidad de las Escrituras es una pérdida trágica para aquellos que renuncian rápidamente.

Pero para aquellos que se aferran a la unidad inspirada de las Escrituras, enraizada en un Dios de verdad, que no pronuncia un definitivo y contradictorio sí y no (2 Co. 1:17-22), el trabajo es largo y el fruto glorioso. Uno de los hábitos más fructíferos al hacer preguntas es hacerlas para averiguar cómo el significado de un pasaje encaja con otros pasajes que parecen contradictorios o inconsistentes. Nunca asumo que la Biblia es inconsistente. Mi suposición es que no estoy viendo todo lo que necesito ver. He aquí un ejemplo del tipo de preguntas que tengo en mente, y un ejemplo sobre cómo ponderar una paradoja es uno de los ejercicios más fructíferos de meditación en las Escrituras.

¿Dios ama u odia a los malvados?

En Romanos 5:8, Pablo dice: "Dios muestra su *amor* para con nosotros, en que siendo aún *pecadores*, Cristo murió por nosotros". Pero Salmos 11:5 dice: "Jehová prueba al justo; pero al malo y al que ama la violencia, *su alma los aborrece*". Así que, por un lado, Dios nos *ama* mientras somos pecadores y, por otro lado, Dios *aborrece* al malo.

Esto es bueno. Hemos estado mirando con suficiente agresividad y hemos visto la tensión entre Romanos 5:8 y Salmos 11:5, el amor de Dios por los pecadores y su aborrecimiento hacia los pecadores. Así que empezamos a hacer preguntas. En última instancia, nuestra pregunta es, ¿cómo encajan estos pasajes de tal manera que Dios es revelado como glorioso y no como esquizofrénico? Creemos que hay unidad aquí y que ambos textos son verdaderos. Ahora necesitamos ver cómo ambos son verdaderos en relación el uno con el otro. Usted puede ver que este es el tipo de pregunta que *arcing* nos entrenó a hacer, a pesar de que no estamos diagramando ningún arco entre Romanos y Salmos en una página, o en una pantalla de computadora. Más bien, estamos pensando de cierta manera, entrenados en la disciplina de hacer preguntas sobre cómo los textos se relacionan entre sí.

Para darle una idea de cómo esto puede funcionar, he aquí algunas de las preguntas que me hice a medida que meditaba sobre cómo el amor de Dios se relaciona con su aborrecimiento por los pecadores. Estas preguntas son como globos sondas que se envían para ver si alguno de ellos puede resultar iluminador.

- ¿Se habla de dos grupos diferentes en "pecadores" y en "malvados"?
- ¿Acaso los pecadores a los que Dios ama no están incluidos en los pecadores a quienes Dios aborrece?
- ¿Hay alguna diferencia entre "pecado" y "maldad" para que Dios realmente no ame a los malvados u odie a los pecadores?
- ¿Cambió algo entre el Antiguo y el Nuevo Testamento para que Dios no aborreciera a los malvados hoy en día, así como lo hizo en el pasado?
- ¿Qué implica específicamente el aborrecimiento de Dios?
- ¿Qué implica específicamente el amor de Dios?
- ¿El aborrecimiento que Dios tiene por los impíos excluye la posibilidad de que también pueda amarlos?

- ¿Qué diferentes tipos de aborrecimiento podría Él tener?
- ¿Es una clase de aborrecimiento el intenso desprecio del corazón de una persona malvada?
- ¿Es otro tipo de aborrecimiento el propósito de destruir?
- ¿Podría el aborrecimiento estar presente sin el propósito de destruir?
- Si es así, ¿podría Dios amar a aquellos a quienes aborrece con el propósito de rescatarlos de la aversión y el odio que tiene por ellos?
- ¿Qué otros textos debo mirar para ayudarme a responder estas preguntas?

Este tipo de preguntas se vierten en la mente cuando dos pasajes en tensión se juntan con el objetivo de averiguar cómo encajan. Este proceso de hacer preguntas y tratar de responderlas es lo que yo llamo *pensar*. Cuando se hace humildemente y con confianza en la ayuda prometida por Dios, es un acto de obediencia a las palabras de Pablo: "*Piensa* en lo que te digo. El Señor te ayudará a entender todas estas cosas" (2 Ti. 2:7, NTV). Este mandamiento se aplica a toda la revelación bíblica.

Aquí no es mi objetivo resolver el problema del amor y el aborrecimiento de Dios. Solamente estoy tratando de ilustrar la forma en que la disciplina del *arcing* entrena a nuestra mente para buscar coherencia en toda la Biblia. Así es como nos entrena para hacer preguntas acerca de cómo se relaciona todo entre sí. De esta forma terminamos descubriendo la tensión entre Romanos 5:8 y Salmos 11:5.

Pero voy a sugerir un camino como solución a la tensión existente. El odio de Dios hacia los malvados tiene dos significados, dependiendo del contexto. Uno es una fuerte desaprobación de la terrible condición del alma perversa. El otro es una resolución justa y santa por castigar. Su amor, por otra parte, tiene los mismos dos tipos de significado, pero únicamente en un sentido positivo. Por un lado, significa una fuerte aprobación de la hermosa condición del alma justa. Por otro lado, significa una resolución afable y misericordiosa en busca de salvación. (Estas reflexiones han surgido de investigar y meditar sobre muchos textos bíblicos sobre el amor y el aborrecimiento de Dios). Observar estos tipos de amor y aborrecimiento plantea la posibilidad de que el amor y el aborrecimiento de Dios, *ambos*, pueden ser reales hacia la misma persona y al mismo tiempo. Dejaré esta idea con usted para que lo piense hasta el final.

Mi punto es que es asombroso lo mucho que aprendemos por medio de este hábito de hacer preguntas sobre paradojas en varias partes de las Escrituras. Pocas cosas hacen que una persona sea más profunda y enriquecida en su conocimiento de Dios y sus caminos que esta costumbre de preguntar humildemente cómo los textos son coherentes en realidad, cuando al principio no parecen serlo.[1]

¿Cuándo la aplicación es parte de la interpretación?

El objetivo de los escritores bíblicos no es solo que conozcamos las cosas, sino que hagamos cosas y que las hagamos de cierta manera. Así que parte de nuestra respuesta a las Escrituras es formar el hábito de hacer preguntas concernientes a nuestra aplicación, a nuestra iglesia, a otros cristianos, a nuestras relaciones, a nuestra cultura, a los incrédulos, a las instituciones del mundo. Esto significa que la tarea de la aplicación nunca se termina. Hay muchísimas maneras en que un texto puede aplicarse a innumerables situaciones y relaciones.

Normalmente, las preguntas sobre la aplicación no se consideran parte del proceso de *encontrar* el significado de un texto, sino de *usar* el significado de un texto en la vida. Hay una diferencia entre el *significado* del texto y su *relevancia*. He estado tratando el significado de un texto como *lo que el autor pretende comunicar*. Su relevancia es el uso que se le da en las diferentes maneras en que puede afectar a la vida y la cultura. El *significado* de un texto puede ser: mostrar misericordia. Y la *relevancia* posterior culturalmente puede ser un límite de velocidad de 45 kilómetros por hora en un barrio con muchos niños.

---

1. El apóstol Pedro comentó sobre algunas cosas de las Escrituras que son "difíciles de entender" (2 P. 3:16). John Owen da un paso atrás y pone este hecho a la luz de las intenciones más grandes de Dios: "Hay en las Escrituras… algunas cosas que son 'difíciles de interpretar', no por la naturaleza de las cosas reveladas, sino por la manera de su revelación. Así son muchas alegorías, parábolas, historias místicas, alusiones, profecías y predicciones no cumplidas, referencias a costumbres, personas, lugares, cálculo del tiempo, genealogías, significado de algunas palabras usadas una vez o pocas veces en las Escrituras, nombres de los diversos pájaros y animales desconocidos para nosotros... Todo lo que se menciona en cualquier lugar, si es importante que nosotros conozcamos y creamos, hasta el fin de la revelación divina, está en algún otro lugar o lugares revelados y claramente declarados; para que podamos decir de ello como dijeron los discípulos a nuestro Salvador: «Ahora hablas claramente, y ninguna alegoría dices». No puede darse ningún ejemplo de algún pasaje oscuro en las Escrituras, sobre el cual alguien pueda racionalmente suponer o conjeturar que hay alguna verdad doctrinal que requiere nuestra obediencia, y que no se explica en otra parte... Algunas cosas están en las Escrituras dispuestas a propósito para que los hombres malvados, perversos y orgullosos puedan tropezar y caer en ellas, y sean más endurecidos en su incredulidad y obstinación". John Owen, *The Works of John Owen*, ed. William H. Goold, vol. 4 (Edimburgo: T & T Clark, s.f.), pp. 196-98.

Sin embargo, quiero hacer una aclaración que a menudo se pasa por alto: plantear cuestiones de aplicación y el esfuerzo real para poner un texto en práctica, a menudo arroja luz sobre el *significado* del texto, no solo sobre su relevancia. Nuevamente, este es el carrusel. Necesitamos ver el significado antes de que podamos hacer cualquier afirmación para aplicarlo u obedecerlo. Por otro lado, una vez que hacemos el intento de aplicarlo u obedecerlo, podemos descubrir aspectos del significado que no pudimos ver anteriormente. La experiencia de la vida real no es solo el crisol para la aplicación, sino la escuela para una comprensión más profunda.

Seminario del sufrimiento de Martín Lutero

La base bíblica de esto se encuentra en Salmos 119:71 (NTV): "El sufrimiento me hizo bien, porque me enseñó a prestar atención a tus decretos". La experiencia del sufrimiento no solo exige la aplicación de los estatutos de Dios, sino que también ofrece discernimiento sobre estos estatutos. Martín Lutero ha escrito quizá con más fuerza que nadie sobre la necesidad de la aflicción para poder convertirse en un buen intérprete de la Biblia. Él dijo:

> Quiero que sepan cómo estudiar teología de la manera correcta. Yo mismo he practicado este método... Aquí encontrarán tres reglas. A menudo se proponen en el Salmo [119] y se ejecutan así: *oratio*, *meditatio*, *tentatio* (oración, meditación, prueba).[2]

Y a las pruebas (*Anfechtungen*) las llamó "piedras de toque". Sobre las aflicciones, él escribe, "enseñan no solo a conocer y entender, sino también a experimentar cuán justa, verdadera, dulce, hermosa, poderosa y reconfortante es la Palabra de Dios. Es la sabiduría suprema".[3] Él demostró el valor de las pruebas una y otra vez en su propia experiencia:

> Tan pronto como la Palabra de Dios se conozca a través de ti, el diablo te afligirá, hará de ti un verdadero médico y te enseñará por sus pruebas a buscar y amar la Palabra de Dios. En cuanto a mí... debo a mis papistas muchas gracias por haberme golpeado, presionado y asustado a través

2. Ewald M. Plass, comp., *What Luther Says: An Anthology*, vol. 3 (St. Louis, MO: Concordia, 1959), p. 1359. Tomo estas ideas sobre Lutero de John Piper, *The Legacy of Sovereign Joy: God's Triumphant Grace in the Lives of Augustine, Luther, and Calvin* (Wheaton, IL: Crossway, 2000).

3. Plass, *What Luther Says*, p. 1360.

> de la furia del diablo pues me han convertido en un buen teólogo, conduciéndome a un objetivo que nunca lo hubiera alcanzado.[4]

Para muchos, en el exterior Lutero parecía invulnerable. Pero los que estaban cerca de él conocían la *tentatio*. Escribió a Melanchthon desde el castillo de Wartburg el 13 de julio de 1521, mientras supuestamente trabajaba febrilmente en la traducción del Nuevo Testamento:

> Me siento aquí tranquilo, endurecido e insensible, ¡ay! orando un poco, un poco afligido por la iglesia de Dios, ardiendo más bien en los fieros fuegos de mi carne indomada. Se trata de esto: *debería* estar encendido en el espíritu; en realidad estoy con fuego en la carne, con lujuria, pereza, ociosidad, somnolencia. Es quizá porque todos ustedes han dejado de orar por mí, porque Dios se ha apartado de mí... Durante los últimos ocho días no he escrito nada, ni he orado ni estudiado, en parte por autoindulgencia, en parte por otra desventaja vejatoria (estreñimiento y hemorroides)... Realmente no puedo soportarlo más... Ruega por mí, te lo ruego, porque en mi reclusión aquí estoy sumergido en pecados.[5]

Estas, dijo, fueron las pruebas que lo convirtieron en un teólogo. Estas experiencias formaban parte de sus trabajos exegéticos, como lo fue su léxico griego. Con qué frecuencia me siento tentado a pensar que presiones, conflictos y frustraciones son simplemente distracciones del asunto del estudio y la comprensión. Lutero (y Salmos 119:71) nos enseña a verlo de otra manera.

Obedecer el texto me mostró lo que me perdí en el texto

Daré un ejemplo de mi propio ministerio. Junto con los ancianos de nuestra iglesia, había estudiado Mateo 18:15-17. Este pasaje trata de cómo responder en la iglesia cuando un miembro peca contra otro:

> Si tu hermano peca contra ti, ve y repréndele estando tú y él solos; si te oyere, has ganado a tu hermano. Mas si no te oyere, toma aún contigo a uno o dos, para que en boca de dos o tres testigos conste toda palabra. Si no los oyere a ellos, dilo a la iglesia; y si no oyere a la iglesia, tenle por gentil y publicano.

---

4. Ibíd.

5. E. G. Rupp y Benjamin Drewery, eds., *Martin Luther: Documents of Modern History* (Nueva York: St. Martin's Press, 1970), pp. 72-73.

Pensé que tenía una idea clara sobre cómo proceder y cómo tratar a las personas en todo este proceso. Pero entonces entramos en la dolorosa y terrible realidad de poner el texto en práctica. En medio de este proceso de *aplicación*, me di cuenta de que no había notado que podría pasar un período de tiempo entre tomar a dos o tres testigos para enfrentar a un hermano no arrepentido y el paso siguiente de llevar su caso a toda la iglesia. Esta era simplemente una pregunta que no había hecho al leer el texto: ¿Cuánto tiempo puede pasar entre estos pasos hacia la reconciliación o la disciplina? Por lo tanto, también dejé de preguntar cómo un hermano no arrepentido debe ser tratado entre que se lo confronta con dos amigos y el momento en que su caso es presentado a la iglesia.

En pocas palabras, el esfuerzo por aplicar y obedecer los textos bíblicos regularmente (creo que diría *por lo general*) arroja luz sobre el *significado* de esos textos. El esfuerzo por aplicar el significado de un texto a menudo nos ayuda a hacer preguntas al texto que no hemos hecho antes, y estas preguntas revelan cosas que no habíamos visto anteriormente.

Una de las implicaciones de este hecho para la forma en que leemos la Biblia es que no nos convertimos en artificiales al distinguir los procesos de interpretación, por una parte, y el de la aplicación, por otra; ya que están entrelazados. Otra implicación es que, a medida que leemos, una de las maneras de ver más sobre la intención del autor es imaginarnos cómo poner en práctica el texto. En otras palabras, sigamos adelante y pongamos en práctica la aplicación en la mente, y el resultado será que le haremos un montón de preguntas al texto que de otra manera no hubiéramos hecho. Esto producirá mucho fruto al ver lo que realmente está allí.

¿Cómo se relaciona el significado con el placer y otras emociones?

Otro tipo de preguntas que se hacen al intentar captar lo que un autor pretendía comunicar es: ¿Qué tipo de emociones debemos experimentar en respuesta a su revelación? Incluso antes de investigar los tipos de emociones que los autores de las Escrituras pueden provocar por lo que escriben, se nos dice que los escritos en sí mismos son una delicia: "En la ley de Jehová está su *delicia*, y en su ley medita de día y de noche" (Sal. 1:2). "Bienaventurado el hombre que teme a Jehová, y en sus mandamientos se *deleita* en gran manera" (Sal. 112:1). "*Deseables* son más que el oro, y más que mucho oro afinado; y *dulces* más que miel, y que la que destila del panal" (Sal. 19:10). "¡Cuán *dulces* son a mi paladar tus palabras! Más que la miel a mi boca" (Sal. 119:103).

Por lo tanto, concluyo que parte de la intención de Dios para su Palabra es que sea para nuestro deleite. Si llegamos a la Palabra y, con el tiempo, como un todo, no la encontramos como nuestro deleite, no estamos viendo lo que realmente está allí, para lo que fue dada, mejor que el oro, más dulce que la miel. ¿Es esto parte del significado del texto?

En el capítulo 20, propuse que deberíamos definir el *significado* de un texto para incluir la intención del autor de que *sintamos* de cierta manera sobre lo que él está revelando. Hice hincapié en que los *pensamientos* de un autor y nuestro esfuerzo por *comprenderlos* son fundamentales. Las emociones que otorgan honor a Cristo están arraigadas en la verdad. Por lo tanto, las emociones que un autor bíblico pretende compartir con sus lectores se transmiten a través de nuestra comprensión de lo que él piensa, es decir, a fin de pensar en los pensamientos del autor. Entonces podemos discernir, a partir de esos pensamientos, si parte de la intención del autor es que también compartamos la emoción que expresa acerca de esta verdad.

Es evidente, a partir de docenas de textos, que la intención de los autores de las Escrituras no es que solo *entendamos* lo que dicen, sino que también nos *arrepintamos*, que *creamos*, que tengamos *esperanza* y que nos *regocijemos*. De hecho, me parece claro que los autores bíblicos *nunca* son indiferentes a la forma en que sus lectores se sienten en respuesta a lo que dicen. Si les preguntásemos, nunca dirían: "No es parte de mi intención en este libro que la gente se sienta desolada por el pecado, o agradecida por la misericordia, o confiada por las promesas, o en paz por la justificación, o esperanzada por el cielo". Más bien, siempre dirían que su intención es comunicar la verdad de tal manera que la *mente* lo entienda y el *corazón* responda con la emoción apropiada.

Por lo tanto, a medida que tratamos de comprender *lo que los autores pretenden comunicar*, siempre debemos hacer preguntas sobre el tipo de emociones que el autor está tratando de despertar. La evidencia más directa de que los autores pretenden estimular los afectos de nuestro corazón es que nos *ordenan* que los tengamos. Por ejemplo, todas estas emociones están ordenadas:

- gratitud (Sal. 100:4)
- esperanza (1 P. 1:13)
- alegría (Fil. 4:4)
- tristeza (Stg. 4:9)

- compasión (Col. 3:12, NTV)
- temor (Ro. 11:20)
- contentamiento (He. 13:5)
- misericordia (1 P. 3:8)
- ira (Ef. 4:26)
- espanto (Jer. 2:12)

Por lo tanto, no sería extraño que los autores de las Escrituras pretendan que sintamos las emociones apropiadas en respuesta a todo lo que nos revelan acerca de Dios, el hombre, el pecado, la salvación, la santidad y el cielo. La Biblia trata con las más grandes realidades del universo. Nada es insignificante cuando se relaciona con Dios. Por lo tanto, todo está destinado a conmovernos. Que seamos conmovidos es parte de lo que las Escrituras pretenden.

¿Qué pasa si no sentimos lo que debemos sentir?

¡Cuántos lectores de las Escrituras se quedan cortos en este punto! Ellos ven, en cierta medida, el valor y la belleza de Dios y sus caminos en las Escrituras, pero su corazón se queda atrás. Ellos no sienten nada parecido a los afectos que deberían sentir por lo que ven. ¿Qué se debe hacer? ¿Hay alguna manera, sin llegar a ser hipócritas, en que podemos mover nuestro corazón para responder apropiadamente? Creo que sí. Me parece que hay una sección en el libro de Proverbios que apunta a abordar este mismo problema y nos provee ayuda.

La sección va desde Proverbios 22:17 hasta 24:22. En 22:20 (NVI), esta sección se identifica como "Los treinta dichos de los sabios" ("¿Acaso no te he escrito treinta dichos?"). Estos *treinta dichos* se encuentran en Proverbios 22:17—24:22 en agrupaciones de versos. Algunas traducciones desglosan estas agrupaciones para nosotros. Así que cada vez que comienza un nuevo tema, hay un nuevo dicho, y hay treinta en esta unidad. El versículo 17 es donde comienzan, y dice: "Inclina tu oído y oye las palabras de los sabios". Así que a menudo se titulan "Preceptos y amonestaciones" (RVR1960); "Treinta dichos de los sabios" (RVA-2015), "Dichos de los sabios" (NTV).

Lo que es relevante para nuestro interés actual es que los dos primeros versículos de esta sección están escritos precisamente para responder a la pregunta: ¿Cómo oír los proverbios y sentir apropiadamente la realidad detrás de ellos?

Inclina tu oído y oye las palabras de los sabios,
Y *aplica tu corazón* a mi sabiduría;
Porque es cosa deliciosa, si las guardares dentro de ti;
Si juntamente se afirmaren sobre tus labios (Pr. 22:17-18).

Obsérvense dos cosas. La primera línea dice: "Inclina tu oído y oye las palabras de los sabios". El punto claramente es que las palabras se están hablando, y debemos *inclinarnos*. Debemos *poner atención*. ¡*Enfóquense*! *Inclinen su oído*. Si no podemos oír a alguien, nos inclinamos hacia delante, nos a cercamos más. Lo mismo hacemos con nuestra atención. Si estamos leyendo o escuchando palabras, y las palabras están fluyendo, el sabio nos está diciendo: No dejen que pasen, no dejen pasar ninguna de las palabras. Atrápenlas con su conciencia. ¡Enfóquense! ¡Presten atención! Estas palabras van a moldear el conocimiento de nuestra mente.

La segunda línea dice, y esta es la clave de nuestra pregunta: "*Aplica tu corazón* a mi sabiduría". Las palabras de los sabios están a punto de ser pronunciadas. Estas comunicarán el conocimiento de algo valioso, precioso o importante, algo sabio, útil y hermoso. Entonces leemos que el efecto de este conocimiento será "cosa *deliciosa*". Y asumo que el corazón, al que acaba de referirse, es el órgano de la afabilidad o el placer. Así que ahora el autor se está ocupando de la cuestión que tenemos ante nosotros. ¿Cómo puedo experimentar placer en este conocimiento? ¿Cómo puedo experimentar admiración, valoración, atesoramiento, amor, apego, disfrute y satisfacción apropiados en lo que percibo a través de las palabras de los sabios? Y, para responder, nos dice que la forma de hacerlo es *aplicar el corazón*.

Así que el hombre sabio está respondiendo a nuestra pregunta, estamos preguntándonos: Cuando no sentimos lo que debemos en respuesta al conocimiento bíblico, ¿hay algo que podemos hacer? Su respuesta es "sí". Él dice: *aplique su corazón* a lo que su oído ha oído y al conocimiento que se está formando en su mente. ¿Qué significa esto?

La palabra hebrea para *aplicar* simplemente significa "colocar", "establecer", "ubicar". Así que tomamos nuestro corazón y lo ponemos, lo colocamos en lo que hemos visto con nuestros ojos o hemos oído con nuestros oídos. Que nuestro corazón recuerde la belleza del conocimiento. Si nuestro corazón no siente nada, le decimos: ¡*Corazón, despierta*! Y tomamos nuestro corazón y lo *aplicamos*. Lo *empujamos*. Lo *colocamos* en el conocimiento. Si no tenemos experiencia en hacer algo tan intencional con nuestras emociones, aprendamos esta nueva cosa, por eso está aquí.

Degustar el bistec y ver las hojas

He aquí una analogía. Suponga que le gustaría probar un bistec. Se puede *oír* desde fuera el chisporroteo en la parrilla. Así que va afuera, y sus ojos *ven* el bistec chisporroteando en la parrilla. Si se acerca lo suficiente, su nariz puede *oler* el bistec chisporroteando en la parrilla, sin embargo, todavía no hay ningún sabor en la boca. ¿Hay algo que pueda hacer?

Esa es la pregunta. ¿Hay algo que pueda hacer con el bistec de la Palabra de Dios? Ya sabe cuál es la respuesta: tomar un cuchillo, cortar un pedazo, ponerlo en su boca y masticarlo lentamente, luego lo traga, y saborea. De la misma manera le dice a su corazón: Come, corazón. ¡Come! Prueben y vean que el Señor es bueno (Sal. 34:8, NVI).

Otra ilustración. Estoy caminando a la iglesia. Es octubre en mi ciudad y es el mes más hermoso del año. Las hojas de los árboles de mi vecindario son increíblemente brillantes, amarillas y naranja, el sol brilla y es más suave que de costumbre, la temperatura es ideal. Las hojas están brillando y es absolutamente impresionante. Pero estoy caminando a una reunión de oración y estoy un poco atrasado. No estoy observando nada, mis ojos están mirando, pero yo no estoy viendo.

Esta es la forma en que a menudo leemos la Biblia. ¿Qué tiene que suceder? Me detengo. La gracia de Dios me hace detenerme. Miro un árbol en el patio de unos departamentos, sigo buscando. Me inclino y me digo: "Corazón, eso es naranja brillante, eso es amarillo. Las hojas eran verdes, ahora son de color naranja, amarillo y dorado, el sol las hace más brillantes aún. Todas ellas me están saludando con la brisa, y Dios está tratando de llamar mi atención. Corazón, la gloria de Dios está brillando aquí. ¡*Mira*, corazón! ¡Disfruta! ¡Siente!". Y elevo mi corazón hacia la belleza de los árboles.

Usted hace lo mismo con la Palabra de Dios. Se le ofrece un diamante y, aunque usted ve el diamante, no lo observa y dice a su corazón: "Corazón, rodea este diamante. Mira el diamante de este lado, y mira el diamante de este otro lado. ¡Corazón, esto es hermoso!".

Hablando con el corazón y con Dios

Cuando una persona nacida de nuevo hace esto, es decir, aplica su corazón al conocimiento de acuerdo con Proverbios 20:17, no puede evitar convertirlo en oración. Cuando estamos predicando a nuestro corazón y estamos diciendo a nuestro corazón: "Vamos, corazón, despierta. Vamos, corazón, mira esto. ¡Siente esto! ¡Esto es hermoso! ¡Despierta!". Instintivamente nos encontramos no solo hablando a nuestro corazón, sino también a Dios. ¡Pero usted habla con su corazón (Sal. 42:5)! Lo que está haciendo es *colocarlo, establecerlo* y *aplicarlo, diciéndole* dónde ir y qué hacer, y también está orando: "Dios, ayúdame. Dios, abre mis ojos. Haz que sienta el valor y la belleza de tu verdad".

Algunos de ustedes pueden suspirar y responder: "Lo he intentado y no funciona". O alguien más puede decir: "Eso es tan extraño para mí, que ni siquiera sé de qué está hablando". Los insto, incluso les ruego, que no digan que están más allá de la capacidad de sentir la belleza del conocimiento de Dios en la Biblia. Proverbios 22:17 es la palabra de Dios para usted. ¡*Aplique* su corazón!

Concluyo, por lo tanto, que siempre debemos estar preguntando mientras leemos la Biblia: ¿Qué tipo de respuesta emocional quiere este autor para sus lectores ante la verdad que está presentando? La Palabra de Dios es honrada no solo al ser *entendida* correctamente, sino también al ser *sentida* correctamente. Una respuesta en blanco por parte del corazón a la verdad gloriosa es una respuesta defectuosa a la Biblia. Es un fracaso para comprender *lo que el autor pretendía comunicar*.

¿Estoy siendo cambiado por este significado?

A medida que nos acercamos al final de este libro, será bueno recordarnos a nosotros mismos el panorama general. Propuse en la Parte I que el objetivo supremo de leer la Biblia es *que el valor infinito de Dios y su belleza sean exaltados en la eterna y ferviente adoración de la esposa de Cristo, comprada con su sangre, de cada pueblo, idioma, tribu y nación*. Desplegué algunas de las implicaciones, a saber, que tal adoración ferviente solo se producirá a través de *ver*, *saborear* y *ser transformado* por la gloria de Dios en las Escrituras. Argumenté en la Parte II que este ver, saborear y ser cambiado son humanamente imposibles. Solo una obra sobrenatural de Dios en y por medio de nuestra lectura traerá eso.

En la Parte III, he estado elogiando y describiendo el *acto natural de leer la Biblia sobrenaturalmente*. El corazón de este acto natural de lectura ha sido una atención agresiva alimentada por preguntas incesantes y un vigoroso esfuerzo mental para responderlas a partir de los textos mismos. Estas preguntas han tratado palabras, frases, proposiciones, paradojas y placeres. Si usted es un lector muy agresivo, puede haber notado que estas preguntas nos han estado guiando en la secuencia de *ver* a *saborear* y entonces a *ser cambiado*. Ahí es donde estamos ahora al final de este capítulo, y casi al final del libro; preguntas acerca de si —y cómo— estamos siendo cambiados por lo que leemos.

También puede notar que tan pronto como tocamos emociones, afectos y placeres en respuesta a lo que leemos, ya hemos entrado en el territorio del cambio personal. El despertar de las emociones por Dios —miedo, amor, admiración, deleite, esperanza, aprecio, júbilo— es el mayor cambio que puede ocurrir en el alma humana. Y he argumentado que todo esto es parte de lo que los autores de las Escrituras pretendían que experimentáramos cuando escribieron.

Es bueno dejar explícito aquí al final que, como parte de la lectura activa cuando leemos *la Palabra de Dios,* debe estar el hábito de preguntarnos: ¿Estoy siendo cambiado por estos textos de la manera que los autores pretenden que sea? Recordemos el importante texto de las Escrituras sobre cómo se produce nuestra transformación, 2 Corintios 3:18:

> Por tanto, nosotros todos, mirando a cara descubierta como en un espejo la gloria del Señor, somos transformados de gloria en gloria en la misma imagen, como por el Espíritu del Señor.

Hay muchas maneras en que la Biblia describe el proceso de llegar a ser santo como Dios es santo. Hay muchas maneras bíblicas de describir cómo funcionan los motivos para la piedad. Pero fundamental a todos ellos es este versículo de 2 Corintios: "*mirando… la gloria del Señor,* [nosotros] *somos transformados*". Contemplar es la esencia. Ver. Pero no cualquier ver. Sino ver lo que surge del velo levantado de la ceguera pecaminosa (2 Co. 3:14-17). Ver la gloria de Dios en la faz de Jesucristo (2 Co. 4:6). Un ver que conoce y siente intuitivamente el valor infinito y la belleza de la gloria de Dios. Por lo tanto, un ver que es *inseparable de saborear*. Y este ver y saborear a Dios por encima de todos los demás placeres es lo que nos cambia de una manera profunda y eterna, "de gloria en gloria". Este resplandor emergente de la gloria de Cristo, a su vez, brilla como una luz en una oscuridad "para que [otros] vean vuestras buenas obras, y glorifiquen a vuestro Padre que está en los cielos" (Mt. 5:16; 1 P. 2:12).

Por lo tanto, mientras leemos la Biblia, siempre debemos preguntarnos: *¿Estoy siendo cambiado de una manera que se conforma a lo que este autor pretendía comunicar*? Tal vez más que todas las demás preguntas que debemos hacer mientras leemos, esta nos pondrá de frente a la oración por la obra sobrenatural de Dios. Lo cual, por supuesto, es donde cada hora dedicada a leer la Biblia debe comenzar y terminar.

Y me dijo Jehová: Bien has visto; porque yo apresuro mi palabra para ponerla por obra.

JEREMÍAS 1:12

Conclusión

Mi oración es que nuestro Dios grande y misericordioso use este libro imperfecto para guiar a muchos a las glorias de su perfecto Libro, la Biblia. Usted puede preguntarse cómo un libro escrito durante tantos siglos, con tantos tipos diferentes de literatura, por tantos autores, podría ser llamado *perfecto*. A veces, cuando lo leemos, podríamos desear que se hubiera escrito de manera diferente, según nuestras propias preferencias, con más de esto y menos de aquello.

Pero haga una pausa y piense cómo Dios quiso que su Libro fuera el Libro de todos los pueblos del mundo, no solo de nosotros. Quería que fuera comprendido y vivido en todas las culturas y grupos étnicos del mundo, durante todas las épocas de la historia. Si tenemos nuestra preferencia por el tipo de literatura en la Biblia que es más útil para nosotros, piense cómo una lejana tribu de diez siglos atrás podría tener diferentes preferencias y necesidades. ¿Podría ser que Dios supiera exactamente lo que estaba haciendo cuando inspiró a todos estos diversos autores y escritos que tenemos en este Libro inspirado? Esto es lo yo creo.

Dejemos que John Owen lo exprese maravillosamente. Él está respondiendo a algunos en su día que se quejaron de que la Biblia no era lo suficientemente sistemática en su presentación de la verdad divina. La respuesta de Owen comienza con una crítica de tales deseos y luego se regocija de lo que Dios nos ofrece gloriosamente en las Escrituras:

> Dios no valora los *métodos exactos* de los hombres como ellos pueden imaginar que merecen... Sí, muchas veces, cuando suponen que han llevado las verdades a la más *estricta propiedad de expresión*, pierden tanto su poder como su gloria. Por lo tanto, el mundo está lleno de muchas declaraciones *sin vida*, *triviales*, *sin gracia*, declaraciones artificiales de verdades divinas en los *escolásticos* y otros. Es más probable que saquemos agua de una piedra pómez que saquemos una gota de alimento espiritual de ellos.

> Pero, ¡cuántos millones de almas han recibido luz y consuelo divinos, adecuados a su condición, de aquellas ocurrencias ocasionales de verdad que ellos encuentran en las Escrituras, que nunca habrían obtenido en aquellas sabias disposiciones artificiales de las que algunos hombres quisieran!...
>
> En la escritura y composición de las Sagradas Escrituras, el Espíritu de Dios tuvo gran respeto de los diversos estados y condiciones de la iglesia. No fueron dadas para el uso de una edad o época solamente, sino para todas las generaciones, para ser guía en la fe y obedecida desde el principio hasta fin del mundo...
>
> El objetivo principal final de las Escrituras es de otra naturaleza; es engendrar en la mente de los hombres de fe el temor, la obediencia y la reverencia a Dios, para hacerlos santos y justos; y esos hombres tienen en sí mismos diversas debilidades, tentaciones e inclinaciones hacia lo contrario que deben ser evitadas y sometidas. Para este fin, toda verdad está dispuesta en las Escrituras como debe ser...
>
> En esos mismos vados y aparentes bajíos de este río de Dios donde el cordero puede vadear, el elefante puede nadar. Todo en las Escrituras es tan claro que el creyente más mezquino puede entender todo lo que pertenece a su deber o es necesario para su felicidad. Sin embargo, no es nada tan simple, sino que el más sabio de todos ellos tiene razón para adorar las profundidades y el almacenamiento de la sabiduría divina en ellas.[1]

Amén. "Toda verdad... en la Escritura [es] como debe ser". Los corderos pueden vadear y los elefantes pueden nadar. Cada uno puede conocer su deber. Y los más sabios exploran las profundidades de Dios para la eternidad.

Así que, sí, mi oración es que muchos pasen de mi libro al Libro de Dios con un nuevo celo por la atención agresiva y la lectura activa. Oro para que este celo se arraigue en una profunda comprensión bíblica de la gloriosa vocación de perseguir *el acto natural de leer la Biblia sobrenaturalmente*. Dios realizó un acto sobrenatural inspirando el lenguaje natural. Obramos el milagro a la inversa cuando confiamos en Dios por ayuda sobrenatural en el acto natural de la lectura. El objetivo subordinado de este libro ha sido ayudarle a experimentar este encuentro sobrenatural con la Palabra de Dios.

---

1. John Owen, *The Works of John Owen*, ed. William H. Goold, vol. 4 (Edimburgo: T&T Clark, s.f.), pp. 189-93.

La razón de esta meta subordinada es que la meta suprema de Dios depende de ella. Dios ha hecho que el acto natural de leer la Biblia sobrenaturalmente sea el medio indispensable para alcanzar la meta suprema del universo. Este es el punto de la Parte I. El objetivo supremo de leer la Biblia es *que el valor infinito de Dios y su belleza sean exaltados en la eterna y ferviente adoración de la esposa de Cristo, comprada con su sangre, de cada pueblo, idioma, tribu y nación*. La Biblia no es incidental, marginal, ni opcional en el propósito último de Dios para la historia redentora. Es esencial, necesaria; si no logra la meta para la cual fue dada, entonces el propósito último de Dios fracasará.

Pero los propósitos de Dios no fracasan, pues no ha puesto su Palabra a la deriva y sin rumbo fijo en el mar del capricho humano. Más bien, como dijo a través del profeta Jeremías: "Estoy alerta para que se cumpla mi palabra" (Jer. 1:12, NVI). Dios no mira su Palabra para ver si se hará realidad, Él la observa para que se haga realidad. Por lo tanto, no hay duda sobre el resultado.

> Yo soy Dios, y no hay otro Dios, y nada hay semejante a mí, que anuncio lo por venir desde el principio, y desde la antigüedad lo que aún no era hecho; que digo: Mi consejo permanecerá, y haré todo lo que quiero (Is. 46:9-10).

El propósito de Dios para la Biblia no puede fallar. Ese propósito es *revelar* el valor infinito y la belleza de Dios como el valor y la excelencia supremos en el universo, es abrir los ojos de su pueblo para *ver* esa gloria en las Escrituras, para *saborear* la excelencia de Dios sobre todos los tesoros creados y, al contemplar y ser satisfecho con Dios, *ser transformado* de gloria en gloria, hasta que la esposa de Cristo, la familia de Dios a través de todos los siglos y culturas, sea completa en número y belleza para la adoración ferviente de Dios por los siglos de los siglos.

Dios compró y aseguró esta gran salvación a través de la encarnación de su Hijo, para que viviera una vida perfecta, muriera en el lugar de los pecadores y resucitara de entre los muertos para gobernar el mundo. Para preservar y realizar este gran plan de salvación, Dios inspiró y preservó las Escrituras. Y hoy en día está llevando a cabo su plan mientras millones de personas persiguen el *acto natural de leer la Biblia sobrenaturalmente*. Le invito a unírsenos. Es el único camino para que su vida sea de servicio duradero al mundo, para que su trabajo muestre la gloria de Dios y para que su alma sea plenamente satisfecha para siempre.

Apéndice

Arcing (Arqueo bíblico)

En el capítulo 26, sugerí que Biblearc.com (en español la dirección es https://www.biblearc.com/path/arcing/es/) es el lugar para iniciarse en el aprendizaje y la práctica del método de análisis textual llamado "*arcing*". *Bethlehem College & Seminary* mantiene este sitio web como un ministerio para alentar, explicar y facilitar el tipo de lectura de la Biblia el cual he estado demostrando en este libro. Todo lo que ve a continuación se explica con más detalle e ilustra interactivamente con videos en Biblearc.com (en español, https://www.biblearc.com/path/arcing/es/).

Lo que proporciona el *arcing*

Estoy incluyendo un resumen del proceso del *arcing* aquí para que al menos usted pueda tener un recurso rápido para lo que necesita hacer si no tiene acceso a una computadora. He mencionado en el capítulo 26 que necesitamos dos cosas para seguir el argumento extendido de un autor bíblico. Primero, necesitamos conocer los tipos de relaciones, con algunos nombres descriptivos, que pueden existir entre proposiciones para que podamos reconocerlas y hablar de ellas.

En segundo lugar, necesitamos algún tipo de esquema que represente visualmente la línea de pensamiento emergente del autor, de modo que a medida que aumenta su longitud y complejidad podamos recordar y ver de un vistazo cuál es el punto principal del texto y cómo se explican y apoyan todas las demás partes. Por "punto principal", no me refiero a la realidad más importante en el párrafo. Me refiero al punto que todo lo demás apoya, aun si el mismo no apoya nada en esa unidad. Este puede no ser la realidad más importante.

Por ejemplo, podría decir: "Llevé mi Biblia a la escuela, porque es la Palabra de Dios". Tenemos dos proposiciones: "Llevé mi Biblia a la escuela" y "es la Palabra de Dios". ¿Cuál es la realidad más importante en este par de proposiciones? Es evidente que la afirmación de que la Biblia es la Palabra de Dios es infinitamente más importante que el hecho de que la llevé a la escuela. Pero ¿cuál es el punto principal? El punto principal es: "Llevé mi Biblia a la escuela". ¿Por qué? Porque es *apoyada* por la cláusula base, "porque es la Palabra de Dios".

Así es a menudo en las Escrituras, que las bases, causas o fundamentos de las declaraciones se refieren a realidades mayores que las afirmaciones o acciones que apoyan. No hay falta de respeto implícito en decir que la mayor realidad está apoyando una afirmación menos grande; de la misma manera que no hay falta de respeto si usted usa un pedestal de inestimable valor familiar, una reliquia, para apoyar el té cuando les sirve té a sus invitados. El té no tiene comparación con el valor del pedestal. Pero el pedestal está sosteniendo el té.

Dos grandes grupos de relaciones entre proposiciones

Así que una unidad de texto bíblico tiene un "punto principal", y el resto de las proposiciones en la unidad están *coordinadas* con ella y entre sí, o están *subordinadas* a ella y posiblemente a otras. Las relaciones *coordinadas* no suelen ser vistas como que se explican o argumentan entre sí. Cada una hace su propia contribución, pero sin relación explicativa o argumentativa con las demás.

Sin embargo, dentro de las relaciones *subordinadas*, las proposiciones *explican* o *argumentan*. Por lo general llamamos a esto "apoyo". Así, una proposición puede apoyar a otra proposición explicándola o apoyándola de alguna manera. A medida que ilustramos los tipos de relaciones que existen bajo cada uno de estos agrupamientos, daré los nombres de las relaciones y las abreviaturas que generalmente utilizamos para etiquetarlas al dibujar los "arcos" que representan las proposiciones.

Relaciones coordinadas (proposiciones que no apoyan)

Serie

Definición: Cada proposición hace su propia contribución independiente al todo.

Conjunciones: y, además, ni, etc.

Ejemplo: "El sol se oscurecerá, y la luna no dará su resplandor, y las estrellas caerán del cielo, y las potencias de los cielos serán conmovidas" (Mt. 24:29; véanse también Mt. 7:8; Ro. 12:12).

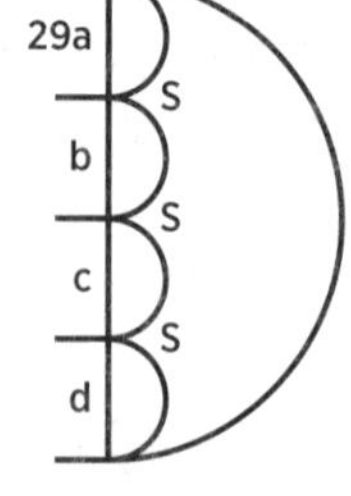

Progresión

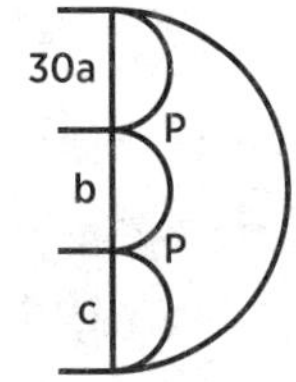

Definición: Como la serie, pero cada proposición es un paso más hacia un clímax. Hay algún tipo de avance en la serie.

Conjunciones: y, entonces, luego, además, etc.

Ejemplo: "A los que predestinó, a éstos también llamó; y a los que llamó, a éstos también justificó; y a los que justificó, a éstos también glorificó" (Ro. 8:30; véanse también Mr. 4:28; 1 P. 1:5-7).

Alternativa

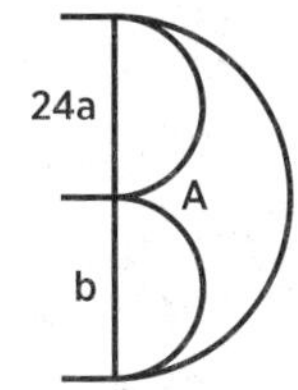

Definición: Cada proposición expresa una posibilidad distinta que surge de una situación.

Conjunciones: o, pero, mas, sino, mientras que, etc.

Ejemplo: "Algunos asentían a lo que se decía, pero otros no creían" (Hch. 28:24; véanse también Mt. 11:3; Jn. 10:21, 22).

Relaciones subordinadas (Proposiciones que apoyan)

Apoyo por reiteración

ACCIÓN-MANERA

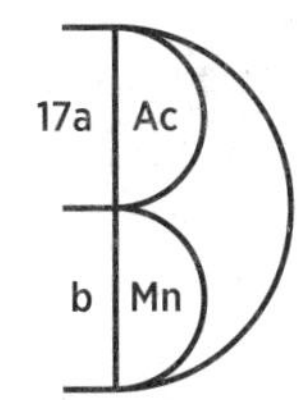

Definición: La relación de una declaración de una acción y otra declaración que indica el camino o manera en que esa acción es llevada a cabo.

Conjunciones: en que, por medio de, por, etc.

Ejemplo: Dios "no dejó de dar testimonio de sí mismo, haciendo bien y dándoos lluvias del cielo y estaciones fructíferas, llenando vuestros corazones de sustento y de alegría" (Hch. 14:17, LBLA; véanse también Hch. 16:16, NVI; 17:21; Fil. 2:7).

COMPARACIÓN

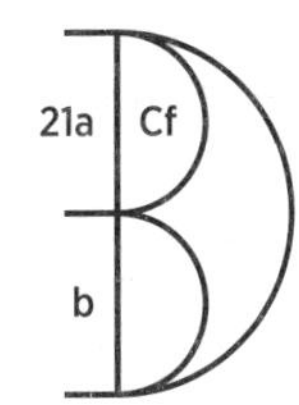

Definición: La relación entre dos declaraciones que expresan una acción, una idea o una situación más claramente al mostrar a qué se parece.

Conjunciones: como, así como, según, etc.

Ejemplo: "Como me envió el Padre, así también yo os envío" (Jn. 20:21; véanse también 1 Co. 11:1; 1 Ts. 2:7).

Negativo-Positivo

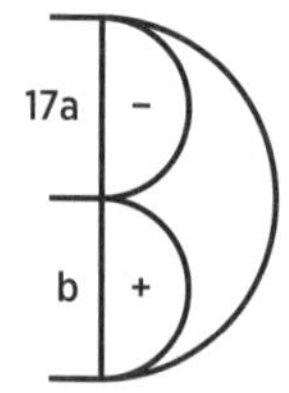

Definición: La relación entre dos alternativas, una de ellas es negada a fin de que la otra sea resaltada. También es la relación implícita de declaraciones contrapuestas.

Conjunciones: no... sino, etc.

Ejemplo: "No seáis insensatos, sino entendidos de cuál sea la voluntad del Señor" (Ef. 5:17; véanse también 5:18; He. 2:16, véase también 1 Co. 4:10 para un ejemplo de contraste: "Somos insensatos por amor de Cristo, mas vosotros prudentes en Cristo").

Idea-Explicación

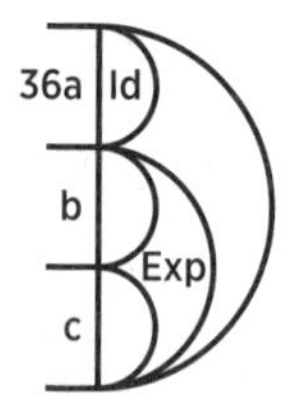

Definición: La relación entre una declaración original y otra que da más claridad a su significado. La proposición de aclaración puede definir solo una palabra de la proposición previa.

Conjunciones: esto es, etc.

Ejemplo: "Jacob... ya me ha suplantado dos veces: se apoderó de mi primogenitura, y he aquí ahora ha tomado mi bendición" (Gn. 27:36, véase también 1 Co. 10:4).

Pregunta-Respuesta

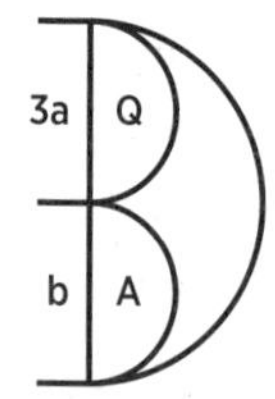

Definición: La declaración de una pregunta y la respuesta a esa pregunta.

Conjunción: (signo de interrogación o estructuras gramaticales que signifiquen una pregunta).

Ejemplo: "¿Qué dice la Escritura? Creyó Abraham a Dios..." (Ro. 4:3; véanse también Sal. 24:3-4; Ro. 6:1).

Apoyo por una declaración distinta

Fundamento (Cláusula principal-Cláusula causal)

Definición: La relación entre una declaración y un argumento o razón por esa declaración (la proposición que apoya va después).

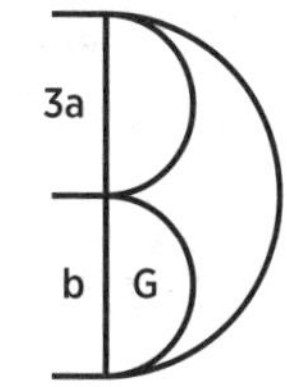

Conjunciones: pues, porque, ya que, etc.

Ejemplo: "Bienaventurados los pobres en espíritu, porque de ellos es el reino de los cielos" (Mt. 5:3; véanse también 1 Co. 7:9; Fil. 2:25-26).

Inferencia (Cláusula principal-Cláusula inferencial)

Definición: La relación entre una declaración y el argumento o razón de tal declaración (la proposición que apoya precede).

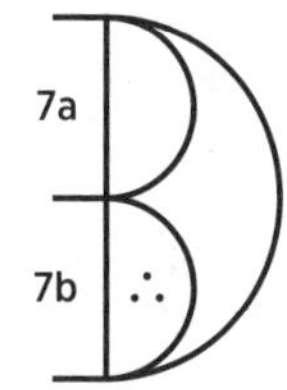

Conjunciones: por tanto, pues, así que, por lo cual, consecuentemente, de acuerdo a, etc.

Ejemplo: "Ya se acerca el fin del mundo. Por eso, sean responsables y cuidadosos en la oración" (1 P. 4:7, TLA; véanse también Mt. 23:3; Ro. 6:11-12; 1 P. 5:5b-6).

Acción-Resultado (Cláusula principal-Cláusula de resultado)

Definición: La relación entre una acción y una consecuencia o resultado que acompaña a tal acción.

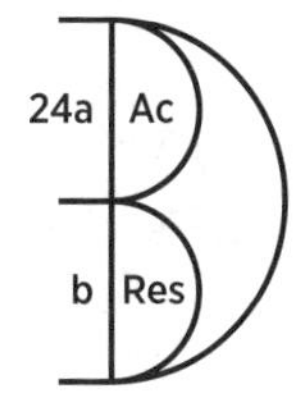

Conjunciones: de manera que, de tal manera que, de modo que, etc.

Ejemplo: "Y de pronto se desató una gran tormenta en el mar, de modo que las olas cubrían la barca" (Mt. 8:24, LBLA; véanse también Jn. 3:16; Stg. 1:11).

Acción-Propósito (Cláusula principal-Cláusula Propósito)

Definición: La relación entre una acción y aquello que se *espera* que sea su resultado.

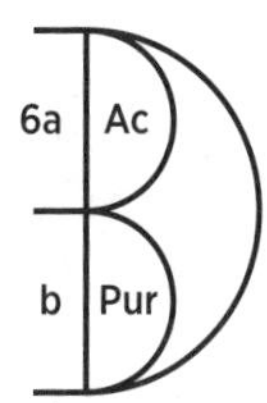

Conjunciones: para que, a fin de, por lo tanto, con miras a, para que no, etc.

Ejemplo: "Humillaos, pues, bajo la poderosa mano de Dios, para que él os exalte cuando fuere tiempo" (1 P. 5:6; véanse también Mr. 7:9; Ro. 1:11).

CONDICIONAL (CLÁUSULA PRINCIPAL-CLÁUSULA CONDICIONAL)

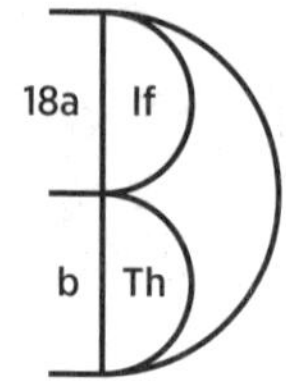

Definición: Similar a Acción-Resultado excepto que la existencia de la acción es solo potencial o condicional.

Conjunciones: si... entonces, siempre que, excepto, etc.

Ejemplo: "Si sois guiados por el Espíritu, no estáis bajo la ley" (Gá. 5:18; véanse también Jn. 15:14; Gá. 6:1).

TEMPORAL (CLÁUSULA PRINCIPAL-CLÁUSULA TEMPORAL)

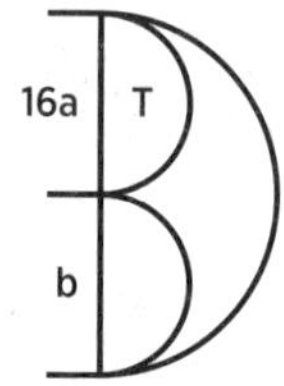

Definición: La relación entre una proposición y la ocasión cuando la misma ocurre.

Conjunciones: cuando, después, siempre que, antes, etc.

Ejemplo: "Cuando ayunéis, no seáis austeros" (Mt. 6:16; véanse también Lc. 6:22; Stg. 1:2).

LOCATIVA (CLÁUSULA PRINCIPAL-CLÁUSULA LOCATIVA)

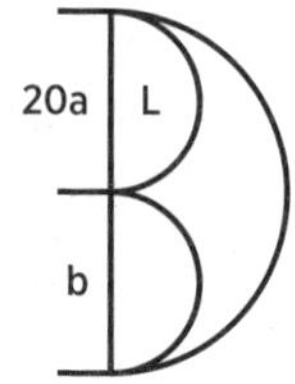

Definición: La relación entre una proposición y el lugar donde sucede o es verdad.

Conjunciones: donde, dondequiera, etc.

Ejemplo: "Donde están dos o tres congregados en mi nombre, allí estoy yo en medio de ellos" (Mt. 18:20; véanse también Rt. 1:16; 2 Co. 3:17).

BILATERAL

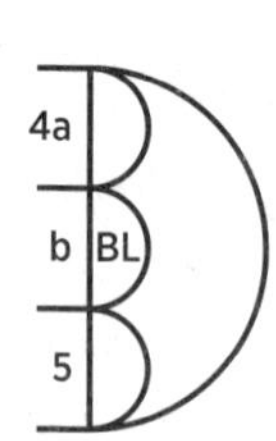

Definición: Una proposición bilateral que sirve de apoyo a otras dos, una anterior y otra posterior. (Es una cuestión de criterio si la proposición de apoyo medio puede primero ser arqueada junto con la siguiente proposición si, por ejemplo, es una relación Acción-Propósito, y entonces estos dos arcos, ahora unidos como uno, serían arqueados con el primero de los tres como apoyo).

Conjunciones: pues, porque, por tanto, así, etc.

Ejemplo: "Alégrense y gócense las naciones, porque juzgarás los pueblos con equidad, y pastorearás las naciones en la tierra. Te alaben los pueblos, oh Dios; todos los pueblos te alaben" (Sal. 67:4-5; véase también Ro. 2:1b-2).

Apoyo por una declaración contraria

Concesiva

Definición: La relación entre una cláusula y una declaración se destaca *a pesar* de una declaración contraria. (El símbolo Concesivo [Csv] etiqueta la afirmación que se supera para que el otro permanezca). Es la proposición "aun cuando", no la proposición "sin embargo").

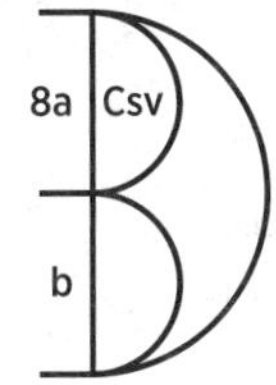

Conjunciones: aunque… todavía, pero, no obstante, a pesar de, pero, etc.

Ejemplo: "Aunque era Hijo, por lo que padeció aprendió la obediencia" (He. 5:8; véanse también 1 Co. 4:15; 9:13-15).

Situación-Respuesta

Definición: La relación entre una situación en una cláusula y su respuesta en otra. (Esta relación se incluye en las que "Apoyan por declaración contraria", porque cuando una persona responde de una manera no buscada por la situación que otro crea, la situación se comporta como una cláusula de concesión. Sugiero que utilice esta relación en su arco de literatura no narrativa solo con moderación. La razón es que casi cualquier relación puede ser vista como una respuesta a una situación en algún sentido y le dice muy poco acerca de la relación. Utilice la posible relación que comunica lo máximo para la comprensión del texto).

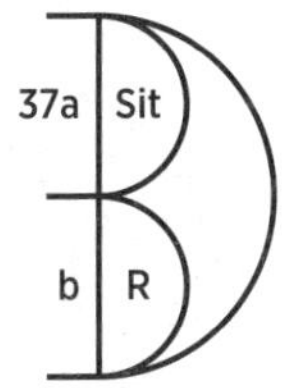

Conjunciones: y, etc.

Ejemplo: "¡Cuántas veces quise juntar a tus hijos, como la gallina junta sus polluelos debajo de las alas, y no quisiste!" (Mt. 23:37; véase también Jn. 7:21).

Una ilustración de Romanos 12:1-2

Ilustremos el proceso de relacionar las proposiciones entre sí usando Romanos 12:1-2. Primero, aquí está mi traducción del texto:

> Así que, hermanos, os ruego por las misericordias de Dios, que presentéis vuestros cuerpos en sacrificio vivo, santo, agradable a Dios, que es vuestro culto racional. No os conforméis a este siglo, sino transformaos por medio de la renovación de vuestra mente, para que comprobéis cuál sea la voluntad de Dios, es decir, lo bueno, lo agradable y lo perfecto.

En este párrafo, veo cuatro proposiciones o afirmaciones individuales. Nótese que es crucial numerar las proposiciones para que cada una obtenga un número, incluso cuando un solo versículo tiene varias proposiciones como el versículo 2 de este pasaje.

12:1	Os ruego, hermanos, por las misericordias de Dios, que presentéis vuestros cuerpos en sacrificio vivo, santo, agradable a Dios, que es vuestro culto racional.
12:2a	Y no os conforméis a este siglo,
12:2b	*sino* transformaos por medio de la renovación de vuestra mente,
12:2c	*para que* comprobéis cuál sea la voluntad de Dios, es decir, lo bueno, lo agradable y lo perfecto.

Podemos simbolizar cada una de estas proposiciones con un arco como sigue:

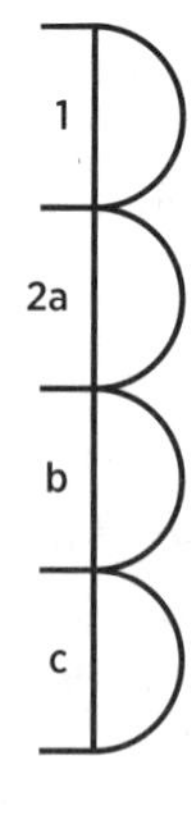

La relación más fácil de ver es entre 2a y b, pues ambos comandan prácticamente lo mismo, uno negativamente y el otro positivamente: "No os conforméis, sino transformaos". Podemos simbolizar esta relación con un arco más grande como sigue:

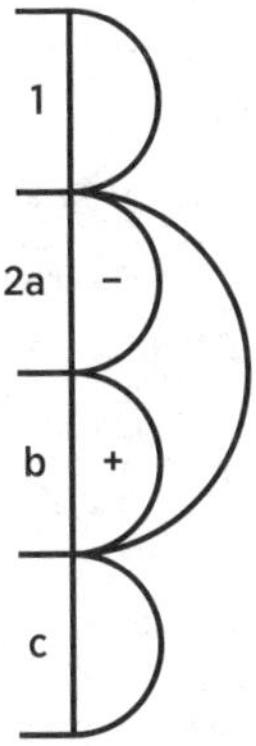

Cuando un arco mayor es dibujado, consideramos que lo que está debajo de él afirma una cosa principal, en este caso, "¡Sé una persona transformada con una mente nueva y, por tanto, diferente a este siglo!".

Entonces Pablo nos deja muy en claro cómo se relaciona 2ab con 2c, porque los conecta con la conjunción "para que" (en griego, *eis* para que + infinitivo). Por lo tanto, 2c es el *propósito* de 2ab, que es la *acción* o el medio. Esta relación puede simbolizarse de la siguiente manera:

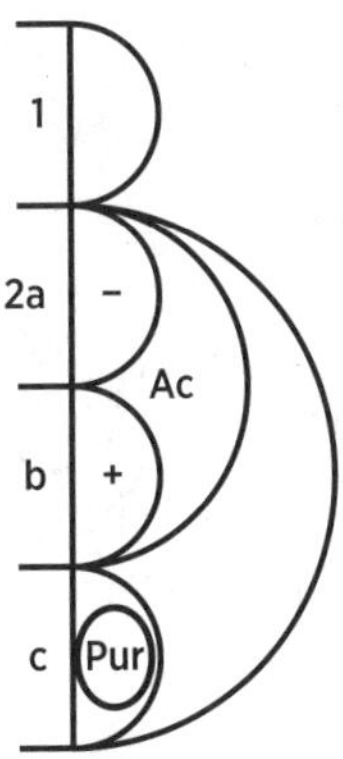

Hago un círculo alrededor del Pur (= propósito) porque eso es primario en la mente de Pablo; es el objetivo, el punto principal de Romanos 12:2. (Las únicas relaciones en las que un símbolo debe ser rodeado son Ac-Pur, Ac-Res y Sit-R). El versículo 2ab es simplemente el medio necesario para lograr el propósito de 2c. Parafraseando: "Sé transformado para que con tu nueva mente puedas pensar como Dios piensa y aprobar lo que Él aprueba. El requisito previo necesario para conocer y abrazar lo santo es una mente renovada".

Ahora viene la relación final. ¿Cómo se relaciona el punto principal del versículo 2 (2c) con la proposición del versículo 1? Para responder a esto, debemos tener una idea de lo que está afirmando el versículo 1. Tal como está, Pablo dice: "Así que, hermanos, os ruego por las misericordias de Dios, que presentéis vuestros cuerpos en sacrificio vivo, santo, agradable a Dios, que es vuestro culto racional".

Lo que significa esta imagen de presentarnos a nosotros mismos como sacrificio es iluminado por un pensamiento paralelo en Romanos 6:13 (traducción del autor): "No presentéis vuestros miembros como armas de injusticia para pecar, sino presentaos a Dios como vivos de entre los muertos y vuestros miembros como armas de justicia de Dios" (véase 6:19). No hay ninguna razón para pensar que cuando Pablo, en 12:1, dice "presenten sus cuerpos a Dios" quiere indicar algo muy diferente a 6:13 cuando dijo: "presenten sus miembros a Dios". Esto tiene mucho sentido en el contexto de Romanos 12:1-2, y la misma palabra para "presentar" se usa en ambos lugares. Romanos 12:1 no es un mandamiento a los inconversos para someterse a Dios, sino más bien un mandato a los creyentes para honrar a Dios en sus cuerpos.

Parafraseado, Romanos 12:1 significa algo como esto: "En vista de cuán misericordioso ha sido Dios para con vosotros, haced que vuestra meta en toda vuestra existencia cotidiana y corporal sea lo que honra a Dios; adorad a Dios haciendo su voluntad con vuestro cuerpo" (véase 1 Co. 6:20). Ahora estamos preparados para relacionar los versículos 1 y 2. Conocer y aprobar la voluntad de Dios (v. 2c) es un medio de hacer la voluntad de Dios con nuestro cuerpo (v. 1). El vínculo entre el versículo 1 y el 2c es evidente en la repetición de la palabra "agradable". *Aprobar* lo que es agradable (v. 2c) es el requisito previo de *ofrecer el cuerpo en la vida cotidiana* como un sacrificio agradable (v. 1). Por lo tanto, yo simbolizo la relación como Propósito (v. 1) a Acción [medio] (v. 2).

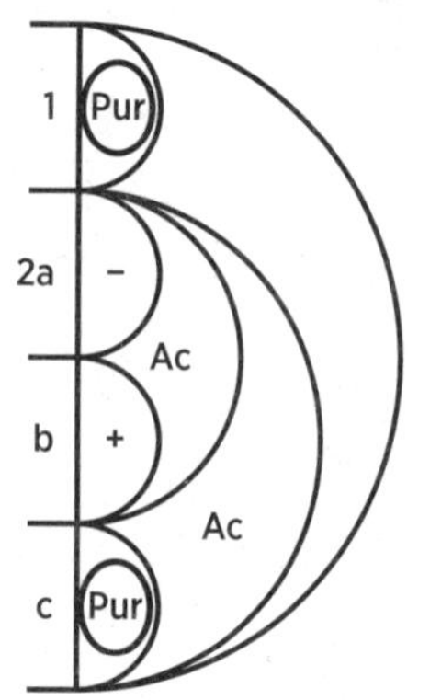

De esta manera, llegamos a una interpretación de Romanos 12:1-2: El cambio básico que debe ocurrir en el creyente es que deje de pensar en la forma en que este siglo piensa, y piense en cambio con una nueva mente, con nuevos sentimientos, prioridades y valores. Entonces, con esta nueva mente es capaz de juzgar y evaluar lo que es santo, bueno y agradable. No solo puede evaluarlo correctamente con su nueva mente, sino que ahora lo aprueba y se deleita en ello. Esto lleva necesariamente a una vida corporal entregada a Dios para sus propósitos. Las acciones cotidianas del cuerpo se convierten en actos de adoración en el sentido que demuestran el gran valor que atribuimos a la misericordia de Dios. Con esto se cumple el mandato de nuestro Señor de que debemos dejar que nuestra luz brille para que los hombres vean nuestras buenas obras y glorifiquen a nuestro Padre que está en los cielos.

Observe la estructura del arco final. Ahora hay un arco en el conjunto, lo que significa que hemos podido vislumbrar la tesis principal de esta unidad. Bajo este arco hay dos arcos relacionados como acción-propósito. Bajo el mayor de estos hay otros dos arcos relacionados como acción-propósito. Son dos arcos relacionados como negativo-positivo. En otras palabras, los arcos más pequeños se agrupan gradualmente en unidades más grandes que entonces se relacionan con otras unidades hasta que hay un arco sobre el conjunto. Entonces podemos ver cómo cada una de las proposiciones más pequeñas funciona para ayudar a comunicar un punto principal. No se puede determinar por adelantado qué unidades deben ser unidas por arcos primero. Esto viene de la práctica guiada.

Problemas especiales para encontrar las proposiciones

Antes de que podamos hacer cualquier arco, debemos dividir el texto en sus proposiciones significativas. Esto no siempre es fácil, pues una oración puede tener varias proposiciones, y las proposiciones pueden estar ocultas en diferentes tipos de frases. Anteriormente discutimos la naturaleza de las proposiciones y definimos una proposición como una afirmación (que tiene un sujeto y un predicado).

Por supuesto, esto es excesivamente simplificado. El lenguaje puede ser muy complejo, y los escritores pueden hacer afirmaciones en una gran variedad de formas. En estos puntos se necesita una sensibilidad aguda, a veces delicada, a la intención del autor para decir si una determinada construcción gramatical debe ser interpretada como una proposición. No hay reglas rígidas para tomar las decisiones, solo pautas generales. Tenga en cuenta los siguientes ejemplos.

Preguntas

> ¿Qué, pues, diremos? ¿Perseveraremos en el pecado para que la gracia abunde? En ninguna manera. Porque los que hemos muerto al pecado, ¿cómo viviremos aún en él? (Ro. 6:1-2).

El principio rector en el manejo de las preguntas es que cuando se da una respuesta debemos dejar que la pregunta y la respuesta se presenten como proposiciones separadas y relacionarlas como P-R. Juntas conforman una afirmación, generalmente encontrada en la respuesta. En Romanos 6:1-2, la primera pregunta se responde con "¡En ninguna manera!". La segunda pregunta no es contestada. Cuando las preguntas no son contestadas, el autor está afirmando indirectamente algo. Él espera que nosotros proveamos la respuesta de tal forma que sepamos que está afirmando algo. Por lo tanto, siempre debe replantear estas preguntas como declaraciones indicativas. La pregunta "¿cómo [los que hemos muerto al pecado] viviremos aún el él?", realmente está afirmando que es impensable que nosotros, que hemos muerto al pecado, vivamos aún en él. La relación entre la primera pregunta-respuesta y la segunda pregunta se vuelve clara. La segunda es la base para la primera. Estableceríamos las proposiciones de la siguiente manera:

1a	¿Perseveraremos en el pecado
b	*para que* la gracia abunde?
2a	*Respuesta:* ¡En ninguna manera!
b	*La razón es que* nosotros que morimos al pecado no podemos seguir viviendo en él.

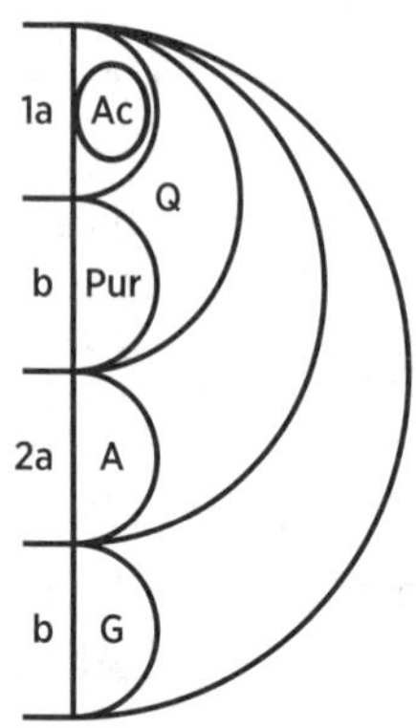

Nota: La primera pregunta realmente son dos proposiciones, cada una con su propio sujeto y su propio predicado; 1a se relaciona a 1b como acción a propósito. Es decir, 1b es el propósito de 1a.

Cláusulas relativas

Una cláusula relativa generalmente comienza con *quién*, *qué* o *cuál*. Normalmente funciona para definir alguna persona o cosa en la oración. Por lo tanto, como modificador, una cláusula relativa no suele interpretarse como una proposición distinta, a pesar de que tiene un sujeto y un predicado. (Observe cómo se trató la cláusula relativa en Romanos 12:1).

Por ejemplo, observe en Romanos 6:2 la proposición "los que hemos muerto al pecado, ¿cómo viviremos aún en él?". Dentro de esta proposición hay una cláusula relativa: "los que hemos muerto al pecado". Su predicado es "hemos muerto al pecado". El sujeto es "[nosotros] los que". La función de esta cláusula relativa es modificar "nosotros" (tácito), el sujeto de la cláusula principal. Por lo tanto, no le he dado el estatus de una proposición separada.

Pero cuando nos detenemos a reflexionar sobre la lógica de Romanos 6:2b, se hace evidente que esta cláusula relativa podría tener un estatus separado. Pablo está diciendo realmente que, *dado* que morimos al pecado, el *resultado* es que no podemos seguir viviendo en él. Lógicamente, la cláusula relativa está funcionando como la causa de que no sigamos en el pecado. Si decidimos exponer las proposiciones de esta manera, se vería así:

1a Perseveraremos en el pecado

b *para que* la gracia abunde

2a *Respuesta:* ¡No!

b la razón es que hemos muerto al pecado

c *con el resultado* de que no podemos seguir viviendo en él

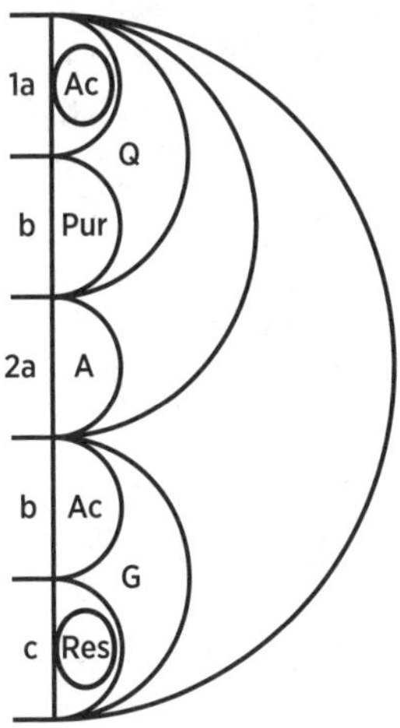

La diferencia entre este arco y el primero que hicimos en Romanos 6:1-2 es que este es más detallado. Ambos son correctos. Al final, usted debe decidir si una cláusula relativa es tan crucial que exige su propia proposición. Un ejemplo de una cláusula relativa, que casi con toda seguridad debe recibir su propio estatus de proposición, se encuentra en Juan 1:12-13: "Mas a todos los que le recibieron, a los que creen en su nombre, les dio potestad de ser hechos hijos de Dios; *los cuales no son engendrados de sangre, ni de voluntad de carne, ni de voluntad de varón, sino de Dios*". En este versículo, el medio para hacerse hijos de Dios se da en una cláusula relativa: "los cuales no son engendrados de sangre, ni de voluntad de carne, ni de voluntad de varón, sino de Dios". Esto es crucial para el argumento y debe arquearse como una proposición distinta.

Nota: La única cosa que Romanos 6:1-2 está diciendo en el versículo 2a es "no sigas pecando" (imperativo). Este imperativo, por lo tanto, está apoyado por el indicativo 2c, "no puedes continuar en el pecado", que a su vez es apoyado por 2b, "has muerto al pecado". Todo el objetivo del arco es encontrar lo principal que cada unidad literaria está diciendo y descubrir cómo el resto de la unidad funciona para apoyarlo o expandirlo.

Cláusulas participiales

Una manera común de hacer una afirmación (especialmente en el Nuevo Testamento griego) es mediante el uso de un participio. Un ejemplo de esto es Romanos 5:1: "*habiendo sido justificados por la fe*, tenemos paz para con Dios por medio de nuestro Señor Jesucristo" (LBLA). "Habiendo sido justificados por la fe" es una cláusula participial. Lo llamamos una cláusula, aunque no tiene sujeto expresado, porque hace una afirmación. Usted puede expresarlo como una afirmación: "hemos sido justificados por la fe". Así que depende de usted, el intérprete, descubrir cómo esta afirmación está relacionada con la otra aseveración en Romanos 5:1, "tenemos paz para con Dios". Sugeriría la siguiente relación:

5:1a *Puesto* que hemos sido justificados por la fe

1b *el resultado es que* tenemos paz con Dios por medio de nuestro Señor Jesucristo.

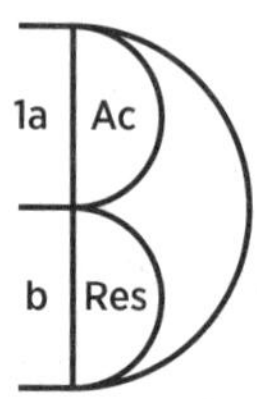

Infinitivos

A veces los infinitivos, con sus objetos y modificadores, funcionan como proposiciones. Por ejemplo, Juan 14:2: "voy, pues, a preparar lugar para vosotros". Aquí las palabras "preparar lugar para vosotros" podrían ser parafraseadas como "*a fin de que* pueda preparar un lugar para vosotros". Este infinitivo, con su objeto, hace una afirmación acerca de la partida de Cristo. Dice el propósito. Así pues, presentaríamos las proposiciones de este modo:

14:2a Yo voy

2b *a fin de que* pueda preparar un lugar para vosotros.

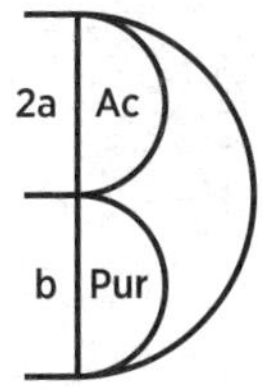

Nota: No todos los infinitivos hacen afirmaciones cruciales y distintas como esta y, por lo tanto, no todos tendrán el estatus de proposiciones separadas. Pero esté alerta a aquellos que sí afirman algo crucial.

A menudo encontrará problemas peculiares al tratar de determinar las proposiciones de un texto. Pero espero que estos pocos ejemplos le den una idea de lo que está involucrado. Es un trabajo muy gratificante porque, en la lucha por desentrañar la lógica de un pasaje de esta manera, su significado se vuelve cada vez más claro.

Tipo		Nombre/Símbolo	Definición	Algunas palabras claves	Ejemplos	Notas		Símbolo	
COORDINADAS	(Una proposición no apoya a la otra, pero cada una hace su propia contribución en el conjunto)	Serie (S)	Cada proposición hace su propia contribución independiente al todo.	y, además, ni, etc. (καί, δέ, τε, οὔτε, οὔδε, υήτε, υηδέ)	"El sol se oscurecerá, y la luna no dará su resplandor, y las estrellas caerán del cielo, y las potencias de los cielos serán conmovidas" (Mt. 24:29; véanse también Mt. 7:8; Ro. 12:12).	*Arcing*: Un método esquematizado para representar los tipos de relaciones entre proposiciones en cualquier escrito coherente, desembocando en un resumen simple del argumento que muestra el papel que cada parte juega en el argumento.	cláusulas principales coexistiendo	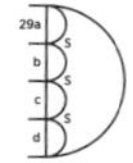	SE ESCRIBEN ENTRE LOS ARCOS
		Progresión (P)	Como la serie, pero cada proposición es un paso más hacia un clímax.	y, entonces, luego, además, etc. (καί, δέ, τε, οὔτε, οὔδε, υήτε, υηδέ)	"A los que predestinó, a éstos también llamó; y a los que llamó, a éstos también justificó; y a los que justificó, a éstos también glorificó" (Ro. 8:30; véanse también Mr. 4:28; 1 P. 1:5-7).		cláusulas principales llegando al clímax		
		Alternativa (A)	Cada proposición expresa una posibilidad distinta que surge de una situación.	o, pero, mas, sino, mientras que, etc. (ἀλλά, δέ, ἤ, μέν… δέ)	"Algunos asentían a lo que se decía, pero otros no creían" (Hch. 28:24; véanse también; Jn. 10:21, 22; Mt. 11:3).	Notas generales: 1. Nunca cruce los arcos; siempre habrá alguna otra opción. 2. Inevitablemente habrá alguna superposición en categorías. Haga su mejor esfuerzo para encontrar la categoría que mejor cuadre. 3. Haga sus arcos con lápiz o en la computadora; seguramente deseará borrar o hacer cambios a medida que avance. 4. ¿Cómo saber cuándo unir dos arcos en vez de unir otros? Recuerde que el arco de apoyo (en relaciones subordinadas) deberá calificar al arco apoyado en su conjunto, incluyendo todo lo que hay dentro de ese arco.	cláusulas principales contrastando		
RELACIONES SUBORDINADAS	APOYO POR REITERACIÓN	Acción-Manera (Ac/Mn)	La declaración de una acción, y luego una declaración que indica la manera o camino en que esta acción se lleva a cabo.	en que, por medio de, por, etc. (En griego esta relación es a menudo introducida por un participio adverbial de medio o manera).	Dios "no dejó de dar testimonio de sí mismo, haciendo bien y dándoos lluvias del cielo y estaciones fructíferas, llenando vuestros corazones de sustento y de alegría" (Hch. 14:17, LBLA; véanse también Fil. 2:7; Hch. 16:16, NVI; 17:21).		cláusula principal-cláusula modal	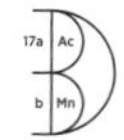	SE ESCRIBEN LOS SÍMBOLOS DENTRO DE LOS ARCOS
		Comparación (Cf)	La relación entre una declaración y una que muestre a qué se parece.	como, así como, según (ὡς, καφώς, οὕτως, ὥσπερ)	"Como me envió el Padre, así también yo os envío" (Jn. 20:21; véanse también 1 Co. 11:1; 1 Ts. 2:7).		cláusula principal-cláusula comparativa	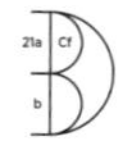	
		Negativo-Positivo (-/+)	La relación entre dos alternativas, una de las cuales es negada a fin de que la otra sea impuesta. También es la relación implícita en declaraciones contrapuestas.	no… sino (οὐ, μή, ἀλλά, δέ)	"No seáis insensatos, sino entendidos de cuál sea la voluntad del Señor" (Ef. 5:17; véanse también He. 2:16; Ef. 5:18). Véase también 1 Co. 4:10 para un ejemplo de contraste: "Somos insensatos por amor de Cristo, mas vosotros prudentes en Cristo".	Pregúntese: ¿Cómo se relaciona esta proposición con la otra? 1. Divida. 2. Asigne. 3. Resuma.	cláusula principal-cláusula adversativa		
		Idea-Explicación (Id/Exp)	La relación entre una declaración y otra que da más claridad a su significado. La proposición de aclaración puede definir solo una palabra de la proposición previa.	esto es (τοῦτ, ἐστίν)	"Jacob… me ha suplantado dos veces: se apoderó de mi primogenitura, y he aquí ahora ha tomado mi bendición" (Gn. 27:36; véase también 1 Co. 10:4).	Usado al clarificar el significado de una palabra, frase u oración; sin embargo, si el autor está hablando de una acción y dando detalles sobre la misma, use la categoría Ac-Mn.	cláusula principal-cláusula epexegética	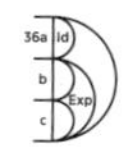	
		Pregunta-Respuesta (Q/A)	Declaración de pregunta y respuesta a esa pregunta.	Busque el signo de interrogación.	"¿Qué dice la Escritura? Creyó Abraham a Dios…" (Ro. 4:3; véanse también Ro. 6:1; Sal. 24:3-4).	Nota: Las preguntas retóricas pueden ser reformuladas en declaraciones y arqueadas como declaraciones.	cláusula interrogativa-cláusula principal	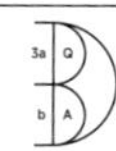	

Tipo		Nombre/ Símbolo	Definición	Algunas palabras claves	Ejemplos	Notas		Símbolo	
RELACIONES SUBORDINADAS	APOYO POR UNA DECLARACIÓN DISTINTA	Fundamento (G)	La relación entre una declaración y el argumento o razón de tal declaración (la proposición que apoya va después).	pues, porque, ya que, etc. (γάρ, ὅτι, ἐπεί, διότι).	"Bienaventurados los pobres en espíritu, porque de ellos es el reino de los cielos" (Mt. 5:3; véanse también 1 Co. 7:9; Fil. 2:25-26).	¡Cuidado con confundirse entre "G" e "I"! En Fundamento (G), la conclusión siempre viene antes.	cláusula principal-cláusula causal	3a / b G	SE ESCRIBEN LOS SÍMBOLOS DENTRO DE LOS ARCOS
		Inferencia (I)	La relación entre una declaración y el argumento o razón de tal declaración (la proposición que apoya precede).	por tanto, pues, así que, por lo cual, etc. (οὖν, διό, ὅπως).	"Ya se acerca el fin del mundo. Por eso, sean responsables y cuidadosos en la oración" (1 P. 4:7, TLA; véanse también Mt. 23:3; Ro. 6:11-12; 1 P. 5:5b-6).	En Inferencia, la conclusión viene en segundo lugar.	cláusula principal-cláusula inferencial	7a / 7b ∴	
		Acción-Resultado (Ac/Res)	La relación entre una acción y una consecuencia o resultado que acompaña a tal acción.	de manera que, de tal manera que, de modo que, etc. (ὥστε).	"Y de pronto se desató una gran tormenta en el mar, de modo que las olas cubrían la barca" (Mt. 8:24, LBLA; véanse también Jn. 3:16; Stg. 1:11).		cláusula principal-cláusula de resultado	24a Ac / b Res	
		Acción-Propósito (Ac/Pur)	La relación entre una acción y aquello que se espera que sea su resultado.	para que, a fin de, por lo tanto, con miras a, para que no, etc. (ἵνα, ὅπως, ἵνα… μή).	"Humillaos, pues, bajo la poderosa mano de Dios, para que él os exalte cuando fuere tiempo" (1 P. 5:6; véanse también Mr. 7:9; Ro. 1:11).		cláusula principal-cláusula de propósito	6a Ac / b Pur	
		Condicional (If/Tn)	Similar a Acción-Resultado excepto que la existencia de la acción es solo potencial.	si… entonces, siempre que, excepto, etc. (εἰ, ἐάν).	"Si sois guiados por el Espíritu, no estáis bajo la ley" (Gá. 5:18; véanse también Gá. 6:1; Jn. 15:14).		cláusula principal-cláusula condicional	18a If / b Th	
		Temporal (T)	La relación entre la proposición principal y la ocasión cuando ocurre.	cuando, después, siempre que, antes, etc. (ὅτε, ὅταν).	"Cuando ayunéis, no seáis austeros" (Mt. 6:16; véanse también Stg. 1:2; Lc. 6:22).	El autor escoge enfatizar la ocasión en vez de la causa, aun cuando la ocasión puede ser la causa.	cláusula principal-cláusula temporal	16a T / b	
		Locativa (L)	La relación entre una proposición y el lugar donde es verdad.	donde, dondequiera, etc. (ὅπου, οὗ).	"Donde están dos o tres congregados en mi nombre, allí estoy yo en medio de ellos" (Mt. 18:20; véanse también Rt. 1:16; 2 Co. 3:17).		cláusula principal-cláusula locativa	20a L / b	
		Bilateral (BL)	Una proposición bilateral que sirve de apoyo a otras dos proposiciones, una que precede y otra que sigue.	Véanse conjunciones para otras relaciones que apoyan.	"Alégrense y gócense las naciones, porque juzgarás los pueblos con equidad, y pastorearás las naciones en la tierra. Te alaben los pueblos, oh Dios; todos los pueblos te alaben" (Sal. 67:4-5; véase también Ro. 2:1b-2).	Note que "BL" nos dice que existe una relación en ambas direcciones y que "G" y "∴" especifican con exactitud cuáles son las relaciones.		4a / b BL / 5	
	APOYO POR UNA DECLARACIÓN CONTRARIA	Concesiva (Csv)	La relación entre una cláusula principal y una declaración contraria.	aunque… todavía, pero, no obstante, a pesar de, pero, etc. (καί-περ, εἰ, καί, ἐὰν, καί).	"Aunque era Hijo, por lo que padeció aprendió la obediencia" (He. 5:8; véanse también 1 Co. 4:15; 9:13-15).	La cláusula concesiva apoya la cláusula principal porque resalta la fuerza de la cláusula principal, que se destaca a pesar del obstáculo de la cláusula concesiva.	cláusula principal-cláusula concesiva	8a Csv / b	
		Situación-Respuesta (Sit/R)	La relación entre una situación en una cláusula y una respuesta en otra.		"¡Cuántas veces quise juntar a tus hijos, como la gallina junta sus polluelos debajo de las alas, y no quisiste!" (Mt. 23:37; véase también Jn. 7:21).	La relación entre las dos cláusulas podría ser la respuesta esperada o una sorpresa, dependiendo de la respuesta de la voluntad de uno.		37a Sit / b R	

Una palabra de agradecimiento

El tipo de agradecimiento que se siente a los setenta años no es del todo igual a cuando uno tenía cuarenta años. Ahora es más obvio que cada minuto de la vida es un regalo. Cada momento sin dolor es un regalo. Cada recuerdo de algo leído o pensado, un año más de trabajo remunerado, la renovación de energías cada día, los amigos que no han muerto, otros que se han alejado, oír el timbre de la puerta, ver palabras en una página, otro arce espectacular en octubre, justo fuera de mi ventana; todos estos son regalos.

Por supuesto, siempre han sido regalos, pero cuanto más cerca esté de decir adiós a un amigo, más inapreciable se siente. No me malinterprete, mis pensamientos están indomablemente orientados hacia el futuro. No estoy muerto aún. De hecho, acercarme al final me hace sentir más vivo, no menos. Eso podría deberse al soplo del cielo viniendo a este mundo. Porque el cielo es un lugar muy vivo, o podría ser la adrenalina de la urgencia por tener menos y menos tiempo para hacer más y más cosas.

En cualquier caso, estoy agradecido por cada día y cada regalo. Me encanta estar vivo y me encanta escribir. Algunas cosas que simplemente me siento obligado a hacer. Supongo que eso es lo que quiso decir Eric Liddell cuando dijo: "Dios me hizo rápido, y cuando corro, siento su placer". No soy rápido, de hecho, la lista de competencias que no tengo es terriblemente larga. Escribir no tiene que ver con ser grande, se trata de hacer algo. La escritura es mi carpintería, mi albañilería, mis artes culinarias, mi pintura, escultura y tallado, mi jardinería, mi tejido, mi croché y mi aguja, mi colección de monedas.

Escribir es la alegría de crear, como diría Dorothy Sayers, es compartir "la mente del Hacedor". ¡Qué cosa asombrosa: dar mucha importancia al Hacedor, haciendo como el Hacedor! Así que estoy agradecido por el llamado, la libertad y la presión para escribir. Estoy agradecido por *Desiring God*, donde trabajo a tiempo completo, y donde ellos esperan que yo escriba. Me pagan por escribir, y esperan que yo escriba lo que es verdad y lo que es bello. Me sostienen para hacer esto.

¡Qué regalo! Todo mi equipo es muy especial para mí. David Mathis, editor ejecutivo, se destaca, porque lee todo lo que escribo, y sus sugerencias mejoran grandemente mi trabajo. Doy gracias a Dios por el liderazgo de David de un gran equipo de escritores de *Desiring God*, Jon Bloom, Tony Reinke y Marshall Segal. ¿Cómo puede uno no escribir con alegría cuando está rodeado por tales pensadores y escritores?

En un sentido, publicar es secundario a mi escritura. Si nadie quisiera leer lo que escribo, seguiría escribiendo, porque así es cómo veo las cosas, cómo saboreo la realidad, y cómo aprendo. Pero el hecho es que Dios me ha bendecido con una increíble asociación con *Crossway*. Me encanta su visión y han estado dispuestos a publicar mis libros. Esto es un regalo para mí. Es mucho más que un acuerdo de negocios. Es una camaradería en Cristo y en su causa global de glorificar al Padre.

En casa, los niños han crecido, cada uno se ha marchado por su camino. Así que solamente Noël y yo (y el perro) hemos quedado. Esto deja solo a Noël para festejar en este párrafo. ¡Y qué regalo es! Ella me ha apoyado, desde el principio, en este llamado para escribir. Ella es una muy buena escritora también, y ahora está trabajando en una biografía de un misionero en China. Dios ha sido bueno conmigo al darme esta esposa. No puedo imaginar lo que habría sido mi vida sin ella. Le dije el otro día: "Me alegra mucho que hayas venido a mi estudio al final del día".

Por supuesto, detrás de todos estos dones está el Dador. Doy gracias a Dios por Jesús, y por amarme en Él, por darme su Espíritu Santo, y cubrir todos mis pecados. Noël y yo lo miramos y decimos:

> El Señor, nuestro Dios, será nuestra fortaleza,
> y nos da vida, sea cual sea la duración
> que desea sobre esta tierra, y hace que nuestros pies
> como el ciervo de la montaña, se levanten y afirmen
> en el camino estrecho para el hombre y su esposa
> que sube lo empinado y conduce a la vida.

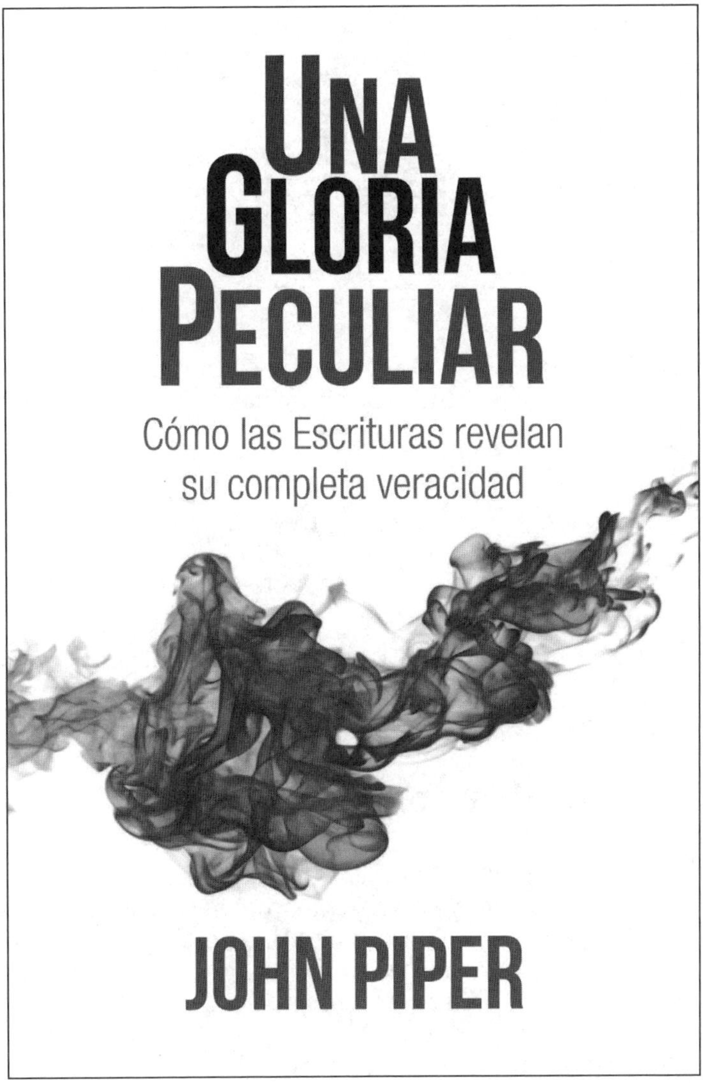

Piper examina la naturaleza autoautenticadora de la Palabra de Dios y cómo revela su verdad; lo que Cristo y sus apóstoles creyeron acerca de las Escrituras y por qué la gloria de Dios se manifiesta únicamente en el cumplimiento de la profecía, los milagros de Jesús y el sufrimiento gozoso de los cristianos perseguidos.

EDITORIAL
PORTAVOZ

NUESTRA VISIÓN

Maximizar el efecto de recursos cristianos de calidad que transforman vidas.

NUESTRA MISIÓN

Desarrollar y distribuir productos de calidad —con integridad y excelencia—, desde una perspectiva bíblica y confiable, que animen a las personas a conocer y servir a Jesucristo.

NUESTROS VALORES

Nuestros valores se encuentran fundamentados en la Biblia, fuente de toda verdad para hoy y para siempre. Nosotros ponemos en práctica estas verdades bíblicas como fundamento para las decisiones, normas y productos de nuestra compañía.

Valoramos la excelencia y la calidad.
Valoramos la integridad y la confianza.
Valoramos el mérito y la dignidad de los individuos y las relaciones.
Valoramos el servicio.
Valoramos la administración de los recursos.